人文地理学译丛

周尚意◎主编

人文主义地理学

[加] 大卫·莱（David Ley）
[美] 赛明思（Marwyn S. Samuels） 主编
刘苏 志丞 译

北京师范大学出版集团
BEIJING NORMAL UNIVERSITY PUBLISHING GROUP
北京师范大学出版社

译丛总序

引介：学术交流之必须

人文地理学为何？由于中学地理教学的普及，中国人普遍知道地理学分为自然地理学和人文地理学。但是许多中国人并不了解，现代意义上的人文地理学的发展历史并不长，它是在 19 世纪近代地理学出现之后，方出现的一个学科领域或学科分支。人文地理学主要分析地球上人类活动的空间特征和空间过程及其规律性。例如，分析某个地方可以发展何种农业类型，哪里的村庄可以变为大城市。世界上不只是地理学家关注空间和区域问题。例如，著名的历史学家沃勒斯坦在其巨著《现代世界体系》中，也提到了不同时期区域发展的空间格局。再如，著名的社会学家吉登斯也强调空间和地理。

早期有一批学者将西方人文地理学引入中国。目前查到的中国最早出版的《人文地理》是傅运森先生编纂的，该书为“中学校用”教科书，由商务印书馆在 1914 年出版。中国国家图书馆收藏的最早的汉译人文地理学著作则是法国维达尔学派核心人物 Jean Brunhes 的《人文地理学》。Jean Brunhes 早期有多个汉译名，如白吕纳、布留诺、白菱汉等，今天中国学者多沿用“白吕纳”

这一译名。《人文地理学》中译本之一由世界书局在1933年出版，译者是北京师范大学地理学系的谌亚达先生。

20世纪前半叶，世界人文地理学的研究中心还在欧洲大陆，德国和法国是重要的学术基地。自第二次世界大战后，人文地理学的研究中心逐渐扩展到英美。西方国家的人文地理学在多种质疑和自我反思中不断前行，因此发展出丰富的学术概念和彼此补充的学术流派。遗憾的是，自20世纪50年代初到20世纪70年代末，中国内地（大陆）的人文地理学发展基本处于停滞状态，只有“经济地理学一花独放”。原因是当时有些学者意识到，世界上没有客观的人文地理学知识和理论，而西方的人文地理学大多是为帝国主义殖民扩张服务的，因此不必学习之。国家当时的意识形态也没有为人文地理学的发展提供相应的空间。许多留学归来的中国人文地理学者不是转行，就是缄默。感谢改革开放，它给予人文地理学新的发展机遇。李旭旦先生在1978年率先倡导复兴人文地理学，人文地理学获得了为中国，为人类命运共同体服务的机会。多年后人们发现，李旭旦先生在中外学术交流相对闭塞的20世纪70年代，依然关注着国外人文地理学进展。人文主义地理学的开山之篇《人文主义地理学》在1976年发表后，李旭旦先生积极学习并将之翻译出来。2005年，南京师范大学的汤茂林教授整理、补译了李旭旦先生的手译稿，并加以发表。人文主义地理学与经验—实证主义地理学、结构主义地理学等，同属于人文地理学流派。它的观点是：尽管人们为了不同的目的，各持立场，但是地理学研究者可以把握的是，人类作为一个群体具有相互理解和沟通的共同本性。

启动“人文地理学译丛”是北京师范大学出版社对中国地理学发展的重要贡献。国内尚未有相似的译丛，只有商务印书馆的“汉译世界学术名著丛书”“当代地理科学译丛”包含一些人文地理学的译作。这些译作极大推动了中国人文地理学的发展。2014 年春天，北京师范大学出版社的胡廷兰编辑找到我，商议启动这套译丛。她为了节省我的时间，约好在我上课的教八楼门口见面。教八楼前有北师大校园中最精致的花园。那天她从东边步入花园，我远远看着她青春的身影映在逆光中，格外美丽。一年后她因病去世，而我竟不知道她生病的事情，也未能与她告别。后续，谭徐锋先生、宋旭景女士、尹卫霞女士、周益群女士先后接替该译丛的出版工作。译丛最早的名字是“人文主义地理学译丛”，仅仅囊括人文主义地理学代表人物的代表性著作。后来为了可持续出版，译丛更名为“人文地理学译丛”。本译丛选取的著作观点纷呈，读者可以细细品读，从中感受人文地理学思想和观点的碰撞。正是在这样的碰撞中，人文地理学得以不断发展。

周尚意

2019 年深秋

中文版序

再述《人文主义地理学》

戴维·西蒙[1]

人文主义地理学勃兴于20世纪七八十年代，其研究范围十分广泛，强调人类的经验与意义在理解人与地理环境之关系时所起的核心作用。因为认识到人与地理环境的关系是复杂且异质的，人文主义地理学家便采用了现象学与诠释学的定性研究方法，去描述、诠释人的行为与观念。人的行为与观念既作用于人自己生活里的地理现象——如空间、地方、区域、景观和自然环境，也受后者的反作用。

人文主义地理学始于20世纪70年代。它反对当时主导欧美地理学界的定量方法和实证主义方法，代表人物有安·布蒂默（Anne Buttimer）、詹姆斯·邓肯（James Duncan）、大卫·莱（David Ley）、大卫·洛温塔尔（David Lowenthal）、道格拉斯·波科克（Douglas Pocock）、J. 道格拉斯·波蒂厄斯（J. Douglas Porteous）、爱德华·雷尔夫（Edward Relph）、格雷汉姆·罗勒斯（Graham Rowles）、罗伯特·萨克（Robert Sack）、赛明思（Marwyn Samuels）、戴

① 美国堪萨斯州立大学教授，主要从事环境行为与地方研究。

维·西蒙（David Seamon）、段义孚（Yi-Fu Tuan）和约翰·威斯特恩（John Western）。这些学者强调，当把地球理解为人类的家园时，地理学家应关注人的“内心世界”，换言之，关注人的感知、价值、态度、感受和主观认知，包括对环境与地方的理解。段义孚是第一位将人文主义地理学正式划分为地理学子学科的地理学家。在 1976 年发表于《美国地理学家协会年鉴》的《人文主义地理学》（“Humanistic Geography”）中，他将人文主义地理学界定为“研究人与自然之间的关系、人的地理行为，以及人对空间和地方的感受与观念”的学问（Tuan，1976：266）。

1978 年，莱和赛明思出版了文集《人文主义地理学》。当时，人文主义地理学已经激起学界相当大的兴趣，出现了一些颇具影响力的作品，像布蒂默的《地理学中的价值》（*Values in Geography*，1974）、段义孚的《恋地情结》（*Topophilia*，1974）和雷尔夫的《地方与无地方》（*Place and Placelessness*，1976）。正如《人文主义地理学》一书所呈现的，有些地理学家试图重新挖掘早期地理学家——如白兰士（Paul Vidal de la Blache）、约翰内斯·加布里埃尔·葛莱诺（Johannes Gabriel Granö）、约翰·K. 怀特（John Kirtland Wright）——的思想，从中汲取营养；有些地理学家则转向了哲学前沿，像现象学、存在主义、诠释学、实用主义和马克思主义。这些广泛的视角与方法也都出现在了本书中。在德国地理学景观指征学派的讨论中，罗伯特·盖佩尔（Robert Geipel）回到过去的地理传统，阐述了地理学家沃尔夫冈·哈特克（Wolfgang Hartke）如何采用地理特征来识别社会的形态与形成过程。盖佩尔解释说，这种研究方法的一个宝贵优势在于“比任何语言都更能令人信服”。布蒂默和文森特·伯都莱（Vincent Berdoulay）回顾了白兰士在整体区域研究方面的工作，并通过白兰士的“环境”和“生活方式”这两个概念进行总结。布蒂默认为白兰士的持续关切和他的核心目标“是考察在一定范围的具体环境里，不同的现象与动力是如何相互交织在一起的”；伯都莱指出了白兰士传统的另一个重要方面：“人文主义的关怀同严谨的科学方法更广泛的结合”。

如果说本书有的文章是想回到过去的地理学获取灵感，那么大部分文章旨在阐述当代的概念与方法论，因为后者或许能帮助地理学家理解地理经验、意义与行为。从广义上讲，这些文章有两种不同的主题：其一，是对社会世界的诠释，涉及符号互动论、社会建构论和马克思主义等；其二，是对经验的诠释，涉及存在主义、诠释学和现象学等（Seamon and Larsen，2021）。通常，对社会世界的诠释路径会基于特定文化与社会情境里的经验展开。研究者会把和地方相关的地理现象诠释为“在特定地方里的人”有目的的行为所带来的“社会建构”。在《人文主义地理学》中，采用这种研究路径的有莱关于社会地理与社会行为的文章、邓肯诠释旅游业互动论的文章、威斯特恩分析南非开普敦种族隔离之影响的文章。

虽然对经验的诠释路径同样重视人类生活里的地方意义，但它却并不强调社会与文化的差异，而首先关切人类在地方经验与意义上的共性，如“在家”的经验特质、地方感，或环境意识与相遇等问题。在《人文主义地理学》中，采用这种研究路径的有赛明思讨论存在主义空间本体论的文章、丹尼斯·伍德（Denis Wood）描述经验式地图的文章、段义孚研究文学之于地理研究的价值的文章。

读者可能想知道我在《人文主义地理学》里写了哪篇文章，以及当时我是怎样参与进来的。那时候，我在美国马萨诸塞州伍斯特市克拉克大学地理研究生院攻读博士学位。1970 年秋，布蒂默来到克拉克大学，我和罗勒斯研究生阶段的学习也刚好起步（Buttimer，1987；Buttimer and Seamon，1980；Rowles，1987；Seamon，1987，2023）。20 世纪 70 年代中叶，布蒂默的研究和她的作品成为人文主义地理学的代名词。1976 年，她在《美国地理学家协会年鉴》上发表了《把握生活世界的动态》（“Grasping the Dynamism of Lifeworld”）。该文是人文主义地理学最核心的文章之一，揭示出现象学的可能性（Buttimer，1976）。莱和赛明思在为《人文主义地理学》寻找撰稿人时写信给布蒂默，邀请了她，并询问她是否有博士生能依托自己的研究提供文章。当时，罗勒斯正在写毕业论文。他研究的是伍斯特市中心社区里的几位老年人的日常环境和地方经验（Rowles，1978）。我的毕业论文研究的则是环境经验（Seamon，1979）。我对德国诗人兼剧作家歌德的作品产生了兴趣，因为他的作品指向了“自然界的现象学”（Seamon，2005；Seamon and Zajonc，1998）。1975 年和 1976 年，我在克拉克大学举办了歌德科学之路的夏季研讨会。这两次研讨会促使我写了一篇相关主题的文章，发表在一份由博士生创办的学校内部刊物上（Seamon，1976）。那篇文章成为后来我为《人文主义地理学》所撰文章的基础。莱和赛明思在内容上进一步提升了这篇文章的质量。尽管我是后来才将歌德与现象学明确联系在一起的（Seamon，2005；Seamon and Zajonc，1998），但我依然会认为我写的那一篇（包括罗勒斯的那一篇）与经验诠释路径有关——在我所展示的案例中，歌德努力以一种新的整体方式去看待自然环境（Bortoft，1996）。

将来，到 2028 年，《人文主义地理学》这本书会迎来 50 岁的生日，而其中有些文章依然能对 21 世纪的概念与实践发挥影响力。作为人文地理学里的一门显学，人文主义地理学其实在 20 世纪 80 年代就已开始消失，更时髦、更吸引人的是马克思主义的、女性主义的、后现代主义的地理学。与此同时，人文主义地理学最初包含的广泛的概念与方法也常常在哲学上相互冲突，因此，“人文主义地理学”逐渐被更精确的研究命名取代，如“现象学地理学”“诠释学地理学”“存在主义地理学”“后结构主义地理学”（Seamon and Larsen，2021）。然而，正如早期的人文主义地理学那样，这些研究路径也都持续关注着与人的生活地理相关的经验、意义与行为。从这个意义上讲，《人文主义地理学》这本书依然提供了一个理解主导当今西方地理学的概念与视角的准心。

参考资料

Bortoft，H.（1996）*The Wholeness of Nature*. London：Floris Press.

Buttimer，A.（1971）*Society and Milieu in the French Geographic Tradition*. Chicago：Rand McNally.

Buttimer，A.（1974）*Values in Geography*. Washington，DC：Association of American Geographers.

Buttimer，A.（1976）“Grasping the Dynamism of Lifeworld，” *Annals of the Association of American Geographers*，66：177-192.

Buttimer，A.（1987）“A Social Topography of Home and Horizon，” *Journal of Environmental Psychology*，7：307-319.

Buttimer，A. and Seamon，D.（1980）*The Human Experience of Space and Place*. London：Croom Helm.

Casey，E.S.（2009）*Getting Back into Place*. Bloomington：Indiana University Press.

Cloke，P.，Philo，C.，and Sadler，D.（1991）*Approaching Human Geograp*hy. London：Guildford Press.

Cresswell，T.（2013）*Geographic Thought：A Critical Introduction*.

Oxford: Wiley-Blackwell.

Granö, J. G. (1997) *Pure Geography*. Baltimore: Johns Hopkins Press [originally 1929].

Malpas, J. (2018) *Place and Experience*. London: Routledge.

Relph, E. (1976) *Place and Placelessness*. London: Pion.

Rowles, G.D. (1978) *Prisoners of Space? Exploring the Geographical Experience of Older People*. Boulder, Colorado: West View Press.

Rowles, G.D. (1987) "The Grand Fiction of a Personal Odyssey," *Journal of Environmental Psychology*, 7: 356-365.

Seamon, D. (1976) "Extending the Man-Environment Relationship: Wordsworth and Goethe's Experience of the Natural World," *Monadnock*, 50: 18-41.

Seamon, D. (1987) "Phenomenology and the Clark Experience," *Journal of Environmental Psychology*, 7: 367-377.

Seamon, D. (2015) "Lived Emplacement and the Locality of Being: A Return to Humanistic Geography? " in S. C. Aitken and G. Valentine, eds., *Approaches to Human Geography*. Los Angeles: Sage.

Seamon, D. (1979) *A Geography of the Lifeworld*. New York: St. Martin's.

Seamon, D. (2005). "Goethe's Way of Science as a Phenomenology of Nature," *Janus Head, 8* (1): 86-101

Seamon, D. (2018) *Life Takes Place: Phenomenology, Lifeworlds, and Lived Emplacement*. London: Routledge.

Seamon, D. (2023) *Phenomenological Perspectives on Place, Lifeworlds, and Lived Emplacement: Selected Writings of David Seamon*. London: Routledge.

Seamon, D. and Larsen, T. (2021) "Humanistic geography," in D. Richardson, ed., *International Encyclopedia of Geography* [online]. New York: Wiley.

Seamon, D. and Zajonc, A. (1998) *Goethe's Way of Science: A Phenomenology of Nature*. Albany, NY: State University of New York Press.

Tuan, Y-F. (1976) "Humanistic Geography," *Annals of the Association of American Geographers*, 66: 266-276.

Tuan, Y-F. (1974) *Topophilia*. Englewood Cliffs, New Jersey: Prentice-Hall.

Wright, J. K. (1947) "Terrae Incognitae: The Place of Imagination in Geography," *Annals of the Association of American Geographers*, 37: 1-15.

推荐序

周尚意

本书的学术定位是人文主义地理学的代表性著作之一，它综合了许多人文主义地理学代表人物的观点，有助于读者更为全面地了解人文主义地理学。人文主义地理学20世纪70年代成为当代地理学的重要流派，发展至今，虽然不是主流分析范式，但却也是地理学中不可忽视的研究路径，具有深邃的空间洞察力。然而，这个学术流派并没有被汉语世界的地理学家普遍地接受。其中，不太重要的原因是，其代表性著作很少被翻译为中文（段义孚的著作除外）。更为重要的原因是，汉语圈中的中国大陆地理学家普遍接受的是自然科学训练，加之自然科学基金的资助力度比人文社科基金资助力度高，所以地理学家对人文主义地理学的热情较低。此书中译本的问世，或许会促使汉语世界中更多的地理学家重新思考这种方法论。

显然，本书的预定读者不是中学生，而是受过地理学专业训练的人。这意味着本书不是地理学科普著作。即便是大学地理教授阅读此书，也需要不断地领悟作者文字背后的深义，甚至质疑其观点。而这种不断的反思，恰恰是人文主义地理学所主张的。网络信息搜索功能日益增强，许多知识类信息的传递不再依靠面对面的课堂。这使地理类课程面临挑战，即学生无需过多地在课堂上听教师介绍地理知识，如山脉高度、河流长度等。而传授地理学思维方法开始成为地理课程的“知识硬核”。

人文主义地理学常被认为是文化地理学的重要认识论（Peet，1998：10）。我曾在中国地理学会组织的文化地理学暑期沙龙上，不止一次地提出：文化地理学是地理学的最高境界。之所以这样说，是因为地理学界在不知不觉中交给文化地理学一个任务，即回答“人类希望地球这个人类家园是什么样子”这个问题。如果不回答这个问题，自然地理学所做的全球变化、碳氮循环、生态环境修复就失去了研究的意义，产业布局、城市规划也失去了指引的方向。许多人文社科类学科都试图回答这样的问题，与它们不同的是，文化地理学是从景观和区域的视角思考如何看待和使用地球上的每处景观或每片区域的。人们对某一特定景观或空间的态度和评价很可能不同，由此会形成不同的地方感。文化地理学就是要采用人文主义的方法，找出这些地方感。关于生成地方感，本书有大量丰富的实例，便于读者来理解。例如，本书第十三章介绍了与距离有关的“地方感”。除了身心状态会影响人们对距离的感受，在某地生活时间的长短也会影响人们的距离感。这就像我，初到北京师范大学珠海校区，感觉校园太大了，几个月后则感觉并没有那么大。

人文主义地理学认识论的重要特征是意象性，它来自存在主义和现象学。在意象活动中，建立关系是一个基本原则，这也是存在主义的核心伦理。在意向性行动（关系中的主体性）的考量下，世界不再被理解为各种事物或事件加总而成的简单的物理世界，而是人与周围环境之间的关系所编织的一张网，是与人的意识相关联的客体（Tymieniecka，1962：127）。人文主义地理学从来不停留在一蹴而就的经验主义结论上，而是注重多样的、变化着的地方感。例如，一个人热爱自己的家乡，并不意味着他一定要留在家乡。爱家乡有多种形式。一个人家乡情感的形成，也不一定需要在家乡居住足够长的时间。有时“逃离”家乡，行走四方后，反而更理解家乡的价值或美。不断诠释地方感的这种形成的过程，深思地方感形成过程中的道理，正是人文主义地理学的工作。最近，依据 AI 原理开发的 ChatGPT 成为人们热议的话题，它可以直接生成由“知识链接”搭建起来的文章。我心中有一个疑问：ChatGPT 是否会按照人文主义地理学的认识论来思维？我的大学同学杨红在瑞士做了一个小实验，询问 ChatGPT 如何评价北京师范大学。她问了三遍，得到三个大同小异的答复——所异之处在于句子的顺序、词语的选择。她将三个答案分享到同窗微信群中，同学们马上挑出答案的毛病。例如，在介绍北京师范大学的强势学科时，竟然未提及中国历史、中国文学等。作为聊天工具的 ChatGPT 对北师大的“地方感”，显然与许多北师大人自己的“地方感”不同。ChatGPT 无法诠释不同人的地方感的形成过程和原因。本书第九章就介绍了这个道理。因此，人文主义地理学的思维方法还将是地理课程的硬核内容。

所有地理学者都应该看一下这本书。我们从目录中便可知道，这本书既涉及自然地理学话题，也涉及人文地理学的多个分支，如经济地理学、城市地理学、社会地理学。我认为，中学地理老师也应该读一读此书。可喜的是，中国教育部颁发的 2022 版《义务教育地理课程标准》有机融入了人文主义地理学的思想。在“认识家乡”部分，课程标准提出：让初中生与他人交流各自对家乡的看法，并说明理由，进而要求学生感悟人们在不同体验和感知的背景下形成的对家乡的看法（中华人民共和国教育部，2022：18）。这样的内容打破了中学地理教学只要求识记统一正确答案的模式，开始引导学生不断感悟家乡，进而感知世界。

在当今风云变幻的世界中，人们不得不反思自己对某个地方的地方感是否太简单、太刻板了。在哪里工作最顺心？应该在哪个学校就读？是否需要保护人迹罕至的森林？道路要修在哪里？怎样的城市是宜居的？这些问题都没有最优答案。读者看完此书，或许会发现，本书也没有提供最优答案。人文主义地理学家不会认为自己是最接近“上帝”的人，也不会致力于寻找“上帝”制定的规则，而是不断自省，不断诠释人是如何发展自身的空间观的。

参考资料

中华人民共和国教育部 .（2022）义务教育地理课程标准 . 北京：北京师范大学出版社 .

Peet，R.（1998）*Modern Geographical Thought*. New York：Wiley-Blackwell.

Tymieniecka，A-T.（1962）*Phenomenology and Science in Contemporary European Thought*. New York：Noonday Press.

目 录 Contents

第三部分　一些研究方向 / 285

第一章

前言：地理学中的现代人文主义背景

大卫·莱（David Ley）

赛明思（Marwyn S. Samuels）

> 人文主义者做学问的方法更能迎合未来一代人。
>
> ——詹姆斯·帕森斯

20 世纪 60 年代晚期，社会科学与地理学领域已经酝酿出一些新的 1
现象，质疑既有的范式与分析传统所形成的前设。人文主义目标的树立或人文主义意识的重新觉醒，促使人们反对科学技术的理性成见。人们似乎重新发现了人文主义，它成为指向“人”的地理学的核心所在。

人们意识到人文主义价值的背景和现代人文主义的最初氛围都是负面的，至少是广受批判的。人文主义涉及的东西太多，也太强调伦理道德的价值，再加上无所不能的科学技术的日益发展，它最终成为自己的掘墓人。科学与技术一旦联合起来成为乌托邦社会的引路人，那么必将成为耗尽人类环境的罪魁祸首。此外，科学理性与政治一旦结盟，成为启蒙民主的标志，那么它们也将沦为独裁专制的强大机制。该机制会显得很巧妙，难以让人识破。这恐怕在美国体现得格外明显，如民族事务冲突、中心城市的衰败、异见人士的涌现，还有那场以所谓共同价值为名发动的臭名昭著的战争[①]。这些使启蒙运动为西方文明提供的宝贵财富遭遇了极大挑战，也让西方文明看到了自身的不足。

2 简言之，那个时代言行荒诞，人们只要稍稍敏感于社会和科学之间的细微差异，就不会觉得 20 世纪 60 年代风平浪静，而是会怀疑科学背后的权威、道德与目的——不管其方法如何。这样的怀疑具有深远的意义。事实上，这些既成的科学，尤其是社会科学，不仅固化了现状，而且忽视了针对学术界的道德辩论。学术界人士往往顶着中立、超然、客观的名头开展研究工作。这似乎和学术根本不搭界，更不必说虚伪到了极点——至少相当一部分人是这样认为的。

在这一充满毁灭性的环境中，学术界与政治界发出了积极的声音。人们重新审视起价值观问题，以及那些在“承载着价值观”的科学中长期被忽视的问题。社会主义与世俗的人文主义者加入基督教与犹太教的人文主义阵营中，前者包括让 - 保罗・萨特（Jean-Paul Sartre）、艾瑞克・弗洛姆（Erich Fromm）、莫里斯・梅洛 - 庞蒂（Maurice Merleau-Ponty），后者如雅克・埃吕尔（Jacques Ellul）、保罗・杜尼耶（Paul Tournier）和马丁・布伯（Martin Buber）[②]。同时，马克思主义人文主义学者也加入了这一阵营，像佐尔格・卢卡奇（Georg Lukacs）和莱谢克・柯拉柯夫斯基（Leszek Kolakowski）。他们不仅谴责现代社会中的异化力量和虚无主义，也发出了更具自我意识的哲学之音，倡导积极探索人类存在的丰富性，希望超越分析方法与实证科学的自我束缚与狭隘视野。

---

① 指越南战争。——译者注

② 马丁・布伯：奥地利哲学家、翻译家、教育家，研究集中于宗教有神论。他的思想受到康德、克尔凯郭尔和尼采等人的影响，并影响到存在主义神学家田立克等人。——译者注

对分析方法传统的批判揭示出理性主义抽象方法在关注人性时的大一统，也揭示出理论与实践、标准与实在的大一统。正像赫伯特·马尔库塞（Herbert Marcuse）所言："技术理性已经演变为政治理性。"[1]那些在理论与实践上不遵循理性的人往往既难以获得知识，又难以认清实在。威廉·阿朗索（William Alonso）笔下了无生气的"经济人"，就像巴甫洛夫设想的形象[2]那样苍白，也与威廉·H. 怀特（William H. Whyte）所说的"组织人"[3]相似。[4]我们最好不要期待这种人能够充分理解深奥之物，更别说理解人类的日常经验体现出的丰富性与多样性了。因此，抗议之声不仅针对技术社会的行为，还针对其认知理论，以及异化的世界观。它们都是技术光环下的产物。

每个人都掌握着不同类别的知识。科学打碎了人性，如同《爱丽丝镜中奇遇记》里的"矮胖子"，所有的技术手段加起来都无法使他恢复原本的样子。哪怕人们努力尝试，比如采用塔尔科特·帕森斯（Talcott Parsons）[5]系统化的理论框架，也只是把人变成了独立变量的函数而已。这种对人切片式的分析肯定是解决不了问题的。20 世纪人文主义复兴的核心目的在于：把人性的碎片重新整合起来，包括人格、心智、情感和思想，甚至包括某些世俗表象和超验意义。这一目的赋予现代人文主 3
义某些 14 世纪文艺复兴时期的特征，即捍卫人类存在的多样性与完整性。

---

① Herbert Marcuse, *One-Dimensional Man* (Boston: Beacon Press, 1964), p. xvi.

② 形容不会对先入为主的想法进行反思与抗辩的人，其反应不经大脑思考。——译者注

③ 怀特在《组织人》中指出：组织人是中等阶层的成员，在整个巨大的自我维持的机构中居于中间地位。他们中很少有人成为高层管理人员，但却"宣誓与组织同命运"，并献身于组织。——译者注

④ William Alonso, *Location and Land Use* (Cambridge: Harvard University Press, 1964); W. H. Whyte, *The Organization Man*(Garden City, N.Y.: Anchor Books, 1956).

⑤ 塔尔科特·帕森斯：美国社会学家，结构功能主义代表人物，早期倾向于建构宏大的社会理论，后期转向探索微观层面的理论。代表作有《社会行动的结构》《社会系统》等。——译者注

一、人文主义的范围与性质

既然我们已多次提到“人文主义”，就应当谈一下何为人文主义，哪怕很简略。[①] 人文主义有很多种定义，每一种都可以追溯至某个特定的思想流派，归入不同的社会与时期。人文主义思想史上出现过犹太教的、基督教的、伊斯兰教的、儒家的、古希腊的、科学的、马克思主义的、存在主义的人文主义，以及其他多种类型。然而，在表面差异的背后，它们有着共通的历史与逻辑要素。对于现代西方人文主义来讲，有些要素是历史的传承，如“人文主义”这个词本身。人文主义知识、艺术和社会运动都源于现代自我意识，而现代自我意识又源于 14 世纪意大利文艺复兴。这样的历史并未表明越久远的哲学与知识（无论是西方还是东方）越不关注人自身，恰恰相反，这表明今天人类对自身的关注是有意无意的传承，早有渊源。

当然，在现代，很难说只有人文主义才对人类的处境抱有极高的兴趣。事实上，文艺复兴时期的人文主义者之所以热衷于古典文学与艺术，原因在于它们流露出人类中心主义的倾向。但是，在这些人看来，文艺复兴与古典人文主义颇为不同——前者旨在关注人自身，并努力诠释与捍卫这样的视角。古典主义思想家，以及同时代近东和印度、中国等国的思想家则将人文主义视为理所当然。他们可能会采取某些术语来表达“人文主义”，并规定一种人文主义视角，认为与其不符的视角会危害正统思想。

---

① Wallace K. Ferguson, *Individuum und Kosmos in der Philosophie der Renaissance* (Darmstadt: Wissenschaftliche Buchgesellschaft, 1963)；Ernst Cassirer, *The Logic of the Humanities* (New Haven: Yale University Press, 1961) and *An Essay on Man: An Introduction to a Philosophy of Human Culture* (New York: Double-day, 1953)；D. Weinstein, “In Whose Image and Likeness? Interpretations of Renaissance Humanism,” *Journal of the History of ideas* 33, no.1 (January/March 1972): 165–176.

以苏格拉底和柏拉图为例，他们坚持让所有思想（如科学与艺术）都以伟大的自我认识为目的。希腊艺术与科学几乎时时处处都体现出对人的启迪。人类中心主义盛行着把人的世界视为中心的感受与意识（如“文明世界”或“被认识”的世界）。诸神包括宙斯则在逃避希腊人身上 4
的人类中心主义倾向。这样的倾向不是指炫耀人的特殊性，而是指学习、认识、理解世界和宇宙的过程可以为人类带来更多关于人与世界之关系的智慧。希腊人高举智慧本身，而不是人自己。后来出现的犹太教或早期基督教人文主义（在历史上与希腊主义有关）也很少考虑人的优先地位，更多是让人认识到自身的短暂性。中国的人文主义具有同样的特征。例如，在儒家看来，人文主义作为一种社会伦理，强调在处理人与自然、人与人之间关系的过程中实现一种文化的规约，这可能是其逻辑发展的产物。

总之，古代的人文主义并不认为人是一切存在的终极目的。亚里士多德在《尼各马可伦理学》（*Nicomachean Ethics*）中清晰地指出，以人为终极目的的观念是荒谬（不符合逻辑）的。这种取向更明显地体现在犹太教与基督教的最高信仰对象上帝而非人类身上。上帝被视作万事万物的起源与终结。有人可能会指着《创世记》第一章说，人是上帝的最高杰作，但是他忽略了《创世记》第二章里人的堕落，以及整部《圣经》反对异教徒高举人类自我的思想。我们从挪亚方舟的故事里可以看出，人类顶多是上帝所造之物的管家，而不是主人。同样，在基督教看来，只有一个人称得上是圣洁的[①]，那个人是独特的存在。即便他的存在让人们知晓自己可以像他一样圣洁，但基督教的救赎信息，比如说希伯来《旧约》，也让人明白自己不配得到那样的尊荣。儒家人文主义尽管很少考虑超验意义，但也极少主张人类主宰大地或万事万物皆为人类利

① 指耶稣基督。——译者注

益服务的思想。事实上，唯独科学人文主义宣称人类至高无上，关于人类意义的重大辩论亦由此展开。

二、文艺复兴与科学人文主义

有意思的是，20 世纪晚期的人文主义同 14 世纪的文艺复兴存在密切的联系。两者不仅在基本内容上相互关联，在文化脉络上也非常相似。意大利人文主义者，如“人文主义之父”彼特拉克（Francesco Petrarca），针对中世纪基督教统治下人文主义的衰退与没落发动了人文主义革新；20 世纪的人文主义者则针对科学主义的兴起导致文艺复兴式的人文主义衰落，摆出了反抗姿态。此外，它们都在自我意识的基础上对人类的环境投以根本性关注。如果说，文艺复兴时期的人文主义是为了突破中世纪经院哲学的狭隘框架，以一种崭新的方式看待艺术、文学、科学，尤其是历史；那么 20 世纪的人文主义则是为了突破逻辑实证主义与科学的方法论局限，去探讨美学、文学、语言、伦理与历史的意义。不管是 14 世纪还是 20 世纪，都不存在某种行动准则或思想范式能事无巨细地描绘出人类的行为。那种总体性的人文主义不仅传达出对人类主体性的兴趣，还极力描绘这样的兴趣。

按照肯尼斯·克拉克（Kenneth Clark）的说法，意大利文艺复兴时期的人文主义者彼特拉克是“第一位现代人，他的好奇心、怀疑精神、进取精神，以及内心的抱负与自觉……使他成为现代人中的一员”[1]。彼特拉克可能是第一位表达景观情感的西方人，也首次传达出艺术与自

① Kenneth Clark, *Landscape into Art* (London: John Murray, 1949), pp. 6–7.

然的现代人文视角，即从远处观看景色，并以“参与”的角度观察并理解自然。彼特拉克是登上高峰鸟瞰的先行者，并公开宣扬自我发现的视角所具有的优势。当彼特拉克站在隆河谷（valley of Rhone）的高处鸟瞰时，他想起圣·奥古斯丁（St. Augustine）在《忏悔录》（*Confessions*）里的一句话：“人们赞赏山岳的崇高……却把自身置于脑后。”[①] 他“赏足了山岳的风景”，感到心满意足，“然后把目光转向了内心（自我）”。肯尼斯·克拉克准确地分析道，没有什么比彼特拉克的自我反省更能“给人一种清醒的心智与观念，创作出中世纪晚期的风景画了”[②]。进一步讲，人文主义者自觉的内省为艺术、文学、科学与神学开辟了新的风景，也全副武装了人类追求理解的事业。

伴随文艺复兴时期的人文主义勃兴，其捍卫人类的立场，对人之能力的褒扬，尤其是对语言与历史的赏识，都是本书力图阐释的内容。然而，我们也应注意，当人文主义开始演变为僵化的信条，复辟为某种经院主义时，它必然暴露出自身的矛盾。对于20世纪的人文主义而言， 6
最令人担忧的莫过于文艺复兴式的内省逐渐被科学的虚无人文主义及其理论取代。

从文艺复兴到科学人文主义，“空间”在这一变迁中起到的作用比较有限。汉娜·阿伦特（Hannah Arendt）等人认为，这种变迁的主要原因在于观看的视角从古典的人类和地球中心主义转变为哥白尼与伽利略的日心说。这样的转变是人文主义式的，因为伽利略的核心主张不仅在于地球围着太阳转，同时也表明人类可以依靠自己的感官（当然需要借助望远镜）对日心说进行验证。中世纪教会势力厌恶的不仅是哥白尼的观点，还包括伽利略的经验性验证。这种验证有点像异教的人文主

① 参考周士良译《忏悔录》。全句为：“人们赞赏山岳的崇高，海水的汹涌，河流的浩荡，海岸的逶迤，星辰的运行，却把自身置于脑后。”——译者注

② Kenneth Clark, *Landscape Into Art*（London: John Murray，1949），pp.6–7.

义，直接挑战人类的感官（而非自然）是罪恶之源的教义。[①] 伽利略的验证包含人文主义的方法，但还不至于得出人文主义的结论。日心宇宙模型让人类的注意力从古典的犹太—基督教人文主义那里移开。此外，经验主义的方法仅仅是科学逻辑发展的附属物，多得益于笛卡尔（Descartes）的理性主义。在笛卡尔那里，我们也能管窥现代科学的虚无人文主义思想。

科学人文主义的负面内涵体现在多方面。最初，笛卡尔“我思故我在”（或“思即存在”）的著名论断为西方人文主义历史开辟出新的维度。它引发了对存在本身的基本怀疑，以及对个体存在的存在性怀疑（existential doubt）。此后，西方科学与哲学的核心问题是如何证明存在以及个体自我的存在。当然，这些证明在科学哲学中必然会借助逻辑方法，这一方法也是从笛卡尔那里发展来的。但就其本身而言，该方法是反人文主义的。

在这里，我们没有必要一一揭示理性主义方法中的反人文主义特征。当然，自笛卡尔以来，计量方法所具有的还原论是它的一个重要特征。另一个重要特征体现在斯宾诺莎关于价值无涉地追求科学真理的名言中——“不要笑，也不要哭，更不要诅咒，只要理解就好”（non ridere, non lugere, nequedestastari, sedintellegere）。就像康德清晰阐述过的，一旦展开分析，科学逻辑便只要求获得现象层面的知识（可被定量测度的事物），并把这些事物同伦理的、道德的和超验的意义王国
7 分割开来。从此，目的论——对存在的意义和目的的追寻，尤其是人类的目的论，便沦为神学家和神秘主义者的工作，被归入“不靠谱”的类别当中；相反，科学则致力于寻求逻辑真相。

---

① Hannah Arendt, *Between Past and Future (New York: Viking Press 1961)*, pp. 265–280; A. D. White, *A History of the Warfare of Science with Theology in Christendom*, vol. 1 (1896; New York: Dover, 1960), pp. 114–170.

到了 19 世纪，科学开始更加明确地把人当作分析对象。实证主义的社会科学（与 18 世纪理性主义的自由观念相混合）先天就带有人文主义倾向。人再次被放在了焦点位置。但是，即便科学对人的定义没有发生变化，它理解人的方法却对人的价值构成了侵犯。概言之，人被“自然化”了。人被当成了一种自然物。约翰·穆勒（John Stuart Mill）关于方法论的名言指出，没有一种特定的分析方法或理解逻辑可以把人放在与自然相对立的位置上。此观念影响了 20 世纪马克斯·普朗克（Max Planck）在同样重要的名言中总结出来的逻辑特征。普朗克意在强调，科学的方法在于对所有事物的理解都要去除人性化要素。①

去除一切人性化要素的过程（当然理智本身还是要保留的），对现代科学提出的要求就是单纯地承认人类只是环境的产物（不管是物质层面还是社会层面）；要理解人，就只能在现象关系的层面上展开，而该层面的意义是完全符号化的。实际上，意义的问题超出了符号逻辑的管辖范围。不管是在超验的、目的论的层面，抑或是在单纯伦理层面，意义都不再是科学关心的问题了，而是艺术、宗教以及非理性哲学关注的问题。其结果就是路径的分歧，包括解释（explanation）与智慧（wisdom）的分歧、客体与主体的分歧、技术与人的分歧，最终导致科学和人文之间出现根本分歧。

该分歧具有讽刺意味，因为它是人类自己造成的，也是 20 世纪人文主义者受到指摘的主要原因。人类，至少是现代人，越来越表现出对人性中某一部分的拒绝态度。人们把人性的这一部分摆到了伦理道德的审判台前，甚至让粗陋不堪的情感去进行审视。与此同时，技术的力量也遭遇了危机。人文主义一直都在反对人类的这种自我拒绝，反对技术

① Max Planck, *The Universe in the Light of Modern Physics* (London: Allen & Unwin, 1937); quoted in Arendt, *Between Past and Furture*, p.260.

和人性的分离。在这个领域，20 世纪的人文主义发起了一场战争。人文主义运动的目的，一方面在于把人——连同人具有的思考能力——带回到事物的中心位置（这种思考能力既创造了世界，又被世界创造）；另一方面在于通过对“作为人有何意义”这一问题更加自觉的思考来丰富人类经验。

三、地理学现代人文主义

8 20 世纪的人文主义运动造成了纷繁复杂的结果，并明显体现在社会科学与社会理论中。总体来讲，这场运动借助了存在主义与现象学的认识论，以及马克思主义的人文主义认识论。马克思主义人文主义既源于马克思的早期著作，也基于卢卡奇和赫伯特・马尔库塞的新马克思主义思想。在心理学与精神治疗领域，该认识论借助宾斯万格（Bindswanger）、马斯洛（Maslow）、罗杰斯（Rogers）以及为大众所知的罗洛・梅（Rollo May）等人的作品找到了自身的表达方式。在社会科学领域，阿尔弗雷德・舒茨（Alfred Schutz）和卡尔・曼海姆（Karl Mannheim）的先驱之作，以及年轻一代的社会学家如彼得・伯格（Peter Berger）的作品，都对这样的认识论给予特别关注。在更为广泛的经济、社会评论领域，雅克・埃吕尔和他的后继者著作颇丰，其中正统派系包括肯尼斯・加尔布雷斯（Kenneth Galbraith）和罗伯特・海尔布罗纳（Robert Heilbroner），非正统派系包括西奥多・罗扎克（Theodore Roszak）、保罗・埃利希（Paul Ehrlich）、拉尔夫・布朗（Ralph Brown），以及罗马俱乐部的参与者。这场人文主义运动也在全面的历史与哲学批判中找到了自身的表达方式，如林恩・怀特（Lynn

White)、约翰·帕斯莫尔(John Passmore)、利奥·马克思(Leo Marx)和威廉·莱斯(William Leiss)就针对人与自然的关系展开过批判。

何为现代地理学？人文主义传统，尤其是20世纪的人文主义运动如何进入了地理学家的作品，并给这些作品带来重大影响？人文主义传统毫无疑问地体现在保罗·维达尔·德·拉·白兰士(Paul Vidal de la Blache)和法国学派的研究风格里。我们也能在环境和地方意识的文献里发现人文主义与地理学之间的某些关联。这类文献包括：J. K. 怀特(J. K. Wright)关于地理知识、观念与印象之历史研究的论文；大卫·洛温塔尔(David Lowenthal)的认识论思考和传记研究；卡尔·索尔(Karl Sauer)、安德鲁·克拉克(Andrew Clark)、唐纳德·米尼格(Donald Meinig)和保罗·惠特利(Paul Wheatley)对景观意象与意义的历史文化研究；段义孚对地方依恋与环境态度所做的知识、心理与文化背景的广泛考察；克拉伦斯·格拉肯(Clarence Gracken)提出的人与自然的关系所引发的西方观念史体现着文艺复兴式人文主义的现代变迁，既广博又系统。如果还有人怀疑地理学家是否有能力及愿望以人文主义的方式开展研究工作，那么上述事例足以消除这些无端的怀疑。

这群学者热情固然可嘉，然而除了少数段义孚这样的杰出者外，他们在地理学偏社会科学这一侧表现得并不那么突出，也没有直接参与关
于人文主义与科学理性关系的这场20世纪大辩论。就像安德鲁·克拉 9
克所言，当有人请他做关于人文主义的概述时，他发现“方法论既不是我的热情所在，也不是我的长项”[①]。克拉克的意思可能是，对于地理学

① Andrew H. Clark, "The Whole is Greater than the Sum of Its Parts: A Humanistic Element in Human Geography," in D. R. Deskins, G. Kish, J. D. Nystuen, and G. Olsson, eds., *Geographical Humanism, Analysis and Social Action* (Ann Arbor: University of Michigan Press, 1977), pp. 3–26.

界最近兴起的人文主义浪潮所引发的认识论与方法论问题，传统地理学中的人文主义者并不是特别在行。

地理学中弥漫着一股强调分析技术的气息，关于它的目的与方法，应该有不少争论，但是由于地理学界的传统人文主义者渐渐习惯于接受科学与人文之间的差异，以及对哲学问题不太感兴趣，他们几乎都倾向于回避这样的争论。很多地理学家同时也是社会学家，他们想要调和科学与人文之间的冲突，消除分析技术造成的虚无主义。尚未秉持人文主义视角的学者则肩负起发现更新更强的理论模型以应对人文主义挑战的任务。某些历史地理学家可能因为不涉及此类问题而袖手旁观，但社会地理、文化地理、行为地理、经济地理、政治地理或更广泛的人文地理领域的学者在地理学和社会科学的关系方面却无法置身事外，尤其是他们的主张或出发点都与社会学有着不可分割的联系。

简言之，为了发现地理学中的人文主义知识内核，我们不仅要追溯它的前身与起源，还要考察它演进、适应与形态的变化。我们需要从那些分析“人文”地理学与社会“科学”之间关系的著作入手，转向安·布蒂默（Anne Buttimer）、段义孚、古纳尔·奥尔森（Gunnar Olsson）、朱利安·沃尔伯特（Julian Wolpert）的作品，其他还未确立自身学术地位但依然重要的地理学者的著作，以及地理学传统人文主义中最具代表性的著作。不能忽略的是，地理学现代人文主义的根本目的是调和社会科学与人、解释与智慧、客观与主观、唯物论与唯心论之间的冲突。

我们远未实现这样的目标，相反，尽管地理学界已经产生具有人文主义思想的文献，但有三个问题依然很突出。首先，怎样的认识论才是恰当的？更宽泛地讲，这是地理学的人文主义哲学需要澄清的问题。其次，虽然已经有一套认识论或本体论原则，但仍需要进一步发展方法论。最后，假设已经找到了特定的方法，我们依然需要思考如何才能对人类生存之地进行本质式理解。关于这三个问题，我们还有很多工作要做。本书看起来不像是针对这些宏观问题的最终解答，更像是朝着实现地理学现代人文主义迈进的充满希望的步伐。

四、人文主义地理学：前景与问题

关于本书的初衷，有必要介绍几点。作者需要按照预定主题提交一 10
篇论文，因此，本书收录的论文都是新鲜出炉的。在写作和编辑的过程中，个别主题出现了方向性的改动，不过大部分文章反映的都是最初的意愿，即在地理学的认识论、方法论和实质贡献方面提供人文主义思考的完整横截面。

我们没有刻意践行特定的主题与范式，也没有规定唯一的人文主义内涵。相反，虽然我们希望通过主题设计形成一种认知上的统一，但每篇论文的基本概念，以及这些论文在更广阔的人文主义背景中究竟扮演怎样的角色，则留给了每位作者自行处理。作者们事先并未沟通过，但都会围绕同一个中心来展开论述。话题呈现的多样性也让人欣喜，因为这些论文实际上被汇集到了一个特定的关乎人类生存之地的主题中，即实现地理学科学与艺术之间的调和。为了满足学生的学习兴趣，也为了让读者更好地理解本书主题，我们把这些论文分为三类，而且这种分类是可以变通的。认识论的问题，尤其是从社会科学传统中延伸出来的问题，很容易模糊地融入方法论的问题中，如果不展开实质评价，就会失去意义。结果就是问题之间界限模糊，某些问题既可以融入相近的问题，也可以归于先前的问题。

五、人文主义地理学的认识论

本书中有几篇论文都明说暗表，人文主义视角萌芽于法国人文地理学传统，代表人物是白兰士。然而，布蒂默却在第四章里声称，我们不能认为简单回溯到白兰士就万事大吉了。在知识的优势上，白兰士的人文地理学也存在重要的欠缺。这些欠缺对现代地理学来讲有很大问题。
11 从生存论的角度来看，白兰士生活的世界并非我们当前的世界。稳定的乡村社会完全围绕着其所处地方（pays）的物质地理环境而展开，当地人“与环境融为一体”。这样的环境在今天的西方社会中已经消失了。

白兰士地理学的另一大严重不作为，就是对认识论问题始终保持缄默。不然，他就能打下完好的哲学基础了。就像伯都莱（Berdoulay）在第五章里针对白兰士与涂尔干（Durkheim）之间的辩论分析道，法国地理学家对方法论层面的论争毫无兴趣。有意思的是，这样的态度又被卡尔·索尔和他的学生们继承了。他们在努力让美国学派靠拢法国区域地理学家的人文主义思潮时，同样对认识论产生了绝缘心态。这种对认识论的无知（naiveté）主要源于 20 世纪 60 年代人文主义者没有成功地抵御实证主义思潮。在有选择性且肤浅地采用科学哲学文献的基础上，实证主义者吓倒了这群哲学造诣仅限于理查德·哈特向（Richard Hartshorne）的《地理学的性质》（*The Nature of Geography*）的地理学家。因此，法国社会科学理论界中涂尔干胜过白兰士的故事，随着空间分析学派在人文地理学中霸权地位的确立而在 20 世纪 60 年代再次上演。

人文主义立场的一个重要特征是人类中心主义。存在主义、现象学以及以人为主体的哲学为人类中心主义提供了恰当的原则。赛明思在第二章里谈到了空间是如何在存在主义的语境下变为地方的。“空间”这一抽象概念衍生出意义的维度，“距离”也成为对人类关系与相互疏离程度的表达。客体不能脱离主体而存在，无论是在思想上还是在行为上，任何一种现象都隶属于人类的意识领域。所有行为与事实都能体现作者的意图。就像莱在第三章里所指出的，主体处于科学概念之下和显而易见的客体之后。甚至地理学家的位序规模法则也是社会科学的产物，其中包含“人文主义的测定系数”(humanistic coefficient)。

人文主义立场的另一个认识论特征是整体性(holism)。它不同于把现象从其所处背景中分离出来的虚假分析。布蒂默概述了人文地理学中白兰士的整体视角，对我们的研究提出了挑战，认为我们的研究不应该弱于白兰士的整体性。这种整体性不是指一种系统分析的抽象整体论；而是指这种综合的过程并非功能性的而是辩证性的，并非抽象性的而是历史性与实地性的。法国学派关于地方的著作和罗伯特·帕克(Robert Park)的城市社会学派关于社会世界的研究，均强调人与环境之间动态的、自然生发的相互关系，以及作为背景的地方。正是由于城市是“自 12
然的产物，尤其是人类属性的产物”，帕克才说：“人类在建造城市的同时也重塑了自己。”[1] 在城市社会里，显而易见的事实是社会建构的过程，但这样的过程往往被视为理所当然，并未受到关注。人与环境的关系是辩证的。人文主义的视角没有为“被动的人类”这一观念留下任何余地，也不会把人类置于环境的专制之下。反过来，因为受制于结构性的具体环境，并对自身受到的各种限制毫无察觉，所以人类并非完全自由。就像本书的几篇论文所提到的(如第二、第三、第四章)，我们需要平衡处理意识与环境之间的关系，避免过度的唯心主义与过度的唯物主义。

① Robert Park, “The City: Suggestions for a Study of Human Behavior,” *American Journal of Sociology* 20 (1916): 577–612; Robert Park, “The City as a Social Laboratory,” in T. Smith and L. White, eds., *Chicago: An Experiment in Social Science Research* (Chicago: University of Chicago Press, 1929), pp. 1–19.

地理学吸收了涂尔干而非韦伯的模式，这最明显地体现在经济地理学中。华勒斯（Wallace）在第六章中对实证主义社会科学抽象化与僵化的分类颇有微词，后者在长达 20 年的时间里成为经济地理学的典型研究模式。在此，技术神话继续蔓延，但无法回答人类与环境关系中最紧迫的问题。由于具体环境不同，人与环境的关系也呈现出不同的特征，而这正是实证主义存心要移除的。技术理性制定的政策本身就是一种意识形态。它隐藏了问题的多样性，也经常被技术掩盖的价值观挑战。同样，由于社会地理学（第三章）关注环境的现实问题，这样就能解释仅靠经验的实证抽象无法理解的问题，如犯罪与贫困地理学所关注的问题。

奥尔森在一篇反传统的文章里提到一种偶发的行为，挑战了在严格的认识论下对理论与实践做出的抽象阐述与分类（第七章）。被僵化的分类描述出来的社会，纯属观察者置身事外的虚构与捏造。如果进行参与式观察，我们不仅能发现其中的确定性、必然性与不变性，还能发现其中的不确定性、偶然性和多变性。奥尔森认为，我们僵化的思维和语言分类是非人格化的。他尝试引入超现实主义者对形式（在此是语言）的攻击，把被禁锢的意义释放出来。难以解决的矛盾还在于，攻击使交流本身陷入险境，因为意义只能借助正式的表达来获得明晰性和可传达性。

奥尔森的文章之所以是反传统的，是因为它的目标是“自反性的”
13 （reflexive），即先把自我有意识地从经验领域迁移到理论领域，再回溯到经验领域。如同奥尔森的理论贯穿于日常生活，论点也在同理论一致的语言中被提了出来，其中同样贯穿于日常生活。布蒂默也提倡这种研究者的自觉态度，认为这种态度能够帮助我们拆毁自身所处背景的教条与准则。换句话说，人文主义者尽自己所能去发现价值，而主体的动机也能自反性地适用于研究者。揭示价值不一定是为了在依据存在主义与现象学原理进行计算后做出决策，而是一种存在性的需求，目的是责任、选择与委身。如果这种做法对于存在性来说是不可或缺的，那么一个人就需要在别的地方寻找道德标准。在此，不同的道德传统提供了不同的答案。在这些传统里，华勒斯认可犹太—基督教的伦理观，以此应对现代社会道德的模棱两可。华勒斯是参照神圣的启示来构建自身认识论立场的。虽然从其他认识论角度来看，这既不合情理又守旧，但是在认识人类经验世界的问题上，这却显得宽广丰富。

六、人文主义地理学的方法论

认识论的主题会不可避免地影响到方法论的策略。探索主体的意义指向一种经验主义的路径，法国学派与芝加哥学派的大量著作充分阐释了这样的路径，并集中体现在托马斯（Thomas）和兹纳涅茨基（Znaniecki）的《欧洲和美洲的波兰农民》（*The Polish Peasant in Europe and America*）这类著作中。这本厚达 2 200 页的关于移民体验的著作，从搜集资料到出版用了十多年时间。可见，只有大量的经验研究才足以达到诠释的目的，狭隘的经验主义根本无法实现这一点，因为它只强调“对具体环境下定义”的研究，几乎看不见社会结构与意识形态中潜藏着的关键问题。

尽管如此，经验主义如果用在某些简单实用的计量工作中，还是很有价值的。就像哈里斯（Harris）在第八章里所指出的，人文主义的方法与量化的方法不一定总是相互冲突的。对于量化的方法而言，人文主义的方法很实用；一旦去除量化带来的迷思，人们就能自由且因地制宜地选取各种技术了。由于人们更渴望理解当下而非预测未来，因此，研究本身更多沉浸在问题以及问题所在的背景之中——在白兰士与索尔所
14 提倡的传统里，它指对一个区域和特定历史的敏感性。哈里斯认为，只有通过这样的训练，才能具备足够的经验与判断力去有效进行诠释。

在诠释的过程中，一条重要的线索在于景观本身。人文主义方法常常不拘一格，开展诠释的原始材料（从档案研究到参与式观察）也多种多样。这些方法都汇集到某个地方的群体和他们所占有的景观里。吉布森（Gibson）在第九章揭示景观的象征意义时，对社会的主导价值观与信仰有所挖掘，讨论了韦伯的诠释理解（verstehen）。盖佩尔（Geipel）在第十章指出了外业工作与地图在开展诠释工作时的重要作用。这种诠释工作也被沃尔夫冈·哈特克（Wolfgang Hartke）所领导的德国人文地理学派践行着。盖佩尔还揭示出过度依赖景观作为线索的弱点——强化了天主教的方法论。

当吉布森的论述从历史景观转向现代景观时，他的方法也从考察文献转向了参与式观察。罗勒斯（Rowles）在第十一章探讨经验性的外业工作时，超越了传统的参与式观察法。罗勒斯认为，抽离式的研究会对研究本身构成障碍，除非研究者能将自身建构成内部观察者；只有呈现出自身的主体性，研究者才能理解他者生活世界里的主观意义。罗勒斯在自己的经验研究里发现，研究者自己作为显性的客体与研究对象产生上述关系时会引发争论，也要承担某些道德责任。

罗勒斯认为，开展诠释工作时，需要特别注意理解他者习以为常的日常世界，给予经验性的洞见以深度，但这样的深度是以牺牲广度为代

价的。这不仅是样本量的问题，更涉及样本的代表性问题，研究者只能通过知情判断（informed judgement）来获得结论。段义孚在第十二章里指出，特殊行业的人——艺术家——也需要对日常生活与地方经验中主观的意义进行深度的细节探索。当样本欠缺代表性时，可以用深度来弥补，但这需要研究者对艺术与经验之间的吻合度展开审慎的判断与调整。尽管经验与艺术之间能够尽量吻合，但空间经验与传统制图学之间的吻合度并不令人满意。伍德（Wood）也对此进行了探讨，提出了与制图相关的探索性建议。这些建议对人类中心主义观的空间而言具有较高的可信度。

七、人文主义地理学的研究方向

通过以上论述，我们可以看到针对人文主义研究的两种批评论调。 *15*
人文主义研究强调外业工作，而关注“事物本身”可能会让人觉得像是肤浅的经验主义——仅仅罗列事实而缺乏后续的挖掘与整合。由于重视经验所处的具体环境，并质疑抽象的研究方式，人文主义者养成了善于批判的习气，对独特和冷门的事物兴趣盎然。很多人指责人文主义地理学家的研究经验虽然丰富了，但总结出的规律并没有变多，批评人文主义地理学家的出发点依然在于归纳总结，哪怕所归纳的东西适用性非常有限。布蒂默观察到，白兰士在开展区域研究后会进行系统化的整合；在涉及文学素材或若干参与者的外业工作里，因为期待获得有深度的知识，所以有时需要建构出理想模型，或者至少提出一种假说，作为比案例研究稍稍迈前一步的成果。即便如此，当人文主义者试图寻找规律甚至进行理论归纳的时候，他们总是没有信心拿出一条亘古不变的法则。对于第二项指责（过于个性化，有时确实如此），应对的方案或许在于，某项研究课题在多大程度上能够成立基于它如何有助于改善我们的日常生活。若按照这样的标准，遭遇挑战的就不仅是人文主义这一研究范式了。

在本书最后一部分，我们能看到人文主义范式的诸多问题。在第十四章里，侯士庭（Houston）认为，人与环境之间的非时间性关系恒久不变，这可以用犹太—基督教伦理的土地观来解释。事实上，在这类领域中，最初的观念被淹没在意识与行动不断演进的辩证关系里，最终成为一种积极的、具有侵略性的意识形态，甚至与最开始的主旨截然相反。在更小的研究领域里，西蒙（第十五章）讨论了歌德如何怀着对大自然的尊重，带着更深刻、更具整体性的意识与大自然接触，以及他所采用的方法。歌德的这些方法或许也适用于现代环境教育。

在第十六章中，索菲尔（Sopher）通过一种更为传统的经验主义研究形态（伯克利学派的特色），考察了对地方进行命名的过程，并回顾了命名如何帮助我们理解先祖的人类中心主义世界，以及命名如何凸显不同文化的不同经验。邓肯（Duncan）的论文主题同样在于地方感的
16 差异化，他把游客的感知与当地人的感知放在一起进行比较。从概念上讲，讨论外乡人的状态更有意义，因为这种状态能引发更强烈的自我意识。然而，游客却总在维护自己的既有观念，并倾向于把现实纳入自己的想象。游客的地方与认同在建构现实的过程中强化着彼此，维持了游客自身的幻想。地方在这个过程中起到了助推的作用。

赛明思进一步地阐述了这种论点。威斯特恩（Western）关于开普敦社会地理学的文章对这一主题讨论得更深入（第十八章）。精英统治阶层信仰的合法化与制度化体现在开普敦社会群体的被迫迁移中。在等

级社会中，空间通过意识形态的特质赋予当地居民某种认同。威斯特恩考察了迁移成本，分析了开普敦有色群体污化的认同。

在本书最后一篇文章里，莱蒙（Lemon）回顾了人类长期的困境：如何寻求个人主义与社群主义之间的平衡？尽管当下知识分子都倡导“公共家务”的概念，但莱蒙通过对多伦多的考察发现，除了少数情况外，很多公共团体都成功解决了传统个人主义中的矛盾。正如侯士庭强调人类与其所处物质环境之间的疏离关系一样，莱蒙在考察了几个城市社区后发现，人们尚未适应社区分离造成的疏远状况。

第一部分

认识论的指向

在不到一个世纪以前，许多有名望的科学家都声称，理解人类环境 19
的要义在于种族与气候。人类的智力、创造力、生产力、行为、文化，尤其是权力，都被视为大自然的赠予。它们都因某种原因清晰地体现在种族与环境中。1904—1905 年，日本在日俄战争中获胜；西方世界信誓旦旦的“种族与环境”体系遭到致命打击，开始慢慢坍塌。20 世纪中叶，经历了两次世界大战和德意志第三帝国的种族大清洗，随着民族自由运动在殖民世界的蓬勃兴起，看似合理的“种族与环境”体系几乎溃灭。尽管种族与气候因素在种族主义与环保主义中依然占有相当的权重，但在历史与理性的考量中，若仍将二者视为理解人类环境的核心要义，就难以自圆其说了。

这里隐含着几个问题。为了理解人类的环境，人们提出了“种族与环境”说。它的出现与式微，不管在逻辑与经验上能否被证实为合理的，都在提醒我们“理解”人类环境是认知系统的一种功能，其正当性与可信度会随着社会环境、经济环境、政治环境、宏观历史环境和知识的变革而不断变化。这样的易变性并不是理解人类环境的过程所独有的，但至少能提醒我们人类知识的重要特征是“自反性”(reflexivity)。比如说，人可以作为一种现象或客体，对自身作为知识拥有者或主体做出的理解行为产生反应。这种自反性在自然界中是不存在的。这意味着人类拥有的认知系统是相互关联的。问题在于，这种关联性有多强，其内容又有多少。

这又指向了另外一个重要问题，即如何理解人类所知的一切事物，尤其是人类所处的环境。我们的认知系统与什么产生关联？我们的观念、感知、想法、言论与主张，或者说，我们关于人类环境（或其他）的观念建立在怎样的经验与逻辑立场上，具有怎样的标准，才能确保我们做
出的判断是正确、有效、合理、可信与可被接受的？这些立场与标准该 20

如何建立，以及以什么样的资源为基础来建立？我们确立自身认知所具有的正当性与真实价值的原则是否稳固？它们是否会随着主体、历史背景、社会风尚、个体偏见或情绪氛围的变化而变化？经验、鉴赏力、想象力甚至直觉会在何种程度上影响我们的判断力？逻辑的连贯性是不是检验真理的标准？就此而言，应该由什么样的人来实施判断？

无论答案是什么，这些问题都偏向于认识论的层面，启发人们思考起源、结构、方法、知识与解释的正当性。它们也是基本的问题，或者说，解决这些问题能为后面的判断提供依据。严格说来，这样的认识论问题是思辨哲学的一个分支，另一个分支则与本体论有关，或者说与存在的属性和起源有关。在传统西方哲学里，关于本体论和认识论二者以谁为尊已经产生了不少争论，而在实践层面，它们各自的差异又在对彼此的依赖中变得模糊不清——我们之所以用“认识论”与“本体论”这两个术语，正是基于这样的背景。

毋庸置疑，当我们忙于给应接不暇的问题寻找解决方法时，基础性的认识论问题肯定会被搁置起来，或被视为理所当然，甚至干脆被忽略。然而，只要认识论能为所有的解释方法设定必要的条件，能为知识确定最终的边界，那么在现代科学理性看来，认识论立场在研究的第一步就需要被澄清，这几乎成为现代科学理性笃信的规则。更普遍的说法是，在最深层次的研究中，人类的知识与认识的形态是由哲学决定的，该哲学关乎人类、自然与生命等存在的问题。这样的“哲学”是如何产生的？它的知识、社会和文化根基是什么？它具有怎样的逻辑架构与体系？它的有效性与正当性何在？它的最终目的是什么？这些都是认识论需要考察的问题。

本书第一部分就涉及这类考察。这部分收录的文章旨在探讨人文主义地理学的哲学基础。它们并不是要做到详尽无遗，也不是必须观点一致。就像前面谈过的，人文主义涵盖的认知范围太广，以至于无法建立单一的认识论立场。尽管如此，如果不同的观点都涉及认识论，尤其是涉及存在主义与现象学的认识论的话，那么我们就能找到一种适合地理学的“关于人的哲学”，这也是本书的编者与作者设想的进路。

这些观点之所以适用于地理学，原因有三。其一，它们都涉及地理学思想史中已经存在的问题，优势在于关注学科传统。它们尤其阐明了人对地方（环境）的感知、依附与使用机制。由于旨在阐明空间与地方的意义，所以它们尤其适用于甚至专属于地理学。其二，它们都以新的方式审视了地理学思想的知识源头，尤其是白兰士地理学思想的知识源
头。其三，后面的文章有另一个适用于地理学的认识论立场，即不管是 21
怎样的地理学内容，目的都是建立一个从地理学的角度思考人类环境的基本标准。这样的标准可以用“以人为本”来概括，强调不管是地方的营造还是知识的演进，都不能脱离人类的目的与价值。因此，在认识论的层面上，人文主义地理学旨在探究并阐明知识与人类利益的关系。一切的社会建构，不管是城市建造还是地理知识的建构，都反映出某个时代和社会的价值观，所以，人文主义哲学会毫不犹豫地拒绝所有关于客观现实的错误论调以及研究人类的“纯”理论。这些论调和理论缺乏自反性，并且不自觉地支持固有的价值立场，自然与自身的追求背道而驰，其中就包括当下流行的实证主义。实证主义造就了一种不自觉的状态，把人的核心——自我认识的能力——排除在外，这是极具讽刺意味的。正如哈贝马斯（Jürgen Habermas）所言：“实证主义拒绝自我反省。”①

结果，人文主义哲学常被定性为实证主义理论的对手，与后者形成认识论上的批判性竞争关系。如果说批判性使人文主义进入了地理学认

① Jürgen Habermas, *Knowledge and Human Interests* (Boston: Beacon Press, 1971), p. vii.

识论的辩论之中，那这可不是人文主义全部的贡献。尽管学术圈不可能完全无视实证主义的影响，但这部分文章都顺带关注了人文主义地理学中弥漫的对实证主义影响力的批判——该影响力始于 20 世纪 60 年代。这些文章阐述了人文主义立场的某些重要特征。读者可以在后面的章节里注意到一些共同的主旨：以意义与经验为中心；在地理学的诠释中，事实与价值、客体与主体、物质与观念相结合；探究背景性与综合性的重要意义，进而表现地理学的整体性；追求逻辑学，由此避免错误的精确性和地理关系静态性；以生活背景出发而非抽象地理解人，更不会把个体视为“总体人”；以及无论环境是物质的，还是像最近地理决定论者所认为的那样是经济的，都不会把人类的自主性与能动性置于环境决定论的视角下去理解。

第二章

存在主义与人文地理学

赛明思（Marwyn S. Samuels）

大约在 25 年前，乔治·泰瑟姆（George Tatham）就指出：“地理 22
学思想史中最有意思的现象，莫过于地理学观念始终是对当代哲学思潮的反映。”[1] 这在今天表现得更加明显。一个显而易见的现象是，地理学是因为哲学思考才成熟起来的。当然，该思考基本上围绕着科学哲学尤其是地理学分析哲学的方法与观点而展开。由于对实证主义方法及其意识形态的不满，加上对“资产阶级科学主义”的不信任，更具人文主义精神的地理学思想兴起了。在现象学、存在主义、马克思主义、被改造的唯心主义，乃至复苏的先验论的指导下，地理学家以及相关科学领域的人士都不约而同地加入一场巨大的智识辩论，焦点是对地理学本身的分析与理解。

我想指出的是，不同的知识分子对哲学思考的敏感度不同，这同时反映出威廉·詹姆斯（William James）所谓刚性（tough-mindedness）

---

① George Tatham, “Geography in the Nineteenth Century,” in G. Taylor, ed., *Geography in the Twentieth Century* (New York: Philosophical Library, 1951), p. 69.

与柔性（tender-mindedness）[1] 之间的差异。[2] 在多元主义盛行的时代，实用主义的道德要求人们以开放的心灵去面对这样的差异。但人们也可能误以为，在百花齐放的时代，各种观念相互之间不会产生竞争与冲突。事实正好相反，作为一门研究人类的学科，地理学前沿思想起码已经挑战到——暂且说不上背离——客观的与价值无涉的精神，也挑战到严格的计量科学。

对于威尔伯·泽林斯基（Wilbur Zelinsky）等人来讲，这样的挑战部分属于科学理性、技术发展与进步观念所带来的“信仰危机”。对另
23 一些人，像莱斯利·金（Leslie King）而言，这些挑战直接威胁到爱德华·阿克曼（Edward Ackerman）早期所定义的前沿领域，乃至一批空间分析学派学者的成果，包括布莱恩·贝里（Brain Berry）、沃尔特·艾萨德（Walter Isard）、彼得·哈格特（Peter Haggett）、彼得·古尔德（Peter Gould）、奥尔森以及 1969 年的大卫·哈维（David Harvey）。尽管尚无文献记录，但称上述研究作为特定的范式开始式微并将被“人文主义”的方法取代的流言蜚语已经传开了。或许，引发地理学知识界骚乱的不在于哪一种范式更具优势——泽林斯基把眼光放在了学术大环境上，他的视角应该更对路。[3]

---

① 詹姆斯把理性主义的气质称为柔性的（tender-minded），把经验主义的气质称为刚性的（tough-minded）。在詹姆斯看来，与理性主义关系密切的或者属于柔性气质的哲学包括理智主义的、唯心主义的、乐观主义的、有宗教信仰的、意志自由的、一元论的和独断论的；与经验主义关系密切或者属于刚性阵营的哲学包括感觉主义的、唯物主义的、悲观主义的、无宗教信仰的、宿命论的、多元论的和怀疑论的。——译者注

② William James, “Pragmatism and Humanism,” in J. K. Roth, ed., *The Moral Philosophy of William James* (New York: T. Y. Crowell, 1969), pp. 312–326.

③ Wilber Zelinsky, “The Demigod's Dilemma,” *Annals of the Association of American Geographers* 65 (1975): 123–143; Leslie King, “Alternatives to a Positive Economic Geography,” *Annals of the Association of American Geographers* 66 (1976): 293–318; David Harvey, “Revolutionary and Counter-revolutionary Theory in Geography and the Problem of Ghetto Formation,” *Antipode* 4 (1972): 8; Eric Weil, “Science in Modern Culture, or the Meaning of Meaninglessness,” *Daedalus* 94 (winer 1965): 171–189.

或许，我们最好将这一更宏观的学术环境定义为“新人文主义”（neo-humanism），尽管不是所有人都会赞同这一定义。新人文主义强调价值层面的研究，追求主体性的意义，其前沿思想通常以唯心主义的面貌出现，尤其是以现象学、存在主义与唯我论（solipsistic）的面貌出现。[①] 也有人总结说，地理学新人文主义太强调地方依附和思考地方的意义，在心灵积淀上投入了过多的理性主义。[②] 简单来说，地理学新人文主义似乎意味着主观主义、唯心主义乃至情感主义的兴起。

地理学的人文主义传统比第一部分的引言介绍的其他学科更加复杂。我们不妨回顾一下安德鲁·克拉克对人文主义与历史地理学的诸多论述，它们表明，不可能仅依照一种方法就划定人文主义的边界。[③] 现象学、存在主义与马克思主义的方法和目的不会以单一的思考与行为模式出现，它们会层层叠加在普遍的人类中心主义的基础上。所以，认为它们是唯心主义和主观主义并不合理。这些方法都体现出卢卡奇批评过的介于唯心主义和唯物主义之间的“第三条哲学道路”。[④]

---

① J. N. Entrikin, “Contemporary Humanism in Geography” , *Annals of the Association of American Geographers* 66 (1976): 615–632; J. N. Entrikin, “Geography’s Spatial Perspective and the Philosophy of Ernst Cassirer,” *Canadian Geographer* 21 (1977): 209–222; Mark Billinge, “In Search of Negativism: Phenomenology and Historical Geography,” *Journal of Historical Geography* 3 (1977): 55–67; Leonard Guelke, “An Idealist Alternative in Human Geography,” *Annals of the Association of American Geographers* 64 (1974): 193–202.

② Yi-Fu Tuan, “Place: An Experiential Perspective,” *Geographical Review* 65 (1975): 151–165; Yi-Fu Tuan, “Space and Place: Humanistic Perspective,” in *Progress in Geography,* vol. 6 (London: Edward Arnold, 1974), pp. 213–252; Anne Buttimer, *Values in Geography,* Association of American Geographers Committee on College Geography Resource Paper no. 24 (1974).

③ A. H. Clark, “The Whole is Greater than the Sum of Its Parts: A Humanistic Element in Human Geography,” in D. R. Deskins Jr., G. Kish, J. D. Nystuen, and G. Olsson, eds., *Geographic Humanism, Analysis and Social Action: Proceedings of Symposia Celebrating a Half Century of Geography at Michigan,* University of Michigan Department of Geography Publication no.17 (Ann Arbor, 1977), pp. 3–26.

④ Georg Lukacs, *Marxism and Human Liberation* (New York: Dell, 1973), pp. 244–245.

如果说卢卡奇错误地认为马克思主义一直回避对“第三条哲学道路”的寻找，那么他至少正确地断言了现象学与存在主义都旨在界定“存在”（existence、reality、material condition）与“意识”（mind、idea、image）之间的关系。两者的公理即“没有离开意识的存在，也没有离开存在的意识”。然而，这一公理并不像卢卡奇所指出的那样，仅仅是“唯心主义的一种变体，承认存在建立在意识的基础之上”[①]，它同时也是唯物主义的变体，承认意识建立在存在的基础之上。这一认识论的公理旨在克服二元论，至少从康德以来，西方思想家对其进行过大量讨论。

事实上，由胡塞尔（Husserl）所定义的现象学方法最终关注的是
24 “本质的直观”。除了强调内在的反省外，该方法也在为先验唯心主义提供辩护。[②]由于坚持对现实事物（存在）进行“悬搁”，现象学忽略了分析哲学中的观念论，以及整个科学界的传统。[③]此外，如果认为现象学与存在主义只是唯心主义的一种变体，那么不仅忽略了存在主义所坚持的立场，即“存在先于本质”，还忽略了一个事实，即不少存在主义者（如梅洛 - 庞蒂、萨特）都在寻找现象学与存在主义同唯物的马克思主

① Georg Lukacs, *Marxism and Human Liberation* (New York: Dell, 1973), p.244.

② J. J. Kockelmans, “Husserl's Transcendental Idealism,” in Kockelmans, ed., *Phenomenology: The Philosophy of Edmund Husserl and Its Interpretation* (Garden City, N. Y.: Doubleday, 1967), pp. 183–193; J. M. Edie, “Transcendental Phenomenology and Existentialism,” pp.237–251; Alfred Schutz, “Phenomenology and the Social Sciences,” pp. 450–472; Maurice Merleau-Ponty, “Phenomenology and the Science of Man” and “The Crisis of Understanding,” in *The Primacy of Perception and Other Essays,* ed. J. M. Edie (Evanston, Ill.: Northwestern University Press, 1964), pp. 43–95, 193–210.

③ 借助符号学的逻辑，同样能实现对“现实事物”的“悬搁”。参见 R. D. Runes, ed., *Dictionary of Philosophy* (Paterson, N. J.: Littlefield, Adams, 1962), p.194; Charles Morris, *Signification and Significance* (Cambridge, Mass.: MIT Press, 1964), pp. 49–80; R. B. Braithwaite, *Scientific Explanation: A Study of the Function of Theory, Probability and Law in Science* (New York: Harper & Row, 1960), pp. 21, 383。

义的关联。[①] 在崇尚自由分析哲学的领域，刚性的马克思主义者及相关人士可能并不欢迎现象学与存在主义。约翰·帕斯莫尔说过，现象学与存在主义是“欧洲大陆的多余事物”（continental excess）。[②] 如果认为现象学与存在主义是一种浪漫主义，显然也不正确。

我在其他地方指出过，历史上，存在主义的兴起旨在反对唯心主义，包括主观唯心主义。[③] 部分出于这个原因，一些唯心主义者，包括新康德主义的追随者恩特里金（Entrikin）发现仅依靠现象学与存在主义并不够。[④] 例如，卡尔·雅斯贝尔斯（Karl Jaspers）与萨特强调具体的存在是意识的基础，证明这个观点的途径是基于具体历史而展开的论述。或许，“存在主义”这一标签本身就是很好的证明。同样，坚持一种与威廉·詹姆斯激进的经验论相结合的方法，显然意味着只关注那些具体而微的“事实”，而非概括性的思想。[⑤] 在萨特存在主义式的精神分析中，以及他对马克思主义方法的寻求中，意识从来都没有同物质、社会、经济与政治分开过，相反，它植根于这些领域。例如，萨特认为存在的事实同历史的事实是相互关联的。[⑥] 最重要的一点是，存在主义从来不排斥同人类和自然相关的科学事实，反倒会接受这些事实。它不接受的是

---

① Jean-Paul Sartre, *Between Existentialism and Marxism* (London: Methuen, 1974); Merleau-Ponty, “The Crisis of Understanding” and “The Yogi and the Proletariat,” in *The Primacy of Perception and Other Essays,* pp. 193–228.

② John Passmore, *A Hundred Years of Philosophy* (Baltimore: Penguin, 1996), pp. 466–503.

③ M. S. Samuels, “Science and Geography: An Existential Appraisal” (Ph.D. diss., University of Washington, 1971), pp. 40–51, 130–165.

④ J. N. Entrikin, “Contemporary Humanism in Geography,” *Annal of the Association of American Geographers* 66 (1976): 615–632.

⑤ John Wild, *Existence and the World of Freedom* (Englewood Cliffs, N.J.: Prentice-Hall, 1963), pp. 19–38; John Wild, *The Radical Empiricism of William James* (Garden City, N.Y.: Doubleday, 1969).

⑥ Jean-Paul Sartre, *Search for a Method* (New York: Alfred A. Knopf, 1963); Jean-Paul Sartre, *Being and Nothingness* (New York: Washington Square Press, 1966), pp. 712–734.

关于自然的观念和建立在科学基础之上的人类生存条件，认为它们不足以解释自然和人类本身。

在频繁的思想论辩中，地理学家可能会问，为何自己会同这些思想产生关联。实证主义者、现象学者、存在主义者和马克思主义者可能会不断地在唯物主义与唯心主义的细枝末节处展开辩论。他们会不停地探讨存在的本质、意识的角色、存在和自由的价值等，但却极少讨论与地理学有关的理论问题。当地理学者开始直言不讳地支持这个或那个学派
25 的思想时，辩论会变得有趣起来；然而，表面上看，这些辩论本身并不会受到地理学问题的左右。尽管这些辩论会直指人类与自然的关系问题，或空间概念、知觉空间等，但它们也只是间接性地涉及地理学的哲学问题。事实上，或许正如恩特里金所讲，现象学与存在主义（以及马克思主义）在更大程度上关联着历史哲学而非地理哲学。①

新人文主义的诸多学派与地理学思想之间的关系需要被澄清。我的目的就是在存在主义层面上澄清这些关系。人文主义地理学同现象学和存在主义之间具有共通的线索。两者都致力于发现人类同自然和社会之间的关系；更重要的是，它们都将此关系放置在空间的视野下进行考量。在此关节处，请允许我把这个问题阐述得更加清楚一些。有一种观点认为，现象学与存在主义都不足以为“地理学的空间视角提供一套哲学框架”，原因在于这两种哲学都过于关注时间而非空间，同时没有“在传统上吸收科学地理学空间视角下的重要观念”。这一观点总体上是错误的。它在出发点上就错了，因为时间与空间在存在主义的视角下是同义词。所有的空间概念，不管是抽象的、可计量的，还是主观感知的，其实都合情合理地是“存在主义的”。更重要的是，存在主义还将自身

① J. N. Entrikin, “Contemporary Humanism in Geography,” *Annal of the Association of American Geographers* 66 (1976): 214.

呈现为一套人的空间本体论哲学。在存在主义的术语中，人是空间的营造者。

一、人的空间本体论

哲学家与地理学家围绕空间的本质问题展开过长期讨论。在此，我们不需要对绝对空间、相对空间、抽象空间与感知空间的定义加以赘述。按照恩斯特·卡西尔（Ernst Cassirer）的观点，抽象空间是一种“真实的数学空间”，是几何式的空间，其中的“点和线既非物质，也非心理的客体，而是象征着一种抽象关系”。感知空间是心理的空间，是行为与知觉的空间，其中的点和线象征着一套具体的关系。[①] 人类沉浸在这两种空间之中。

人们在这一点上几乎不存在争议。科学从一开始就旨在探讨抽象空 26
间的属性，现代心理学探索的则是感知空间的结构问题。绝对空间依然是牛顿力学与欧几里得几何学基础之上的纯粹数学空间，相对空间与时间是对后牛顿力学与非欧几里得几何学在数学上的诠释。地理学家在探索空间意义的过程中也采纳了上述四种空间模式。[②]

---

① Ernst Cassirer, *An Essay on Man* (New York: Bantam Books, 1970), pp. 48–49; Ernst Cassirer, *The Problem of Knowledge* (New Haven: Yale University Press, 1950), pp.21–36; Karl Pearson, *The Grammar of Science* (New York: Everyman's Library, 1911), pp. 191–208; W. A. Suchting “Berkeley's Criticism of Newton on Space and Time,” *Isis* 58 (summer 1967): 186–197. 类似地，关于“视角”（perspective）的问题也留给了艺术史与历史决定论去处理。就像约翰·奥格登（John Ogden）所说：“通过距离产生的感知，被认为是通往道德与美学判断的一个阶段。”参见 John Ogden, “From Spatial to Aesthetic Distance,” *Journal of the History of Ideas* 35 (January / February 1974): 64–65。

② David Harvey, *Explanation in Geography* (London: Edward Arnold 1969), pp. 191–229.

为什么空间如此重要？即便我们在欧几里得或非欧几里得的术语中理解空间的性质，并接受两种不同的空间模式，空间的意义也仍是令人困惑的。在康德的唯理论中，空间与时间的概念很重要，它们是思想的前提条件。但这又让我们的问题跑得更远。毕竟，空间对于人类来讲为何如此重要才是关键所在。既然空间如此重要，那它何必是先决条件？如果空间类似于某种理念的构筑，那么这种构筑依靠的又是什么（或谁）？如果空间独立于人，和人没有关系，那为什么空间对于人来说又这么重要？

虽然无法回答上述所有问题，但我认为，答案在很大程度上取决于人的本体论地位，取决于我们如何去定义人，以及该定义在多大程度上联系着对空间的理解。在这一点上，存在主义的观点比较合适。正如萨特、雅思贝尔斯、布伯、马克斯·舍勒（Max Scheler）、马丁·海德格尔（Martin Heidegger）和梅洛-庞蒂所言，与存在主义相一致的这些观点让人类具有了空间本体论属性。

布伯在《距离与关系》中对空间本体论做了很好的界定。① 他认为，空间是"人类生活的第一原则"，涉及源自客体化世界的"与原初设定保持某种距离"，目的是同世界一起"进入关系之中"。布伯说道：

> 人的生命具有一个古怪的特征，那就是人类作为一种存在，源于造就了他并且被设定好了的世界，但人类又将自己与整个世界分离开来，站在对立面去看这个世界。②

① 在此有必要澄清一下。这篇随笔基于空间的意义给出了一种存在主义的诠释。尽管萨特、布伯、梅洛-庞蒂将空间问题摆到了台前，但是，该问题在存在主义的表述中依然是很隐晦的，也很大程度上代表了存在主义在关注人的良知与自由时其前设中的某种改良。萨特对人的定义是：人是将地方客体化的一种存在。参见 Jean-Paul Sartre, *Being and Nothingness* (London: Methuem, 1974), p.730; Martin Buber, "Distance and Relation," *Psychiatry* 20 (May 1957): 97–104。

② Martin Buber, "Distance and Relation," *Psychiatry* 20 (May 1957): 99.

这种“与原初设定保持某种距离”的能力，构成了人类存在的本体论基础。由于人类生存的前提条件就这样被客体化了（分离或疏远），所以事物（世界）与人类产生了距离。[①]然而，正如布伯所言，仅仅借 27
助这样的分离，我们无法解释人类的意识。相反，分离具有一种目的，即“进入关系之中”。关系不是距离的反面，而是“与原初设定保持某种距离”的目的，是以疏远为手段而达到的目的。

空间性不只是人类产生意识的条件，还是人类意识的起点。在此，空间性是具有意义的，因为它构成了人的基本意义。人作为唯一的具有历史性的生命形态，能力就在于分离。也正因为如此，用存在主义的术语来界定人类的处境就在于人总是会对空间产生预期。疏离——“与原初设定保持某种距离”——是理解人类处境的最佳术语。[②]正因为揭示出生存条件是“与人相疏离”的，因此空间是“存在的”。比如说，现

---

① 本文的几个关键术语具有密切的相关性。为了便于读者理解，我们或许可以通过以下方式进行简要界定。

A. 空间与人的意识。至少可以说，空间是物质的、心理的，也是逻辑上的广延。例如，它不是人类意识的观念建构，而是人类意识的经验条件。拥有意识，首先在于认识到这个世界（如环境、他人或某人自己所处的社会与历史背景）位于自己之外，或与自己有一定的距离。空间性构成一个人意识的开端，也就是说，在存在主义的术语中，一个人的意识始于“客观”。

B. 客观性与疏离。客观性指在同自我的距离中设定世界。可以说，疏离是客观性的结果。拥有意识就是变得客观，相应地，就是认识到自我与世界的间隔。通俗一点讲，客观意味着把自我的偏见从世界中移除。例如，在同世界分离的状态下设定自我。分离是疏离的必要条件。在存在主义的术语中，同世界的分离或疏远是一个人拥有意识的基本条件。

C. 主观性与关系。主观性有两个因素：一方面，它指客观性与疏离性的缺失（因此缺少了意识）；另一方面，它指试图满足客观性、克服疏离性的过程。在存在主义的术语中，人的主体只体现在第二个方面，而成为主体的途径就是建立关系。后者意味着消除或减少人与世界之间距离的行为。关系乃客观化的目标。成为人意味着具备客观性，目的是成为主体。例如，与世界保持距离是为了进入同世界的关系之中。因此，这揭示出人类状况的特定反讽或“存在性的悖论”。例如，一个人试图克服疏离，等于试图消除自身疏离性的存在（打个比方，就是渴望自我毁灭）；他的历史则充满了疏离的现实与渴望克服疏离这二者之间的矛盾。

目前的讨论尚未提及与人的自由相关的客观性与疏离。在存在主义的术语中，人是“自由的”，这并非源于绝对“自由意志”的赋予，而是因为疏离的特性令他具有意识。

② Martin Buber, “Distance and Relation,” *Psychiatry* 20 (May 1957): 97–99; F. H. Heinemann, *Existentialism and the Modern Predicament* (New York: Harper & Row, 1958), pp. 1–13, 165–180.

实情况就是人与人之间保持着距离。

与此同时，空间成为一种目的，用以阐明“关系”在人类生存条件中的潜力。一方面，距离或疏离只带有本身的目的性，因此人类会面对因疏离而产生的“缺乏意义”的问题。反过来，疏离的状态中又充满潜在的关系，因为要有关系，就必须有距离。

此处谈到的“缺乏意义”指一种存在的“现状”：

> 人可以建立一种距离，而不去涉及因这种距离而产生的真实关
> 28 系。人可以带着建立关系的意愿建立起这种距离，而关系又只能通
> 过设定距离来建立……这两种行为也存在相互间的竞争，一方把另
> 一方看作“实现自己”的障碍。[①]

简而言之，距离是产生关系的前提条件，但反过来却不成立。关系并不是设定距离的行为产生的逻辑结果，而是由人类建立关系的意愿产生的存在必然性。在存在主义的术语中，建立关系的意愿是一个必然的要素，人类基于此才能确认自己存在于世界之中。

说得更明白一些，动物不需要确认，或者说不需要通过逻辑的验证来表明自身或存在本身，因为动物的心理状态要么是纯粹主观的，要么与环境完全融为一体。[②] 只有人类才需要这种确认，这完全在于人类会借着将环境界定为与自身相对且相分离的一部分而独立于世界。人类需要进行确认。没有这种确认，就不能保证还有什么人能与他自身相分离，更别说保证与他相分离的这个人会同他产生什么样的关系；对于他与世界之间的关系也是如此。事实上，确认源于人想要建立关系的意愿，即

---

① Martin Buber, “Distance and Relation,” *Psychiatry* 20 (May 1957): 100.

② Martin Buber, “Distance and Relation,” *Psychiatry* 20 (May 1957): 98; Max Scheler, *Man's Place in Nature* (New York: Noonday Press, 1970), pp. 43–48.

源于人想要借着与他所处的环境建立关系来缩减距离的意愿。

尽管存在主义的批判并没有太多提及“建立关系的意愿”，但这一原则却是存在主义的核心伦理。海德格尔总结说，这一伦理表明：

> 在意向性行动（关系中的主体性）的考量下，世界不再被理解为各种事物或事件的加总——一个简单的物理世界——而是人……与周围环境之间的关系所编织的网，是与人的意识相关联的客体。[①]

人可以选择建立关系，也可以放弃这样的选择，同时还存在着一个必然的冲动，那就是“关心”（concern）。关心是建立关系的动力，也是克服或缓和分离（距离）的途径。

在这个关键之处，存在主义带着迷人的色彩，把我们牵引到对关心展开逻辑分析的维度上。[②]我们可能需要注意，存在主义作家有着各种逻辑性与伦理性的途径去接受、克服或避免人类生存条件中导致疏离的力量。对阿尔贝·加缪（Albert Camus）等人而言，既然“与原初设 29
定保持某种距离”是具有本体论意义的人类生存条件，那么人类所能采取的适当措施，要么是像西西弗斯（Sisyphus）那样接受（人类存在的荒诞性），要么是在面对疏离的时候奋起反抗。对其他人，如萨特、雅思贝尔斯、布伯或田立克（Tillich）来讲，尽管疏离是人类的生存条件，但它同样是一种历史性的处境，尤其是已经显而易见地成为现代人生存

---

① Anna-Teresa Tymieniecka, *Phenomenology and Science in Contemporary European Thought* (New York: Noonday Press, 1962) , p.127.

② Hazel E. Barnes, *Humanistic Existentialism, The Literature of Possibility* (Lincoln: University of Nebraska Press, 1959); Jean-Paul Sartre, “Existentialism is a Humanism,” in Walter Kaufman, ed., *Existentialism from Dostoevsky to Sartre* (New York: Meridian Books, 1956), pp. 287-311.

条件的基本模式。[①] 在这一点上，存在主义神学家与无神论者达成共识。例如，他们都认为，疏离在一定程度上是一个历史性的条件，它通过分离的能力以及对分离的缓和、解决或实现来进行界定。

在天生具有疏离能力的生命形式诞生的同时，存在主义的本体论也诞生了，于是贯穿人类历史，实现这种能力以解决矛盾的可能性也就诞生了。如果说人类的历史是一部（空间）分离的历史，那么这部历史同样是人类努力克服或消除分离的历史，也就是跨越距离的历史。不管这种说法在逻辑上是否成立，人类的确一直在努力通过建立关系来弥补鸿沟，哪怕在做如此努力的时候也在产生新的距离。空间性所体现出来的存在论意义在于，所有的距离既然被定义为距离，就必然是人类无法跨越的，但人类总是尽可能地寻求关系的建立。如同沃尔特·惠特曼（Walt Whitman）所揭示的，如果人类跨越了所有的距离，那么人类就不再是人类了。[②] 但是，如果所有的距离都无法跨越，人类的生存处境也会成为毫无意义的。换句话说，人之所以为人，就在于人总是会将世界对象化，目的是进入同世界的关系之中，并让世界成为自己的世界。世界本身既非主观也非客观，而是以人为中心。

在此，存在主义的本体论开始与现代地理学产生联系。在这一起点上，存在主义的本体论意味着所有人都处于距离和疏远所设定的处境之中。距离和疏远之间的关系使得借用动物领地概念来探讨人类的空间显得极不合适。[③] 同样，卡西尔那样的新康德主义者倡导的观念也是不恰

① Albert Camus, *The Myth of Sisyphus* (New York: Vintage Books, 1955), pp. 88–91; Albert Camus, *The Rebel* (New York: Vintage Books, 1956), pp. 13–22; Karl Jaspers, *Man in the Modern Age* (Garden City, N.Y.: Doubleday, 1957); R. Schacht, *Alienation* (Garden City, N.Y.: Doubleday, 1971), pp. 205–244.

② 参见惠特曼的《自我之歌》（“Song of Myself”）和《向印度航行》（“Passage to India”）。在存在主义语境下，惠特曼理想化地看待美国拓荒者的道德，并且重视个人主义，这都是对人类疏离状态的进一步证明。本文的结语部分会探讨其悖论。

③ Robert Ardrey, *The Territorial Imperative* (New York: Dell, 1966).

当的，即“原始人”不会生活在“概念化的空间”里，因为他们完全沉浸在一种“知觉的空间”里。[①] 如果认为原始人、传统社会里的人或非西方人更少遭遇客体化（objectification）——与原初设定保持距离，这就等于将这些人贬抑为非人类了。事实上，所有人，只要是人类，不管是原始的还是现代的，在本体论层面上都是疏离的。因此，人与人之间的差异（无论是文化的还是历史的）只在于克服、接受、强化与反抗疏离的功能表现得不一样。在存在主义的术语中，这样的努力构成了人类
的历史。进一步而言，在存在主义的术语中，人类克服距离的地理学构 30
成了人类的历史。因此，所有的空间与距离，不管是计量的、概念的还是知觉的，都是“存在主义的空间”（existential space）。

二、存在主义的空间

笔者认为，出于一些不甚明了的原因，存在主义的空间弥漫着神秘气息。确实，现象学和存在主义的术语艰深晦涩。“生活世界”（Lebenswelt）这样的概念，以及加斯东·巴什拉（Gaston Bachelard）的“空间诗学”，似乎都拒绝分析上的明晰性。[②] 与现象学方法有关的技术术语，尤其是理解（verstehen）、主体间性以及萨特存在主义的精神

① Ernst Cassirer, *An Essay on Man* (New York: Doubleday, 1944), pp. 49–54. 很多人类地理学的证据都不支持卡西尔的这一观点，其中最明显的可能是保罗·惠特利谈到的中国古代空间观。参见 Paul Wheatley, *The Pivot of Four Quarters* (Chicago: Aldine, 1971) and Joseph Needham, *Science and Civilization in China,* Vol.3 (Cambridge, At the University Press, 1956), pp. 497–590; Paul Wheatley, “The Suspended Pelt: Reflections on a Discarded Model of Spatial Structure,” in Deskins, *Geographic Humanism,* pp. 47–108。

② Maurice Merleau-Ponty, *The Phenomenology of Perception* (New York: Humanities Press, 1962). pp. 283–293; Gaston Bachelard, *The Poetics of Space* (Boston: Beacon Press, 1969); Georges Matoré , “Existential Space,” *Landscape* 15 (Spring 1966): 5–6.

分析，都不是那么直接明了。尽管如此，存在主义的空间观还是很少带有神秘的、极度浪漫的以及看不见希望的主体性。前面的讨论表明，存在主义的空间涉及对距离的设定。任何一种对空间的投射（projection），包括几何分析式的投射，都是存在主义空间的例子。存在主义式的分析阐明了这种投射的理所当然（例如，某个人对空间进行投射的事实）。从根本上而言，存在主义的空间（意味着任何一种空间的投射）是对地方（place）进行指派（assignment）——还有比这更平淡无奇的事情吗？但是，地理学家注意到，对地方的指派其实并不寻常。

萨特在陈述存在主义本体论时认为："人类的基本现实在于，他作为一种存在，总是会使地方对象化。"①也就是说，为了进入存在，"就需要在我与事物之间筹划出距离，这样才能让事物'在那儿'"。

> 即使有些时候，人们精确地指派了事物与工具所在的地方（比如，通过与他者取得的客观共识），该地方也无法从事物那里获得属性。但是借着我，该地方得以被认识。②

因此，设置地方（emplacement），或者对地方进行指派，总是在某人那里让某物得到参照。"事物位于其所在的地方"这个事实，总是借着某人进行投射的事实（存在）得以可能。这种参照正是主体与客体

① Jean-Paul Sartre, *Being and Nothingness* (New York: Washington Square Press, 1966), p.730; Maurice Merleau-Ponty, *The Phenomenology of Perception* (New York: Humanities Press, 1962), p.243. 这里，空间的"抽象"与地方的"实际"之间的关系等同于"概念"与"感知"之间的存在性关系。当然，"空间就是地方"这样的说法也在地理学界流传开来。参见 Fred Luckermann, "Geography as a Formal Intellectual Discipline and the Way It Contributes to Human Knowledge," *Canadian Geographer* 2 (1964): 167-172; J. May, *Kant's Conception of Geography* (Toronto: University of Toronto Press, 1970), pp. 210-213。

② Jean-Paul Sartre, *Being and Nothingness* (New York: Washington Square Press, 1966), pp. 370-407.

之间建立起来的关系，也是距离与关系之间的桥梁。“地方”总是一种 31
参照的行为，也是某人进行投射的参照点。

表面上，作为对地方进行指派的存在主义空间观在很大程度上是主观主义的。既然指派是一种从人而来的参照行为，那么事物所在的地方以及任何一种空间形态都依赖于由谁指派。存在主义的空间与现代物理空间具有同等的主观性。该主观性在于，这个世界或宇宙作为一个整体缺乏客观的中心点，但不缺乏客观的整体性。雅思贝尔斯说：

> 这个世界缺乏客观的中心点，却在任何一处都有自己的中心；我再一次来到那个中心，尽管不久后客观性被统一赋予所有事物。唯一的中心点就是我作为一个存在的个体所占据的那个地方。我的处境就是我由此出发和向此回归的那个地方，因为除此之外没有什么东西是真实的和现成的。当我参照世界的客观存在进行思考时，我的处境就变得真实起来……我既不能脱离对世界的构想去把握我所在的处境，也不能不经常返回我所在的处境去把握世界，这一处境是我检验自己思想真实性的唯一基础。[①]

或许爱因斯坦和海森堡（Werner Heisenberg）也能很容易地说出上面这段话。事实上，这段话部分是对现代物理学的回应。从以太阳为中心的宇宙观演变为没有中心的宇宙观，这意味着在其他事物中，在对宇宙性质的理解中，人的思考从构造与设计的确定性转向了不确定性。宇宙物理学满足于构造与设计所定义的地方，存在主义会将相对主义与不确定性的问题带回物理学家所在的处境。不管物理学家以自己的范式

① Karl Jaspers, *Philosophy*, vol. 1 (Chicago: University of Chicago Press, 1969), p.106; Karl Jaspers, Philosophy, vol. 2 (Chicago: University of Chicago Press, 1969), pp. 104–129, 342–359.

去定义宇宙这种做法正确与否，他们都对自己采用的范式负有完全的责任，而不能把问题归咎于自然或宇宙本身。所谓“无限的宇宙”，其“无限性”的边界在于他们所能发现的宇宙有多大。宇宙的“相对性”不仅源于一个接一个的恒星系统，或者光可弯曲的事实，也源于一个又一个物理学家，以及他们可以弯来弯去的范式。①

正如空间性具有两个要素——距离与关系，存在的空间同样具有两个要素。一个是主体性，强调对地方的指派；另一个是客体性，强调
32 指派行为的处境。为了简洁明了，我将这两个要素称作“偏好的空间”（partial space）和“参照的处境”（situations of reference），定义如下：

> 1. 偏好的空间指人与世界之间的关系网，世界作为一个对象被关心着。偏好则指人的意识中的主观性、偏见与不完整性。
>
> 2. 参照的处境指一种历史性的条件，这样的条件使得对地方进行指派得以可能。偏好的空间植根于处境，也以处境为参照。该处境有赖于我们而存在，同时，关心所建构起来的关系也令我们创造出自身的处境。离开了处境，人类就无法与任何事物产生关联，也无法关心任何事物。

梅洛-庞蒂、萨特和雅思贝尔斯采用各自的术语，对偏好的空间与参照的处境进行了详细的分析。在梅洛-庞蒂那里，偏好的空间与“条分缕析的空间有别，后者是一种无偏好的空间，万事万物在其中具有同

---

① A. Koyre, *From Closed World to the Infinite Universe* (Baltimore: Johns Hopkins University Press, 1957); M. B. Hesse, *Forces and Fields: A Study of Action at a Distance in the History of Physics* (Totowa, N.J. Littlefield, Adams, 1965); Hannah Arendt, *Between Past and Future* (New York: Viking Press, 1968), pp. 265–280; Werner Heisenberg, *Across the Frontier* (New York: Harper & Row, 1974).

等的重要性和意义，具有同等的存在权利”①。偏好的空间构成了第二空间。“与可视的空间不同，它持续不断地由我们对世界的投射构成。”②就空间感（spatial perception）而言，偏好的空间由人类的关心与注意产生。就空间的构想（spatial conceptions）而言，偏好的空间是人类为世界赋予秩序的一种方式。我们的偏好就是我们关注（感知）并概念化世界的方式，目的是防止产生混乱，因为如果万事万物具有同等的重要性，世界就会乱套。实际上，正是偏好的空间赋予了地方和地方的系统以意义。

把意义指派给地方和对地方进行投射的过程并非完全主观的过程，相反，它总是与人的处境息息相关。脱离了这样的处境，人就会失控；然而人可能对这种状态并不自知，哪怕也表现出关心。存在主义的口号是存在先于本质，因为我们在既定的条件下生于既定的世界中，之后才去经历世界并赋予其意义。雅思贝尔斯认为：

> 我的地方是……借助协调来界定的，我是怎样的一个人决定着地方的功能。存在是具有整体性的，我就是我自己，而不是一个修饰或结果，也不是一根链条上的一环。③

偏好的空间植根于且有赖于历史性与社会性的处境。尽管世界总是我的地方，但我的地方却在这个疏离于我的世界中有着自身的根基。这个世界与我是分开的，有一定的距离。我把我的关心带到世界之中，带 33
到地方之内，而我的关心又总是关联着我与世界的疏离。因此，存在的

① Maurice Merleau-Ponty, *The Phenomenology of Perception* (New York: Humanities Press, 1962), p.287.

② Maurice Merleau-Ponty, *The Phenomenology of Perception* (New York: Humanities Press, 1962), p.287.

③ Karl Jaspers, *Man in the Modern Age* (Garden City, N.Y.: Doubleday, 1957), p.27.

空间总是依照关系建构起来的，即我与世界的疏离（客观性）和我对此疏离的关心（主观性）之间的关系。存在主义地理学无非就是对此关系所展开的思考。

三、存在主义地理学

主观空间的现实、影响或价值都不足以解释存在主义地理学的性质或目的。如果只是说现象学和存在主义的贡献，那么 J. K. 怀特提出来的“地理知识”（geosophy）[①] 概念就足矣。但是，在原理与方法上，存在主义地理学比地理知识深远得多。

怀特的地理观念反映出存在主义空间的偏好，揭示出人们想要通过建立关系去消除距离的努力。然而，关于“地理观念”的笼统讨论不足以揭示它们的存在主义内涵。存在主义的空间是一个被创造出来的空间，在方法论的层面上，这样的空间通常具有传记和思想史的特征。[②] 存在主义地理学的方法在于“从主观开始”，亦即以置身于某种处境的著录者自身为出发点。更重要的是，“从主观开始”并不意味着以主观结束。既然是著录者，就表明对关系有所需求，这进一步体现出存在主义空间的第二个维度，也是最重要的维度，那就是“疏离”。存在主义与地理知识的部分结盟揭示出对人的偶然处境的刚性认知。例如，所有的距离都无法通过关系来消除，因为人类与世界原本是相互疏离的，彼此之间

① J. K. Wright, *Human Nature in Geography* (Cambridge: Harvard University Press, 1966), p. 83.

② 赛明思详细讨论过个体的方法论及其哲学基础。参见 M. S. Samuels, “The Biography of landscape,” in Donald Meinig, ed., *The Cultural Meaning of Ordinary Landscape* (New York: Oxford University Press, forthcoming)。由于后者不是本文讨论的重点，因此只需知道注重个体是关乎人类自由的存在性观点即可。

存在着距离。

奇怪的是，尽管存在主义常被指责为关于“疏离”的哲学，但是存在主义地理学的这一维度并没有在与时俱进的地理学文献里反映出来。这正表明它是整个问题的核心所在。“与原初设定保持某种距离”是存在主义理解人与神、自然、同胞之间疏离关系的方式。人与他者寻求建立关系的原因，在于相互之间存在距离。通过揭示这一问题，我们看到存在主义是为“疏离”辩护的。如果人类相互之间存在着关系，那么人与他人、神灵、自然一定是分离开来的（不仅在类别上，而且在个体层面上）。因此，存在主义呈现为一种“疏离”的哲学，存在主义地理学 34
也应该是关于“疏离”的地理学。

这样的地理学同时具有积极与消极的方面。概括而言，“疏离”的地理学是人类的寻根史，旨在寻找可以让人与此连接并建立关系的地方。根性——对地方的依附和归属，以及对地方的认同，都表明了对根的寻求。寻求过程的积极方面体现为“地方主义”“区域主义”“民族主义”“全球主义”或其他不同尺度对关系的具体表达。可见，人类的历史总是不断寻根的地理过程。由此可以断定，世界上的第一个人是划定边界，标出自己的地方的人。人类的历史是建造边界、保卫边界和更改边界的历史。

有时候让人困惑的是，动物在寻根的过程中也会表现出领地意识。但是，动物和人的这种意识在本质上是不同的，这样的不同指向动物意识的消极内涵。简单说来，动物并没有同自己的环境产生“疏离”，而是聚精会神地投入自身“领地”之中，其对领地的捍卫出于本能。在一定程度上，人也是动物，也会投入自身领地之中，也会出于生物本能去捍卫自己的领地。但是，根据我们的界定，人绝不会完全投入自己的环境中。他只是在寻根，他所定义和捍卫的空间总是遭受着失根的威胁。

动物之所以会捍卫领地，是因为该领地完全依赖并依附于所处的环境；人类之所以捍卫领地，则是因为他们和所处环境之间存在疏离。人类的这种存在性悖论表明，寻根的过程总会揭示出失根的状态。[1]

因此，人类的历史就是不断迁徙、失根、崩溃、改变生存参照点的地理过程。迁入者紧紧抓住的生存之地，是迁出者曾经拥有的地方。用存在主义的术语来说，无根的迁徙者寻求生存之地的过程代表了整个人类的生存处境。存在主义者的经典模式就是永不停息地寻找一个地方——流浪的犹太人、吉卜赛人、游牧民、异乡人都是这样，那些坚持"客观性"的学者也归属此类。相较于已经拥有一个地方的人，他们其实更体现出人类的属性。更恰当地说，只有发现我们其实也身处他们的境况之中，我们才能觉察到自己身上的人的属性。

在存在主义的术语中，"疏离"既不善也不恶，只是人类生存最基本的模式。无可否认，借着对这一生存处境的揭示，存在主义者既反对又捍卫着疏离之境。例如，西蒙娜·韦伊（Simone Weil）就强调对根性的需要，在此过程中，根性乃疏离的目的。就像布伯所宣称的"关系是距离的目的"，根的缺失对韦伊这样的存在主义—民族主义者来讲等
35 于无意义。[2] 国家这一场所，和人同它之间的连接，消除了距离；而民族主义和其他地方认同或地方依附一样提供了一套解决失根问题的世俗方案。但也有一些人，像萨特，不太认可这类解决方法，认为失根才是人类存在的最终状态。

---

① 这样的"失根"状态也适用于"原始的""传统的""前工业化的"以及"非西方的"人，当然，这也是一种同所有人在本体论上的疏离相伴而生的状态。可参见吉德炜（David Keightley）对前帝国主义时期中国流民的研究。David Keightley, "Peasant Migrations, Politics, and Philosophical Response in Chou and Ch'in China" (Paper delivered at the Berkeley Regional Seminar in Confucian Studies, Berkley, Calif., November 1977).

② Simone Weil, *The Need for Roots* (New York: Harper & Row, 1971). 韦伊不是那种头脑简单的法国民族主义者，她也在寻求最终的解决方案。民族主义者的解决方案或其他关于地方认同的解决方案都不是本文讨论的重点。但是，其危险性确实显而易见，就像在希特勒统治下的德国，"生活世界"变成了"生存空间"。

存在主义认为失根是人类存在的最终状态，这就为人类的生存处境留下了一个悬而未决的问题，即把人类挂在了看不见希望的边缘。在此，疏离的地理景观沦为一片荒芜，这也是找不到安身立命之所的流民所呈现出来的地理景象。我们能清晰地看到，把无根视作最终状态似乎成为犹太教徒、基督徒和穆斯林所谴责的“异教徒”的特征（前者都信仰并依附于一个神圣的地方[①]），同时也是科学伦理所要求的普遍客观性要剔除的对象。从这样的“谴责”与“剔除”出发，我们并非通向主观性，而是通向更集中、更客观地认识“疏离”的现实境况。

正因为如此，存在主义哲学家才拒绝可能的解决之道，但是又承认所有的解决方法都蕴含着跃出存在陷阱的过程。例如，雅思贝尔斯、布伯和田立克都遵循索伦·克尔凯郭尔（Soren Kierkegaard）提出来的“信心的飞跃”，最终进入信仰的境地，也就是充满意义的境地。另一些人，像海德格尔，最终退到更强烈的唯心主义，跳出了存在主义，强调人的解放。大名鼎鼎的萨特以及坚持存在主义—马克思主义的一大群人，则在人类的历史和地理之中搜寻解决之道。[②]基本论点依然在于存在主义本身并不能为疏离的悖论提供解决之道，它只能去理解这样的悖论。在理解的过程中，它也只能要求人类的现实处境是借助空间关系来承担的，而人类的历史是人类寻找安身立命之所的整个地理过程。可见，存在主义表达出人类的疏离，以及人类对关系的渴求。

---

① 关于宗教地理中的“神圣空间”已有太多研究，尤其是对遍布西方世界的三大亚洲信仰的研究。一神论和多神论之间的矛盾，在犹太教、基督教和伊斯兰教的历史长河里绵延不绝。后者宣称堕落是人类存在的起始，认为本土的偶像崇拜是人类产生错谬思想的根源。同样，犹太教、基督教和伊斯兰教也通过对神圣地方（尤其是圣地）的依附，揭示出失根与寻根之间的张力。参见 W. D. Davies, *The Gospel and the Land: Early Christianity and Jewish Territorial Doctrine* (Berkeley and Los Angeles: University of California Press, 1974)。

② Mark Poster, *Existential Marxism is Postwar France* (Princeton: Princeton University Press, 1975).

四、结　语

人的哲学和历史哲学从空间关系的角度定义了“空间关系科学”。还有什么比这更妥当呢？至此，我们可以很明确地说，存在主义论点中的空间关系非常广泛，不仅包括怀特的“地理知识”、段义孚的“恋地情结”，还包括沃尔特·艾萨德、布莱恩·贝里、皮特·古尔德的几何模型与距离测量。其中，有人强调通过对地方的依附以及建立关系来消除距离，有人注重在地方之间的移动。前者强调家园，后者注重“介入
36 机会”（intervening opportunity）；前者强调寻根的实践，后者强调无根的实践。他们并非相互对立，而是相辅相成的。在存在主义看来，一方（寻根）是另一方（失根）带来的结果。

人文地理学于是出现了一种特别的反讽。该反讽对于老式的区域地理思想或新式的系统分析模型都不陌生。简单说来，通过强调与空间的关系和对空间的依附，区域地理学满足于对不同的地方进行区分，这样就在地方之间制造出了距离；相反，系统地理学（空间分析地理学）强调地方之间的距离，以及距离对人类的影响，建构起不同地方之间的关系。两者之中谁更有意义呢？

严格说来，一方的意义是以另一方的意义为基础的。更进一步地说，在存在主义的术语中，距离是起点，但却不是人类意识的终点或目的。地理学更具现代色彩的空间分析的反讽特质在于，它以测度地方之间的关系为名，制造出更强烈、更明显的地方之间的距离。这样一来，“距离”的意义（目的）就显而易见了。

爱德华·乌尔曼（Edward Ullman）曾告知笔者：“空间相互作用的地理学的悖论是，以规范科学为名义去寻找相似性（如运用比较分析

法），发现的却往往是区域之间的差异。”[1] 新发现的区域差异在 20 世纪 60 年代的前沿领域比比皆是，而空间一体化的模型将其表现得淋漓尽致。就像有目共睹的区域发展理论那样，它们致力于克服早期经济地理学（中心地理论、增长极理论、中心—外围理论）中的部门二元论，却导致大都市主导外围区域显示出更强烈的二元论色彩。正如弗里德曼（Friedmann）和其他区域发展理论者所坚称的那样，现代化的地理过程导致了更高级别的区域不平衡现象。[2] 地方之间的鸿沟，或者说距离，被加大了。

事实上，现代地理学的这种反讽、矛盾或者说悖论——不仅在科学中也在现实中——在愈益成功地消除人与人、人与自然、地方与地方之间距离的同时，进一步导致了距离的产生。“疏离”的问题变得更复杂了。这不仅是一种迷失与寻根的机制，还是个体意识不断增生的现代历史。这样的个体意识是被自然与人类科学制造出来的。[3] 因此，寻找解决方案的迫切性成为最强烈的情感和最重要的诉求。在地理学中，人类 37
为地方寻找意义，这在不断认识到疏离变得日益显著的 20 世纪的过程中是必然的、合乎逻辑的、历史性的。其中包括：渴望在个体与特定群体的生命中寻找主观的、具有价值的参照点，以及多愁善感的地理学家

---

① 出自乌尔曼 1971 年的一次私谈。当时他谈论了现代交通和惠特曼对美国拓荒者道德的影响和表现。

② John Friedmann, “The Social Organization of Power in the Development Urban Systems,” *Comparative Urban Research* 1 (1972): 5–42; Harold Brookfield, *Interdependent Development* (London: Methuen, 1975), pp. 85–123.

③ 这形成了现代科学与现代社会史的存在性批判。通过揭示出人绝对依赖于环境，自然与社会科学成功地表明人和自己的疏远。例如，强调完全的主体性，拒绝承认人内在的疏离与自由，而这并不是偶然现象。最成功的揭示和其在社会管理工程里的应用都反过来引发了现代哲学、伦理学与政治学的“危机”。关于哲学的讨论可参见 Stanley Clavell, “Existentialism and Analytical Philosophy,” *Daedalus* (summer 1964): 946–973。关于社会分类的讨论参见 J. R. Ravetz, *Scientific Knowledge and Its Social Problems* (New York: Oxford University Press, 1973)。关于伦理和政治问题的讨论参见 R. L. Heilbroner, *An Inquiry into the Human Condition* (New York: W. W. Norton, 1974)。

渴望在文学、艺术、语言和人类的经验中寻找景观的意义，探寻一种更加强调人类寻根过程的社会—文化地理学。这样的探寻并非对空间分析科学的断然拒绝，而是想要借助对关系的存在性需求来弥合疏离造成的断裂，由此来完善后者。在此过程中，人“在世之中存在”（being-in-the-world）——“与原初设定保持某种距离”——的目的是“成为在世之中”（becoming-in-the-world），即融入关系之中。人文地理学由此成为人类在以自身为中心的世界秩序里与自身不断遭遇和碰撞的历史。

第三章

社会地理学与社会行为

大卫·莱（David Ley）

R. G. 科林伍德（R. G. Collingwood）在《历史的观念》（*The Idea* 41
of History）中提出：“某个行动是某个事件内部与外部的结合。”[①] 这句话近来引起人文地理学家的高度重视，并引发了对地理学研究传统的大量批评。批评者认为，传统地理学的研究方法停留在“形式”或“格局”上，只关注外在的表达而忽略了内在的表达者自身。20 世纪 70 年代，这样的批评不绝于耳。20 世纪 60 年代自信满满的革命[②] 试图把地理学带入科学领域，却饱受攻击。出人意料的是，能触及实质的有技术含量的批评少之又少。这些批评基本不涉及样本设计是不是合理、参数是不是稳定之类的问题，而是针对更基本的问题，以及认识论或哲学层面的问题，对整个地理学研究事业及其推动者的地位构成了挑战。其中，泽林斯基的呼吁严厉且真诚，奥尔森的观点意义重大、令人震惊且深入细致。不

---

① R.G. Collingwood, *The Idea of History* (New York: Oxford University Press, 1956), p.213.

② 此处指计量革命。——译者注

幸的是，批评尚不足以支撑重建。例如，泽林斯基怀抱米考伯[1]似的渴望，期盼着新事物的出现[2]；奥尔森尽管在学术上才华横溢，但目前也未提出可行的方案。奥尔森在最近一篇论文的结语中提及，我们或许应该从超现实主义学派的文学和绘画作品里寻找灵感。[3]渴望重生的凤凰仍然没能脱离人们的意识领域而成为具体现实。

42 在社会地理学领域，认识论的空缺尤其令人沮丧。20 世纪 60 年代末出现了大量热情洋溢的综述性论文，研究者乐观地认为研究工作可以超越形态学与描述性的空间分析，达到对行为的原因与结果的理解。[4]既然一切必要的基础性工作都已开展，既然每一片大都市区域都能根据其犯罪数据产生因子生态学与点状地图，那么这些描述模式的意义理当能够被揭示出来。然而，社会地理学收获寥寥。例如，我们从最近关于犯罪地理学研究的讨论中可以看出，这些研究试图站在皮特（Peet）的社会学阐释立场上。不客气地说，目前的研究还是聚焦于细枝末节，关注外在表现，而不是考察内在机制。[5]这种眼界实在太窄，总结不出什么。因为只关注地图与空间分布，采用的多是相关分析法和因子分析法，所以它只看到了关于地方的一些变量，而对更具纲领性的事物视而不见。在制作专题地图的过程中，从 R 值分析到因果，研究者挖空心思推导

---

① 米考伯：狄更斯所著《大卫·科波菲尔》中的人物。他爱碰运气，无所作为，总是等着奇迹出现。—— 译者注

② Wilbur Zelinsky, “The Demigod’s Dilemma,” *Annals of the Association of American Geographers* 65 (1975): 123–143.

③ Gunnar Olsson, *Birds in Egg,* University of Michigan Geographical Publication no. 15 (Ann Arbor, 1975); Gunnar Olsson, “Social Science and Human Action: On Hitting Your Head Against the Ceiling of Language” (unpublished paper, University of Michigan Department of Geography, 1976).

④ Ray Pahl, “Trends in Social Geography,” in R. Chorley and P. Haggett, eds., *Frontiers in Geographical Teaching* (London: Methuen, 1965), pp.81–100; Anne Buttimer, “Social Geography,” in D. Sills, ed., *International Encyclopedia of the Social Sciences,* vol. 6 (New York: Macmillan, 1968), pp. 134–145.

⑤ Richard Peet, *The Professional Geographer* 27 (1975): 277–285; *The Professional Geographer*, 28 (1976): 96–103.

犯罪率与某一群体分布之间的相关性。同样一个城市社区，由甲人群占据时犯罪率较高，换成由乙人群占据时犯罪率为什么依然较高？显而易见，尽管数据与制图分析是第一步，也是有效的一步，但仅仅依靠这样的分析不足以解释隐藏在犯罪地图背后的社会行为；这些变量能满足研究者的需要，但显然不能满足研究本身的需要。

上述研究的局限性还包括缺乏历史感，至少缺乏对传记类文献的考察；缺乏对社会背景的关注，包括家庭内部与朋辈群体的关系，以及外部普遍的意识形态与世界观，甚至缺乏对全球视野和时代主流观点的关注。[①] 这些都不是什么新的观点。科学主义兴起以来，人们多少关注到了上面提到的问题以及它们存在的土壤。拿青少年犯罪来讲，自 20 世纪 20 年代弗雷德里克·思拉舍（Frederic Thrasher）[②] 在芝加哥开展大量实地研究以来，犯罪行为研究领域的明显进步寥寥无几[③]。思拉舍的后继者借鉴了 C. 赖特·米尔斯（C. Wright Mills）糟糕透顶的“抽象经验主义”[④] 设计，难以有新的突破。他们脱离了对人文处境的关注，对当前的社会现实鲜有发言权。

因此，我们可以得出一个初步的结论：社会学者对当下社会地理学的批评依然不够激进，只是指出社会地理学仅专注于表面现象而没有对 43
行为所处不同层次的社会背景进行理解和阐释，没有抓住事物的本质。

---

① 这类研究是最早关于青少年犯罪的地理研究。参见 David Ley, “The Street Gang in Its Milieu,” in G. Gappert and H. Rose, eds., *The Social Economy of Cities* (Beverly Hills, Calif.: Sage, 1975), pp. 247–273; *The Black Inner City as Frontier Outpost: Images and Behavior of a Philadelphia Neighborhood,* Association of American Geographers Monograph Series no. 7 (Washington D.C.: Association of American Geographers, 1974); David Herbert, “The Study of Delinquency Areas,” *Transactions, Institute of British Geographers,* ns 1 (1976): 472–492。

② 弗雷德里克·思拉舍：20 世纪 20 年代芝加哥学派的代表人物。——译者注

③ Frederic Thrasher, *The Gang,* reprint ed. (1927; Chicago: University of Chicago Press, 1963).

④ C. Wright Mills, *The Sociological Imagination* (New York: Oxford University Press, 1959), ch. 3.

或许如今在任何一个领域，社会地理学的发言权都很有限。本文的初衷就是想要为社会地理学打下更加坚实的学科基础。[①]

一、两种可能的范式

在更集中地关注社会背景之前，先来检视一下当前的学术环境，其中的积极或消极因素对新知识的出现不乏指导意义。当然，如果说今天的社会地理学还未出现新的范式，那也是不客观的，只是没有出现很好的范式。在这样的情况下，有两种可能的范式。一个是唯物主义认识论下的结构马克思主义范式，强调功能性的经济关系；另一个是所谓“人文主义的态度”，它从存在主义、现象学与实用主义哲学中汲取营养，提倡以人类为中心的视角，把人类的价值观与感知所具有的创造性结合了起来。如果只是引用声名卓著的学者的观点，这两种立场看起来都有些夸大其词。例如，哈维提出以下解决贫民窟问题的方案。

> 我们的目标是消灭贫民窟……背后的机制很简单——土地利用方式由竞标决定。一旦消灭了这样的机制，其结果也将不复存在。这就是清除贫民窟的最直接的方案。[②]

与此相反的是萨特对纽约这座东海岸城市的评价：“那是 1945 年 1 月的周日，一个冷冷清清的周日。我在寻找纽约，却找不到它。”[③]

---

① David Ley, “Social Geography and The Taken-for-Granted World,” *Transactions, Institute of British Geographers,* ns 2, no. 4 (1977): 498-512.

② David Harvey, *Social Justice and the City* (London: Edward Arnold, 1973), p. 137.

③ Jean-Paul Sartre, *Literary and Philosophy Essays* (London: Rider, 1955), p.118.

这两种描述大相径庭！一边是自信满满、确切无疑、清晰明了的愿景，是建立在经济关系和物质生产基础之上的超越个体的宣言；另一边是个体化地、形影相吊地寻求一种对内在世界的不完美的理解，物质形式的一目了然掩盖着的是存在的模棱两可。我们应该选择哪种认识论的立场？是煽动者还是故事王？是演说家还是沉思者？是“唯物”还是“唯心”？[1]

二、唯心论与社会地理学

无论结果如何，人文主义地理学家都已经同反思性的、唯心的道路 44
结下了不解之缘。[2]这是很容易理解的，因为我们每个人在日常生活中对感知过程和主观意义都有切身的体会，这是坚固可靠的现实基础。但也存在着想要推动人文主义地理学朝更加极端的立场进发的力量，就像最近有一种不成熟的呼声，倡导在地理学内部生成纯粹的唯心主义。需要补充的是，这样的观点——按照科林伍德的说法——在自然科学和人文科学之间造成了重大分歧，同时催促着人们的研究超越事件而进入行为的层面，超越事实而进入行动者意图的层面。[3]除了上面这条直截了

① 这些术语并不全面。为了更加谨慎，它们的意义并不像最初看起来的那样一成不变。正如我们将会看到的，存在主义者主要关注具体处境下的个体行为，结构马克思主义在很大程度上则是针对这一点展开辩论的。参见 Marwyn Samuels, “Existentialism and Human Geography,” chapter 2。

② 对该术语——像“唯心主义”——的运用有很多晦暗不明的地方，比如这些术语本身就具有多层意义，以及在不同哲学传统里又有各自的呈现。我是在最广义的层面上使用唯心主义的，以通往对知觉的论证。根据卢内斯（R. D. Runes）主编的哲学词典，它指“任何强调意识（灵魂、生命）的理论、实践性的观点，或任何一种与卓越价值有关的观点。从否定的角度来讲，它不同于物质主义”。

③ Leonard Guelke, “An Idealist Alternative in Human Geography,” *Annals of a Association of American Geographers* 64 (1974): 193–202.

当的路径以外，地理学还涌现出一系列基于人文主义的批评，这些批评错误地把人文主义视角塑造成一种极端的唯心主义。[①]这类文章与胡塞尔的先验唯心主义产生了过度的关联，没有注意到当今社会科学领域的现象学者已经抛弃胡塞尔，转而从具备社会学眼光的哲学家那里获得启发，像舒茨、梅洛-庞蒂——这些人不会为了本质而牺牲存在，总是会在环境背景中、在日常生活的具体现实中展开思考。人文主义地理学与唯心主义的过度关联还导致人文主义地理学家剑走偏锋，从善用“一语多义”演变为崇尚“一语多义”。纪尧姆·阿波利奈尔（Guillaume Apollinaire）[②]概括道：“万籁俱静，牢笼里只有我们俩：我与我的意识。”[③]这样的观念无疑是危险的：被揭示出来的观念不再来自具体环境中的人，而是沦为研究者自体内部的反思。

在此我们有必要重申纯粹唯心主义的巨大危害。马克思在《德意志意识形态》（*The German Ideology*）里对黑格尔（Hegel）唯心主义的批评极为高超。他以讽刺的方式写道：

> 有一个好汉一天忽然想到，人们之所以溺死，是因为他们被关于重力的思想迷住了。如果他们从头脑中抛掉这个观念，比方说，宣称它是宗教迷信的观念，那末他们就会避免任何溺死的危险。他一生都在同重力的幻想作斗争，统计学给他提供愈来愈多的有关这种幻想的有害后果的证明。[④]

① J. N. Entrikin, “Contemporary Humanism in Geography,” *Annals of a Association of American Geographers* 66 (1976): 615–632.

② 纪尧姆·阿波利奈尔：法国诗人，超现实主义的先驱。——译者注

③ Gunnar Olsson, “Social Science and Human Action”, (unpublished paper, University of Michigan Department of Geography, 1976), p.35.

④ 译文引自《马克思恩格斯全集》第3卷（人民出版社1960年版，第16页）。——译者注

观念无法逃离活生生的现实。杰克·霍维尔（Jack Wohlwill）曾提 45
醒心理学家在认知研究领域发表的热情洋溢的声明越发体现出排他性。他认为环境绝不会囿于思想内部。意识不能脱离具体的时空环境和每日的实际生活而存在。与纯粹意识相关的概念都是从人类的经验里抽象出来的结果，好比地理学里所说的“均质的平原”。

过度的唯心主义立场所抓住的只是风中的稻草，是捉摸不透的幻影。当地理学的人文主义立场朝着极端唯心主义进发时，一旦现实事物与可陈述的经验问题被揭示出来，它就会遭遇挫败。很多人认为，研究需要挖掘地方的氛围与地方感，但是这些术语显得故弄玄虚。它们要么是对艺术家的鹦鹉学舌，要么是随意借用逸闻趣事；它们情绪饱满，却很少能传达出值得玩味的信息。人们对认知的过程给予了太多关注，对具体事物则关注不足。因为缺乏真正的问题，所以看不出实实在在的内容，结果就是这样的研究不可能带来真正的进步，只是迎合了顺道飘过的读者，无法实现理论的概括或产生新的理论。这或许就解释了邓肯·蒂姆斯（Duncan Timms）为何对沉迷于瓦尔特·费雷（Walter Firey）所谓“城市土地利用价值”的人感到不耐烦，因为这类研究挑战了传统土地利用模型中的经济决定论：

> 考察与普遍原理之间的关系可以发现，它很难被明确定义，也很难成为独立考察的对象。只有当经济批判显得不那么有效的时候，价值的概念才会作为弥补被频繁提出……不过，就其本身而言，很难说它能构建起一种研究差异性的系统化理论。[①]

① Duncan Timms, *The Urban Mosaic* (Cambridge: At the University Press, 1971), p.74.

有人批评说唯心主义的研究结论具有不可积累的性质，附带的指责是认为这类研究否定了正统。这倒是没什么可反驳的。作为地理学批评中很普遍的观点，它们也出现在了社会学的论辩性文章里。这些文章认为，现象学及其相关立场只是起到了一种揭示性作用，它同主流的社会学在本质上存在一种寄生关系。[①]

对于我们这群想要在地理学中推崇人文主义视角的人而言，这远不
46 是令人振奋的结果。但是，只要地理学同唯心主义模式存在过分的关联，那么这种结果就难以避免。无论是外表上还是本质上，这样的工作都会抛弃原有的现象学信条，那就是关乎每个主体背后的客体与每个客体背后的主体；于是事实与价值观的啮合成为一个出发点，沿着一条极端胡塞尔主义甚至黑格尔主义的道路通向了纯粹意识。这条路最终古怪离奇、荒诞不经，甚至是唯我主义的。[②]

三、结构主义马克思主义与社会地理学

正如地理学文献所提到的，马克思主义的核心关注点是物质与结构的关系、权力的分配，以及在唯心主义论述里沦为边缘但并没有完全缺席（尽管总被人如此诟病）的具体环境因素。[③] 价值与观念的地位下降到了附带的现象层面上，成为次结构的衍生产品。这些次结构包含着生产力与生产关系的模式。马克思认为，和德国哲学主张从天堂降到人世

① S. G. McNall and J. C. Johnson, “The New Conservatives: Ethnomethodologists, Phenomenologists, and Symbolic Interactionists,” *The Insurgent Sociologists* 5 (summer 1975): 49–65.

② John Rex, *Discovering Sociology* (London: Routledge & Kegan Paul, 1973), p.192.

③ 马克思主义可以界定出尽可能多的唯心主义的内涵。在本文中，我将自己的讨论限定在大卫·哈维、曼纽尔·卡斯特尔、理查德·皮特的结构与功能主义地理学语境中。

相反，我们其实是从人世升到天堂。不是意识决定生活，而是生活决定意识。观念转变为意识形态，演化出强大的武器来保护自己的特权地位：“主流观念只是占主导地位的物质关系以观念的方式呈现出来的样子。”马克思主义者总是强调此类观点。皮特指责自由派的社会地理学家，认为他们在分析贫困与犯罪的问题时忽略了经济与阶级的因素。在自己的解释中，皮特会小心翼翼地规避引入非物质性因素，如不同群体之间以亚文化差异为基础的因素。[①] 卡斯特尔（Castells）更为坚定地拒绝承认都市亚文化的实际效果。[②] 哈维也实现了知识上的转变，立场从自由主义转向了马克思主义。作为自由主义者，哈维可以站在象征意义的立场上强调社会空间的重要性，这样的象征性位于反思与认知的意象之中；作为马克思主义者，他的城市理论从罗伯特·帕克转向了恩格斯，从文化视角转向了经济视角：

> 遗憾的是，现今的地理学家都是从帕克和伯吉斯而非恩格斯那里获得启发的。恩格斯发现，社会内部的稳定并非因为存在崇高的“道德规范”。事实上，都市的苦难是无恶不作、贪得无厌的资本主义体系自身无法避免的结果。[③]

最后一句话里不合逻辑的推论暗示哈维渴望从文化转向经济，从一 47
成不变的观念领域转向（看起来）可被操控的物质关系。

对于社会地理学家来讲，马克思主义认识论具有两种吸引力。第一种吸引力是它综合性而非个体化、整体性而非碎片化的视野。它避免了

---

① Richard Peet, “Inequality and Poverty: A Marxist-Geography Theory,” *Annals of the Association of American Geographers* 65 (1975): 564–571.

② Manuel Castells, *The Urban Question: A Marxist Approach* (London: Edward Arnold, 1977), chs. 5–7.

③ David Harvey, *Social Justice and the City* (London: Edward Arnold, 1973), p.133.

资产阶级社会科学过细的专业化及其对知识的切分——就像对劳动力的划分一样。这些知识在马克思主义看来就像破碎且相互孤立的思想与经验。马克思主义的愿景是广阔且充满抱负的，风格是乐观积极且昂扬自信的。当提到如何一下子解决贫民窟问题时，哈维不乏自负。马克思说过：

> 共产主义……是人和自然界之间、人和人之间的矛盾的真正解决，是存在和本质、对象化和自我确证、自由和必然、个体和类之间的斗争的真正解决。它是历史之谜的解答，而且知道自己就是这种解答。①

在这种全面的视野中，被忽视的权力终于受到了关注。如此就能避免把社会描述得和谐一致（就像社会学里的边际经济学家和结构功能主义者长期以来所自诩的那样），而是坚持承认社会里的矛盾冲突，不管矛盾冲突是潜在的还是实际的，是结构性的还是暂时性的。

第二种吸引力——正如萨特告诉我们的——是在令人焦虑的时代，世俗的信仰不仅能为当代的异化提供精确的诊断，还能潜移默化地融入经验之中，引发人们的好奇与投入。当与众多社会科学并列的时候，它认为后者只言及细枝末节。这自然会凸显自身的优越性。

此外，地理学文献之所以采纳马克思主义认识论，并不是试图实现类似于最早出现的那种重大知识转型。作为马克思主义者，哈维拒绝在认知的基础上对文化与社会进行解释；当他因地理学行为主义而在短时
48 间内成为自由主义者的时候，他对认知因素的态度也十分谨慎。哈维在

① 译文引自《马克思恩格斯文集》第 1 卷（人民出版社 2009 年版，第 185～186 页）。——译者注

1968 年举办的行为地理学专题研讨会上总结道："对于区位论而言，经济理论与随机理论比认知—行为理论更具优势，因为它们显得更加精确与明了……我们会花时间将经济理论做得更加规范，进一步建构随机理论。"[①] 从这类言论来看，打破哈维思考惯性的不是马克思主义转向，而是 20 世纪 70 年代初他对社会与文化解释的短暂兴趣。

哈维首先考虑的是物质与经济的关系，这种思维的延续成为近半个世纪"世界观"（Weltanschauung）学科的基本要素。哈兰・巴罗斯（Harlan Barrows）在 1923 年的重要报告中预见了经济地理学将成为最重要的部门地理学的趋势。社会地理学又将如何呢？对此，巴罗斯有些语焉不详：社会地理学是触摸不到的，人的关系可以"构成地理学的一个潜在领域，但前景尚不明朗"[②]。过去 50 年的历史证明了巴罗斯的预见，经济地理学的确成为一门主导性学科。它把物质主义的狂热带入文化地理学者、历史地理学者和社会地理学者的研究，而后者闷头钻研格局和形态，对模糊不清且无法触摸的"社会关系"采取了回避的态度。[③] 他们不太可能像马克思主义地理学家那样，坚持经济唯物主义的解释道路，进而在这个学科里建立比较完备的正统体系。

马克思主义认识论并未因自身的简化论传统而失去连续性。值得注意的是，埃舍尔（Escher）为《地理学中的解释》（*Explanation in Geography*）和《社会公正与城市》（*Social Justice and the City*）设计的封面都是符号化的，而它们正是实证主义与马克思主义地理学的代

① David Harvey, "Conceptual and Measurement Problems in the Cognitive-Behavioral Approach to Location Theory," in K.R. Cox and R. G. Golledge, eds., *Behavioral Problems in Geography,* Northwestern University Studies in Geography (Evanston, Ill.: Northwestern University Press, 1969), pp. 35–67.

② Harlan Barrows, "Geography as Human Ecology," *Annals of the Association of American Geographers* 13(1923): 1–14.

③ Harold Brookfield, "Questions on the Human Frontiers of Geography," *Economic Geography* 40 (1964): 283–303; J. Duncan, *The Superorganic in American Cultural Geography: A Critical Commentary* (Ph.D. diss., Syracuse University, 1977), p.32.

表作。这绝不仅仅是巧合。埃舍尔本人所崇尚的优雅世界里的理性秩序同样是实证主义与马克思主义地理学所崇尚的。它可以被描述成一种由不同视角组成的世界，但这些视角并非来自世界内部，而是仿佛来自外部。外部的研究者可以变换位置、调整角度，但永远与研究对象相分离；他们观察着对象，使对象客体化、模式化，并且永远不会参与到对象的存在之中，不会让对象的视角成为主导。埃舍尔的世界就像实证主义与马克思主义地理学的世界一样，是一个简化论的世界，呈现出苍白的人类轮廓。在这样的轮廓里，个体的差异性被抹杀，人们受到操纵而不自知，操盘手也意识不到是他的自负制造出虚幻的结论——声称规律轻易就能被找到。唯物论、简化论与决定论的认识论特征都在于外界操纵，它们是不可靠的理解人类的模式。

49 人文主义的批判声浪再次涌现。这些声音不再局限于意识的虚空世界，更多结合了社会与历史的背景。批评者首先以反对者的面貌出现，反对那些不可靠的思想与实践。

对于社会地理学家来讲，实证主义等作为完整的认识论是不正统的，原因之一是搁置了自身视角所存在的问题。哈贝马斯评论过，实证主义如何在现代社会科学领域筑起牢固的壁垒来抵抗其他认识论的攻击："通过在自身内部制造出科学信仰的教条，实证主义发挥着禁止性的功能，使科学研究无法进行认识论的自我反省。"[①] 这样的教条不鼓励人们提出疑问，免得挑战其光鲜的外表。

再让我们来谈谈《德意志意识形态》。在这本书中，马克思反对青年黑格尔派的唯心论，认为这些人反对的只是"宾词"而非"实体"。为了揭穿他们的立场，马克思采用了一种超然的观察者视角，即"站在

① Jürgen Habermas, *Knowledge and Human Interests* (Boston: Beacon Press, 1971), p.67.

超越德意志前沿者的立场上”。需要注意的是，马克思主义不是一种不证自明的先验实在。难道只要自信满满，就能把理念转变为信条，解开“历史之谜”？这只是一种主观意愿罢了，是一种从意识之中产生的意向性，想要通过物化的过程从假设中制造出自明的事实。马克思批判一部分历史学家，认为他们把每一个时代都化成了自己的学术语言，并相信自己说的都是真理。那么对于马克思的理论，我们为何能赋予更多的信任呢？和实证主义一样，它也有一个外部操控者（“客观规律”）的立场。谁的理论以及谁推崇的意义可以成为普泛的基础？是社会环境中的行动者推崇的意义，还是无意识观察者基于自身的立场，即“超然的立场”推崇的意义？如果是后者，我们必然会触及异化的本质——借助异化理论，理念赋予现实一定的状态；通过异化的实践，我们的世界被马克思主义者的话语建构出来，我们的现实处境被他们的认知描述出来，我们存在的各种细节则是由我与他者的视角勾勒出来的。当然，这是马克思主义杀伤力特别大的地方。当唯心论者还在使用话语相互攻击的时候，马克思主义所践行的认知理论已经展开了歼灭战。

四、通往重建的道路

我们的结论就是马克思主义理论是对日常生活世界的反映。它力求 50
将马克思式的社会工程师的分类系统和世俗世界在一定程度上对应起来，而那个世俗世界是我们靠着天生的朴素情感认知到的。在此，当我们从批判转向重建的时候，就需要识别出哪些东西可以作为社会地理学家的建筑材料，来造就一个行为、经验与地方共同构成的经得起推敲的世界。

第一种建筑材料是最基本的人文主义，是普遍存在的人类中心主义。对于主体而言，这种人文主义不自觉地指向某种目的。就像伯格和卢克曼（Luckmann）所言，日常生活世界是“围绕着‘此处’我的身体和‘现在’我的实在而存在的”[①]。我对空间、时间和社会意识是有偏好的。例如，我从众多的电话号码里选择了这一个号码；我选择了这本书，目的是满足当下的兴趣。这种事实与价值、客观与主观、外部与内部的结合正是当前现象学家看待人类行为的方式。这可能是一种不证自明的真理，但只能建立在人文主义范式的基础之上。人文主义范式在理论化的过程中赋予了人类的意识——主体的意向——极其重要的地位。

第二种建筑材料是人类经验里的社会属性。社会地理学正是要在此凸显其独特性。“主体间性”指人们共享的意义处境，这很符合人的社会属性，即作为个体的我们总是处在与我们有共同意识的他者之中，我们会选择性地同他者接触、选择性地与他者建立关系。社会生活就是由连续的、差异化的关系构成的。我们会选择远离什么样的关系，建立什么样的关系，与哪些人保持相似的生物性和特定偏好。[②]社会地理学家对居住活动分离现象的记录已经持续了一段时间，但是很显然，居住分离只是人群的分离形式之一，其他形式，如非正式的小圈子或职业团体，可能在生活世界里更加普遍和突出。主体间性的意义处境对感知的约束可能比我们意识到的更大，美国少数族裔社会学家安德鲁·比林斯利（Andrew Billingsley）在研究黑人家庭时隐晦地评论道：“要是说科学性，（白人）美国社会学家的美国性比社会性强得多，社会性又比科学性强

① Peter Berger and Thomas Luckmann, *The Social Construction of Reality* (New York: Anchor, 1967), p. 22.

② Martin Buber, “Distance and Relation,” *Psychiatry* 20 (May 1957): 97–104.

得多。”[①]

主体间性并不是人文主义地理学家经常使用的建筑素材，他们发现 51
存在主义者的孤独荒漠似乎更加亲切。鉴于存在主义者写作时都不太在乎同侪的评价，所以原因并不是孤独的状态才更有利于反思。或许克尔凯郭尔属于特例。对于他而言，他人即地狱。应本人的要求，他的墓碑上写着“独行之人”，但哥本哈根读者的敌意反倒加速了克尔凯郭尔思想的出版与传播。[②]

克尔凯郭尔的生活环境，包括那个时代，以及他所处的空间、社会以及学术环境，比如说死气沉沉的国教和肤浅的大众文化，为他的思想与行为提供了生存土壤。传记故事，包括由个体沿袭下来的背景因素，以及个人无法掌控甚至意识不到的因素，为社会学家提供了第三类建筑材料。它们在主体与各个层面的环境之间实现着要素交换。离开了环境，我们就只剩下意识了——即便是集体意识，这会让整个世界变得缺乏鲜活的物质现实。这类建筑材料在某种程度上会引起争论，因为它们对传统地理学的环境观念构成了挑战。梅洛 - 庞蒂指出，历史就是一群他者成为另一群他者；马克斯·索尔（Max Sorre）认为大都市的社会地理学同样如此，越发显现出人际关系才是对行为产生影响力的环境因素。我们还应当在目的性动机的基础之上加入外部影响因素，因为它们共同决定着主体的行为。[③] 在社会层面上，个体所处的环境包括最贴近的群体和较远的有影响力的人群，甚至包括特定时代世界观的影响。因此，社会环境的整体包括小尺度与大尺度、自觉的与不自觉的，所有这些都

① Andrew Billingsley, “Black Families and White Social Science,” *Journal of Social Issues* 26 (1970): 127–142.

② Robert Bretall, ed., *A Kierkegaard Anthology* (Princeton: Princeton University Press, 1946).

③ Alfred Schutz, *On Phenomenology and Social Relations*, ed. H. Wagner (Chicago: University of Chicago Press, 1970).

能对行为施加影响。

任何一种行为与行为的产物，如景观，都具有不同层面的意义。首先，它像艺术作品一样具有账面价值；其次，它体现出作者的意图；最后，它传达出一定的社会主题。[1] 最典型的就是地图。地图中的事物具有选择性，体现出制图者所关注的焦点与时代特征。例如，20 世纪初期的殖民地图不自觉地呈现出帝国主义的地理学。那些地图详细记录了铁路的分布与出口商品的产地，而把当地人的分布归于“杂项”。自诩客观的地图正是主体间性的意图与帝国主义的权力关系两者共同作用的证明。

52 在地理学家眼中，最能对行为进行限定的是地方。段义孚等人研究了地方的人文内涵。地方对于主体而言确实是一种客体[2]，但又会以同样的方式反作用于人。马塞尔（Marcel）令人震撼地提出，一个人就是他自己所在的地方。地方与认同相辅相成，这可以为社会地理学家提供极其有趣的研究方向。社会是人类所创造的，有一定的独立自主性，但其独立性是有条件的，不能脱离具体环境而存在。这既是一个由不同位置决定的综合体，也是一个由人与环境之间的关系、由人的意向性与结构性要素共同决定的综合体。这样的综合“需要对结构性的事实与人在历史中的建构性事业的辩证关系展开系统性思考”[3]。

---

① Karl Mannheim, *Essays on the Sociology of Knowledge* (London: Routledge & Kegan Paul, 1952).

② Yi-Fu Tuan, *Topophilia* (Englewood Cliffs, N.J.: Prentice-Hall, 1974); *Space and Place* (Minneapolis: University of Minnesota Press, 1977).

③ Peter Berger and Thomas Luckmann, *Social Construction of Reality* (New York: Anchor, 1967), p.186; Joseph Scimecca, “Paying Homage to the Father: C. Wright Mills and Radical Sociology,” *Sociology Quarterly* 17 (spring 1976): 180-196.

五、一种狭隘的论述

本文已经展开了十分广泛的论述，但在下结论之前，有义务对人类中心主义、主体间性与具体环境之间的建构关系进行简单描述，目的是理解社会行为的建构过程。

这是一种学院派地理学家的内部论调，可能有些狭隘，但至少对我们而言是有意义的，也是能激发出必要的自反性的实例，能在所谓客观研究的中心让人对主观意图有所察觉。布莱恩·贝里写道："文化肯定能对社会学家产生影响，就像会对其他市民产生影响一样。这就是地方主义的本质，大部分当地人都能意识到这样的现实。"①

我之所以提及这一点，是因为我举的例子表明了贝里在城市地理学的位序—规模法则研究中存在不自觉的主体间性问题。这样的批评并不是针对个人的，因为我们或多或少都不认可过度社会化的概念。位序—规模法则正是这样一个例子。它缺少自反性，因此也就缺乏主体性，而它所在的学术领域宣称自己具有科学的客观性。②

有三个关于位序—规模数据的问题：（1）城市规模与城市序列之间是否存在规律性？（2）是什么造成了这样的规律性？（3）其规律性有怎样的含义？即使不能完整地回答前面两个问题，但关于第三个问题，
我们还是能给出正式解答的。在进行研究、崇尚科学、演绎抽象和寻求 53
规律的活动中，先验的理论、观念在主体间性的和世界观的影响下被误证。

---

① Brian Berry, "Introduction: The Logic and Limitations of Comparative Factorial Ecology," *Economic Geography* 47 (1971): 209–219.

② Paul Bain, *On City-Size Distribution Theory in Geography: An Epistemological Enquiry into Misguided Models* (Master's thesis, University of British Columbia, 1977).

1961年贝里发表了《城市规模分布与经济发展》（“City Size Distributions and Economic Development”）。[①] 这篇文章影响甚大，引出了1966—1976年的13篇论文，其中9篇赞成贝里的观点。贝里考察了38个国家的城市位序—规模分布，证实了自己关于经济发展与城市位序—规模分布的假设：

> 前述讨论得出的有效数据似乎证实了其中的子假设。具有位序—规模分布的国家包括都市工业经济国家（比利时、美国），较大的国家（巴西）和城市化历史较长的国家（印度和中国）。经济不发达的小国家（泰国）或拥有帝国式首都的国家（葡萄牙）具有明显的首位度。[②]

这也证实了人类中心主义的秩序。实事之所以是事实，不是因为它是真的，而是因为它符合人的意图与策略。出于不同的意图，人们可以对相同的数据展开不同的阐释。比如，位序—规模分布就没有考虑某些都市工业经济国家，如韩国、萨尔瓦多，也没有考虑某些较小的国家，如瑞士、芬兰，以及一些都市化时间较短的国家，如南非、巴西。对现实的这种错误建构就这样由同一位作者在1964年的文章里体现出来，放在一套集子里，名为“关于成空间体系的城市（群）的适当构想及得到证实的科学理论”。[③]

---

① Brian Berry, “City Size Distributions and Economic Development,” *Economic Development and Cultural Change* 9 (1961): 573–588.

② Brian Berry, “City Size Distributions and Economic Development,” *Economic Development and Cultural Change* 9 (1961): 582.

③ Brian Berry, “Cities as Systems Within Systems of Cities,” *Papers and Proceedings, Regional Science Association* 13 (1964): 147–163.

这种意识形态的合法化让主观性因主体间性之故而得到承认，进而使位序—规模法则成为地理学的正统思想。贝里这篇论文的观点除了被另外 9 篇论文采纳以外，还在 1965—1972 年被列入 6 本城市与经济地理学教科书。例如，1976 年出版的《北美洲城市》(*The North American City*)认为："在最新的研究中，贝里发现位序—规模法则只会在城市化历史悠久的大型国家中明显地体现出来，这些国家具有政治 54
与经济的复杂性。"[①] 显而易见，人们不会去质疑虚假的权威。

关于社会构建的现实还有很多可以说，它让位序—规模法则从虚构变成现实。也就是说，借着合法化的过程，某位开先河者的非专业思想被广泛蔓延的科学认识论强化，进而成为具体的现实甚至取得正式的地位。例如，贝里在最近的论文里引用了一项关于以色列城市规模分布变化的研究，以支持自己的论点，即不断增强的经济复杂性会导致城市愈益趋近位序—规模法则。[②] 该研究描绘了 1922—1959 年城市规模的分布状况，并总结道：

> 1944—1959 年的曲线看起来与贝里的位序—规模秩序的模型相符。在此期间，尽管以色列在面积上是一个小国，但它其实已经发展成为一个高度复杂的工业大国。[③]

问题在于，该结论是对真实情况的虚构。国家边界的变化意味着早

---

① Maurice Yeates and Barry Garner, *The North American City* (New York: Harper & Row, 1976), p.47.

② Brian Berry, "City Size Distributions and Economic Development," *Economic Development and Cultural Change* 9 (1964):147–163.

③ Gwen Bell, "Changes in the City Size Distribution of Israel," *Ekistics* 13 (February 1962): 103–104.

年13座城市中的5座已经不在1959年的国家范围之内了；另外8座城市大都包含着大量来自巴勒斯坦的阿拉伯难民。从这样的例子中取得的正式的或具有概括性的结论是不可靠的。然而，人们认可这种结论并非因其真实性，而是因为主体间性再次蒙蔽了现实。两方都认可的权威性令这样的假象变得正当起来：一是学术排头兵的承认与背书，二是它本身的科学世界观的姿态。正是在这样的姿态下，“社会现实”诞生了。难道这就是对事实进行转译的结果，即令其获得正式的地位，实现规划人员的最终目标？

六、结　语

这种批评的潜在意义在于重建。对位序—规模法则的阐释揭示出主体性、主体间性、让现实得以建构的社会环境层级，以及这些元素的互
55 动。当然，这种模式在分析其他社会行为如何实现时是有效的，如分析组织化过程产生的决定、青少年违法行为及其导致的结果（在景观形态和地图上的分布），等等。打个比方，我们可以看到，需要努力的方向既不是超现实的无形无状，也不是埃舍尔那样严谨的、不加修饰的视角；而更多是像纽约艺术家拉尔夫·法萨内拉（Ralph Fasanella）的油画那样。在法萨内拉的画作里，形式并未缺失，城市的人文特征被保留了下来，整个城市以人为中心并且充满了活力。行人看起来比车辆还大，两边的建筑物都朝一侧让开，展现出人的活动。人们组建成一个个家庭，又像在集会，或在一起工作、玩耍，相互的主体间性显得特别亲密；周

围环境里的事物，像告示牌、教堂、工会大厅，都以结构性的要素呈现出来。这些画作表达的都是融于环境的人，人本身比生活更加突出。我们应该关注的是人的属性，它与环境相关；应当面对的是存在的现实性。就像赖特·米尔斯所言："社会研究如果不返回生物和历史问题之中，不返回与社会的相交之中，那么它就不可能完成自己的知识之旅。"[①]

① C. Wright Mills, *The Sociological Imagination* (New York: Oxford University Press, 1959).

第四章

魅力与环境：人文地理学的挑战

安・布蒂默（Anne Buttimer）

在 20 世纪地理学思想构成的交响乐中，最响亮的乐章是对整体感 58
的追求，即想要从整体上认识人如何与大地共存。人的观念与其扮演的角色在功能性与专业化的分析中逐渐改变着学术环境。这样的现状只会引发更多的怀疑，而非燃起更多的希望。对人文主义不断高涨的兴趣令这支交响乐产生持续的吸引力，打破了年龄、阶层和文化的界限。事实上，人文主义地理学者在试图变得引人注目之前，或者在变得麻木迟钝之前，最好先衡量一下自己的核心观念究竟是什么，以及通过什么样的媒介把这些观念传播出去。

情人眼里出西施，特定观念的魅力也是如此。在人文主义地理学的丰碑之中，人们能够看到一些关键的线索。比如，我们该如何理解勒普莱（Le Play）的《欧洲工人》（*Les Ouvriers Européennes*），克鲁泡特金（*Kropotkin*）的《互助论》（*Mutual Aid*），葛莱诺（Granö）的《地理学女王》（*Reine Géographie*），或者迪翁（Dion）的《卢瓦尔河谷》（*Val de Loire*）。可以说，这些作品证明地理学可以描述特定地方中人与自然现象的整体性，或许还能说明对普遍原则的追求无损于对特定环境独特性的敏锐感知。

人文主义魅力的另一个维度是著名学者在生活与工作中呈现出来的个人化信息。这些信息在价值上超越了上面说的所有东西，甚至是那些东西的基底。在这些引人入胜的方法、哲学与文风以外，研究者同我们说话的方式或许最具吸引力，因为这能激发我们在自己的环境中的创造力，促使我们成为像他们那样的人。语言的感染力与具体环境的结合，即个人式的洞察与生活环境之间的相互作用，或许能从根本上帮助我们理解人类历史上的伟大观念。[①]

59 我们对前人著作的反思，应该注重挖掘他们获取知识的方法与经验背后的精神，而不是去盲目模仿他们的方法与实践。要公正地评价他们给予的启发，就必须跳出窠臼，批判性地从语言中滤出最本质的信息，因为文风可能因具体历史的影响而具有“偶然性”。有一种方法可以实现对作者的理解，那就是把他们放置在与其生活和工作环境不同的处境中去想象与思考。当然，这样做也存在误读与自我投射的风险，但更多是带来启发。

白兰士在这方面为我们提供了很好的榜样。尽管人们对他的作品有不同的甚至相互冲突的理解，但白兰士的影响力却经久不衰。[②] 如果以白兰士的方式去思考，把他当作今天的北美城市地理学教授，你能想象他会如何研究自己所处的环境吗？这样的想象可以帮助我们挖掘白兰士的思想本质以及他所传达信息的普泛性，同时，还能呈现白兰士在他自

---

① O. Rank, *Art and Artist: Creative Urge and Personality Development* (New York: Alfred A. Knopf, 1932); O. Rank, *The Myth of the Birth of the Hero and Other Writings*, ed. P. Freud (New York: Vintage, 1959); Arthur Koestler, *The Act of Creation* (New York: Macmillan, 1964); Arthur Koestler, *The Sleepwalkers* (London: Penguin Books, 1972).

② E. A. Wrigley, “Changes in the Philosophy of Geography,” in R. Chorley and P. Haggett, *Frontiers in Geographical Teaching* (London: Methuen, 1965), pp.3–20; David Ley, “Social Geography and the Taken-for-Granted World,” *Transactions, Institute of British Geographers*, ns 2, no. 4 (1977): 498–512.

己的年代是如何对某些意识形态与概念进行反思的。当然，我们也颇难想象 20 世纪初，如果白兰士离开了法国乡间，又会是什么样子。白兰士的很多观念都是在乡间环境或与之类似的环境里产生的，那样的环境也验证了这些观念的恰当性。他的学生与追随者在各种都市环境里运用他的观念，并获得了具有实践价值的成果。在独特性与普泛性方面，白兰士通过自身的魅力让人文地理学（la géographie humaine）显得生机勃勃。对特定区域的敏锐感知与全面描述，并不会阻碍人们获得有关人地关系的综合结论与普遍结论。①

一、白兰士思想的本质要素

该如何把握白兰士思想的本质要素呢？他的学生同其他研究者在描述白兰士的贡献时，认为其中包括可能论、大地的统一体、整体性的区域研究、生活类型、环境、循环、联系、文化、偶然性。② 人们都听说过他富有魅力的教学，他在编写详尽的区域专著时的锲而不舍、孜孜不

---

① George Tatham, "Geography in the Nineteenth Century," in Griffith Taylor, *Geography in the Twentieth Century* (New York: Philosophical Library, 1957), pp.28–69; George Tatham, "Environmentalism and Possibilism," in Griffith Taylor, *Geography in the Twentieth Century* (New York: Philosophical Library, 1957), pp. 128–162; Anne Buttimer, *Society and Milieu in the French Geographic Tradition,* Association of American Geographers Monograph Series no. 6 (Chicago: Rand McNally, 1971); Preston James, *All Possible Worlds: A History of Geographical Ideas* (New York: Odyssey Press, 1972).

② L. Gallois, "Paul Vidal de la Blache," *Annales de Géographie* 27 (1918): 161–173; Lucien Febvre, *La Terre et l'Evolution Humaine* (Paris: Colin, 1922); Paul Claval, *Essai sur l'Evolution de la Géographie Humaine* (Paris: Les Belles-Lettres, Cahiers de Géographie de l'Université de Besançon, 1964).

倦，以及他在描述法国人文景观时展现出来的艺术才华。[①] 白兰士最卓
越的贡献或许是在哲学层面，而不是在方法论层面。他为人文地理学奠
60 定了基础，并因此被纪念。当注意到在他所处的时代有那么多问题困扰
着学术界的时候，你就会钦佩白兰士逆水行舟的艰辛了。[②] 人文地理学，
白兰士的风格，只是众多地理学思潮中的一种，成长于世纪之交的法国，
还有其他很多思潮值得进一步挖掘。白兰士的思潮获得了国际关注，并
为批判性的反思提供了更多切入点。

20 世纪后半叶见证了自然与人文社会领域科学旨趣的勃兴。新的观察方式与分析技术开始在自然与人文社会领域出现。人们应如何分析社会具体环境中的人际关系？这样的研究属于哪门学科？人们究竟应该以环境为基础去分析社会分异，就像弗雷德里克・拉采尔（Frederick Ratzel）所认为的那样，还是应该像涂尔干那样只专注于对社会现象的分析？[③] 人类地理学与社会形态学之间的辩论积起宿怨，由此引发了很多问题。这些问题关乎应该在哪些学科投入更多的研究，并激起对社会与环境属性及其相互关系的本体论怀疑。同时，社会史、哲学与地方文学吸引人们关注具体生活环境中的社会现实与环境构成的错综复杂的关系。[④] 在法国，自然区块为人们诠释社会与自然的影响力对区域历史发展的影响提供了理想案例。

① R. Harrison Church, "The French School of Geography," in Taylor, *Geography in the Twentieth Century,* pp. 70–91; Paul Claval and Jean-Paul Nardy, *Pour le Cinquantenaire de la Mort de Paul Vidal de la Blache* (Paris: Les Belles-Lettres, 1968).

② Paul Claval, *La Pensée Géographique* (Paris:SEDES, 1972); T. Clark, *The French University and the Emergence of the Social Sciences* (Cambridge: Harvard University Press, 1973); Vincent Berdoulay, *The Emergence of the French School of Geography* (Ph.D. diss., University of California-Berkeley, 1974).

③ Frederick Ratzel, *Anthropogeographie* (1882; Stuttgart, 1891); Frederick Ratzel, "Le Sol, la Société et l'Etat," *L'Année Sociologique* 3 (1898–1899): 1–14; Emile Durkheim, "Morphologie Sociale," *L'Année Sociologique* 2 (1897–1898): 520–521.

④ J. Michelet, *Histoire de France,* 17 vols. (Paris: Hachette, 1952–1961); E. Demolins, *Les Francais d'Aujourd'hui: Les Types Sociaux du Midi et du Centre* (Paris: Firmin-Didot, 1898); Elisée Reclus, *L'Homme et la Terre,* 6 vols. (Paris: Hachette, 1905–1908).

在思考的层面上，以抽象观念关注人类属性与环境只会走入死胡同；在经验的层面上，小说家与早期社会科学家提倡在具体环境里，在每日生活的处境中思考社会问题。① 根据这些视角，白兰士获得了重要经验：法国人与环境之间的关系使景观呈现出斑驳陆离的状态，因此需要从经验出发进行研究，并尽量运用综合视角。② 对乡村景观的分析只是引出了社会与环境关系的假说，关键答案还潜藏在生活方式（genres de vie）之中。③

生活方式是文化的产物，也是文化的反映，是物质、历史与社会文化综合影响的结果，而这些影响始终围绕着特定地方之中人与环境的关系。它体现的是人组成的共同体与环境之间的对话——生活方式是由文化与环境共同建构出来的，而环境是人文地理学研究的物质对象。④

环境是地球上的人类生活所需要的物理学和生理学的全部基础。它 *61*
们紧密联系在一起，成为“被普遍规律驱动的一系列相互交织的力量”。⑤本质的地理问题既不是人对地造成的影响，也不是地对人造成的影响，在方法论上既不是分析生态过程，也不是分析社会文化的、历史的驱动力；而是以环境和文化之间持续不断的辩证关系为分析要旨，包括外环境与内环境构成的长久动态平衡——前者如可被观察到的物质格局与过

---

① F. Le Play, *Les Ouvriers Européens* (Tours: Alfred Mame, 1958); E. Rénan, *Carnets de Voyage* (Paris, 1896).

② Paul Vidal de la Blache, “Rapports de la Sociologie avec la Géographie,” *Revue Internationale de Sociologie* 12(1904): 309–313; Paul Vidal de la Blache, “Régions Francaises,” *Revue de Paris* 17(1910): 821–849.

③ Paul Vidal de la Blache, “Rapports”；“Les Centres de Vie dans la Géographie Humaine,” *Annales de géographie* 20 (1911):193–212, 289–304.

④ Paul Vidal de la Blache, “La Géographie Humaine, Ses Rapports avec la Géographie de la vie,” *Revue de Synthèse Historique* 7 (1903): 228–231; Paul Vidal de la Blache, “Sur l’ Esprit Géographique,” *Revue Politique et Littéraire* (2 mai 1914): 556–560.

⑤ Paul Vidal de la Blache, “Des Caractères Distinctifs de la Géographie,” *Annales de Géographie* 22 (1913): 290–299.

程，后者如价值、习惯、信仰与观念等。外环境框定了一个可能的范围，内环境则让人在此范围内进行一定的选择。

这样的人地关系视角被称为“或然论”，与环境决定论——认为环境决定着人类的生存选择——相区别。[①] 这种命名仿佛是说，或然论仅仅是对决定论的反驳。但是我们可以看到，白兰士的方法的秘密在于以人的存在性为根基。环境与文明的关系产生了生活景观，即人文景观（paysage humanisé）。它记录着特定人群如何立足于自身的经验去诠释与利用自身的环境，并赋予环境一定的价值。

人类族群根据眼界、传统和期许选择特定的生活方式。人们借助观念来逃离物质世界的残酷，这些观念源于人们所处的环境，并促使人们改造环境。然而，在观念领域，人类创造与革新的天赋力量总是在于想生产出新的工作和居住形态，这与保守的、固有的习惯性力量明显对立，后者常常阻碍变化的出现。启蒙运动时期的日耳曼人和后来的美国人都撰写了大量关于人类用无可匹敌的力量征服自然的论文。但是，这是对抽象人或个体人的颂扬，极少考虑到人除了生物性与智力之外还有社会性。这便引出白兰士学派的另一个重要创新：在具体的生活情境中诠释人与环境的关系，而该关系在各种生活方式里都是显著的社会现象。

白兰士地理研究的本质在于思考环境与文化（文明）的关系。环境是一种物质性的、多样化的格局，其中每一种形态都具备原动力；文化渗透在社会生活方式中，是创造性或保守性的思想源泉。环境与文化都不是决定者或被决定者，生态过程会始终在两者之间进行调节，制造出平衡状态。外环境的变化常常会打乱旧的平衡，引发连锁反应，直至出

---

① George Tatham, “Geography in the Nineteenth Century,” in G. Taylor, ed., *Geography in the Twentieth Century* (New York: Philosophical Library, 1951), pp.28–69; G. Lewthwaite, “Environmentalism and Determinism.” *Annals of the Association of American Geographers* 56 (1966): 1–23.

现新的平衡。同样，文化的变迁，如人口的迁移或观念的变化、新交通 62
设施的出现以及科技的进步，重新界定着空间与资源。这些都可能引发新的平衡。[①] 在文化循环中，创造性的力量和潜在的破坏性力量不断同传统的力量和保守的力量较量着。因此，一切环境都处于形成的过程之中，或处于建造与革新的动态之中。

为了实现这样的综合，白兰士提倡两种既相互区别又相互补充的分析模式：系统性的分析模式和区域性的分析模式。系统性的分析模式关注某种文化中的特定要素，研究这些要素与环境之间的关系[②]；区域性的分析模式关注特定的地方，研究文化与环境错综复杂的联系。1896 年，白兰士阐述了系统性的分析模式，后者成为对区域研究的重要补充：正是“在每一个地方性的环境里都存在的普遍要素”，“赋予了地方研究特有的价值”。尽管案例大部分来自自然地理学，但白兰士指出，文化地理学的任务在于阐明“不同地理条件下的社会含义”。[③] 在此领域，学生能怀着强烈的兴趣去关注环境行为背后的动力。

二、白兰士的原理与城市地理学

白兰士会如何在当代城市地理学中开展研究呢？他会如何对工业城市的社会构造加以概念化认识？关于城市地理学现有的研究方法，他会认为什么样的要素是有用的，可以被整合进统一的概念结构？

---

① Paul Vidal de la Blache, “La Géographie Humaine, Ses Rapports avec la Géographie de la vie,” *Revue de Synthèse Historique* 7 (1903): 193–212.

② Paul Vidal de la Blache, “Le Principe de la Géographie Générale,” *Annales de Géographie* 5 (1896): 129–142; Paul Vidal de la Blache, “Les Conditions Géographiques des Faits Sociaux,” *Annales de Géograpies* 11 (1902): 13–23.

③ Paul Vidal de la Blache, “Les Conditions Géographiques.”

根据白兰士自己的说法，有几个原则可供思考。他对城市现象零零散散的评论虽然具有鼓动性，但也常常自相矛盾。总体而言，他认为城市与乡村之间存在“种类上的而非程度上的”差异。[①] 城市化是“高级”文化的象征与写照。尽管白兰士在区域研究中倾向于分析乡村景观和非工业化、非城市化景观，但他也认可城市空间组织形态在技术上的进步性。他对历史上被证明有利于城市增长的各种环境展开了研究，同时对
63 西欧社会群体与社会领域的逐渐扩张和相互融合做出了评论。[②] 美国城市则完全呈现出另一副样貌，即“对城市生活的狂热”。美国城市是技术发展与理性经济力量的产物，在城市发展史中体现出独特的空间形式。白兰士带着审慎的乐观评论道：“这让美国创造出一种新的城市形态。”[③] 空间规划能保证工业资本主义的优势地位，加上规模经济和交通技术，它们共同为美国城市的发展奠定了基础。很显然，白兰士界定“城市”属性的要素包括服务、空间格局和专业化的土地利用方式：

> 交通设施把美国城市划分出不同的功能区域，商业区和居住区分隔开来；它们之间还有大型公园，引入了乡村景观……城市是美国主义的完美体现。[④]

景观仍然是分析城市文化的一块棱镜。把美国的工业城市置入世界城市化的形态之中，只是为了突出美国工业城市形态与其内在动力的独

---

① Paul Vidal de la Blache, *Principes de Géographie Humaine,* ed. E. de Martonne (Paris: Colin, 1923; trans., New York: Holt, 1925).

② Paul Vidal de la Blache, “Les Grandes Agglomérations Humaines,” *Annales de Géographie* 26 (1917): 401–402.

③ Paul Vidal de la Blache, *Principes de Géographie Humaine*, ed. E. de Martonne (Paris: Colin, 1923; trans., New York: Holt, 1925), p. 478.

④ Paul Vidal de la Blache, *Principes de Géographie Humaine*, ed. E. de Martonne (Paris: Colin, 1923; trans., New York: Holt, 1925), p. 478.

特性。我们如何才能从白兰士研究人类群体及其环境的学科方法和理论基础出发，去讲授城市地理学呢？我们只有通过白兰士的学生，才能知道如何在经验主义的实践中改进原有的结构。

三、工业城市的环境与文化

如同地理学中其他成体系的亚学科，白兰士城市地理学的基石也是文化与环境。文化包含社会群体的属性与动力，环境则被当作“一个混合的整体，其中异质性的要素相互之间存在重要的联系”。[1] 在城市环境里，我们会不加怀疑地将外环境中的自然要素与人造要素进行概念上的区分。城市景观（paysage）包含自然环境（milieunaturel）与城市环境
（milieuurbain），其背后是技术革新和经济组构的综合力量。文化进步 64
创造出了土地利用与服务设施的空间布局，这种布局又可以被视为文化自我更新与相互促进的条件。这种文化就是工业资本主义。因此，美国工业城市的本质也是“一个民族铸造的纪念章”。

历史上的所有城市，其持续性优势都在于能够不断吸引大规模的移民。每一波移民都携带着自身的文化，也都在以各自不同的能力适应原先的工业社会创造出来的物质环境。移民群体所考虑的不仅是该城市能否满足他们的物质需求，如工作、住房、服务，还包括他们的传统生活方式能否与这里完全不同的生活方式和谐地共存与发展。白兰士经常说，每一种生活方式都是历史、习惯与传统社会形态的产物。习惯是如此根深蒂固，社会网络、社会角色与人际关系都在原生环境里赋予了我们特

① Paul Vidal de la Blache, *Principes de Géographie Humaine*, ed. E. de Martonne (Paris: Colin, 1923; trans., New York: Holt, 1925), p. 10.

定的生活属性，这些属性无法在新的环境里被完全丢弃。适应与改变传统生活方式的过程缓慢而痛苦：

> 眼下是观察人类群体融入新环境的最好时机。殖民与移民的过程可以揭示其他物质条件对国家造成的影响，而不是像某些错误的观点所认为的那样是一个全新的过程。事实上，它只是具有不同的组织属性而已。新的移民经过或快或慢的艰苦的调整，终于成功地在新的地方安身立命。一旦完成这样的过程，养成新的习惯，经过一两代人的巩固，新的生活方式就会出现——从文化母体中脱离出来并在不同的环境中产生变化。①

与其说白兰士对殖民过程与人口流动性的增强持乐观态度，不如说他依然希望不同的社会群体在美国的大城市之中被完全同化。如果认为社会融合是不可能的，我们将无法解释白兰士关于进步与殖民主义以及“我们这个时代的至高荣誉”的信念。在社会融合方面，白兰士或许与罗伯特·帕克观点相似。他们都期待物质条件差不多的异质社会群体相互融合。②如果说帕克对此过程的概念化基于社会解体与社会重组，那么白兰士则是考察环境至高无上的影响力，认为“它能历史性地迫使所有群体都具有相似的职业与习惯”。

> 65 这是一股统合性的力量。它抹掉了一切原始差异，把它们融合到一个共同的适应形态之中。就像植物与动物的世界，人类社会也是由不同的受制于环境影响的要素组成的。没有人知道究竟是什么

---

① Paul Vidal de la Blache, *Principes de Géographie Humaine,* ed. E. de Martonne (Paris: Colin, 1923; trans., New York: Holt, 1925), pp. 167–168.

② Robert Park and Ernest Burgess, *The City* (Chicago: University of Chicago Press, 1925).

力量，在何时何处把它们聚到了一起，但它们肩并肩地生活在同一区域，任由这片区域给自己贴上标签。[①]

白兰士可能已经找到了种类上的而非程度上的差异，即不同类型的社会融合与不同类型的区域融合之间的差异。不同类型的社会融合出现在美国的大城市里，不同类型的区域融合则是欧洲的乡村所经历的现实。他或许还期待着所有的融合都是相似的，然而不同群体的生活方式在面对不同类型环境经验时表现出的多样性和可塑性，更适应于新环境的挑战。

白兰士或许还会思考城市精英阶层自身的适应性，以及他们创造出来的趋同化的人工环境。他可能还会预见（甚至容忍）该阶层对移民文化的绝缘与抵制，并提醒人们注意这种物质上相互毗邻但社会上相互隔离的生活方式最终产生的矛盾，“就像同一条河依然泾渭分明”。在相同的环境下，文化异质群体的和谐共存会对社会组织构成挑战。人们需要一种能包容文化差异的“社会状态”。

四、白兰士的原理与 20 世纪城市

进一步探寻白兰士可能采用的城市地理学方法是比较困难的。从他的学生与追随者的研究中，我们可以发现有用的线索。比如，让·白吕纳（Jean Brunhes）与德芳丹（Pierre Deffontaines）对乡村区域的研究大量运用了白兰士富有创意的观念；在埃德加·康特（Edgar Kant）、马克斯米莲·索尔（Maximilien Sorre），以及后来的乔姆巴特·德·劳

① Paul Vidal de la Blache, *Principes de Géographie Humaine,* ed. E. de Martonne (Paris: Colin, 1923; trans., New York: Holt, 1925), p.17.

威（Chombart de Lauwe）的都市研究中，白兰士的思想也可见一斑。不同的社会学因素使这些学者缺乏足够的才能去阐明白兰士的方法，更未能超越他。在埃德加·康特的研究（如对爱沙尼亚人的研究）中，貌似难以解决的社会形态学与人文地理学的冲突其实是可以化解的。[1] 在
66 索尔的研究中，一些指导原则可以用于研究文化的“主观”特征，这或许是白兰士没有触及的。[2] 劳威对巴勒斯坦人的研究或许和当代都市联系得更加紧密。[3] 如果说康特的研究路径主要集中于关注都市人口的形态学与社会网络，那么劳威（尤其是索尔）更注重在城市的特定社区之中挖掘市民的“主观社会空间”与“地方感”。基于这两种研究，人们可以思考白兰士的原理如何被运用在了 20 世纪城市生活地理学中。

城市文化的研究包含三个基本步骤：第一，研究城市人口的生态；第二，研究人口外在的行为方式（生活方式）；第三，研究价值观、态度以及不同个体与群体的认知。

从康特的研究中，我们可以看到，对城市人口的研究可以从社会人口统计学的特征、不同的密度模式、种族或社会文化的分异以及人口迁移等角度展开，对外在行为模式的研究可以从观察生活方式、家庭预算、对时空的使用以及社会与商业的相互作用模式等角度切入。这些基本形态与动态能告诉我们广泛的社会群体如何参与城市生活，对其空间移动轨迹的探索是限于当地的还是分散开来的。从对行为的观察里，我们能够辨识出人们享用城市服务的具体形态和对特定区域的偏好。关于工业城市的空间分布和相互作用的形态之谜，我们绝不能仅仅在“生态”与

① E. Kant, “Géographie, Sociographie, et l’Ecologie Humaine,” *Publ. Sem. Univ. Tartuensis Economico-Geographici,* no. 4 (1933); E. Kant, “Essai sur la Repartition de la Population à Tartu,” *ibid.*, no. 15 (1937).

② Maximilien Sorre, *Rencontres de la Géographie et de la Sociologie* (Paris: Riviere, 1957).

③ P. Combart de Lauwe, *Paris et l’Agglomeration Parisienne* (Paris: Presses Universitaires de France, 1952).

"生理"中寻找答案。白兰士的研究路径最终是去探索市民群体的"社会世界"（social world），包括他们的态度、行为与价值观。

索尔社会空间概念的基本原理包括：探寻城市中个体与群体的日常生活形态；人们如何感知与评价周围的环境；"住房"是否以"家"的方式存在；建筑物与道路的配置是阻碍还是促进了传统的习惯性社会交往。这样的研究要对城市整体意象，以及邻里意象、服务地意象和交通设施意象展开调查。然而，研究者偏向于客观性，并严格信奉理性，可能会导致人们怀疑白兰士关于城市社会生活的"主观性"论断。相比于蓄意阐释的观点与态度，应力（stress）与应变（strain）指标表达的结果更具有说服力。

工业社会里的不和谐与紧张因素同样是分析对象，人们可能会参照 67
动植物致病因素的路径展开分析。白兰士一直关注热带地区人类行为的毁灭性影响。然而，他又乐观地认为，一种生态平衡的破坏会被另一种更高级别的动态平衡替代。

在观察当代工业城市的生存环境时，我们会发现，这种乐观高估了人类在紊乱的生态环境中恢复秩序的能力。犯罪、生理与心理疾病、空气污染与水污染、交通堵塞、政治弊病，以及城市社会服务危机，都能揭示城市生态系统的异常。这些现象作为环境与文化不和谐的客观证据，会统统在景观中表现出来。

五、超越"人文地理学"

上文提到的研究只是众多"主观"诠释中的一种。这些诠释源自白兰士丰富的思想遗产。我们对其相关性、优缺点的评价同样是主观的。信息与媒体都关联着文化，因此，事实上，大部分学者的成功与否都取决于其观点能否很好地与时代精神、意识形态和当下理所当然的话语产生共鸣。若想产生长期的共鸣，就得“跳出”历史偶然性所形成的媒介，并被后人理解。当代学者所要做的是去辨别白兰士思想里的持久品质，同时超越其中迎合当时文化的语言特征及思考方式，因为这些东西可能已经不合时宜了。为此，人们必须质疑生活与常识的前提条件，后者构成了学者观点的基础；同时，不同的意识形态与逻辑上的缘由也会使这些观点在当下招致反对。

对白兰士思想及其后继者研究的反思，能揭示出重构白兰士思想框架的两个方面。第一，这里有足够的基础来提出整体视域，包含三个层面的要素。第二，对于环境与文化关系的研究，我们可以拿交响乐而不是辩证法来打比方。由于环境与文化包含着很多不同的要素，所以语义
68 上的清晰明了是必要的；人们在获得一种整体性结论之前，可能会不断在特定的部分探求其规律。为了统领人类意识领域的所有特征（如观念、象征、意象、记忆和价值），与其采用“文化”这一术语，不如采用“人类知识总体”（noosphere）这一术语——能将意识的所有特征综合起来，影响人类的生活方式。对于其中某些意识，我们可以通过更加精妙复杂的方法进行研究。与其一开始就将环境视为一个组合起来的整体，不如怀疑一下在面对当代城市环境的时候，有没有必要对“自然的”与“人造的”这两种要素进行明确区分。我建议把自然环境放入更具有综合性的术语“生态领域”（biosphere）之中。这样，展开具体实践的环境领域就可以被视为社会—技术领域所呈现的景观。

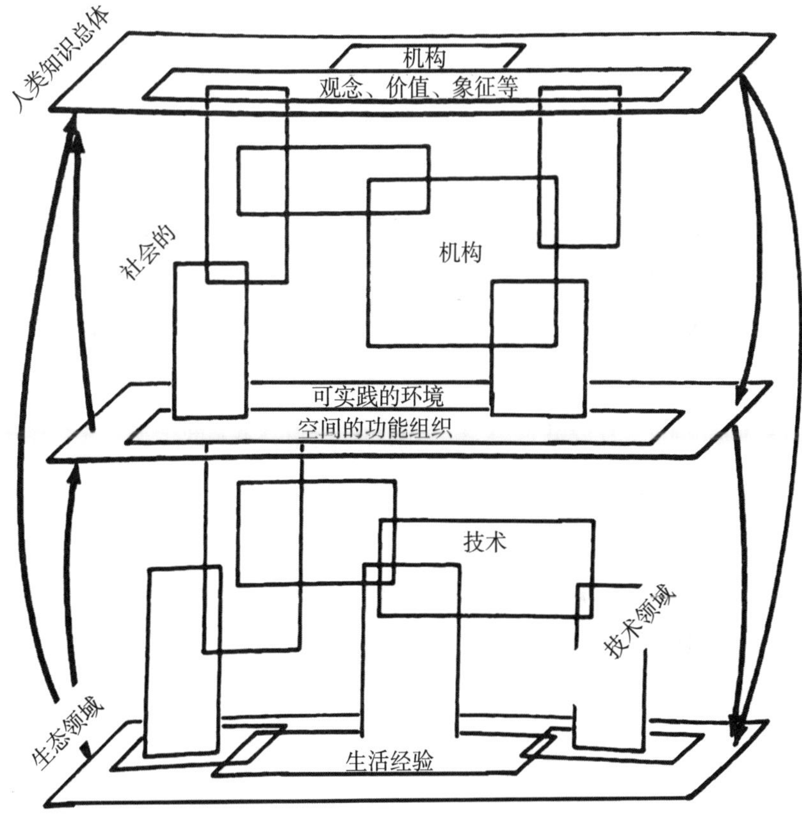

图 4-1 一种地理学的视角

图 4-1 中，三个层面中的每一层面都具有各自内在的“秩序原则”（时间的、空间的、结构的）。这些层面成为系统研究的主题，地理学的
问题则处于各个层面相互作用的中心。其中，地理学关注的焦点有两个： 69
一是整体环境背景中的生活方式，二是地方的特征。

图 4-1 不仅给出了一个地理研究的指导方针，还指明了一种人类如何与地球共存的规范性视角。在经典的人文地理学传统里，地理学被视为对生命的沉思，地理学研究需要对生命与环境高度敏感。图 4-1 提供了一种探讨“地球统一体”（terrestrial unity）的方式，研究者可以在他

想要的任一尺度上开展研究。然而，它最实际的用途是对当代生活方式展开分析。

在任何一种生活方式中，研究者都可以在人类经验里找到三个层面——认知的 / 情感的（人类知识总体），相互作用的 / 主体间性的（技术领域），有机的 / 地球的（生态领域）。近些年来，该图式所涉及的研究越来越专业化，因此人们不太可能把它们的结论整合起来。相反，白兰士提倡把关于生活方式的地理研究直接置入“环境”（milieux）之中。根据其前设逻辑，我们必然会认识到体制与技术会在多大程度上对生活方式施加影响。有意思的是，在相同的环境中，不同的生活方式怎样才能和谐共处。所以，有些人可能聚焦于宏观空间的管理同微观社会中居民日常生活之间的矛盾和平衡。

重构白兰士思想的第二个方面可以在逻辑上遵循如下思路，即追求一种不断强调意向性、时间性、生态和谐性的视角。这样，环境与文化的关系就可以被刻画成交响乐而非辩证法。这首交响乐充满了各种生命形态——人类、动物、植物和其他生命，它们具有各自的内环境与外环境。内环境要求自己能够以自身的术语被理解，外环境则由地球上其他居民的表达构成。因此，在一种宏观的视野中，一个人可以想象白兰士所说的“人类知识总体”与“生态”之间的关系，并渐渐领会到社会—技术领域在矛盾调和过程中不断增强的支配力。

或许，我们可以把触角延伸到白兰士与现象学的关系之中，二者有一定的相似之处。尽管我们无法证明白兰士学派与胡塞尔的后继者有什么样的关系，但这两个思想学派在知识与经验的立场上都展现出
70 观念论的姿态以及相似的优缺点。我们很难在白兰士的著作中挖掘出他本人如何看待自身的文化，以及他的逻辑前提为何；但是，其中一些矛盾或不一致之处还是引发了今天的研究者的兴趣。比较突出的

包括：（1）白兰士“人类属性”概念中的矛盾；（2）关于人与自然的辩证概念，以及他在“地球整体”概念中呈现出来的人类中心主义；（3）管理理性（managerial rationality）中的“帝国主义”信念。

> 在与环境的关系中，他（指人）既是主动的也是被动的。我们在大多数时候都很难确定他是这个人还是另一个人。①

在《人文地理学》（*Géographie Humaine*）中，我们可以看见白兰士在界定人类属性上的（前提）矛盾。有时候，他强调人类才能的进步与革新。有时候，他又会关注传统与习惯。有时候，他在自己的研究中看到了人类生活的灰暗面，看到了人类生活对社会进步或生态和谐的负面影响。意料之中的是，有时他又强调积极的一面。

就白兰士提出的“革新力量”（innovative forces）而言，今天的人文主义者可能倾向于提出反对意见。白兰士认为——至少潜在地——人类的行为基本上是由观念决定的，因此，行为的改变可以诉诸意识领域。然而，一旦开始解释人类努力的方向——保守的或革新的，基本上就会产生人类中心主义的希腊版本：人类在生物链里处于支配地位，智力是人的精华。理智同样具有“启蒙”的意味。这些前设在西方人的知识传统中根深蒂固，如果研究者想要把人类想象为地球的参与者而非主导者，那么这些传统就需要被重新审视。白兰士的追随者只要切入白兰士本人的精义，而不是停留于字面意义，就需要对白兰士所提倡的地理学作为一个整体的视域格外敏锐。

---

① Paul Vidal de la Blache, *Principes de Géographie Humaine,* ed. E. de Martonne (Paris. Colin, 1920; trans., New York: Holt, 1925), p.164.

环境是……由普遍法则推动的一系列相互交织的力量。

71 白兰士最重要的观念就是地球的整体性。能体现整体性的概念是“环境”(milieu)。环境能“通过至关重要的关系把各种相异的存在物联系在一起”[①]。在白兰士的时代，有人声称人文地理学不可能成为概括性的科学，这是白兰士反复强调环境的背景。白兰士很多成体系的论点都在反驳这样的观点。最好的归纳法案例能产生法则般的系统化结论，其中大多数来自生态学和地貌学。人文领域也需要借助这一途径来“刻画”人口分布和社会形态。[②]

当然，今天的人文地理学者已经有足够的能力捍卫自己的领域，甚至做得更多。与其继续在科学与非科学的传统争论中纠结不休，研究者难道就没有足够的自信与智慧去哲学式地捍卫“在环境中研究人类生活”的立场，以免寄身于其他学科本位的屋檐之下？从环境感知、环境行为研究中获得的知识，已经削弱了最初以唯物主义为本的学科基础和还原论的碎片化逻辑，但是负负不一定得正。对人类不同要素的专业研究——经济的、政治的、认知的、行为的——都能体现出环境的重要性，但不一定能获得整体性的画面，不管是人类的还是环境的。

在地理学思想与对地理环境的思考中，最有意思的是，人们往往把描述性的框架转化成规范性的框架。每个关于环境的关键概念，都隐含着一个时间和地点的预设。这个预设最能与当时的具体环境条件相“匹配”；如果把环境条件放宽，超出特定的时空，那么就会导致东施效颦和张冠李戴。例如，有人把20世纪初白兰士针对法国提出的区域化方

① Paul Vidal de la Blache, *Principes de Géographie Humaine,* ed. E. de Martonne (Paris: Colin, 1923; trans., New York: Holt, 1925), p.17.

② Paul Vidal de la Blache, “Les Conditions Géographiques”; Paul Vidal de la Blache, “La Repatition des Hommes sur le Globe,” *Annales de Géographie* 26 (1917): 81–89, 241–254.

案，当作模板运用到区域规划当中。白兰士本人如果泉下有知，定然深感震惊。而他进行区域研究所用的“区域”（pays）基本模型也成为地理课程的必修内容，哪怕该模型的适用性遭到怀疑。这也肯定是白兰士不愿看到的。

殖民主义……我们这个时代至高无上的骄傲。[①]

这样的言论在今天无疑会引发强烈批判，但它也指出了深层次的问题，所以就算被批判，也不应弱化我们在地理学思想中揭露深层问题的责任。试想，我们制造并传播的经典理念，其时空会不会多少与帝国主义的主旋律时空重叠？[②]或许，地理学思想在发展中始终存在着一个自 72
命不凡又班班可考的信念，那就是以某种方式把大地组织起来。在区域地理学中，有一个被称作“Herrschaftswissen”的要素。它是对自然与社会法则的坚信，认为这样的法则能够支配区域的空间组织，无论是出于政治与治理目的，还是为了提高经济社会利益。[③]但是，法国的区域研究与此大相径庭。法国的风格在于对生活经验的敏锐，并提倡深层次的思考（besinnliches nachdenken）[④]，目的在于让事实自己说话。所以，我们或许要明确区分一般的区域地理学、法国的区域地理学（在殖民区域开展研究），以及被政治组织视为内政事务的区域地理学。区域研究

① Paul Vidal de la Blache, *Principes de Géographie Humaine,* ed. E. de Martonne (Paris: Colin, 1923; trans., New York: Holt, 1925), p.24.

② Anne Buttimer, *Values in Geography,* Association of American Geographers Resource Paper no. 24 (Washington, D.C., 1974); Anne Buttimer, “Insiders, Outsiders, and the Challenge of Regional Geography” (Paper Presented to the Annual Meetings of Finnish Geographers, Helsinki, 1977).

③ Henri Lefebvre, *La Production de l'Espace* (Paris: Anthropos, 1974); Milton Santos, *L'Espace Partagé* (Paris: M. Th. Genin Libraries Techniques, 1975).

④ Martin Heidegger, *Vorträge und Aufsätze* (Pfullingen: Neske, 1954)

模式似乎非常适合对斯堪的纳维亚半岛展开研究，也适用于为文化的长期存续提供宽松政治环境的其他欧洲地区。①

事实上，白兰士的作品里存在两种不同步的旋律。或许只有在小尺度的区域研究里，这两种旋律才能和谐成曲。在大尺度的区域里，或者在环境差异很大的区域里，这两种旋律合不到一起，也很难处理好地方（géographie des lieux）与空间组织（l'organisation de l'espace）的辩证关系。由于人文地理学的某些方面是从具体环境中产生出来的，所以能引发相悖的诠释，就像近年所出现的那样。②白兰士的作品里似乎存在意识形态的矛盾性。他因法国文化扩散至其他地区而深感自豪，但没有意识到，该过程恰恰有损于乡村生活（paysan life）的凝聚力与和谐性，而后者正是他在家乡特别欣赏的。

当下的批评都是事后之论，难免存在偏见。如果这些评论不能让我们意识到"自己眼中的梁木"③，那么就没有任何意义了。难道我们不应该反思，到底是什么样的帝国主义偏见会在我们理解当今世界的过程中被传递出来？如果完全没有意识到自己对人类的定义如何受到历史与文化的影响，那么，人们所发展的"人文主义"研究领域又会存在怎样的矛盾呢？

---

① H. Nelson, "En Bergslagsbygd. En Historiskt-Geografisk Öfverblick," *Ymer* 3 (1913): 278-352; H. J. Fleure, "Human Regions," *Scottish Geographical Magazine* 35, no. 3 (1919): 94-105.

② M. Derruau, *Précis de Géographie Humaine* (Paris: Colin, 1963); A. Meynier, *Histoire de la Pensée Géographique en France* (Paris: Colin, 1069); Paul Claval, *La Pensée Géographique* (Paris: SEDES, 1972).

③ 取自《圣经》，指自己身上存在的问题。《路加福音》第6章第41节："为什么看见你弟兄眼中有刺，却不想自己眼中有梁木呢？"——译者注

六、结　语

若剥离白兰士思想里“偶然性”所具有的语言风格和意识形态，人们会发现，其中还有一样东西具有持久影响力，那就是考察在一定范围的具体环境里，不同的现象与动力是如何相互交织在一起的。除了历史 73
学以外，其他学科并不会提及这样的任务。时空现象是生活里的普遍现象，所以，历史研究与地理研究是相辅相成的，两者都在寻求一种整体性。白兰士常常提醒一种危险，那就是为了方便，把人类与地球的现象割裂开来理解。其实两者都需要被放置在时间与空间的共同体中。今天，白兰士无疑会指出环境知识的碎片化同生活场所的真实形态之间的关系。为了恢复生活的整体性与和谐性，地理学者需要在自身的学科视角中恢复一种整体性：

> 地理学在受惠于其他学科时能够产生一种普遍的好处，那就是不会把整体的自然分割开来。这样人们就能理解各种现象之间的关系，而这些现象位于包罗万象的地球环境或具体的区域环境之内。立足于这样的主旨进行研究，无疑会给学术带来益处。[①]

如果说地理学作为独立学科在20世纪呈现出自身的发展，那么它或许会在白兰士的整体性视野中重新展现出智慧。人文主义地理学者作为知识精英，不应该更加清醒地意识到知识碎片化的危险吗？在过去二十年里，地理学产生的各种专业化标签足以引起我们的警惕。它们风行一时，各领风骚若干年。理想的情况是，这些新生的分支都是对地理

---

① Paul Vidal de la Blache, “Des Caractères Distinctifs de la Geographie,” *Annales de Géographie* 22 (1913). 290–299.

学“大家族”未曾涉猎的领域的有益补充，能照亮那些灰暗的角落。主题化确实拓展了地理学的分析视野。但是，当每一个专业化成员都在追求各自的身份认同，都在致力于发展各自的专业话语与社会圈子时，他们相互之间的交流会愈益困难。这个家族将会发现，虽然自己在不断扩展，但集体的收获与各方的努力是不匹配的。

社会学具有一种地理学的综合性，想反映出整体的学术世界。这样的社会学是与其所处的社会环境联系在一起的。对于地理知识同生活方式与环境的关系存在什么样的一般规律，它并不会去探索——它既没有
74 这样的设想，也没有这样的信念。或许，人文主义地理学最具抱负性的挑战在于能够启发人们去关注我们对人文、生活与世界的定义具有怎样的文化相对性，同时指出知识与经验蕴含着怎样的意义。

文化相对主义和观念论都与人文主义密切相关。倘若人文主义作为一个整体，乃现实世界的一个模式，是理解现实世界的一种方式，那么就可以在不必刻意让学者关注自身文化相对主义的前提下奏响古老的人文主义交响曲。有太多人自称热爱人文主义，却无法容忍和接纳他人，所以学者的人格魅力才如此重要。最终的挑战，也是极富价值、成本极高的挑战，就是让知识融入一种真正的个人风格。它既能体现出情感也能展现出智慧，既有热情也有理性，既包含对人类的理解也包含对世界的思考。

第五章

白兰士与涂尔干之辩

文森特・伯都莱（Vincent Berdoulay）

今天，许多地理学家都在反对科学方法狭隘与机械的诠释。回顾过 77
去人们如何应对或逃避这种不满情绪的源头和其他相似的源头，是有一定意义的。其中一个是 19 世纪和 20 世纪之交白兰士地理学与涂尔干社会学于法国展开的一场辩论。这样的辩论对我们的时代而言很有意义，因为人文主义视角正处于一个关键时期。本文将关注不同的基础哲学，以此来考察这场辩论的几个重要主题。笔者认为，由于存在认识论的差异，白兰士地理学与涂尔干社会学之间的对话十分不易。

一、一场辩论

涂尔干特别重视社会学的一个分支——社会形态学。该领域注重研究并描述社会生活里的物质与地表现象（与人类生态学的芝加哥学派有一定关联）。尽管该分支首先强调社会形态对社会生活的影响，但并不否认社会生活反过来对社会形态的影响。其实，涂尔干社会学并没有说清楚，社会形态学在解释社会结构与人的行为上到底有怎样重要的意义，然而它依然探索了环境与社会相互间的因果关系。[1]

白兰士地理学的研究对象也存在上述特征，但是更偏重于区域、案
78 例、历史与景观。尽管如此，基本问题还是围绕着社会与环境的相互关系而展开的。这两个学派多数时候都在论辩，今天的很多学者还未认识到这些论辩的意义。

安·布蒂默最近对其中一些问题进行了澄清与分析。她在早年发行的《社会学年刊》（*Année Sociologique*）上就涂尔干反对拉采尔的人类地理学（anthropogeography）的观点展开过分析：

> 当拉采尔采用一种空间与历史的视角，经验性地看待社会形态的时候，涂尔干则采用一种本体论视角，努力设计出宏大的概念框架，好让研究者能在规范的哲学体系里分析并诠释社会的形态。[2]

涂尔干具备一种社会科学的整体视野。他能把其他学科提供的解释要素放入自己的社会学里进行综合，结果就是：

> 作为系统化的社会科学家，他们（涂尔干的追随者）试图依据自身的学科逻辑去评价人类地理学。这样的视角忽略了拉采尔著作的关键点。拉采尔的研究基本上算是探索性研究，而不是严格意义

① F. Schnore, "Social Morphology and Human Ecology," *American Journal of Sociology* 63 (1958): 620–634; Maurice Halbwachs, *Morphologies Sociale*(Paris: Colin, 1946; trans. *Population and Society,* Glencoe, Ill,: Free Press, 1960).

② Anne Buttimer, *Society and Milieu in the French Geographic Tradition* (Chicago: Rand McNally, 1971), p. 28.

上的研究报告。[①]

拉采尔人类地理学同社会形态学之间的冲突通常呈现为犀利辛辣的辩论，且往往在社会形态学家与地理学法国学派之间上演。20 世纪初期，批评的论调是由西米昂（Simiand）、哈布瓦赫（Halbwachs）、莫斯（Mauss）与涂尔干在《社会学年刊》上发起的。白兰士一派很少回应，因为他们对方法论层面的争辩不太感兴趣。但是，依然有两个人作为反驳的主力出现了：一个是加米勒 · 瓦洛克斯（Camille Vallaux），另一个是吕西安 · 费弗尔（Lucien Febvre）。白兰士本人也对地理学与社会学的关系进行过评论，但却不是以辩论者的姿态出现的。[②] 尽管这两派在个人层面上有过合作［如德芒戎（Demangeon）和瓦谢尔（Vacher）］，但敌对是主流，因此造成了一代人之间的相互回避。这两派之间似乎存在误解。他们都有从其他学科领域借鉴而来的概念，但是对这些概念的理解却同其原本的意义存在一定的差异，而他们的批评又都是基于这些概念展开的。例如，当人文地理学家研究人类作为地理行动者（自然的 79
改造者）时，涂尔干派批评前者没有充分研究环境对社会组织造成的影响。[③] 社会形态学者尤其攻击被地理学者视为有效研究工具的区域方法。他们的批评往往以普遍性科学的名义展开，就像 20 世纪 60 年代所发生的那样。

不用说，在受到涂尔干派的刺激后，白兰士派开始思考如何做研究

---

① Anne Buttimer, *Society and Milieu in the French Geographic Tradition* (Chicago: Rand McNally, 1971), p.37.

② Camille Vallaux, *Les Sciences Géographiques*(Paris: Alcan, 1925); Lucien Febvre (with the collaboration of L. Bataillon), *La Terre et l'Évolution Humaine* (Paris: Renaissance du Livre, 1922); Paul Vidal de la Blache, "Rapports de la Sciologie avec la Géographie," *Revue Internationale de Svociologie* 12 (1904): 309–313.

③ F. Simiand, Review of A. Demangeon's *La Picardie...*, R. Blanchard's *La Flandre,* C. Vallaux's *La Basse-Bretagne,* A. Vacher's *Le Berry,* J. Sion's *Les Paysans de la Normandie Orientale,* in *L'Année Sciologique* 11 (1906–1909):723–732.

以及做什么样的研究。他们倾向于剔除所有对研究方向的含混理解，以及环境会对人类造成什么影响的通常理解——正如瓦洛克斯甚至费弗尔的研究。费弗尔的贡献在于明确指出，以前，关于环境对人类影响问题的阐述过于简单。他批评拉采尔固守环境影响人的框架，尽管拉采尔也往往把人呈现为地理行动者。而白兰士不仅认识到了拉采尔后一方面的特征，还强调了该特征的重要性。费弗尔清晰地指出，地理学家所采取的视角并不是涂尔干所推崇的那种视角。更加重要的不是环境对人的影响，而是人的行为对环境的影响。他通过对地理学思想史的研究，认为人文地理学与社会形态学不应该有所混淆。地理学家的视角是探询："对一个既定的'景观'，或者能被直接把握的、被历史性重构的地理整体而言，什么特征才能被连续的人类行为解释——无论是积极的行为还是消极的行为，无论是源自一个特定的群体还是源自社会组织的一种具体形态？"①

另一个冲突的焦点在于社会学家会批评地理学家总是想要对所有的社会组织形态展开研究，哪怕有些社会组织与地理的空间概念缺乏关联，或者仅仅表现为"它们占了一块地方"。为了给地理学辩护，费弗尔声称所有类型的社会群体都是依托大地而存在的（不仅是在物资与气候上有所依托，在生产与生活条件上亦是如此）。费弗尔的这种辩护视角赋予了地理学家对所有社会生活皆抱有兴趣的现象以合理性。该视角在今天被称作"生态学视角"。

① Lucien Febvre, *La Terre et l'Évolution Humaine* (Paris: Renaissance du Livre, 1922), p. 76.

二、认识论分歧

辩论容易引起争端，这或许意味着还有更多基础性的问题有待澄清，如制度性的基础。在大学里，白兰士派在科学体制化的过程中已经 80
引发了学术团体之间的对抗。对抗的深层原因在于基本的哲学分歧，当事人却不一定能意识到这一点。

白兰士、涂尔干及其早期的跟随者都受到新康德主义的影响。19 世纪和 20 世纪之交，该思想盛行于法国自由共和党内部。勒努维耶（Renouvier）、哈梅林（Hamelin）、布特鲁（Boutroux）、庞加莱（Poincaré）、迪昂（Duhem）对新康德主义的传播起到了关键作用。新康德主义几乎是一套官方哲学，推崇新建立的法兰西第三共和国的意识形态，包括世俗化的、个人主义的以及民族主义的意识形态。该哲学提倡建立道德的途径，对个体自主、责任、理智与社会秩序的强调为应对新政体引发的道德问题提供了便利的解决框架。该哲学潮流并不完全囿于道德领域，还延伸到了科学认识论中。[①]

法国新康德主义（有时称“新批判主义”或“唯心主义”）主要关注意识、感知同观念之间的对立。由于确定了意识所扮演的角色，因此它不同于过分简单化的实证主义信念，而后者相信理论源于事实。法国新康德主义哲学家致力于探索意识在理解的过程中所扮演的角色。他们最终着眼于推理的过程，并尝试将科学家使用的方法视为基本的步骤。他们力图发现意识处理经验数据的过程，并为意识的功用设定边界，这也使其科学事业的有效性受到怀疑。

法国新康德主义的主要特点在于过度关注自由意志与决定论之间的

① D. Parodi, *La Philosophie Contemporaineen France: Essai de Classification des Doctrines* (Paris: Alcan, 1920).

关系，而此关系越来越为科学所证实。人们认识到决定论是必要的科学方法前设，法国新康德主义的要旨则是说明决定论并不会妨碍自由意志。①

法国新康德主义立足于康德传统的唯心主义，尝试构建一套能将意识的自主行动与经验的数据包含在内的哲学。就此而言，它并非一套反科学的哲学，能让某种必要的决定论作为科学研究的基础。但是，它拒
81 绝承认能够在社会各个层面都产生影响的、真实的、绝对的决定论，倾向于把决定论视为自然需求与意识需求相互之间在概念上的妥协。这样的意识需求是在科学理解的基础上被激发出来的。

根据白兰士、涂尔干及其后继者的作品，我们可以清晰地看到地理学与社会学都被视为科学，成为解释世界的科学体系的一部分。此外，他们关于人类行为的观念同当时风行的新康德主义的自由意志并不矛盾。这样的自由意志是以道德假设为基础的。在此意义上，或然论的立场尽人皆知，无须赘述。② 涂尔干派也没有逃脱 19 世纪晚期法国新康德主义遍及四方的影响力。③ 涂尔干思想里的唯心主义和新康德主义倾向，充分体现在他关于宗教现象的研究中。他认为宗教现象证实了身心二元论的传统观念，此观念乃人类属性的本质。④ 他关于人类思想“类别”的划分更是明显体现出新康德主义的影响。这些类别既不全是人为建构出来的，也不都是自然生成的，更多是社会—文化条件与人类意识行为

① A. Fouillee, *Le Mouvement Idealiste et la Reaction Contre la Science Positive,* 2d, ed. (Paris:Alcan, 1896).

② Vincent Berdoulay, “French Possibilism as a Form of Neo-Kantian Philosophy,” *Proceedings of the Association of American Geographers* 8 (1976): 176-179.

③ Steven Lukes, *Emile Durkheim: His Life and Work* (London: Allen Lane, 1973); Dominick LaCapra, *Emile Durkheim: Sociologist and Philosopher* (Ithaca, N.Y.: Cornell University Press, 1972).

④ Emile Durkheim, “Le Dualisme de la Nature Humaine et Ses Conditions Sociales,” *Scientia* 15 (1914): 206-221; Emile Durkheim, *Les Formes Elémentaires de la Vie Religieuse: Le Système Torémiqueen Australie*(Paris: Alcan, 1912).

相互作用的结果。[①]

白兰士与涂尔干似乎都继承了康德反机械主义的思想，即事物的整体性不等于各个部分之和。这就解释了涂尔干著名的方法论立场，即社会现象只能从社会现象中得到解释，由此赋予了社会学以正当性。[②] 与此相关的是，白兰士——正如后文所言——把关注点放在了地球表面新出现的空间组织上。

新康德主义远不是铁板一块，它或多或少包含着其他流派的思想。例如，涂尔干的思想里就包含着孔德（Comte）的实证主义。正是这些不同的思想造成了白兰士派与涂尔干派在认识论上的分歧。有三种分歧值得我们注意：其一，科学是什么；其二，解释是什么；其三，因偶然性与人类的创造性而被营造出的地方。

1. 科学观

认识论的第一个分歧体现于人们对地理学与社会学相互重叠的主题所持的态度中。

涂尔干派认为，一种特定的科学（涂尔干的社会学）应该位于各种 82
学科之上（包括地理学），它能把各个学科领域的成果综合起来。这让人想到孔德的科学分类法，即把社会学放在最高的位置，形成一个科学的层级，每种科学都由其主题（一套现象）和一套法则来界定自身的内涵。这种绝对简化论下的科学分类，让涂尔干主义者很难接纳人文地理学，认为人文地理学应该被置于社会形态学的名目之下。但瓦洛克斯拒绝这样的分类。[③] 同样，白兰士的研究也隐含着这种拒绝。白兰士坚持

---

① Emile Durkheim, “Sociologie Religieuse et Théorie de la Connaissance,” *Revue de Métaphysique et de Morale* 17 (1909): 753–758.

② Emile Durkheim, *Les Règles de la Méthode Sociologique*(Paris: Alcan, 1895).

③ Camille Vallaux, *Les Science Geographiques* (Paris: Alcan, 1925), p. 307.

从地理学的观点里提出“独特的视角”，并强调其重要性。这便支持了科学独立性的非简化论观点。

> 在关切大自然现象的复杂性时，不应该只存在一条研究现实事物的路径。相反，应该从不同角度进行思考。如果地理学也对其他方面的数据展开研究，那么这种做法并非不科学。①

根据白兰士的观点，科学观植根于“地理学的精神”。该精神与法国新康德主义的唯心论息息相关。它以康德本人的观点为基础，认为人类的意识赋予世界以秩序。也就是说，科学家赋予了自己的思想以形式，这个形式是对现实事物的假说。例如，布特鲁就强调现实事物与机械自然观之间的鸿沟，并认为科学家在研究工作中扮演着创造性角色。庞加莱则特别强调科学里的统一原则或一般理论多少具有的约定俗成性（conventional）。布特鲁与庞加莱都认为，不同门类的科学在处理数据时所采用的方法亦不同，相互之间存在着不可调和的差异。②没有哪种推理是唯一有效的。人们常根据不同类型的研究对象采用不同的研究方法与研究视角。可见，科学理论往往会削足适履地去迎合具体的科学现实。

换言之，传统主义（conventionalism）体现出科学理论对现实世界刻意迎合的姿态，其中还隐藏着科学家自身扮演的创造性角色。它总是强调所有科学在一般化的过程中具有的假设性与探索性，很难让简化

---

① Paul Vidal de la Blache, “Des Caractères Distinctifs de la Géographie,” *Annals de Géographie* 22 (1913): 290.

② E. Boutroux, *De la Contingence des Lois de la Nature* (Paris: G. Ballliere, 1874); E. Boutroux, *De l’Idée de Loi Naturelle*(Paris: Lecene-Oudin, 1895); Henri Poincaré, *La Science et l’Hypothese*(Paris: Flammarion, 1902); Henri Poincaré, *La Valeur de la Science* (Paris: Flammarion, 1905); Henri Poincaré, *Science et Méthode* (Paris: Flammarion, 1908); Henri Poincaré, *Dernières Pensées*(Paris: Flammarion, 1913).

论者达成仅用一门科学就能解释整个世界的愿望。当然，传统主义中也 83
有大量支持白兰士观点的哲学资源。毕竟，地理学作为一门科学，难道无法成为地理学家和其他人看待世界的视角吗？白兰士正面引用了拉采尔的观点。拉采尔认为，地理学渗透进了所有的现代思想之中[①]，这导致地理学家的发现总是具备一种客观的价值立场，即他们的研究成果能被所有人看懂（而不仅是专业人士）。这避免了地理学被贴上“唯名论”（nominalist）的标签。庞加莱曾用“唯名论”一词来攻击爱德华·勒·罗伊（Edouard Le Roy）传统主义视角下的主观主义诠释——在后者看来，科学事实与科学法则都纯粹是由人的意识建构出来的。庞加莱以为，科学成果的正当性在于它们能够得到所有人的认可，哪怕需要一些教化工作。事实上，白兰士始终坚持让学生接受现代地理学教育，因为这样可以教导学生以新的视角看待万事万物。[②]

白兰士的传统主义主要体现为，拒绝承认把所研究的现象合并起来后，其产物具有绝对的真实性与存在性。比如，他只是论及“概念”“观念”或“环境”，认为“环境”是一个“指导性原则”。根据当时的术语，一个“原则”就是指一个高度规则化的传统，如一个总是能被证实的传统。

在白兰士的“地球统一体”观念中，我们还能看到类似的态度。他认为这个态度就是一个原则，基于此，能获得一种视角；一种系统性的地理学便由此建构起来[③]，并产生了“大地有机体”的观念。该观念在白兰士看来能被反复确证。它同科学家广泛持守的观点高度吻合，并得到

① Paul Vidal de la Blache, “La Géographie Politique: A Propos des Ecrits de M. Frederic Ratzel,” *Annals de Géographie* 8 (1898): 111.

② Paul Vidal de la Blache, “Sur l’Esprit Geographique,” *Revue Politique et Litteraire (Revue Bleue)* (2 mai 1914): 556–560.

③ Paul Vidal de la Blache, “Le Principe de la Géographie Générale,” *Annales de Géographie* 5 (1896): 129–141.

了庞加莱的正面陈述。庞加莱在谈到自然界的整体性信念时说：

> 如果宇宙万物之间不是犹如肢体般相互连接的话，它们彼此之间就无法相互作用，也会对彼此一无所知，而我们也只能认识其中的一部分而已。问题不在于大自然是不是一个整体，而在于它是如何构成一个整体的。①

涂尔干派总是试图提出严格的概念，认为这是理解身边事物的唯一
84 途径。与此相反，白兰士派富有相对化特征，并恪守着概念与理论上的传统主义；它们被视为一种探案工具，以便对现象间的空间关系进行分析。这很明显地体现在早期区域地理学之中。“区域”指特定现象之间的相互关系，但区域本身却并非绝对的现实。② 地理学似乎提供了一个很大的理论框架（同时也受惠于其他科学），任何现象都能在其中得到分类。

与涂尔干不同的是，白兰士旨在建立一些原则或普遍性观念，由此进行地理学学科建设，同时会在面对研究对象时接受其他学科的观点。白兰士地理学较涂尔干社会学来讲，更加符合法国新康德主义的思潮。我们在后文也会看到，涂尔干社会学更多受到了实证主义的影响。颇有代表性的是，白兰士在评价“地球统一体”观念时说：

> 它是……一种极具普遍意义且极富创造力的观念。它总是在不断更新自己的内涵，具有不一样的发展模式。它矫正了人们观察的

---

① Henri Poincaré, *La Science et l'Hypothèse* (Paris: Flammarion, 1968), p.161; Henri Poincaré, *The Foundations of Science: Science and Hypothesis; The Value of Science; Science and Method* (New York: Science Press, 1913), p. 139.

② Paul Vidal de la Blache, "Sur la Relativité des Divisions Régionales," *Athèna* 11 (December 1911): 1–14.

> 视角，并让科学得以改进。在历史上，它的出现意味着地理学与科学传统分道扬镳了。借着这件事，衔接性的、因果性的、规律性的理念被植入地理学传统。①

人文地理学家与社会形态学家之间的第二个分歧事实上是围绕着如何实现解释的目的而展开的。与涂尔干派不同，白兰士派——按照费弗尔的话讲——避免了“体系化的推论”以及“机械决定论下严格且狭隘的观念”。那么，白兰士秉持着什么样的解释观呢？

2. 解释观

从白兰士的研究中，我们可以找到对因果关系的分析，但“一系列现象”与“衔接性”(enchainment)是更常见的表达。这表明因果序列、因果演替与因果关系是白兰士方法论的信条。因此，白兰士派常以揭示 85
现象之间的关系为目的。涂尔干的视角不同。涂尔干认为，真正的社会科学家应当先发现一种普遍的关系，也就是提出一条定律，再基于此去解释周围的现象。

显而易见，涂尔干派的解释观借鉴了科学实证主义的模式。该模式在自然科学领域十分常见。他们由此追逐法则与解释的整体观念（简化论者的观念）。白兰士派则倾向于新康德主义者广泛采用的观念，也就是很多哲学家、政治经济学家和历史学家广泛采用的那一套观念。他们拒绝接受机械决定论，因为机械决定论只是关注自己认可的可以重复的现象而已，排除了特殊事物和具有创造性、偶然性的事物。所以，他们抛弃了实证主义的解释模式，将普遍法则与特殊事物、因果关系与具体

---

① Paul Vidal de la Blache, “Le Principe de la Géographie Générale,” *Annales de Geographie* 5 (1896). 141.

条件结合起来，并在解释现象的时候把现象放置到连续的环境中，而不管是否存在普遍法则。[①]

这样的研究范式有利于解释独特新颖的现象，与涂尔干的路径大相径庭。涂尔干派的西米昂曾评价道："单个的现象，就其独特新颖性而言，并不具有什么因果性。"[②]但单个的现象通常被称为"individualité"，在新康德主义派看来，它们十分具有开展因果关系研究的价值。白兰士派持有同样的观点。

那么问题来了。在科学领域，尤其是在地理学领域里考察的每一个现实事物都产生自极其庞大的条件要素。白兰士引用了布丰（Buffon）和庞加莱的观点，因为他们二人存在同样的疑问：

> 布丰说："自然界里各种现象的出现都源于多种不同要素的结合。"著名思想家亨利·庞加莱尤其关注事物的地理现象，以更加精确的方式在最近的著作里说道："世界，乃至其中很小的一部分，都是极其复杂的，并依赖于数量极多的要素而存在。"[③]

结论是，多种要素相结合而产生某个结果的过程是不可重复的。既然这样，解释又如何可能呢？

庞加莱（当然也有其他人）认为，可以借助对现象的可能性展开运算来解决这个问题。由此，我们需要把科学（往往是决定论的科学）同

① F. Simiand, "Methode Historique et Science Sociale," *Revue de Synthese Historique* 6 (1903): 1–22, 129–157; P. Lacombe, *De l'Histoire Considérée Comme Sciences Sociales* (Paris: Alcan, 1901); E. Meyerson, *Identité et Réalité* (Paris: Alcan, 1908).

② F. Simiand, "Méthode Historique et Science Sociale," Revue de Synthese Historique 6 (1903): 17.

③ Paul Vidal de la Blache, "Des Caractères Distinctifs de la Géographie," *Annales de Géographie* 22 (1913): 292.

关于自由意志与创造力的哲学结合起来。后者往往会承认偶然性（尤其 86
是法国新康德主义哲学家）。简单来讲，偶然性，继而是相似性，被引入科学法则与概念的传统中，因为原有的法则和概念无法全面把握自然界的纷繁芜杂与千变万化。尽管自然界里的某一系列现象与另一系列现象绝不会完全相同，但科学家仍然可以因为某种程度的相似性（同时也就包含了可能性）而将其归为一类。因此，即便不存在绝对完整的、可重复的因果关系，人们还是在头脑中构造出了决定论。也正因为可以对可能性展开演算，科学家才能用决定论去解释世界。所以，权变理论（contingency theory）融合了决定论的要素，决定论乃科学存在的理由，但这并不意味着它一定会接受必然性，即世界的普遍决定论（universal determinism）。

尤其是在关于人的问题上，以上观点在新康德主义的推动下被强化了。新康德主义可以一直追溯到安东尼 - 奥古斯丁・库尔诺（Antoine-Augustin Cournot）。库尔诺赋予概率以客观现实，认为它同人们获得知识的能力无关。这与拉普拉斯（Laplace）的立场是相反的。后者认为世界就像一台机器，对可能性的计算只是对人类观察中不够精确的地方进行补充而已。库尔诺把概率看作秩序的缺失，是各自独立的一组组现象相互交织的结果。这种反机械论的观点对地理学的意义很明显，它尝试把决定论视作科学研究的前提，但同时又拒绝接受普遍的决定论。[①]

我们需要注意到，许多历史学家与社会科学家也像库尔诺那样定义概率，并把它同偶然性的另一种表象——个体性（individualité）——清晰地区别开来。后者被视为多种条件要素偶然结合的结果，也就是一

① Fred Luckrmann, "The 'Calcul des Probabilités' and the Ecole Francaise de Géographie," *Canadian Geographer* 9 (1965): 128–137; F. Mentré, *Cournot et la Renaissance du Probabilisme au XIXeSiècle* (Paris: Rivière, 1908).

系列相互独立的要素结合起来而产生的相对稳定的结果。在地理学中，这种个体性正体现为区域（pays 或 région），区域源自自然与人文一系列要素的相互交织。其中，“pays”是由其中的居民界定的，“région”是由地理学家划定的。①

因此，对某个特定场所进行科学的解释是可能的。权变理论能够帮助我们理解白兰士为何看不上涂尔干狭隘且严格的机械决定论，以及白兰士所采用的区域方法。这种区域方法能促使我们很好地理解个体性的事物，也就是解释特定区域所具有的个性（personnalité）。

3. 人类创造的地方

87 上述讨论把我们引向了白兰士与涂尔干之间的第三个分歧。与涂尔干不同的是，白兰士派倾向于权变理论的认识论立场，试图在自然界与社会界，以及在人类创造力的结果中科学化地处理新出现的个别现象。白兰士“生活方式”（genre de vie）的概念颇具代表性，在很大程度上被理解为人们自发地且创造性地适应自身环境的结果。

“生活方式”乃地理学运用权变理论的又一实例。它强调个体性的东西，是一系列相互独立的（自然的与社会的）要素交织而成的稳定结果。尽管这样的现象源自人的创造力，但也能以科学化的方式对其展开研究。因为“概率”是在权变理论中被概念化的，所以它在地理学里也行得通。

白兰士认为，这样的现象不能用机械决定论去解释，而应当用更广泛的科学概念去解释。因此，他的思想就与权变理论结合了起来。“生

① H. Berr, *La Synthesè en Histoire: Son Rapport avec la Synthèse Généale,* reprinted. (1911; Paris: Michel, 1954), pp. 87–96.

活方式”被认为指向了个体，是一种将人类创造性的演化融入科学（可能论）框架的尝试。费弗尔认为，如同活力论者为自发性（spontaneity）在生物学中找到位置一样，人类的创造力也能在科学中找到合适的位置。这是一种“创造新事物的能力”，也是如柏格森（Bergson）所言的“生命的冲动（élan）与创造性的力量”[1]。费弗尔称，由创造力而产生的地方是非决定论的、依情况而定的事实，从或然论的立场来讲：

> 在这面大旗下，我们能清晰地看到，大量科学工作者盲目地固执于机械决定论的信念所带来的负面效应。科学研究在“概率”观念的基础上可以重新焕发活力，并且结出硕果。它并没有让人觉得这样做不科学。[2]

类似地，费弗尔还评论道：

> 在地理学领域，白兰士提出的关于生活方式的理论，不是充分 88
> 契合了学术界相同的（或非常相似的）需求吗？或许它的创立者也没有完全看清这一点。[3]

限于篇幅，我们无法对新活力论与白兰士思想之间的联系进一步展开论述，但它无疑有助于读者理解白兰士与涂尔干之间的分歧。

---

① Lucien Febvre, *La Terre et l'Évolution Hummaine* (Paris: Colin, 1922), p. 445.
② Lucien Febvre, *La Terre et l'Évolution Hummaine* (Paris: Colin, 1922), p. 445.
③ Lucien Febvre, *La Terre et l'Évolution Hummaine* (Paris: Colin, 1922), p. 446.

三、辩论的意义

与涂尔干派不同，白兰士的方法并非囿于演绎法的框架，而是努力从事一种原始的洞察：他重视科学活动和研究对象领域中的创造性要素。基于这样的研究架构，白兰士派既巧妙地规避了机械决定论与简化论容易犯的错误（后者阻碍了社会形态学的发展），又一定程度上保留了科学决定论思想。这样的成就对于地理学认识论的更新与哲学讨论具有重大的意义。

作为新康德主义的分支，同时作为实证主义的批判者，传统主义成为白兰士派的认识论立场，这使得地理学领域产生了新的视角。我们应该更多关注该视角的哲学基础对地理学思想的意义。例如，作为西方一个多世纪的思想基础，康德哲学在世纪之交迎来了重大复兴。它对探索地理学的本质所提供的帮助，恐怕比研究康德如何论述哲学本身有价值得多。本文已经表明，这样的哲学考察必能为解决大量的地理学思想问题做出贡献。

由于简化论者的模式对开展研究可能既具有生产力，又产生阻力，因此，每一门学科自身适用性的问题，乃至于跨学科研究的问题便凸显出来。每一种科学的性质与目的都要被评估，由此才能批判性地运用理论与方法。这对反思 19 世纪和 20 世纪之交法国新康德主义具有启示性意义。

白兰士与涂尔干之辩的另一层意义在于，尽管社会生活的要素可能显得很重要，但我们目前所采用的方法与概念并没有为独特、新颖的事物和人类的创造力留下多少思考的空间。例如，安·布蒂默在《地理学中的价值》（*Values in Geography*）中指出，需要科学地理解“创造性”

的问题。[①] 这样的问题也激起了古纳尔·奥尔森等学者的讨论，他们谈 89
到了科学的认识论与科学化的语言对我们的思想与行为造成了怎样的束缚——尤其是在寻找新的解决方法以应对社会问题的时候。[②] 针对新颖性、创造性与过程性的认识论思考以同样的方式引起了我们的关注。[③] 需要记住的是，在白兰士的思想里，在整体性中吸收创造性的要素，能实现人文主义的关怀同严谨的科学方法更广泛的结合。

---

① Anne Buttimer, *Values in Geography,* Association of American Geographers Commission on College Geography Resource Paper no. 24 (Washington, D.C., 1974).

② Gunnar Olsson, *Birds in Egg,* University of Michigan Geographical Publication no. 15 (Ann Arbor: University of Michigan Press, 1975).

③ Jack Eichenbaum and Stephen Gale, "Form, Function, and Process: A Methodological Inquiry," *Economic Geography* 47 (1971): 525–544.

第六章

通往经济地理学的人文主义观念

伊恩·华勒斯（Iain Wallace）

这篇文章涉及人们很少论说的一个领域，算是一次初步的探索。这 91
样的声明不是为了缓和可能遭到的批评，而是为了强调本文的结论可能具有偶然性。我的目的是回顾很多研究者发现的经济地理学研究方法的不足，同时提出一些问题。我认为，这些问题的关键之处在于不同的主体对知识的潜在贡献。我还试图确定一种视角，从这个视角出发，可以得到更加令人满意的结论。这涉及认识论、意识形态、实践与信仰。最近大量研究都在关注认识论与意识形态的问题。尽管有局限，但本文还是试图拟出一个整体框架。我认为，想要获得一种知识对人类行为与自然环境的关系展开研究，无论是实证社会科学的决定论、教条式的新马克思主义，还是主观的非决定论，都无法做到。相反，法兰克福学派的批判理论大师——尤其是哈贝马斯——不同的认识论旨趣却为理解人类行为提供了更正统的框架。社会科学批判的维度能够揭示当今理论的意识形态，还能具体呈现社会与环境问题的普遍症状。因此，挑战在于：概括出一个非意识形态的范式来涵盖正统的人文经济地理学。关于这一点，我想提出一个命题。这个命题可能会让很多读者认为不切实际，但却关联着人的本性，也关联着对人与自然环境之关系的思考，它就是基督教。基督教植根于《圣经》所诠释的创造与救赎的历史之中。

一、自由主义的经济区位论——从内部产生的批评

92 对于很多人文地理学家而言，区位分析是近二十年最流行的范式，也是实证社会科学家身上的一个标志。因其理论基础，尤其是新古典主义“理性经济人”的行为假设，它成为人文地理学的一个传统。不过，人们也渐渐对区位理论的视角和研究成果产生了不满。在莱斯利·金最近的综合批判[①]中，这样的不满达至高峰——金的文献十分重要。我们必须看到社会科学中实证主义认识论的不足，并思考从自由主义经济学理论中继承下来的、潜隐的意识形态假设是什么。金总结道：“在经济地理学与城市地理学中，很多正式的理论工作都正朝着错误的方向发展。”[②]当面临“什么样的制度才能让现代社会的功能得以充分发挥”的问题时，地理学家渴望参与政策的制定。金指出，如果他们“认为有什么东西对社会是有帮助的，那么他们就不能无视负载—价值的问题”。[③]尽管文中还穿插着对实证主义经济地理学的其他批判，但金主要是无法接受马克思主义与主观主义视角及其思潮。他认为这些思潮很难令“社

① Leslie J. King, “Alternatives to a Positive Economic Geography,” *Annals of the Association of American Geographers* 66 (1976): 293–308.

② Leslie J. King, “Alternatives to a Positive Economic Geography,” *Annals of the Association of American Geographers* 66 (1976): 308.

③ Leslie J. King, “Alternatives to a Positive Economic Geography,” *Annals of the Association of American Geographers* 66 (1976): 308.

会科学家成为促进引导社会变革的力量”[①]，所以倾向于一种“价值批判”的折中路径。由此，社会科学家就能以讲寓言的方式，在不同的情境中与政策制定者展开对话了。这是社会科学家的独门秘诀。

但是，对经济区位论的不满都是以实用主义的方式表达的，而并非一种建立在意识形态或认识论的本质引发的批判性重估基础上的不安情绪。在《行为与区位》（*Behavior and Location*）[②]里，普利德（Pred）质疑了“经济人”概念，认为它在解释行为上是不可信的，并指出如果不参考决策制定的过程，那么区位特征就不能得到清楚的解释，而区位特征正是决策制定过程所产生的结果。普利德反对“经济人”这个模棱两可的概念，但却没有充分挖掘其中认识论的影响。其实，更加现实的行为假设是和非决定论下得出的结论联系在一起的，普利德发现最终还是要依靠“利益最大化”这一传统假设来展开研究。同一时期，哈维得出了类似的结论。他把非最优化的行为视为一种消极观念，认为它是“理 93
论与经验上的荒漠”[③]。

齐泽姆（Chisholm）始终谨慎地观察着实证主义与规范理论之间的差异，对规范理论并不是特别认同。艾萨德在《区位与空间经济》（*Location and Space Economy*）中采用的综合分析坚持规范的区位论，齐泽姆拒绝裹足不前，将尺度问题视为关键问题。[④]他认为，以经典理

---

① Leslie J. King, “Alternatives to a Positive Economic Geography,” *Annals of the Association of American Geographers* 66 (1976): 304.

② Allan Pred, *Behavior and Location: Foundations for a Geographic and Dynamic Location Theory, Part I,* Lund Studies in Geography, ser. B, no. 27 (Lund: Gleerup, 1967).

③ David Harvey, “Conceptual and Measurement Problems in the Cognitive-Behavioral Approach to Location Theory,” in Kevin R. Cox and Reginald G. Golledge, eds., *Behavioral Problems in Geography: A Symposium,* Northwestern University Studies in Geography no. 17 (Evanston, Ill.: Northwestern University Press, 1969), p.49.

④ Michael Chisholm, “In Search of a Basis for Location Theory: Micro-economics or Welfare Economics?” in Christopher Board et al., eds., *Progress in Geography,* vol. 3 (London: Edward Arnold, 1971), pp. 111-133.

论的通行假设为基础的市场区域分析不可能超越单个企业的尺度，因此不可能产生规范的区位论。这是垄断市场时代的大问题，同时也是强调区域经济增长而带来的大问题。由于所有的空间竞争都包含垄断性的要素，因此，不断展开的争论排除了完全竞争条件下的全球解决方案。廖什（Lösch）的全局均衡理论部分地依赖于不可能的行为假设，即最终"公司之间的空间竞争会平息下来"；齐泽姆悄然将其作为引子，来说明公共福利的最大化不符合完全竞争市场的假设。

齐泽姆想要绕开尺度问题，同时绕开公司尺度微观经济基础与规范区位论不相匹配的问题，这就使得他认为福利经济学才是更加合适的起点。在此基础上，"我们将社会福利的标准视为起点，并尽量不从垄断竞争理论中引入要素作为限制条件"①。他草拟了一个可行的理论框架，并关注宏观尺度下的事物及其特征，认为该特征应该"是规划师看待社会的视角，而不是社会成员看待社会的视角"②。齐泽姆的理论在具体实践中遇到重重困难（"最多不过是既定条件下的静态平衡理论"③），人们并没有接受其意识形态前设。

就理论而言，D. M. 史密斯（D. M. Smith）的《人文地理学：福利的视角》（*Human Geography: A Welfare Approach*）④把严肃探讨福利经济学潜在贡献的工作推向了顶峰。他早期的研究尤其体现出人道主义倾向。史密斯早年研究了美国与南非社会不平等的分布状况，研究方

① Michael Chisholm, "In Search of a Basis for Location Theory: Micro-economics or Welfare Economics?" in Christopher Board et al., eds., *Progress in Geography,* vol. 3 (London: Edward Arnold, 1971), p. 123.

② Michael Chisholm, "In Search of a Basis for Location Theory: Micro-economics or Welfare Economics?" in Christopher Board et al., eds., *Progress in Geography,* vol. 3 (London: Edward Arnold, 1971), p. 130.

③ Michael Chisholm, "In Search of a Basis for Location Theory: Micro-economics or Welfare Economics?" in Christopher Board et al., eds., *Progress in Geography,* vol. 3 (London: Edward Arnold, 1971), p. 130.

④ D. M. Smith, *Human Geography: A Welfare Approach* (London: Edward Arnold, 1977).

法不同于实证主义社会科学家所采取的疏离、超然的观察。他的人道主义倾向体现为详细说明了地理学的福利理论是如何朝着规范化的方向发展的：

> 这将是一门与真实的人有关的“人的地理学”，致力于强调人 94
> 的整体性存在。它将具备完整的实证主义知识基础……该基础将在没有意识形态偏向（资本主义或社会主义）的学术环境中被建构起来。如果非要说有什么偏向的话，那就是将每个人的自由与尊严视为最高原则，并致力于建设这样一个社会或世界，在那里，一切阻碍人实现价值和获得幸福的不公平因素都将被摒弃。[1]

然而，史密斯在全面考察理论福利经济学后，认为它潜在的意识形态前设有害于地理学理论的发展。和哈维[2]一样，史密斯开始认识到，帕累托最优下的福利经济学的规范化标准实则助长了不公平的现象。依据此标准，社会福利分布的变化是不是向好，关键在于这种变化能不能增加整体效用——只要这个过程不会让个体遭受损失。他和哈维都借鉴了约翰·罗尔斯（John Rawls）的正义论原则。[3]该原则认为，公平的规范化标准在于，要通过改变社会福利的分布来改善福利水平最低的少数人的生存状况。

当人们在这一点上重视分析的工具时，区位论的人文化过程就被抛弃了。它主要强调外在的道德（公平是基本的规范），并采用了简化的尺度去衡量空间单元之间的不平等程度（洛伦兹曲线）。将史密斯的观

---

① D. M. Smith, *An Introduction to Welfare Geography,* University of the Witwatersrand Department of Geography and Environmental Studies Occasional Paper no. 11 (Johannesburg, 1973). pp. 117–118.

② David Harvey, *Social Justice and the City* (London: Edward Arnold, 1973), ch.3.

③ John Rawls, *A Theory of Justice* (Cambridge: Harvard University Press, 1971).

点作为人文经济地理学的基础是有问题的，尽管人们对它的批评不一定都指向其缺点。例如，有人认为，史密斯的观点不具有做出数学式精致诠释的潜力，而这种潜力是经典区位理论不可或缺的，因此它作为一种理论的可信度很可能遭受怀疑。还有人认为，从具体空间形态的层面上看，它也不是一种几何学理论，其地理特征并不明显。上述批评都没有说到核心问题。更为重要的问题在于，洛伦兹的标准曾过于偏重生产者的区位要素，忽视了消费者，虽然后来有所纠正，但经济地理学仍然需要一个理论框架来处理资源有效配置这个传统问题。要素禀赋在区域间的差异和规模经济的内涵才是核心问题，它们使跨区域的经济机会的公平性变得更加复杂。

最终，出现了深层次的忧虑，涉及史密斯自由主义基础的正当性。史密斯原本希望这种自由主义能让他所提倡的人文价值得以成立并经受
95 住意识形态的指摘。我将在后文对此展开分析。史密斯自己也意识到了这个问题。公平的标准“具有很强的情感魅力，具有潜在的道德正义，并与很多西方哲学、犹太—基督教的伦理以及民主倡导下的平等观念息息相关”①，同时平等观念也“得到了广泛支持”②。然而，“究竟是什么让平等的观念如此令人向往呢？恐怕原因在于大多数西方社会都存在的严重的不平等现象”③。史密斯意识到“某些社会主义的形态或许是平等分配的必要条件”，但又觉得对于普通民众而言，“有着混合经济体制的、相对开明的自由民主国家，比体制僵化的国家更具吸引力”④。如果可以

① D. M. Smith, *Human Geography: A Welfare Approach* (London: Edward Arnold, 1977), p. 132.

② D. M. Smith, *Human Geography: A Welfare Approach* (London: Edward Arnold, 1977), p. 157.

③ D. M. Smith, *Human Geography: A Welfare Approach* (London: Edward Arnold, 1977), p. 157.

④ D. M. Smith, *Human Geography: A Welfare Approach* (London: Edward Arnold, 1977), p. 151.

从这样的政治术语出发做选择，很多证据都证明史密斯的观点是正确的，但是除了经济合作与发展组织（OECD）国家以外，目前几乎没有国家认为第一项选择符合实际。表面上看，对“僵化”的社会体制的反感，并不构成第二次世界大战之后政治行动的普遍基础，因为在部分发展中国家，相对自然的资本主义体制同样显示出僵化性。

二、意识形态的威胁

研究城市中心和第三世界的地理学家已经开始用马克思主义批评古典区位理论，后者毕竟是资本主义主体对客体进行建构的主要背景。马克思主义经济学需要植根于自己的意识形态框架，这种意识形态需求并不亚于古典经济学和它的派生物。在两个基本层面上，马克思主义经济学更加接近人类经验的实际状况。马克思主义严肃地讨论了历史演变和社会群体相互冲突的内在动力。这样的内在冲突之所以会出现，是因为在新古典主义的范式内，每个人都是独立的个体，但人与人之间不可能达到静态、和谐的平衡。

要研究发展中地区与贫民窟的形成过程，就需要对经验性的证据展开考察。越来越多的地理学家开始运用马克思主义分析方法进行考察。[这里恐怕还存在一个倾向，那就是当遭到非马克思主义者，如熊彼得（Schumpeter）、缪达尔（Myrdal）和佩鲁（Perroux）的攻击时，他们会把另外一些观点也视为马克思主义的派生物，怀疑自由经济学理论所
预言的和谐。] 正像史密斯所承认的[①]，马克思主义视角的优势在于对不 96

① D. M. Smith, *Human Geography: A Welfare Approach* (London: Edward Arnold, 1977), p. 150.

平等现象的深切关怀。秉持这样的基本价值立场（其实比自称历史科学唯物主义的理解更加深刻[①]）却导致了一个大部分盎格鲁—撒克逊的马克思主义地理学家都没有意识到的问题。那些为《对立面》(*Antipode*)撰稿的人，以及对哈维的《社会公正与城市》的后部分章节倾力相助的人，他们相对的意识形态教条主义让人们开始怀疑能否在马克思主义的影响下产生地理学的人文化前景，因为教条主义坚持一套在实践中不具自反性的革命理论。

三、认识论的问题

尽管存在大量相互矛盾的证据，甚至突如其来的自我批评，但新古典主义经济学家作为一个群体，在将自己的学科与其他社会学科进行比较的时候，还是会传递出因学科的优越地位而产生的骄傲感。[②] 当沿着经济学家的路子采用实证科学的认识论时，地理学家同样能体会到这种骄傲感。然而，正如普利德在《行为与区位》中所讨论的那样，要深化区位分析，就需要超越形态的外在层面，触及感知与动机的内在层面。一旦越出“经济人”的概念范畴，具有区位特征的行动者就会明显做出
97 更加接近现实情况的选择；这时，主观主义的观点就会指出非实证主义的解释模式是必要的。古纳尔·奥尔森作为在传统空间分析领域成长起来的学者，现在已经是批判地理学实证主义认识论流派最突出的人物

① Alvin W. Gouldner, “Marxism and Social Theory,” *Theory and Society* 1 (1974): 17–35.

② G. D. N. Worswick, “Is Progress in Economic Science Possible?” *Economic Journal* 82 (1972): 73–86; W. W. Heller, “What's Right with Economics?” *American Economic Review* 65 (1975): 1–26.

了，尽管他的批判不一定都能被理解。

奥尔森主张，实证主义的客观性是虚假的，会导致人类行为的确定性与模糊性之间的矛盾得不到解决。

> 当我们以一个描述性的模型为基础来实施规划时，风险在于把事实限定在了一个严格的框架里，而事实本身可能并没有也不应该有这样一种严格性……最终，我们的社会只反映出我们的技术可以测量的那部分，剩下的也只是一堆提线木偶。它们没有梦想，对现实也非常淡漠。[①]

韦斯科普夫（Weisskopf）在新古典主义经济学的理论背景中思考了同样的问题。他说："值得注意的是，马歇尔（Marshall）在他的'经济人'理念中排除了'后悔'因素。任何一个区位决策都可能会导致后悔，这是一种非理性的挫折。"[②]这种个体必然会经历的冲突现在被排除掉了。人们想要逃避模棱两可的心理压力，于是就把秩序强加给干瘪的现实，如此一来，规范理论中很多能够为自身提供辩护的东西就守住了阵地。[③]齐泽姆开宗明义地说："在这一刻，人们构想出越来越多充满变化的路径，一扇大门朝着一拥而入的不确定性敞开了；但是，对于规范性思维来讲，不确定性就是它的死敌，需要严加禁止。"

这样的分析能使我们超越意识形态的斗争。"我一直认为，即便我们需要更加优良的分析技术，但一种与人有关的新哲学才是我们真正需

---

① Gunnar Olsson, *Birds in Egg,* University of Michigan Geographical Publication no. 15 (Ann Arbor: University of Michigan Press, 1975), pp. 495–496.

② Walter A. Weisskopf, *Alienation and Economics* (New York: Dell, 1971), p. 85.

③ Walter A. Weisskopf, *The Psychology of Economics* (Chicago: University of Chicago Press, 1955).

要的。”[①]奥尔森的困境在于没有敏锐地发现确定性与模糊性之间的平衡点。他无法超越二者的辩证关系，倒向了同情人文主义的一方，接受了模糊性的一方。但正如另一位富有同理心的评论家所言：“模糊性、开放性与不确定性最终都会同固定、锁闭与定界结盟。我们又因为它们被带向地方，包括无地方的状况，或者说，被带到不切实际的幻想之中。”[②]对于奥尔森而言，从共同体退回唯我独尊的状态，最后留下的是无法以崭新的姿态去面对这个时代的悲哀处境——不断增加的社会压力和始终紧缺的物资。他其实也很清晰地看到了这点。

四、对古典理论假设的回顾

98 为了超越奥尔森，并通往能更充分地诠释人文化的经济关系的哲学，我们需要更多关注正统的自由主义经济学理论。这些理论被吸收到了经济地理学家的模型之中。“经济人”概念的核心贡献，当然也是模糊不清的贡献，遭遇到认识论与意识形态层面的批判。赫里斯（Hollis）和尼尔（Nell）在方法论层面摧毁了新古典主义经济学对人类自我展开的实证主义式解释，指出“经济人”既不是理所当然的合乎理性规范的模型，也非切合实际的实证模型。相反，“经济人”是一个虚空无益的模型，因为它的前设在于：人是完全理性的，能知晓一切，同时其他因素并不会发生变化。[③]以“经济人”为依据的规范的意识形态，明显比

① Gunnar Olsson, “The Dialectics of Spatial Analysis,” *Antipode* 6, no. 3 (1974): 59.

② Allen J. Scott, review of G. Olsson, “Birds in Egg”, *Annals of the Association of American Geographers* 66 (1976): 633–636.

③ M. Hollis and E. J. Nell, *Rational Economic Man* (Cambridge: At the University Press, 1975).

为了保证边际效用最大化所采用的方法论策略更多，但其中依然存在道德命令式的暗示。这一点得到了韦斯科普夫的进一步发展，后文会展开论述。

为了理解具有矛盾性的规范立场是如何在实证主义经济学变革中生存的，缪达尔提供了一条基本线索：

> 我们必须把现代经济学里的大多数原则和立场视为古老的政治思想被修正后的结果。这些古老的政治思想之所以产生，是因为在经济学的主要内容里，基于目的论的方法与规范化的目标更容易为人所接受。①

不管新教神学（尤其是加尔文主义神学）与 17 世纪资本主义大发展时期的“工作伦理”之间究竟存在怎样的关系，我们至少可以看到，上帝的宠儿是依据其生活方式才得以确保地位的。辛勤工作与简朴生活成为规范的精神与伦理，自然而然会带来资本的积累与高产出的投资。后来，在 18 世纪中叶宗教热情普遍衰减之前，人们想要达到的目标与所采取的方法都是融为一体的，可以轻而易举地认同《旧约》里“财富是上帝祝福的可靠印记”这样的观点。甚至在休谟的自然法哲学[为亚当·斯密（Adam Smith）的《国富论》（*Wealth of Nations*）提供了必要背景]全面发展之前，基督教的意识形态其实就已经世俗化了。

我们如何才能界定一个道德性的框架，让它限制力量强大的个人和 99
群体（包括社区、阶层或国家等）对单方面利益的追逐呢？这是今天摆在我们面前的一个核心问题。这个问题早就被斯密时代的神学家抛诸脑后了；同时，它也与流行的功利主义价值观截然相反。但显而易见的是，

① Gunnar Myrdal, as quoted in A. B. Cramp, *Notes Towards a Christian Critique of Secular Economic Theory* (Toronto: Institute for Christian Studies, 1975), p. 33.

那些关注长周期增长的经济学理论都在号召正当合理地看待工作和自我约束的问题。加尔文主义神学已经证明，我们只能从世俗中寻找答案。

亚当·斯密的核心观点在于，社会的基本驱动力包括个体的自我经济利益、社会和谐的利益观，以及劳动价值理论，它们是清教徒伦理世俗化的产物，也是人类的“自然秩序”可以被刻画出来的特征。斯密的行动道德伦理认为，利己就是恒久努力地工作并获得更多的资本，此外不存在其他可能性。个体与群体为了追逐利益而展开的利己性角逐虽然被认为是社会痛苦与冲突的根源，但由于能产生意料之外的好处，所以也就被视为正当的了。“看不见的手”会调节这些冲突，实现社会利益的最大化。这种贪无止境、想要攫取更多利益的做法，并非空洞的、一眼望不到头的行为（今天这在西方社会的很多地方都已成为现实），而是具有目的论的色彩。该目的不仅指向个体，还指向社会。它植根于前工业革命时代的背景之中，那时资本和商品相对缺乏，而人口不断增加，上流社会的铺张浪费和那些“不能产生价值的职业”（包括做学问的职业）的持续性存在遭到谴责。

斯密也意识到了价格和效用，故而对劳动价值论抱有模糊的支持态度，但与马克思和马歇尔有着截然不同的理论支点。斯密想要把客观价值理论落实到生产（劳动）成本上，其隐含的意图是维持经济行为的道德约束力。中世纪的教会也在客观的“公平价格”的观念中关注过这样的道德约束力。但正如马歇尔所言，基于边际效用的新古典主义价值理论，对于价值的度量和经济行为的结果，意义很不明确。古典经济学家的价值体系更强调客观的指标，比如说不断增加的产品和销售额。这个体系随着工业经济的不断成熟而变得越来越不合理。商品的极大丰富让工业企业家把注意力从生产领域转向了市场领域，于是，消费偏好的评估变得越来越重要。新古典主义经济学的困境成为实用主义两难处境的一个更为严峻的版本："如何才能将主观的需求、愿望、期待同市场经济需要的规律（包括工作、储蓄和生产性投资等）结合起来？"[①] 100 主观主义承认非理性的或冲动的行为，但为了反对主观主义，马歇尔坚守以理性、深思熟虑和自我控制为基础的行动者的生活模式。"经济人"似乎成为一个可以解释人类行为的模型，一种规范指南。不管是在价值理论领域还是在控制冲动的领域，大家都认为，从长远看，实证主义理性还是要追求规范性的。由此，价格便能在长时段中反映出产品的客观成本（在短时段内，更加主观的效用评价或许占主导地位），而人们的自我约束也发挥着一定的作用——能给人更大的满足感。

"对于马歇尔而言，（效用的）最大化显然是一个理想，也是一项道德义务。"[②] 适合于个体的事物同样适合于整个经济系统，它们可以在集体效用最大化中获得最佳的平衡。"追求效用最大化的理性经济人的行为准则成为市场的规则。它显然是想把价值的规范模式落实到具体的现实之中，让这些价值获得正当性。"[③] 帕累托（Pareto）和庇古（Pigou）的福利经济学直接建立在资源最优分配的基础之上，能够实现社会效用最大化，但其对福利的定义更加模糊，在客观内容上比马歇尔的定义空洞。

古典经济学家不仅为个人，还为整个社会确立了客观的经济目标。福利增加就意味着经济增长或产出增多，所以个人对财富的贪欲因其可以产生社会效益而被视为正当的。福利经济学把这样的理性模式颠倒了过来，认为个体的满足才是社会的根本目标。但是，个人的福利是用"效用"来定义的，而这个词事先没有经过严格的框定，主观性太强，和"价值"的概念完全脱离了。不管是个人利益还是"公共利益"，它

---

① Walter A. Weisskopf, *Alienation and Economics* (New York: Dell, 1971), p.80.

② Walter A. Weisskopf, *Alienation and Economics* (New York: Dell, 1971), p.84.

③ Walter A. Weisskopf, *Alienation and Economics* (New York: Dell, 1971), p.87.

们都缺乏实质性的内容。当用这样的理论去分析成本—效益的时候，内在的局限性和危险性就会十分明显地暴露出来。约翰·亚当斯（John Adams）对那场关于英国伦敦第三机场的辩论的回顾提供了极好的批判背景。[1] 是否应该再建一座机场呢？如果建的话，很可能破坏福尔内斯岛（Foulness）的鸟类栖息地或赫特福德郡（Hertfordshire）的历史建筑。其中包含大量的价值判断，并且不是技术范畴内的价值判断。这样的争论表明，技术本身隐含着技术发明者所持有的价值判断，因此，实
101 证主义经济学工具不应该被误认为是规范判断的标准。举个极端的例子，现行的薪酬结构意味着女性带来的社会净产出比男性低，那么飞机失事的时候，女性乘客死亡造成的损失是不是就比男性乘客死亡造成的损失小？[2]

五、道德的两难困境

马歇尔强调主观效用最大化的“经济人”的行动准则，帕累托最优强调个体效用。二者相结合，让人们越来越推崇自我的即刻满足，克制自我满足的机制则被大大削弱了。福利经济学在考虑限制追逐个体利益的时候，是从共同富裕的角度切入的，认为经济的发展应该避免以牺牲某些人的利益来满足另外一些人的利益，或者应该确保获益的人会补偿遭受损失的人。显然，这样的伦理相信不断增加的经济总量可以为广大的贫困人口提供补偿，规避了在富人与穷人之间实行再分配的严峻挑

① John G. U. Adams, “London’s Third Airport: From TLA to Airstrip One,” *Geographical Journal* 137 (1971): 468–504.

② John G. U. Adams, “London’s Third Airport: From TLA to Airstrip One,” *Geographical Journal* 137 (1971): 477.

战。对于一个相互依存却不乏局限性的世界而言，这样的伦理越来越不切实际。已经富起来的人掌握着资源的使用权，使全球财富会向穷人倾斜以达到分配平衡的允诺沦为一个笑话。意识形态的争端就在于哪种社会体系能够出现令人满意的财富分配状况。[①] 如果要跳出这些争端，我们就要审视一个难以解决的问题，那就是资源的绝对稀缺。

本文的核心论点并不在于评价以下两方的冲突：一方是对未来做出预测的“增长极限”学派，另一方是相信人类智慧与价格机制足以解决未来所有资源难题的人。除了少数特例，几乎任何一个具备意识形态的政府都会鼓励经济的持续增长，因为人民生活水平的不断提高是其正当性的基础。不管是以公开的方式还是以其他方式，政府会鼓动每一个人去追逐自己的物质利益，为整个社会的最大产出添砖加瓦。尽管人们普遍认识到了发展的不平衡，但政府依然许诺，社会地位较低的人口会在社会经济的转型中通过利益再分配而受益，这成为经济增长的润滑剂。

满足人们对制造业产品的普遍需求，是否足以应对人们对现实状况
的不满呢？人们可能会设想出最终的解决办法——也是所有人都能“吃 102
上蛋糕”的办法，这可能意味着把世界人均国民生产总值提高到美国的水平，但环境代价也是惊人的。就像弗雷德·赫希（Fred Hirsch）所指出的：确实，在一些社会中，个体之间的物质财富差异相对小一些，但因利己所产生的社会关系却强化了“位置经济”（positional economy）的意义。[②]“位置经济”这一术语包含环境与社会性的处境，其中资源绝对稀缺，而不是相对稀缺。这样一来，社会对所有成员都能最终拥有资源获取权的承诺就会沦为空谈。整个社会只有这么多高级管理的职位，就像在远离大都市的地区只有有限的湖滨别墅可供少数城里人利用周末

---

① Peter J. Berger, *Pyramids of Sacrifice* (New York: Basic Books, 1974).

② Fred Hirsch, *Social Limits to Growth* (Cambridge: Harvard University Press, 1976).

去享受一番。对位置经济产品的争夺必然引发社会压力，这是任何一种官僚体系都无法消除的。因此，整个系统的正当性都存在着问题。

一个社会，如果它的动力机制有损于社会关系的形成与维持，并引发市场经济或计划经济中人们对自我利益的无情角逐，那么它要么濒临瓦解，要么通向集权主义。如果缺少内在的制约、合理的约束，个人可以毫无顾忌地追逐商品、权力与幸福，那么对“自由”社会的管理会愈加困难[①]，维护自然环境的健康也将无路可循。[②]

六、通往另一个框架

此处所讨论的其实涉及人类利用地球资源这一宏大的问题，及其衍生的社会后果。我认为，经济地理学家可以重新找到自身的定位并做出独特的贡献。这并不是指重返过去的“商品地理学”，但是想要创立更好的哲学与方法论来应对当下的基本问题，确实也是一项挑战。一些在意识形态与认识论层面很有见地的人，尝试为经济地理学的理论提供基
103 础，却遭到了上文所述的批判。现在，我们有义务提出一些更具建设性的建议。人文化的经济地理学应当以怎样的姿态去处理主观性的问题，并且比当下的流行方法处理得更加令人心悦诚服呢？

关键在于“人”的概念。我们需要一个能够同时容纳以下内容的框架。其一，人性，要考虑到每个人的特点、深度、自由度和局限性。其二，一套社会结构，其中，无论是家庭这样小尺度的单元，还是国际组织这

---

① Jürgen Habermas, *Legitimation Crisis* (London: Heinemann, 1976).

② William Leiss, *The Limits to Satisfaction* (Toronto: University of Toronto Press, 1976).

样大尺度的单元，都能有符合一定准则的权力与自由。其三，人类与自然环境之间的复杂关系。人在本质上依赖于自然环境，但也有权力去适应与开发自然环境。这些内容存在矛盾，如个体利益与集体利益之间永恒的冲突，因此我们需要承认，在经济地理学中寻找单一的、放之四海而皆准的规范理论是一件令人苦恼的事情。

充分认识背景性的事实——包括与人相关的环境和社会所具有的客观性，以及人因自身的处境对这些现实事物的理解和反应——需要我们有谦卑的态度和开阔的视野。今天，自由经济学踌躇满志的实证主义遭遇挑战。如果正像赫里斯和尼尔所言，“一种科学的方法必须反映一套科学哲学，而该哲学必然能反映一套知识的理论”[①]，那么，重建工作就必须从认识论的层面开始。就此而言，哈贝马斯的研究可谓成果累累，但是我们的学科必须以空间为前提，这就限制了选择的余地。

在《认识与兴趣》(*Knowledge and Human Interest*)的附录中，哈贝马斯面临“科学对自我的实证主义解释”之问题，其基础在于人类对自治与责任有认知上的兴趣。那种将知识与兴趣严格割裂开来的客观主义“是一种自我欺骗，它既不能激发最基本的兴趣，本身也没有讲清楚客观性的适用条件”[②]。哈贝马斯罗列了三种类型的调查过程，依据这些类型，我们可以描绘出逻辑方法论的规则与知识构成的兴趣之间的特定联系。第一种是经验性的分析科学，其研究框架在于以经验性的内容去推导出一个规则性的假设，进而达到建构理论和验证理论的目的。由此，就有可能借助知识对自然界进行预测，它是人类想要“借助科技去把握客观过程”的基本旨趣。第二种是历史性的诠释科学，其关键在于

---

① M. Hollis and E. J. Nell, *Rational Economic Man* (Cambridge: At the University Press, 1975), p.3.

② Jürgen Habermas, *Knowledge and Human Interests* (Boston: Beacon Press, 1971), p.311.

104 “认识现实的途径不是靠观察，而是借着对意义的诠释”。开展调查的方式为“以行动—目的的相互理解为基础形成主体间性，再以此为基础去揭示现实”。第三种是社会行为科学，其目的同样在于生产出法则性的知识；但哈贝马斯认为，与经验性的分析科学不同，社会行为科学的研究者并不会满足于此，他们还关注“什么时候理论陈述真正抓住了社会行为中不变的法则”，以及“什么时候独立个体之间的、不因意识形态而变化的关系能够被转化为规律”。借由自我反思，人们开始对知识产生兴趣，“人们摆脱了对既有权力的依附，主体性得以解放”，独立性与责任感不断增强。

仅仅是在经验性的分析科学的模式中，当代技术与社会相互依赖所构成的复杂整体就已经为界定并解决社会规划与政策所存在的问题提供了越来越具有说服力的基本原理。决定论的技术理性压抑了对人类行为不同意向（intentionality）的探索和对未来多种可能性的挖掘[①]，这尤其体现在经济领域，其中充斥着对持续增长不加反思的承诺。在表达自由的社会中，对此问题的探讨已经从20世纪60年代反传统文化的个体言论，发展到至少能对多数公共政策的制定施加影响的地步。1974年3月，加拿大政府发布了法官托马斯·博格（Thomas Berger）的调研报告。该报告对麦肯齐山谷管道工程（Mackenzie Valley Pipeline）的社会影响、环境影响和经济影响进行了剖析，是一则突出的案例。[②]本文并不打算评价这份报告，但认为它是经济地理学通往人文主义的典型案例，或者说它是一个令人满意且可复制的政策制定方式。大家要明白，这个调研报告建立在多样化的认识论基础之上，和研究其他类似的重大

---

① Herbert Marcuse, *One-Dimensional Man* (Boston: Beacon Press, 1964); J. Ellul, *The Technological Society* (New York: Vintage Books, 1964).

② T. R. Berger, *Northern Frontier, Northern Homeland: The Report of the Mackenzie Valley Pipeline Enquiry*, vol.1 (Ottawa: Supply and Services Canada, 1977).

问题一样，它需要考量针对这项工程正当性与满意度的各种价值评判。要想为政策的制定提出有参考性的意见，我们必须从本质上相互冲突的世界观中做出选择。这些世界观涉及以下两个问题：第一，人类该如何利用自然资源；第二，经济关系和社会关系应该具有怎样的特征和表现。

就像赫希所指出的：“或许正是因为缺乏社会道德体系的支持，所以社会组织的功能发挥已经到头了。在道德缺席的状况下，任何一种矫正措施都是无效的……社会处于混乱之中，因为社会的正当性在于社会的公平公正……现代性的关键之处在于需要证明自身的正当性，由此才能获得道德性的优势，而这也是它没有解决的技术问题。”[①] 前面的讨论提到过，不管是传统自由主义下的个人主义还是其他什么，都不足以构成一种人文化的模式。对于当今的经济地理学家而言，关键的问题在于： 105
社会一般缺乏抑制人们追逐物质满足的有效机制，而这样的物质满足是绝大多数人都在追逐的；这在不同的社会中虽然体现出程度上的差异，但却与意识形态无关。当面临资源的匮乏和贫富差距日益扩大的境况时，什么样的世界观会冒天下之大不韪，勒令那些相对富裕、地位更高的人主动克制自己的利己冲动呢？

我们无法在今天的自由主义中找到此问题的答案。最近，以罗尔斯为代表，一部分人重新研究起如何公平分配经济利益的问题，并产生了旨在研究不平等现象的福利地理学。[②] 即便如此，我们目前也没有找到任何一种方法，去应对贪得无厌的利益角逐所造成的对社会秩序与环境正义的损害。我们无法借助理性的利己主义来构建一个美好

---

① Fred Hirsch, *Social Limits to Growth* (Cambridge: Harvard University Press, 1976), p. 190.

② Brian E. Coates et al., *The Geography of Inequality* (Oxford: Oxford University Press, 1977).

的社会。相反，一种内在的利他主义伦理才是应对日益强大的官僚体制[①]的有效办法，如此，人们才会变得无私，社会才会变得更美好。然而，在现实社会中，为民众带来持续增加的收入又是政府合法性之所在，因此我们不可能在一个可存续的社会里彻底评估什么才是人类满足感的构成要素。作为 19 世纪社会进化论的一种形式，去呼吁为了子孙后代的利益而限制消费，这对实用主义经济没有任何抑制效果。

经济主导下的意识形态与社会制度通常会将人定义为生产者（马克思与马歇尔界定的行动者）或消费者，由此导致三个结果。其一，无法公平地定义人类的属性；其二，无论是在公民层面还是在全球层面，推崇利己都不利于社会关系的实现；其三，既无视地球资源的有限性，也
106 无视党派权利的有限性。奥尔森呼吁一种新哲学，它关乎人类与环境的关系，并期待着一种具体化的呈现。它能超越意识形态。

我认为，未来的方向应该是一种基于宗教的人类观与世界观。这是一种很古老的观念，可能会因为各种原因刺激到读者。本文只能在这里提出一个大致的讨论框架，命题本身仍然需要进一步证实。此框架的关键之处在于，要让世俗的人类抛弃自然主义的形而上学体系，敞开心胸，把宇宙看成由具有位格性的造物主以特定目的创造出来的。人类对造物主负有的义务与责任，以及人类对社会与自然环境的创造性适应，都能为我们提供框架。在这样的框架之内，人类能真正地实现自由。我们需要的绝不是不负责任、不受限制地管理自然界，相反，我们需要的是被造物主赋予的合法管理权，目的是实现爱和公义。当然，这背后也基于一个显而易见的规范性目标，它与认识论和实践相结合。其中也包含哈

① James S. Coleman, “Inequality, Sociology and Moral Philosophy,” *American Journal of Sociology* 80 (1974): 739–764; Tom Settle, *In Search of a Third Way: Is a Morally Principled Political Economy Possible?* (Toronto: McClelland & Stewart, 1976), pp.146, 158.

贝马斯所认为的规范性与技术性认识旨趣的和谐关系、主体间性的和谐关系，以及有助于实现解放的社会变革的和谐关系。然而，人类的历史始终拒绝朝着这一目标演进（如拒绝把此目标纳入社会内部），这就导致了人类野心的相互较量、对社会与经济权力的无尽攫取、拜物主义造成的环境恶果。这些问题也从反面把我所提倡的世界观从乌托邦的理想主义中反衬了出来。此目标的倡导者不会再是制定政策的专家，而应该是一些先知式的人物；反过来，该目标也对其宣扬者提出了挑战，要求他们以创造性的方式在自己所处的环境中把它表达出来。[①] 所以，革命的范式不止一种。[②] 以此为基础，赋予人文化的经济地理学以实质性内容，成为摆在我们眼前的任务。

---

① 这是作者基于基督教信仰的承诺，而不是一种“佛教经济学”，后者推崇 E. F. 舒马赫小就是好的观点，认为中间技术才能解决当代贫穷国家的需求问题。

② J. H. Yoder, *The Politics of Jesus* (Grand Rapids, Mich.: Wm. B. Eerdmans, 1972); H. Kung, *On Being a Christian* (London: Collins, 1977).

第七章

确定性与模糊性

古纳尔·奥尔森（Gunnar Olsson）

一

1904年6月16日，都柏林发生了一系列离奇的事件。这些事件构成了詹姆斯·乔伊斯（James Joyce）[①] 在《尤利西斯》(*Ulysses*）中记述的冒险体验的原型，历史影响力有待进一步揭示。 109

这恐怕是一个巧合，或者是一个预示。73年后的同一天，我待在欧登塞（Odense）这个丹麦小镇，开始着手写这篇文章的第二部分，你一会儿就能读到它。三周后，我在瑞典的乌普萨拉（Uppsala）完成了这篇文章。在此期间，我走了很远。

我心中的奥德修斯去往远方，是为了寻找调和乌托邦式的乐观主义和维特根斯坦（Wittgenstein）的现实悲观主义的灵感。在此过程中，我被困在一个自我指涉（self-referential）的牢笼里，就像维特根斯坦

① 詹姆斯·乔伊斯：爱尔兰作家、诗人，后现代文学的奠基者之一，其作品及意识流思想对世界文坛影响巨大。——译者注

等人所经历的那样。如果维特根斯坦知道乔伊斯想要冲破传统的不懈努力，那么他是否还会让自己囿于这些局限呢？如果人们无法理解这些努力和尝试，那么它们还有什么意义呢？

我关于这趟知识之旅的日记出现在本文的第二部分，它是对“确定性”（certainty）与“模糊性”（ambiguity）二者关系和矛盾的讨论。这个主题涉及的一个矛盾是一个不可能的现实，即在同一时刻既说理又创造又交流，也就是三者合一！摆脱了这些问题带来的痛苦后，我以非传统的方式补充了这段引言，目的是进一步阐明本文的主题。这段文字其实可以写得更简短，因为在此之前，我已经在某种程度上说清楚自己想要说的东西了。[1] 早年对地理学的形成和发展的研究，促使我对确定性与模糊性问题产生了兴趣。正如我们当中的一些人所见，20 世纪 60 年代末，地理学陷入了一个困境，也就是如何从研究空间格局的知识中产
110 生过程性的东西。而这种看似技术性的问题引申出备受关切的空间规划对人类行为的影响。我们的研究工作直接针对地理学的核心影响力；但我们的发现却重创了这样的影响力。事实上，我甚至不确定这门学科能否经受住这轮重创。

目前，我们面临的基本问题是转译的问题。例如，怎样才能提取出地图标记的意义？这些意义体现在什么方面？空间坐标的地理语言同人类行为的对象具有怎样的关系？

理解上的转译一旦实现，那么“转译失灵”的文献就会变得非常重要。其中一部分文献属于计量地理学期待的严格推理，另一部分属于人文主义地理学倡导的创造性写作。前者的传统在于通过强调说不清道不

---

① Gunnar Olsson, “Inference Problems in Locational Analysis,” in K. R. Cox and R. G. Golledge, eds., *Behavioral Problems in Geography* (Evanston, Ill.: Northwestern University Press, 1969); and Gunnar Olsson, “The Dialectics of Spatial Analysis,” *Antipode* 6 (1974): 50–62.

明的确定性来维护基本的原理；后者的传统在于采用模棱两可的语言来体现丰富的洞察力。但历史告诉我们，应当在这两者之间保持平衡，否则整个世界要么是静态凝固的，要么是摇摆无序的。由于没有其他选择，所以在这两者之间做出选择其实并不困难。

从这个角度而言，学术上的形式—过程问题就演变为具有深刻政治含义的问题。它一方面关注变革性的社会行为，另一方面关注可能阻碍变革行为产生的社会制度。但是真实的阶级冲突并不是在社会主义者与资产阶级之间展开的，而是在拥抱多元主义的人与提倡一元主义的人之间展开的。

个体的复杂性与社会的单一性矛盾的焦点之一就是交流过程本身。社会的内聚化会让语言变得贫乏。在我看来，人们需要对抗这样的过程，否则人类的生存处境会面临极大的威胁。所以，我们需要不断阅读一些现代作家的作品，像波德莱尔（Baudelaire）、马拉美（Mallarmé）、乔伊斯、卡夫卡（Kafka）以及贝克特（Beckett）。尽管同样无从逃脱语言的牢笼，但是他们却松动了牢笼的禁锢，扩展了我们的视界。

读完这些，你可以进入本文的第二部分了。我必须承认，我从来没有如此不情愿地写过像这篇引言一样的文字。这种困窘是我自找的，其实我已经在第二部分尽我所能地把想说的内容都表达出来了，但我答应过编辑，要在引言里把这些内容阐述得更清楚。如果读者能将我的文章 111
当作镜子来比照自己的话，我会备感欣慰。但也请注意，这面镜子是有使用说明的。读者尤其要注意，在瑞典语中“far”指“父亲”，“mor”指“母亲”，小写的“me”意义介于两者之间。本文的结尾是充满道德意味的宣告，饱含回忆。

二

我接下来将继续展开哲学性探索，思考人类所处的由确定性与模糊性共同构成的环境。[①] 我之所以采用这两个术语，是为了把一大堆类似的术语囊括进来，像“外部与内部”“身体与意识”“事物与关系”“外在与内在”“意识与无意识”“社会与个体”“公共与私人”“规则与冒险”“权威与自由”等。这些术语的意义都部分来自自身，部分来自其所处的环境，也部分来自相反的一方。属性（identity）来自特征（distinction），反之亦然。因此，我们先划定事物的边界以获取知识，然后才去跨越边界。从解构的感官游戏中，我们可以看到，新的组群与关系总是产生自明确的分类；同理，肯定和质疑也构成了相生相克的关系，就好像我们在抹除时必然会留下痕迹。[②]

借助属性和特征来总结规律很有必要，就像有必要框定事物的范围。因为就算我们阐述事实的过程是讲清楚属性的过程，属性也绝不会是单纯的非此即彼，而是同时包含着多重意义。它在理解上的难处在于，曾经是的不一定现在也是，现在是的不一定将来还是。其中涉及对立与统一、过去与未来、保守的确定性与开放的模糊性，是一种循环的自我肯定与否定。就像弗雷格（Frege）所指出的那样，“属性”的概念在某种程度上只是一种逻辑上的一致性。从另一个角度来看，它不应该是被明确界定的，而只能是被人们体验到的[③]，这也正如大多数人的感受——

---

① Gunnar Olsson, *Birds in Egg,* University of Michigan Geographical Publications no. 15 (Ann Arbor: University of Michigan Press, 1975).

② Jacques Derrida, *Of Grammatology* (Baltimore: Johns Hopkins University Press, 1976).

③ Gottlob Frege, “On Sense and Reference,” in P. Geach and M. Black, *Translations from the Philosophical Works of Gottlob Frege*(Oxford: Blackwell, 1952); Michael Dummett, *Frege: Philosophy of Language* (New York: Harper & Row, 1973).

我们在酒吧、卧室里体验到的东西要比在会议厅、实验室、规划院里体验到的多得多。

确定性与模糊性的矛盾存在于生活中，也广泛存在于各种理论与实践、社会与个体中。它渗透进了深层次的交换结构，并因此融入了所有的交流模式。[①]但是，即便所有的语言都同时植根于确定性与模糊性，有些语言形式还是会更多地在其中一个阵营里确立自身的根基。科学与诗歌就代表了不同的传统。[②]科学的领域里看似确凿无疑的东西，常常又是模棱两可的；同样，诗歌里看似含混不清的表述，往往又是千真万确的。如果说，科学报告足够简洁明了，在转译的过程中能保持自身所揭示的真理，那么好的诗歌往往会因为过于贴切、准确而无法被重新转
述。[③]要承认还原论的无效性与完美转译的不可能性，就需要将作者与 112
读者同时悬置在似是而非的深渊上空，这样的深渊正是人类自身的生存状态。[④]在充满矛盾的境域里，复杂的事物变得简单起来，简单的事物也变得复杂起来。而生命正是在这样的过程中变得有意义的。

现在我要将注意力从整体性上移开，转而去关注模糊性。我们文化中的规律与秩序始终倾向于不断强调清晰明确的一方，但我相信，不管是偏向哪一方，其本质都是硬币的另一面。很多人甚至认为，在我们今天生活的世界里，不平衡（imbalance）既是个体与社会异化、官僚化、具象化的原因，也是其结果。[⑤]

维特根斯坦对内在（internal）与外在（external）进行了颇富洞见

---

① Claude Levi-Strauss, *Structural Anthropology* (New York: Basic Books, 1963).

② Aldous Huxley, *Literature and Science* (London: Chatto & Windus, 1963).

③ Georg Steiner, *After Babel: Aspects of Language and Translation* (New York: Oxford University Press, 1975).

④ Franz Kafka, *Parables and Paradoxes* (New York: Schocken Books, 1946).

⑤ Elias Canetti, *Auto-da-Fe* (New York: Avon, 1969); Elias Canetti, *Crowds and Power* (New York: Viking Press, 1966).

的区分："如果我想认识一个事物，哪怕不知道其外在属性，也必须知道它的内在属性。"这是我想暂时强调模糊性而非确定性的原因。[①]外在对应于事物，内在对应于关系。马克思在说下面的话时，可能是想表达同样的意思：将一个个体的劳动与其他个体的劳动相连接起来的关系，并不是劳动者之间的直接社会关系，其实质是人与人之间的物质关系，以及物与物之间的社会关系。[②]维特根斯坦的"内在属性"在我的哲学体系看来，基本属于模棱两可的范畴。维特根斯坦的另一些话凸显了这种联系的讽刺性。他说："如果一个事物不具有某种属性是难以置信的，那么该属性就是它的内在属性。"[③]想要逃离的时候，我们会无法避免地落入自己构建的自我指涉的牢笼之中，进而成为这种牢笼文化的一部分。原因在于，概念的认定是一个循环，它总是在寻求自身的定义，同时不断返回自身。

> 物质关系所呈现的现象是不可言说的，只能被体验，所以马克思、弗雷格、荣格（Jung）、维特根斯坦、乔伊斯与杜尚（Duchamp）都来到了无意识的自我指涉层面。然而，创造式的经验打破了现有的理论，不断在模糊性的领域里拓荒，直到突然转向确定性为止。这就好比从彩虹、堕落与救赎、大洪水、方舟以及天启这些意象中解读出神话意义[④]；又好比一个人正在"夹"一个"夹着的"的"夹子"，或者"烟花"就是"烟花"本身，而不是"从烟里开出的花"，也不是"从花里冒出的烟"。因此，我们需要认识到，文本的解构

① Ludwig Wittgenstein, *Tractatus Logico Philosophicus* (London: Routlege & Kengan Paul, 1961), 2.01231.

② Karl Marx, *Capital,* vol. 1 (New York: International, 1967), p.73.

③ Ludwig Wittgenstein, *Tractatus Logico Philosophicus* (London: Routlege & Kengan Paul, 1961), 4.123.

④ GiambattistaVico, *The New Science* (Ithaca, N.Y.: Cornell University Press, 1970).

> 不只是解构与建构的结合物[①]；而是沿着是其所是（而非曾是）的事物轨迹进行的写作，也是带着对事物未来的期盼进行的写作，但事物永远不会变成被期盼的那样。我们都需要学会将文本视为一面 113
> 镜子而非一张图画。值得注意的是，原罪的第一幅场景与情欲无关，而是与生育有关。[②]我们需要在多元的事物中定义个体。杜尚创作《甚至新娘也被光棍汉们剥光了衣服》（*Bride Stripped Bare by Her Bachelors*），目的就是让我们意识到，重要的不是我们看见了什么，而是我们的“看”本身。[③]

新世界是从错误中产生的。为何会出现这种情况呢？开放式的创造与模糊性的观念之间究竟有着怎样的关系？下面我将就这些问题展开讨论。

我们要解释创造如何是一个量变引起质变的过程。换句话说，我们要理解一种权力如何让位于另一种权力。困难在于，尽管权力是通过事物具体化的外部现象来体现的，但其真实的基础建立在由内部关系构成的理所当然的世界里。根本性的变革不是源于一个设计，而是源于一个错误或者误会。[④]正像马拉美所言，机遇转变成权力，因为“任何一种思想都是在掷骰子”。也可以借用威廉·布莱克的一句话：

> 规则是从聪明人所犯的错误中产生的，而不是从愚昧人做对的事情中产生的。

---

① Jacques Derrida, *Glas*(Paris: Editions Galilee, 1974).

② E. M. Cioran, *The Trouble with Being Born* (New York: Viking Press, 1976).

③ Anne D'Harnoncourt and K. McShine, eds., *Marcel Duchamp* (New York: Museum of Modern Art, 1973).

④ Harnold Bloom, *A Map of Misreading* (New York: Oxford University Press, 1975).

事实上，国王的权力让位给议会，布道士的权力让位给专业评论家，教会的权力让位给法人组织，甚至挂在卧室里的耶稣受难像被客厅里的电视机取代，都说明了同一个问题：集权主义始终是借着看不见、摸不着的所谓“集体”来施加统治的。布莱克在谈到但丁（Dante）时指出，我们必须“具有这样的意识，那就是每个人在自己的房间里都是国王”，而最能体现这个观点的地方就是自己的家。① 如果没有屈服于外部权力的心，权力就无法产生效力。因此，我们首先要把今天与旧有的政教合一国家相对立的东西剥离出来，并与之战斗，从而再次重申巴枯宁（Bakunin）所说的关系，也就是国家的拜物主义同教会的理想主义之间的关系。②

对逻辑的信奉过程有一套自己的方法去处理内部与外部的问题，它体现在罗素（Russell）的类型论中，目的是找到解决悖论的方法。③ 然而，这一理论所使用的技术规避了核心问题。它的技巧也很老套，只是从一
114 个推理层面转换到另一个推理层面，最终只能推到上帝那里。④ 这样的理论不是要反对集权主义逼迫一切都屈服于某种至高理想的做法，而是让我们的思想在面对现有权力结构时产生分裂。⑤

按照哥德尔（Gödel）⑥ 的观点，当下，悖论仍一成不变地存在着，恐怕从来都没被消除过。这并不是因为有人推卸责任，而是存在一个不断向远处逃离，然后又返回原点的过程。“巨大的困难在于，没有人知道有什么方法可以全面地认识人的整体性悖论……有意识地对

---

① Max Horkheimer, “Authority and the Family,” in *Critical Theory* (New York: Seabury, 1972).

② Michail Bakunin, *God and the State* (New York: Dover, 1970).

③ Bertrand Russell, “On Denoting,” *Mind* 14 (1905): 479–493.

④ Gregory Bateson, *Steps to an Ecology of Mind* (New York: Ballantine, 1972).

⑤ Theodor W. Adorno, *Negative Dialectics* (New York: Seabury Press, 1973).

⑥ Kurt Gödel, “Uber formal untentscheidbare Satze der Principia Mathematica...” *Monatshefte fur Mathematik and Physik* 38 (1931): 173–198.

这一全体展开认识，是不可能完成的任务。”[①] 乔伊斯可能是对的。他认为，我们其实被困在了“历史的不断循环”[②]（acommodius vicus of recirculation）之中[③]；在神话传统所积累的智慧里，人们学会了逃离与返回。最好的策略恐怕不是罗素所说的，摒弃“飞马”“独角兽”和“方的圆”之类的命题，而是去思考和理解为什么会产生如此矛盾的命题。或许严格逻辑认识论的基本问题不是悖论性与创造性的问题；[④]“每一种表现、每一种信念都必定对应着除自身以外的其他客观事物”[⑤]。这一观点本身就构成了一种信念，这种信念背后的社会基础又是什么呢？恐怕这才是严格逻辑认识论的基本问题。就连逻辑这种存在都过于丰富与饱含典故，我们很难在确定性的领域中捕捉到它。或许，我们应当思考一下斯宾塞·布朗（Spencer Brown）的观点：属性把一切事物都囚禁在自身之内，特征则让事物获得了解放，得以进入自身的对立面。[⑥]

诗歌对自我指涉的运用可以达到登峰造极的水平。优秀的诗歌会采用循环往复的表现手法，这种手法和词句建立起一种令人心驰神往的关联性。因此，未来的希望在于让思想、意象与行为变得越来越丰富，并且将它们综合运用起来。困难则在于如何编织出一张词句之网——哪怕语言具有模糊性，丰富而准确地对现实加以表述。借用贝克特的话来讲，这个困难正是如何学会写作与阅读。这不是为了什么，而是本该

① Carl G. Jung, *Mysterium Conjunctionis*(London: Routledge & Kegan Paul, 1963), p. 476.

② 在《芬尼根的守灵夜》的开篇，乔伊斯把“commodious”（宽敞的）这个词去掉了一个o，变成“commodius”，让人想到罗马暴君康茂德（Commodus），含有历史循环至古罗马之意；“vicus”一词与意大利哲学家维科的拼写相同，与“recirculation”一起意指维科的循环历史观。——译者注

③ James Joyce, *Finnegans Wake* (New York: Viking Press, 1959), p. 3.

④ Paul K. Feyerabend, *Against Method* (London: New Left Books, 1975).

⑤ Bertrand Russell, “Meinong’s Theory of Complexes...,” *Mind* 13 (1904): 204.

⑥ G. Spencer Brown, *Laws of Form* (London: Bantam Books, 1972); James Keys, *Only Two Can Play This Game* (New York: Ballantine Books, 1974).

如此。[1]

实现这种形式与内容相统一的技巧多不胜数，就像该领域的从业者一样多，其中包括拼贴（bricolage）[2]、双关、头韵、全押韵、半押韵，等等。但是想要取得成功，最重要的还在于对语音的韵律和节奏的高度敏感性。这种语音的顿挫不会打破内部与外部、主观与客观、身体与灵魂之间的交融。其要点并不在于含糊其词，而是在同一时刻传达出多种思想[3]："……她带着古怪的神情，迅速调整了一下戴在头上的帽子，随意地耸了耸肩，加快了朝门口走去的步伐，头脑里交汇着两种想法。"（... by the queer quick twist of her mobcap and the lift of her shift at random and the rate of her gate of going the pace, two thinks at a time.）[4]

115 所以，是我骗了她，她也骗了我，我们的缺陷就互相用好话瞒过。[5]

阐述完大家都不甚熟悉的领域，我现在抵达了地理学领域，同时还带着一个问题：人文主义的视角如何才能让地理学变成丰腴之地。詹姆斯·乔伊斯成为我这趟思想之旅的同伴，因为在"如果我们不曾远走，就不知何为家园"这方面，他比其他人理解得更加透彻。这个观念体现在《奥德赛》（*Odyssey*）里，也体现在他的《尤利西斯》里；体现在

① Samuel Beckett, *Our Exagmination Round His Factification for Incamination of Work in Progess*(Paris: Shakespeare, 1929).

② 这个概念源自法国社会人类学家列维－施特劳斯。——译者注

③ 本文作者多次引用《芬尼根的守灵夜》。乔伊斯在该书中用了很怪异的写作手法，使很多地方句法错乱、语义含混，并且自创了很多词语，很难用符合中文语言习惯的表达方式进行翻译。为了不引起读者误会，本书部分保留原文。——译者注

④ James Joyce, *Finnegans Wake* (New York: Viking Press, 1959), p. 583.

⑤ 译文参考屠岸译莎士比亚十四行诗第 138 首。——译者注

前人的诸多著作里，也体现在他的《芬尼根的守灵夜》里。[①]它们想要表达的都是人的内在，而不是外在。

此时此刻，对创造性的理解就不同于之前的理解了。现在的问题是承认权力不是由外部的事物赋予的，而是由内部的关系界定的，其媒介是词句和语言过程。人类在很早以前确实持守着一种观念，即神灵通过下定义的权柄来创造世界：

> 起初，神创造天地。地是空虚混沌，渊面黑暗；神的灵运行在水面上。神说要有光，就有了光。神看光是好的，就把光暗分开了。

在波德莱尔看来，神并没有创造世界，而是借着词句把世界说了出来。光明与黑暗、石头与树木、虫鱼和飞鸟——万事万物都是借着神谕的发出而涌现出来的。我们需要严肃地看待这种神话结构。在语言里，"神"这个词本身不具有任何意义，只是一个称谓而已。但是借着这个名字，我们的祖先可以象征性地理解和把握自身所处的整体性关系。借着对神灵的名字的循环表达与同义反复，社会才得以建构起自身的认同，与之对立的事物也才能够确立，因为它所构成的"圆圈"传达出这样一个观念，即"完整的、圆满的、安全的处所"[②]。所谓"创造"，是去跨越圆圈的边界，推翻神灵一般的统治性存在——教会、党派、国家、家庭和其他一切组织——并建构出新的环境、新的统一体与新的对立面。创造的过程若要实现，就要借助语言来展开攻击——思想的军械库里装的不是枪炮，而是语言。最具创造性的语言并不存在于赤裸裸的事

---

① James S. Atherton, *The Books at the Wake* (Carbondale, Ill.: Southern Illinois Unievrsity Press, 1959).

② Carl G. Jung, *The Archetypes and the Collective Unconscious* (London: Routledge & Kegan Paul, 1959), p.384.

实里，也不存在于对事实朴实无华的陈述里，而是存在于具体的处境中，存在于人们所相信的关于惯常事实的曲里拐弯的陈述中。[1] 因此，真正能够掀起造反浪潮的文字是目前还未自我锁闭的诗歌，而不是俯拾皆是
116 的形而上学。正如马拉美、乔伊斯、杜尚等现代艺术家所经历的那样，我们除了入侵他人的领地之外别无他法，我们也因此有了罪孽[2]，而罪孽也意味着闯进了目前还不存在的领域。主祷文说："免我们的债，如同我们免了人的债。" 所谓 "入侵"，怎么可能不是血腥地跨越边界呢？

在《尤利西斯》中，乔伊斯让斯蒂芬（Stephen）的身体同空间与地理联系在一起，让他的灵魂与历史联系在一起。前者是外在的、可见的，后者是内在的、不可见的；前者代表着国家，后者代表着教会。这些属世的与属灵的制度具有压迫性，因为它们的结合代表着内在关系的整体、集体无意识的整体，以及难以想象的关系链。[3]

> 从有意识地生育这个意义上说，男人是缺乏"父性"这一概念的。那是从唯一的父到唯一的子之间的神秘等级，是由使徒所继承下来的。教会不是建立在乖巧的意大利智慧抛给欧洲芸芸众生的那座圣母像上，而是建立在这种神秘上——牢固地建立在这上面。[4]

恐怕无法比这句话说得更清楚了：只有从大规模的模糊性中才能产生创造性。因为既然不知道有什么样的结局[5]，那么，除了一点短暂而真

---

① W. O. V. Quine, *Word and Object* (Cambridge, Mass.: MIT Press, 1960).

② Roger Shattuck, *The Banquet Years* (New York: Vintage, 1968); Octavio Paz, *Marcel Duchamp or the Castle of Purity* (London: Cape Goliard, 1970).

③ Carl G. Jung, *Mandala Symbolism* (Princeton: Princeton University Press, 1959).

④ 译文参考萧乾、文洁若翻译的《尤利西斯》(译林出版社，第 366 ~ 367 页)。——译者注

⑤ Edward W. Said, *Beginnings* (New York: Basic Books, 1975).

实的快乐以外，我们无法真正逃脱模糊性。

从这里我们可以看出，社会话语是固定在法则与秩序结构之中的。为了完全地实现与绽放，它们必须显得令人困惑，从而把内在的模糊性充分暴露出来。莱布尼茨（Leibniz）的不丧失真（salvaveritatae）和笛卡尔的类别划分必须让位给贝克特无言的多重意义。[①] 在此，声音就像内在与外在的感知一样有意义；因为就像尼采教会法国人的，这不是一个正在说话的世界，而是世界本身的自我呈现。[②]

> 你真的是在充充足足地享受着盘问我的乐趣吗？先生，我并没有大声说话，在我里面有一些声音在自言自语。
>
> 你是一个不错的三度证人，讲信用！但这可不是开玩笑的。你以为我们是鼻子聋了、鞋子破了吗？难道你不能区分黏土的声响和驴的叫声吗？你有一种同性恋的情结，在自诩为专家式的狂热自恋和女性丰满的臀部的性别颠倒中产生移情和共鸣。你就好好为自己做做精神治疗吧。[③]

换句话说，不成熟的情感会觉得朝向自己的攻击是从外部发起的， 117
成熟的情感则会领悟到攻击其实是从内部发起的；前者意味着笛卡尔式的非此即彼，后者意味着辩证的主客关系。[④] 如果我们真的发现“除了无名的事物以外可以不存在任何事物，除了无名的名字以外可以不存在

---

① Samuel Beckett, *Whoroscope* (Paris: Hours Press, 1930).

② Michel Foucault, *The Order of Things* (New York: Vintage, 1973). p.382.

③ James Joyce, *Finnegans Wake* (New York: ViKing Press, 1959), p. 522.

④ Anthony Wilden, *System and Structure* (London: Tavistock, 1972).

任何名字”[①]，那么这将给实证主义地理学带来多大的挑战啊！这也将是一个何等的机会，让我们得以冲破、逃离具体意义的领地，进入无以言表的真理王国！

这种可能性已经通过乔伊斯的作品得到了证明，尤其是从《尤利西斯》的光明走向《芬尼根的守灵夜》的黑暗。《尤利西斯》仍然以清晰的轮廓刻画着各种人物，他们的身份认同固定不变。《芬尼根的守灵夜》里的人物则仿佛是梦境里的意象，他们的身份变幻莫测、不断浮现。其中存在相互关联的拼贴，目的是把集体无意识提炼出来，进而在男女主人公 HCE 和 ALP 的身上显示出每一个男人和每一个女人，包括我、你、他、她、它、我们、你们、他们和她们。在一些关键的段落里，叙述的目的和技巧都很好地反映出权威、语法、一和多、创造、韵律、语言、思想和行动的含义：

> 把一切事物都强迫（coersion）挂起来吧！把格林的法则愚弄得透不过气来（smothermock）吧！但我们所有人都是水精灵色彩（drippindrhue）的古怪联盟（gayleague）。起初是空无一物（woid），到中间的时候（muddle）是声音在跳舞（sounddance），之后（thereinofter）我们便陷入愚昧无知（unbewised）之中，哄得哇塞哇塞（vund vulsyvolsy）。你，你这个说话带着爱尔兰土腔的人，让我们灵魂的言语阻碍了历史（hostery）。静默无言的思想！Spreach！[②]

---

① Samuel Beckett, *Molloy* (New York: Grove Press, 1955), p. 37.

② James Joyce, *Finnegans Wake* (New York: ViKing Press, 1959), p. 378.

因此，

> 喇叭声：思想里的静默之声！
> 知道什么是 SPREACH 吗？
> 就是通过每一句话去
> 打破（break）、宣讲（preach）、寻找（search）并到达（reach）。
> 这样，巴伯（Babble）的墙就咕哝着倒下去了。

由于强调空间性、可测量性以及可见的景观，所以传统的地理学就停留在了外在的表面特征上。外部只有事物而没有关系，关系是存在于内部的，所以我们只能从事一种具体化的研究。男人、女人和小孩都不可避免地被物化了，无法被视为有感知的人和不断演化着的人。我们的术语看似完好，我们的专业身份像集权统治者所规定的那样牢靠稳固。 118
但是，当把规划和行动都安放在这样的知识基础上的时候，我们只能生产出“物化”的人，而这样的人只能臣服于社会的权威。

这就是为什么更加人文主义的视角不仅对地理学来讲是当务之急，对总的社会科学来讲也是雪中送炭。这样的视角不仅能让我们把握外部的确定性，还能令我们理解内部的模糊性，包括令人费解的言辞与静默无声的交谈。[①] 借助模糊性来传达观念，并不是说要去容忍混淆困惑的现象，而是在进行精确的表达时维持事物内部的矛盾性。因此，我们在描绘当下的时候需要具备一种姿态，那就是我们不仅能看见当下的所思所想，还能看见过去的轨迹与未来的走向。在追寻自我的过程中，身份认同越出了自我。就像斯宾塞·布朗和德里达（Derrida）所写的，它

① Ihab Hassan, *Paracriticisms* (Urbana, Ill.: University of Illinois Press, 1975).

必须越出自我。我们曾经努力让主体与客体彼此分离，而今天，我们要让它们自由自在地进入创造性的怀抱。在那里，梦想得以释放，拜物教会因自身的辩证过程而消耗殆尽。①

总之，我们必须习惯读写一种梦一般的语言，这正是乔伊斯所做的事情，也是弗洛伊德和荣格分析过的问题。最后的结果可能就是，我们在同一时刻描述出、解释出、预测出和创造出一切；因为就是在身份认同被侵犯、对立并联合起来的时候，真理才会出现。正像黑格尔所言："真理就是酒神的狂欢宴，在那里，没有一个人是头脑清醒且懂得节制的。"② 因此，靠着人道主义的方式去容忍错误，我们只能实现一种小规模的和平；而在每个人都到来的雷霆万钧之中，在所有的领袖（Omniboss）那里，会诞生出大人物（Great Sommboddy）。同时，安娜·路维亚·普鲁拉贝拉（Anna Luvia Plurabella）之所以把雨倾倒在河里，是为了把水吸走以后再下另一场雨（rann）。这一次又是诺亚，朝着彩虹奔去！

所有这一切都是为了实践贝克特所呼吁的整体的形式与整体化的内容，这样，文本就成为它自己所表达的对象，也能表达出自己的属性。对于那些不敢承认这就是地理学的人而言，我的回答是："灵魂群体学（soul's groupography）的地图在他们的住所（quarterlings）浮现出来了。"③

我个人的期待同整本书的期待是一致的，因为要去"spreach"，就是去寻找打破内部关系的途径。用诺曼·O. 布朗（Norman O. Brown）

---

① Jean-Paul Sartre, *Critique of Dialectical Reason* (London: New Left Books, 1976).

② G. W. F. Hegel, *The Phenomenology of Mind* (New York: Harper Torchbooks, 1967), p.105.

③ James Joyce, *Finnegans Wake* (New York: ViKing Press, 1959), p. 476.

的话来讲，就是：

> 真理（verum）与构成（factum）
> 都是可变化的
> 证明就是去捏造
> 人类创造出了
> 人和伪造者；在伪造中
> 他伪造出了不能被创造出来的良心
> 属于他自己种族的良心。①

① Norman O. Brown, *Closing Time* (New York: Vintage, 1974), p. 18.

第二部分

方法论的意涵

几年前，大卫·哈维在《地理学中的解释》里指出，对哲学与方法 121
论之间的差异展开严肃考察是很有必要的。[①] 他认为：哲学是指人的信仰与信念；方法论是指一套逻辑化的工序，不一定会牵涉哲学问题。由于哈维主要是在谈论逻辑实证主义的哲学立场，因此，他的观点并没有体现出人文主义地理学的特点。相反，在区分研究问题的方法与原因时，人文主义地理学的核心方法论要求确保方法与哲学的并存。也就是说，分析的“方法”（means）与“分析本身的意义”（meaning of analysis）是密切联系在一起的。方法论也是认识论的一个较远的、专门性更强的分支。

早期的人文主义者主要在特定方法的层面上对实证主义地理学家提出批评，尤其否定定量简化论的方法。实际上，人们觉得实证主义的方法适合于与人相关的实证主义哲学；但是就人类的生存条件而言，我们需要的是一套适合于人文主义的研究方法。换言之，人文主义地理学需要有自己的方法论。

问题是，什么样的方法论才能满足人文主义的多种认识论需要？从某种意义上讲，人文主义的方法论会拒绝抽象化、数据化、聚类化的分析方法，而强调特定的、具体化的或更加经验主义的研究模式。它的一个重要特征就是经验主义，或者更加激进的经验主义。它更加关注人类的地方主体性，也更侧重于内部的视角。适用于这类研究的方法论十分强调亲身经历和外业调查，包括观察、参与式观察、采用非干扰性指标以及各种形式的访谈。[②] 采用这些方法绝不是为了抹除经验的丰富性和
多样性，而是努力维护这样的丰富性和多样性。然而，这些方法有时也 122
会因为过于主观而受到批评。能维护真实世界的丰富性和多样性的方法

① David Harvey, *Explanation in Geography* (London: Edward Arnold, 1969).

② John Lofland, *Analyzing Social Settings: A Guide to Qualitative Observation and Analysis* (Belmont, Calif: Wadsworth, 1971).

为什么显得比把世界变得抽象、单调的方法主观呢？后者往往是借助对人类经验苍白、简化的概念化过程来实现的。关于这个问题，至今还没有谁能说清楚。有太多社会科学研究都是在理想的实验室条件下开展的，它们看似准确无误，其实比搞投机好不到哪里。这些研究并没有像它们所宣称的那样排除掉主观因素，相反，主观因素不知不觉地体现在研究设计和结论获取中，而这也正是人文主义者想要获取的所谓“社会行动者”的主观因素。阿尔弗雷德·舒茨颇具说服力地谈到抽象式的社会科学研究的谬误：“由于颁布了一套适合于社会科学研究的方法论原理，因此它就用虚构的世界去代替社会现实。尽管这样的社会科学在其他领域被证明是真实的，但它在主体间性的领域却是失败的。”①

外业工作仅仅是人文主义方法的第一步，后面还伴随着反思，也就是诠释与理解的过程。理解（verstehen）的方法主要是不断把握经验与处境的主观意义；但也正如韦伯（Weber）所说，理解的过程必须超越狭隘的定义，去关注更广阔的具体环境。行为就产生在具体的环境中。②由此，我们可以得出颇有价值的观点：一套文化行为蕴含着多层面的意义。当然，这里所说的文化行为很可能包含景观的建构。行为的客观功能意义是最浅表的一层；更深的一层是行为者传达出来的意义；最深的一层是行为的记录意义（documentary meaning），主要反映出更广阔的时间与地方的变迁。③行为的记录意义也能揭示出对行动者本身的处境性条件与各种影响力的超越，事实上，这些处境行动者常常未

---

① Alfred Schutz, *On Phenomenology and Social Relations,* ed.Helmut Wagner (Chicago: University of Chicago Press, 1970), p.267.

② A. Brittan, *Meanings and Situations* (London: Routledge & Kegan Paul, 1973).

③ Karl Mannheim, *Essays on the Sociology of Knowledge* (London: Routledge & Kegan Paul, 1952).

曾察觉，但是会对他产生至关重要的影响。[①] 为了实现全方位的理解，对各种影响力进行诠释是十分必要的。研究者不能仅依靠行动者对自身处境所下的定义，而是要深入某一个时空、某一个地方，揭示其内部相互作用的因素。因此，其他类型的资源也要被调动起来，包括档案资料、文学作品、政府和其他机构的文件，甚至数据库。就一个研究论题而言，当存在某些时空局限时，如历史研究所遭遇的时间限制，或者在调查某个机构和组织时吃了闭门羹，就更离不开对这些资源的诠释与解读了。

① Karl Mannheim, *Ideology and Utopia* (London: Routledge & Kegan Paul, 1966). 在诠释学方法中，对明确的意义和含蓄的意义之间关系的讨论，参见 Paul Ricoeur, "Hermeneutics: Restoration of Meaning or Reduction of Illusion?" in Paul Connerton, ed., *Critical Sociology* (Harmondsworth, Middlesex: Penguin Books, 1976), pp. 194–203。

第八章

历史意识与地理学的实践[1]

科尔·哈里斯（Cole Harris）

人们对历史的感知就如同对科学的感知一样，是现代性的情感纠葛。在一定程度上，这也是我们共有的情感纠葛。所以，地理学家普遍觉得，当今的“地方”都有它们的起源，人类的景观与环境总是处在不断变化之中。人类不可能总是生活在一成不变的地球上。随着思想与信息的传播，我们已经公认的一点是：能够制造出工具的灵长目动物出现在 200 万年以前，那时正值农业萌芽，这种变化就像工业萌芽会导致地理的重大变迁一样。然而，作为一门学科，地理学很难对这样的知识展开研究。 123

原因或许很简单，因为我们常被今天的景象吸引。今天的世界才是我们能直接体验到的世界，这个世界的地理总是会为我们提供各种各样的信息与见闻。官僚体制控制着今天的知识，并以此为基础来对未来实施规划，遍及四野的现代地理学也在充分利用同官僚机构和规划部门建立起来的关系。更极端的恐怕在于，北美地理学家被困在了现代化的

① 感谢乔克·加洛韦（Jock Galloway）、德里克·侯兹沃斯（Deryck Holdsworth）、休·普林斯（Hugh Prince）、泰德·雷尔夫（Ted Relph）和格瑞米·维恩（Graeme Wynn），他们为本文的初稿提出了宝贵建议。

处境之中，因为北美的大多数人文景观都比较新，更久远的过去只出现在大洋的彼岸。进步与发展的过程融入了移民的经验，所以，移民之间的文化差异其实并不突出，甚至都无法被察觉。在这样的环境中，人们看不见历史，或者历史只体现为今天生活中的某种仪式。“如今”成为一个脱离了历史、自顾向前发展的时代。在这种环境下成长起来的北美地理学会更多关注生产的问题，而非文化的问题，也可能会忽略曾经的历史。地理学作为一门研究分布（空间）的科学，之所以能在北美找到立足之地，恐怕不仅是因为理查德·哈特向在他闻名遐迩的《地理学的性质》中对“位置”（position）有所关注[①]，同时也因为地理学的空间视
124 角特别适合于美国这种充满移动性、受时间影响相对较小的地方。人们相信：“在美国的地理学中，时间因素渐渐退居次要地位。”[②]但是，人们无法把这一论断运用在法国身上，因为这两个国家的地理经验是完全不同的。法国的地理经验是更为宏大的历史的一部分，因此，研究空间关系的地理学在20世纪60年代的法国陷于停滞，直到北美地理学被移植到已经都市化与工业化了的法国。这时候的法国已经看不见乡村田园式的、凝固在时间之内的景象了。

“地理学主要研究事物空间分布（chorology）与历史（时间，chronology）的关系”的说法虽已主导北美地理学四十年之久，但大部分地理学家的历史感还是不那么充分。在北美洲，某些地理学家依然坚持一种反历史的地理学前设，认为地理学只是一门空间学科。伯克利地理学派是北美洲典型的学术团体，研究思路以卡尔·索尔为基础，学术传统主张对历史保持开放的态度。拉尔夫·布朗与安德鲁·克拉克的研

---

① Richard Hartshorne, “The Nature of Geography,” *Annals of the Association of American Geographers* 29 (1939): 173–658.

② Richard Hartshorne, *Perspective on the Nature of Geography*, American Association of Geographers Monograph Series (Chicago: Rand McNally, 1959), p. 81.

究工作则代表着回应当时地理学方法论的另一条路径。早年，以空间为正统的学术氛围处于全盛时期，只有索尔这样的地理学巨匠才能“手所指处众声皆寂”[①]，并竭力践行自己的研究兴趣，如农作物、景观和文化的演变。布朗最著名的作品《美国人的镜像》(*Mirror for Americans*)[②]是横截面式的研究，即对特定时间点上的某个地区展开描述。这本书主要对 1811 年美国东部沿海地区展开了空间切片式的分析。安德鲁・克拉克认为，空间形态的变化可以被视为一种“地理上的变迁”，并且在《岛屿及其三个世纪》(*Three Centuries and the Island*)[③]中阐述了这一方法论的可行性。在英国，达比（D. C. Darby）针对空间主体中的时间问题给出了不同的解决方法，指出空间形态的变化可以被放在一系列横截面中进行地理描述。[④]当地理学被视为一门空间学的时候，这样的方法论是很有必要的，它能让地理学家对人类的过往与历史学保持开放的态度。

简而言之，对过去保持开放无异于对自己的根保持开放。以史为鉴，可知兴衰。甚至当我们的文化在加速废退的时候，我们依然能在西部片、拓荒者的村落、古建筑和国家节日里不断激活过往的意象——过去对今日的影响可以以怀旧的方式体现出来。我猜测，将来的地理学家能够写出更好的关于现代北美都市的城市地理学著作，因为他们能充分认识到这些地方是如何演化的。但这还不是我想在这里说明的问题。我想说的是，对过往的研究可以产生不那么显眼但又颇具影响力的结果。它可以

---

① Carl O. Sauer, “Foreword to Historical Geography,” *Annals of the Association of American Geographers* 31 (March 1941): 16.

② Ralph H. Brown, *Mirror for Americans: Likenesses of the Eastern Seaboard 1810* (New York: American Geographical Society, 1943).

③ Andrew H. Clark, *Three Centuries and the Island* (Toronto: University of Toronto Press, 1959).

④ H. C. Darby, “The Problem of Geographical Description,” *Transactions and Papers, Institute of British Geographers* 30 (1962): 1–14.

鼓励人们培养一种思维习惯。为了更好地界定这种思维习惯，我把它称为“历史意识”（historical mind）。这里的“历史意识”并不是历史学家的意识特质，也不是那些研究久远过去的人所具有的意识特质，甚至
125 不是研究过去的唯一思维方式。我想说的是，这样的意识是日常经验的一部分，也是解释的一种形态。在今天的学术写作中，我称之为“历史意识”的学术倾向主要体现在研究人类的过往上。事实上，它同历史写作具有一定的关系，而人们已经对历史写作的解释形态所具有的内在逻辑结构展开过细致分析。在我看来，历史意识作为思考与研究世界的一条进路，已经产生了最好的地理学作品，并且还能代表人文主义地理学写作的一条清晰路径。历史意识说不上是一套成熟的方法论，它更多可以被视为一种意识的习惯。

一、历史意识

任何研究历史的人都会面临数据上的难题。你可能找不到能够提供资料的人，你预先设计好的问卷可能派不上用场，你更不可能在受严格控制的环境中开展实验。你可能根本找不到人口统计、教区名册、税务清单，或其他表格类的数据（不管准确度如何）。然而，你或许还是能找到一些信件、报纸、日记、杂志、法院指令、提货单、遗嘱、地契——这些东西形成了大杂烩，被搁置在多多少少被看管起来的档案室或阁楼里。如果往更早的历史时期延伸，那么文字记录就派不上用场了，需要出场的是孢粉分析、碳 14 分析，以及细致入微的考古学。或许你也能找到一些景观遗迹，但由于大部分都已消失不见，所以残存的东西大多

难以辨认。这些遗迹所能提供的信息往往相当复杂、零散、不完整，而且经常相互矛盾。同时，你可能还需要研究古老的语言，对文字进行解码，因此需要掌握一门全新的语言和一套外业研究方法。你总是会面临如何诠释这些材料的问题。同样的人口数量可能会以不同的数据呈现出来，不同的评论家对同一个地方的描述也会存在差异。面对这些问题，你该如何取舍呢？取舍之间没有统一的标准。你根本不可能用分子化学实验那种标准化的工序和语言去研究档案和遗迹。现存的研究记录在诠释问题的时候都是非常个人化的。更确切地说，随着研究者对数据越来越熟悉，其对数据的理解也会与日俱增，并且和他关于此地此人的知识积累密切联系在一起。单独的事实在一定的处境中才能呈现出特定的意义，不同的观点也只能附着于有意义的载体。而一份刚开始似乎毫无意义的文献，可能会在后期研究中变得有意义起来。这样看来，从过去的历史中得来的数据不是静态的，也无法与诠释的环境相割裂。当被放置 126
在某个具体环境中时，这些数据才会在研究者的头脑里产生意义，而这样的工作正是地理学家的长项，因为他们从来都是对某个特定的地理区域开展研究的。

上文谈到了很多历史意识作为思维习惯的问题。如果一堆数据被放在具体的环境里分析的话，那么研究过程也往往是具体的，否则这些数据就像与现实无关的浮云。这些数据的意义可能同它们表面看起来的不一样，归纳的过程则是从经验中不断抽象的过程。那些努力研究过往事物，在各种令人迷惑的数据记录中上下求索的人，一定要注意这些问题。人们投入了太多精力去理解过去事物中的细枝末节，对宏大原理的归纳以及对研究框架的制定反倒显得很不清晰，仿佛仍在迷雾中探寻。或许，地理学家这方面的敏感性要比历史学家差一些，地理学家对地方与环境展开研究可能会比历史学家去关注事件与社会更容易通往概括性的那一步——索尔建议年轻的地理学者在做区域研究的时候沉下心，这正表明了这种历史意识的取向。[①] 这表明人们对历史证据越来越有信心了，并相信自己能够借着这些证据更透彻地认识错综复杂的世界；同时，这也是对人类经验复杂性的寻味与欣赏，并且能产生大量的乐趣。

当然，这里也有尺度的问题。你是想研究 19 世纪伯明翰的贫民窟，还是当时工业化的英国，抑或是当时的工业城市？你是想研究蒙彼利埃（Montpellier）、下朗格多克地区（Bas Languedoc）、米底王国（Midi），还是地中海沿岸？很多历史学家都把人生中最好的时光花在了给杰出人物树碑立传上，而地理学家最不济也算是给地表景观写传记了，哪怕就像卡莱尔（Carlyle）所认为的，人类社会的运行更多是被伟人推动的。[②] 很多地理学家会关注更宏观的社会、经济与文化的发展趋势，但我要再一次强调，历史意识的思维习惯关键在于敏感性。法国地理学家保罗·克拉瓦尔（Paul Claval）指出，法国伟大的区域地理学专论往往是在 1∶50000 和 1∶250000 的尺度上进行研究的。[③] 今天，更多的研究倾向于以更加微观的视角出发，并以更加严谨的数据为基础，也就是说，在更为可靠的基础上进行更加广泛的诠释。勇敢无畏、见多识广的学者可能会尝试对英国工业城市或地中海沿岸的生活经验进行综合式分析（我们将会看到这一点）。这样的努力会把历史意识推向极致。这样的意识基于特定的环境，目的并不是寻找某项通则。有时候，它也会呈现出对通则的运用。但是当采用至高通则去解释人类生活的日常形态时，历史意识就显得不可靠了。汤因比（Toynbee）博学多才，其研究也引

① Carl O. Sauer, “Foreword to Historical Geography,” *Annals of the Association of American Geographers* 31 (March 1941): 10.

② Marwyn Samuels, “The Biography of Landscape,” in D. Meinig, ed., *The Cultural Meaning of Ordinary Landscapes* (New York: Oxford University Press, forthcoming).

③ Paul Claval, *Essai sur l'Evolution de la Géographie Humaine* (Besançon: Annales Littéraires de l'Université de Besançon, 1969), p. 59.

人入胜，但是他就文明起源与发展的观点却过于简单。他对挑战与应战规律的长篇大论也往往被认为在很多关键点上都存在错误，而且容易导致误解。

大约在 15 年前，当地理学因空间分析而踌躇满志的时候，一个学 127
生在加纳的旅行中发现当地村民存在一个奇怪现象：他们宁愿选择更远的道路 XQZ，也不会选择更近的道路 XYZ。原因是后一条路上经常“闹鬼”。这是一种很难预料的干扰现象，因为怪力乱神在严格的分析模型中是找不到位置的，最终只能被视为研究系统中的“噪声”。在对模式化的可重复现象展开研究的时候，严格的分析模型可能是一套实用的工具，但是这套工具无法普遍适用于历史意识的研究，同时无法揭示该研究模型的其他维度。就此而言，历史意识是一种具体环境里的意识，它始终是以人本来具有的面目去理解人的。它始终在人本身的行为中去理解行为背后的原因，也在人的所思所感中去理解其中的缘由。

那么，到底该如何实施具体的操作呢？一个很明确的前提就是：我们能够理解他人，是因为我们同为人类。我们会在他人身上看到自己。但再次需要注意的是，就历史意识而言，一个无法原谅的错误是简单地用今天的价值观去框定过去，以为过去人们的想法和今天人们的想法是一样的。例如，我们在一定程度上或许能理解安东尼（Marc Antony）与克利奥帕特拉（Cleopatra）彼此吸引的原因。但是，对于埃及女法老来讲，这并不见得是一场狂热的恋爱。古罗马并不缺乏金枝玉叶，安东尼与克利奥帕特拉的关系并非与他的政治军事策略毫无关联。这些问题都能通过当时的社会风俗得以揭示，而这些风俗同今天人们的社会经验大相径庭。为了理解他们二人的关系，我们需要大量研究他们的生活及所处的时代。在此背景下，我们才能理解安东尼的目的到底是什么。移情可以帮助我们做研究。那么，对上文谈到的加纳人的“闹鬼”观念，我们又该如何理解呢？运输工程师合情合理的观点和友好的态度或许并不能消除当地村民这种特殊的恐惧，想办法获取同非西方文明信仰有关的知识可能才会有所助益。要理解村民为何不愿选择那条道路，就需要了解更多围绕村民的决议而发生的事件及情感波动。至少历史意识可以承担这一任务。历史意识旨在把人的行为放到具体的环境中去理解，并着重关注动机、情感与价值观的问题。唯心主义历史学家 R. G. 科林伍德认为，要实现这样的理解，就需要对行为背后的思想进行考量。[①] 他指出，一个人进入另一个人的社会之所以是可能的，原因在于一个人可以复制另一个人的思想。我们能通过复制所发生事件背后的思想来理解这个事件。不管这样的考量从严格意义上来讲是否行得通，历史意识始终都会对行为背后的动机保持高度的敏感性，即在具体环境中理解动机，并对统摄一切的通则保持怀疑，认为这些通则并不能完整地解释特定事件背后的动机。

128 因此，就历史意识而言，人类的景观就是人类行为的结果，也是人类的思想、价值观与情感的产物。在安大略省拓荒区的一些农场里，有大片树林被伐毁。人们建了许多小木屋、篱笆和菜园，种植了大片用于出售的小麦。这构成了简单的生产单元。但是，如果知道这片生境之所以产生的背景，我们就会加深对这个地方的理解。这里的定居者可能来自 19 世纪早期的爱尔兰。他们无法忍受爱尔兰难以糊口的工资和高昂的土地费用，哪怕仅租种方寸之地，年复一年，租金也难以为继。最后，山穷水尽之时，他们被迫迁移到别处以求生路。左邻右舍不断尾随前面的开拓者的足迹，拖家带口地搭船渡过大西洋，用一点可怜巴巴的积蓄预付一小片农场的定金——看起来就像是一群走投无路的流民在那里搏一搏最后的运气。开拓者筚路蓝缕，最终苦尽甘来，一片片富饶的

① R. G. Collingwood, *The Idea of History* (Oxford: Clarendon Press, 1946).

农场出现在人们眼前。这个地方肯定是一处农业生产单位，但更是当地人的家园，是翻天覆地的工业社会中的避风港；它还能象征一个人的家成业就，也是当地人生活的最大满足之所在。为什么今天，尤其是年轻一代，特别喜欢把这里的农场景观绘制在圣诞卡片上，也喜欢造访当地的村落？原因在于这些农场蕴含着多层次的意义——过往的和现在的意义。每个农场都记录着某个家族的成就，其中一些还体现着欧洲的价值观与意识形态朝北美洲渗透的过程。北美洲作为个人奋斗的场所，肩负着从欧洲扩散而来的观念与意识。历史意识正是要考察这种扩散的范围，以及其中相互交织的价值观与景观特征，同时立足于特定的处境去分析其中的各种关系。这些处境包括工业化时期的英国海外移民，北美洲的拓荒者，以及当代北美社会的意识形态。还有另外一种思考这些农场的方式，就是考察人类历久不变的经验的外在表现，但这就不再是具有历史意识的研究了。从这样的视角出发，其观察显得琐碎和无意义，可能会停留在观察人们满足最基本的需求（像寻找食物和避难所）的层面上。（但什么才是最基本的需求？）相反，历史意识所需要的研究是把农场放置在具体的社会、经济与意识形态的处境中进行分析。

19 世纪晚期，一群德国历史学家尝试书写完全客观科学的历史作品。在他们眼里，学者可以消除自身的偏见。他们的满腔热忱带来了研究细节上的讲究和挑剔。在今天看来，这些细枝末节的分析其实很有意义，揭示出研究者自身的诸多特点。可见，想要对过去展开完全客观的研究是不可能的，原因很简单，没有谁可以全然不顾具体环境地到处移植数据，并把大量历史数据不加诠释地塞入研究之中。事实上，这些塞
入的过程也包含着研究者自己的选择取向。研究者阅读了档案，做了研 129
究笔录，又把档案放回文件夹，把研究笔录记到卡片目录上，而这些笔录是从成千上万的数据分析中摘选出来的。那么，当研究工序是非标准

化的，诠释的过程也不是从放之四海而皆准的通则中推演出来的时候，选择的依据又是什么呢？在这样的窘况中，除了研究者自身的考虑与评判之外，可能并不存在其他选择。正如我们经常看见的，评判能力的与日俱增关联着历史证据的不断被揭示和对历史处境不断加深的理解，而这都还不是事情的全貌。研究者绝对不是一个空空的容器，只知道不断地吸收和消化信息，然后把这些信息照葫芦画瓢地、综合式地吐出来。事实上，一个研究者也是一个活生生的社会成员，是特定时代的产物。他有自己的嗜好和偏爱，也有很多自相矛盾的地方。不管你承不承认，研究者考察历史的最大优势其实正在于能对评判的过程施加个人化影响。举个极端的例子。马克思主义学者和笃信资本主义的学者对工业都市的描述可能会呈现出截然不同的面貌，新教徒与天主教徒对阿尔斯特（Ulster）大农场的描述也可能大相径庭。认为科学能够彻底清除世间的迷信并为人类敞开一扇通往富足的大门的人，和认为科学技术切断了人与自然之间关键纽带的人，会以不同的方式描述中世纪的农民或安大略开拓地带的村民。研究者对成型的研究结论所施加的影响或许是细微而不可见的，或许是显而易见的，但绝不会完全没有。即便是同一种证据，不同时代的不同学者对它的拣选和解读也不一样。实验科学就不是这样，其方法能让不同环境中的研究结果标准化。在不同的实验室里，同样的实验程序会产生相同的结果，即同样的法则运用在相同的初始条件下会推导出相同的结论。当科学家得出可验证的结论时，他对实验的影响会消隐在实验过程之中。除了上面所说的 19 世纪的德国历史学家所秉持的决定论以外，我们在这里探讨的思维习惯可不是这样的。每个时代都在以自己的方式书写在它之前发生的事情，而一段时间之后，从这些研究里，后人又能发现那个时代和当时的学者是如何塑造研究的。

这似乎表明，学术工作的内部存在千丝万缕的联系，某位学者的诠释可能对另一位学者有用。原因在于，不同学者的诠释在本质上都属于人类自身的表达。然而，任何熟悉历史意识的学者都不会赞同这一观点。因为随着越来越多的历史证据被挖掘出来，后来的学者有资格进行更加完整的诠释。他们会认为，之前的某些研究成果需要被推翻。我们之所以比 50 年前的学者对 19 世纪英国的工业城市了解得更加详细，正是因为后来的研究是建立在先前研究的基础之上的。它会对之前的研究做出回应，还会吸纳更多的材料与信息，不断地充实诠释性的领悟力与洞察
力。首先，历史意识要找到一个它想要解释的事实，通常这个事实不会 130
在学者之间引起争议。例如，1608 年，人们在加拿大圣劳伦斯河下游的法国殖民地建造了尚普兰（Champlain）这座城市；50 年后，城里居住着 2000 名说法语的居民——这样的历史现象并不会引起争议。以观察这个“新法兰西”为基础撰写一本书，也不是什么难事（可能会显得枯燥乏味）。那么，容易引发争议的事情到底是什么呢？例如，当有人宣称，因为大西洋两岸的居民在本质上是不同的，所以在法国找不到一座城市类似于加拿大的这座城市时，激烈的争论就会被点燃。做出这种宣示无异于制造了一个极其复杂的问题，牵涉 17 世纪法国和加拿大的社会结构，还牵涉作为社会变迁机制而存在的地方角色。就这些问题而言，不同学者表达的观点都具有自身的合理性，通过讨论，他们都渴望获得对问题越来越深入的理解与洞察。

简而言之，历史意识并不会想当然地接纳某个人的奇思妙想，也不会同情地认为任何两个人的观点都是同等重要的。之所以一种诠释看起来更有道理，是因为它与已知的事实相符合，不具有事实基础的诠释则会被拒之门外。所以，研究者不断强调数据的准确性，这些数据一般都会以数据集的方式被详细汇编起来。例如，17 世纪法国佃农的平均寿命是多少？平均婚龄是多少？每个家庭的小孩第一年的平均存活率是多

少？这些人口统计信息与佃农拥有的土地的面积之间存在怎样的关系？就这些问题而言，教区神职人员和当时封建领主的记录能为我们提供大量的信息，人口统计学则能为我们提供相关理论。圣劳伦斯河下游地区的新环境会对法国乡村社会的重建起到怎样的作用？想要对这样的问题发表意见，上述数据和理论就都是不可或缺的。历史意识为不同观点的共存留下了余地，但也会淘汰材料和证据都不充分的观点。

关于历史意识的思维习惯，我们可能已经谈得够多了。这种思维习惯很开放，兼收并蓄，因此很难被严格界定。它能应用大量数据，但不具备正式的分析程序；它常常从具体环境出发去理解事物；它对动机和价值问题十分敏感，能洞察渗透在研究成果里的学者自己的价值观；它热衷于客观确凿的数据，并耳目昭彰地使用着恰当的理论。历史意识并没有很强的排他性，但对彻彻底底的高度概括，以及企图用放之四海而皆准的理论理解人的具体环境的做法保持着高度的警惕。它会区分解释和预测，认为解释才是更重要的任务（研究的目的是理解，而不是做规划）。那么，以历史意识为基础，对文献资料展开研究而得到的到底是一门艺术、一门科学，还是一堆大杂烩呢？究竟是什么机制把这些知识融合在了一起？这样做到底有怎样的优点？

131 历史意识始终在追求正确性，从这一方面来看，它的研究对象有点像化学家的分析对象。但是，历史上的证据又常常是碎片化的，不可能实施某种严格控制的实验；研究者自己也知道，他的价值观会渗透到研究结论中。所以，他不可能像化学家那样自信满满地说自己的分析是准确无误的，也无法说自己的结论是无关价值的，所归纳的法则是可以被证实的。然而，历史意识对正确性的不懈追求又使它不同于文学。例如，文学批评并不会太在意《伊万杰琳》（*Evangeline*）的作者朗费罗（Longfellow）是否真正了解阿卡迪亚人（Acadians）；《裘力斯·凯撒》

（*Julius Caesar*）也不会因为莎士比亚错误地理解了罗马的政治与社会而成为一部无足轻重的作品。这些作者要么评价人性、人类的生存条件和时代特征，要么讲述了一个故事。尽管也是对世界的诠释，但与历史意识不同，文学批评很少基于事实的确凿性而展开，它所进行的选择、抽象与诠释在本质上都是艺术性的。当然，从历史档案的遗迹、历史事件的现场中挖掘素材对文学也很重要，因为这样才能实现对历史准确且清晰的描述。

由于兼有艺术与科学的特征，历史意识引起了不少哲学家的关注。哲学家希望从中找到理性解释的不同模式，或某一种模式，而这也是科学家的兴趣所在。① 科学解释往往从一系列初始条件、通则和原理中展开推导，就像在解释一窝小猫为什么是某种颜色时，科学家可以基于遗传理论来进行说明。历史意识的思维也潜在地依赖于无数类似通则的假设和前提。例如，我们要解释爱尔兰移民为什么离开家园，就需要提出一个原理般的假设，即当时人们发现了一片更好的土地，想搬迁到那里。当然，有人会说，这样的解释力度不够，但我们也无法通过实验的方法对这一假设证伪——其中蕴含的法则的演绎力只是不够强。这里只是在简单地刻画什么是解释而已，但这一刻画能揭示出所有科学解释都具备的逻辑结构。与之相反的观点会指出，描述的过程就是解释的过程：描述汽车是怎么被制造出来的，其实就是解释汽车是怎么被制造出来的；描述制造汽车的动机，其实就是解释为什么制造汽车。有人说，如果不存在解释人类行为的绝对通则，那么或然性就不足以解释具体事件的发生——因为一件事情发生或者不发生，都可以把原因推到或然性的解释上。这其实犯了一个很简单的错误，那就是用自然科学的方法去框定历

① W. H. Dray, ed., *Philosophical Analysis and History* (Scranton, Pa.: Harper & Row, 1966); R. H. Nash, ed., *Ideas of History* (New York: E. P. Dutton, 1969).

史意识。这样做，无异于把一个不甚明确的方法论硬塞到一个固定的模式里。事实却是，我们必须在特定的处境中观察具体的事件，这样才能
132 理解它，而观察的过程也依赖于研究者大致做出的价值评判。解释的基础不是理论，而是评判，同时并不存在一种可以检测评判正确与否的逻辑方法。因此，历史意识的思维方式主要依赖于广博的知识、丰富的经验和想象力，以及一种能够把事物放到一起观察的思维习惯。

就推理的性质而言，其中存在不同哲学立场之间的辩论。从学者开展研究的具体过程所具有的优势来看，上述两种立场似乎可以相互融合。如果历史意识依赖于无数像通则一样的内在假设，那么研究者就需要对相关假设进行选择与梳理。个人的选择和评判似乎也是模式化的，不是这种模式就是那种模式；无论哲学辩论最后会产生怎样的结论，历史意识似乎都不会有太多变化。但如果评判的过程必须引人注意，我们又该如何评价过程本身呢？

我们或许会承认，因为遗传理论是有用的，所以它是有意义、有价值的科学理论，经得起实践的检验，还能用于预测未来。但《裘力斯·凯撒》这部剧之所以伟大，并不在于它很有用。世界上没有什么戏剧理论是被推导出来的，甚至被用于预测未来。《裘力斯·凯撒》之所以伟大，源于学者的评价、文学的批评和公众的接受，以及多年来大家都被这部作品深深影响并为之痴迷。如果在另一个时代，人们对这部作品的评价可能又会不一样——哪怕在我们自己内部意见都未必一致。一百个人眼中有一百个哈姆雷特，无章可循。历史意识的成果是通过受众市场来获得评价的。例如，对罗马不列颠时期的研究可能既博得了大众的喜爱，又惹怒了学者群体；可能在这个受众群体中获得成功，却在另一个群体中遭遇失败。学者都具有批评意识，可能认为作品中出现了诸多不符合事实的错误，忽视了太多重要的历史证据，没关注某人耐人寻味的观点，

或者已经被某些一丝不苟的研究驳倒了，等等。学者先通过自己的评价过程去完成某一项研究，然后陆续得到同行的评价。评价的过程往往容易出错且不容易形成一致的观点，但是，除此之外我们别无选择。就像一些伟大的诗歌与绘画，它们可能是在沉寂了多年之后才被发现价值的。这些作品很可能是为了展现一些不具有时间意义，不会因时代的变迁而发生变化的事实，但是历史意识的分析方式会把这些作品放回它们所处的时代，并根据时代的背景来对其成就进行评价。那么，这些似是而非的评价有什么用处呢？娴熟的研究者花费多年时间，运用历史意识的方法研究过往的事物，不是为了像推土机或运输工程师那样获得实用价值。他不是为了解决眼下的实际问题才从事研究的，尽管解决实际问题也能得到一些可用于推广的结论。历史意识的研究成果并不是一套专业的知识或技能，在最好的情况下，它应该能够体现出智慧，愉悦我们的心灵，满足我们对历史的好奇心，并以借古喻今的方式指导我们今天的生活。我时常想，如果法国没有历史的学术宝藏，那么现代法国或许 133
就不会像今天这般民殷财阜了。这些学术宝藏的贡献者大多是历史学家，地理学家也占有不小的比重。例如，我本人生活在英属哥伦比亚，这是移民在新世界朝着西方开辟的边缘地带。这个地方学术贫瘠，人们很难了解自己的历史，当然也就很难了解自己。所以，即便这里物质环境优越，但生活在这里的人对自身的存在仍充满困惑。

除了对过往的回溯以外，历史意识的用处还体现在另一个层面。我提到过，对于加拿大北部而言，很重要的问题是：这里是否可以修建管道设施？如果可以的话，应该修建在哪里？这样的问题具有重要的地理意义。通过对环保人士、当地居民、石油公司相互冲突的观点进行权衡，对北方的社会、经济与环境数据——包括过去的和现在的数据——进行收集，同时对能源需求与储存状况进行评估，能源管理部门下了一纸文书，反对建设麦肯齐山谷的管线。在这个决策背后，我们看不出有什么先验的公式，也没有用于推演的至高无上的通则，更不存在独一无二的被执行的正确措施。事实上，在最终做出判断前，人们始终权衡着不同的选项。如果暂且撇开大学与档案馆这样的科研机构，我所说的“历史意识”正体现在类似决策中。再比如，几分钟以后，我就要骑自行车回家了。我可能会穿过一片树林，满怀欣喜地望见一只蓝色的鹭，或者路过几家店铺，采购一些日用品。这些看似简单的日常决策可能同建设管道的决策并不存在结构性的差异，或许也同关联着历史意识的学术研究所做的决策没有什么差异。放大来看，由于在研究过程中，研究者会对人类的经验和创造性思想之间的差异保持敏感，所以研究者进行评价的能力会得到极大的发展。如此，他便能站在意味深长的人性化立场上对人类的今天和昨天展开诠释了。当然，近些年，我们还很少看到地理学与其他众多社会科学站在历史意识的立场上发展自身的评价能力。我们应适当消除自己身上的专业化特征，同时教导年轻的地理学者如此做；我们要竭力认识到，就算是在很小的一片土地上也存在着人类经验的广度，也存在着一些与人类相关的相互作用过程。或许，我们应该接受克鲁泡特金的观点，他是身处另一个时代的文质彬彬的地理学家。他曾说，地理教育的功能并不在于让人把控什么东西，而是培养一种能够让人欣赏自身人性的能力。①

① Peter Kropotkin, “What Geography Ought to Be,” *The Nineteenth Century* (December 1885): 940–956.

二、历史意识与当代人文主义地理学

当代北美，自称人文主义地理学家的人会从事哲学与方法论的研究 134（就像本书所呈现出来的）。尽管如此，文化地理学家与历史地理学家还是在走他们习惯的路，主要受到 20 世纪 60 年代空间分析的影响，而不是新人文主义的影响。许多新人文主义者明显成长于社会科学的传统之中，习惯浮于表面的研究方法，不会把历史意识当作一种方法，只是把它当作一套有效的学习思维。对于那些特别强调方法与技术的学术研究而言，历史意识显得艰涩难懂。对于习惯采用历史意识开展研究的研究者而言，对方法论精髓的追求同样晦涩，甚至会招致怀疑。拉采尔的角色就是为迷失在方法论中的后辈寻找方法论的精髓。

如果我们说，历史地理学家能够像某些新人文主义者那般热衷于方法论的话，事实证明，源于不同路径的大规模融合已经开始出现。如果我对 20 世纪 70 年代的方法论文献的理解没错的话，20 世纪 60 年代被空间分析学派贬得一文不值的历史地理学家的关键“偏见”，十年之后受到了地理学家的普遍支持。应该注意的是，融合的路径各不相同。新人文主义者还没有觉得历史地理学了不起——不像他们对待现象学、结构主义甚至神学那样。在这千丝万缕的联系中，人们萌发了对社会本质和社会活动的研究兴趣。这让一些新人文主义者试图将这种兴趣从历史意识里剥离出来，使其单独成为一门学问。但是，当时学术界已经有了一种广泛的共识，那就是我们不可能把事实与价值、事物与其所处的环境割裂开来。例如，大卫・哈维在《地理学中的解释》中对严格的数学计算和推导满怀信心；但仅仅四年后，他转而提倡“对从具体历史环境中产生的观念展开唯物主义诠释”[①]。历史意识已经同某些马克思主义的思想形态发生融合，但还是与空间关系的抽象理论及枯燥无味的分析显得格格不入。今天的大卫·哈维仍像他过去那样耐人寻味。

如果 20 世纪 70 年代的地理学方法论蕴含太多价值前设的话，我特别担心陷入追求方法、技术和社会工程学（social engineering）的诱惑与陷阱。之所以有这样的担忧，是因为北美人文主义地理学如今并不是建立在传统的文化基础之上，而是建立在由技术与管理主导的整个社会
135 基础之上。大学的学分制，以及我们总向官僚机构寻求社会问题解决方案的做法，就是这种文化氛围的集中体现。举三个例子。我们可能会赞同马克思对 19 世纪工业社会的分析，认为他的分析很深刻。马克思的著作确实对工业社会现代思想的发展具有很强的指导意义。但是，依然有人会以推论式的方法运用马克思的思想。这就等于我们要识别出“真实的”马克思。失真的马克思会将社会思想变成宗教，并把社会分析限制在一套严格的推论参数中。另外一些想要同逻辑实证主义方法论分道扬镳的地理学家，在现代哲学中寻找着其他出路。他们在读过克尔凯郭尔、海德格尔或晚期维特根斯坦的著作之后，很快就证实了自己一直以来的担忧：借助规划的手段运用社会科学的模型，可能会通往另一种形态的社会暴政。这些著作让社会科学褪去了神秘的面纱，但并没给学术指明出路；结果便是那些以真诚态度沿着这些哲学路径前行的学者，要么参与了社会运动，要么离开了大学。在地理学领域，对这些哲学问题阐述得最为清晰的要数古纳尔·奥尔森。在我看来，他在最近的作品[②]里已经阐明：如果一位心思敏锐的社会科学家成为形而上学和自然科学

---

① David Harvey, *Explanation in Geography* (London: Edward Arnold, 1969); David Harvey, *Social Justice and the City* (London: Edward Arnold, 1973), pp. 12–13.

② Gunnar Olsson, *Birds in Egg*, University of Michigan Geographical Publications no. 15 (Ann Arbor: University of Michigan Press, 1975).

实施存在主义批判的目标，那么他很可能步入绝境。奥尔森被一种特定的辩证关系绊住了手脚，那就是 20 世纪 60 年代盛行的极端实证主义——后在 20 世纪 70 年代引发极端的反弹。奥尔森依靠的是一种并不极端而又近乎可行的人文主义地理学。我们只能在传统遭到破坏的地方找到解决的方法。甚至安・布蒂默——总体而言，我十分欣赏她——也在最近的文章里归纳出了乌托邦式愿景，认为时空分析是实现该愿景的途径。[①] 人们太容易技术化地处理布蒂默的这一愿景了。人们很容易理解她对新耶路撒冷的追求，这也导致有很多人追随她。同时，这些研究表明当代社会科学与人文主义传统之间存在鸿沟。

甚至，我们这群在知识传承上相对正统的历史地理学家，都获得了比传统研究更丰富的事物；而我们的研究传统既步履沉重又枯燥乏味，很少能体现出成熟的历史意识所具备的学习能力与想象力。我们的大多数研究都很难体现出渴望从逻辑实证主义的窠臼中摆脱出来的迹象。幸运的是，还是出现了一些优秀成果，我们需要做的就是同这些成果保持联系。不是因为它们为我们提供了一套精确的研究模型——我还要强调，每一个时代都在书写着自己的研究——而是因为它们会使我们不断想起，以历史意识为基础的研究可以何等出类拔萃。在我中意的作品里，卡尔・索尔的《早期的西班牙干线》(*The Early Spanish Main*)[②] 就比
较典型。这本书相当出彩，考察了加勒比地区众多的动植物和当地人的 136
特征，研究了早期西班牙人的远洋考察，以及他们的经济状况和该地区 30 年间的变化。同时，这本书还悼念了当地遭到破坏的人地关系。那里曾居住着热爱和平的人，人与环境之间的关系也非常和谐。这本书并

① Anne Buttimer, "Grasping the Dynamism of Lifeworld," *Annals of the Association American Geographers* 66 (June 1976): 290–291.

② Carl O. Sauer, *The Early Spanish Main* (Berkeley and Los Angeles: University of California Press, 1966).

不是采用西班牙人的视角记述当地各种现象的。在一个世俗化的时代里，这本书对于我而言就是一篇感人肺腑的讲道。然而，它还是无法同费尔南・布罗代尔（Fernand Braudel）的《菲利普二世时代的地中海和地中海世界》(*The Mediterranean and the Mediterranean World of Philip II*)[①] 相媲美。该书第一卷是我见过的最出色的历史地理学著作。布罗代尔作为一名历史学家，却承袭了白兰士的地理学传统。他的目的是弄清楚为什么在 16 世纪晚期，欧洲人关切的区域会从地中海地区向北转移。为此，布罗代尔灵巧地呈现出丰富的生活图景，包括当地人的生活节律以及地中海周边地区的土地利用状况，他还把自己的理念融于其中。我非常喜爱这部著作，书中的每一页都令我受益匪浅。我欣喜于布罗代尔的这一大胆举措，并深深折服于他对知识的创造及其精湛的研究技艺。布罗代尔经年累月地在档案文献里求索。第二次世界大战期间，被关在战俘营的布罗代尔在没有任何研究笔记的情况下写出了这部著作的大部分内容。这般卓绝的技艺简直可以同失聪的贝多芬相媲美。

虽然不是人人都可以成为布罗代尔，但要知道，我们缺少的并不是布罗代尔的方法，而是他的学术思维。我一直在讲的这种历史意识的思维习惯会持续不断地构成人文主义地理学的基础，发挥越来越重要的作用。可以肯定的是，为了更好地编织出人文主义地理学的图景，我们前方正面临着巨大的学术挑战。同时，我们需要诚实地面对自己。目前，我们还找不到能够很好地把过去与现在、时间与空间区分开来的道路；也找不到可以一下子通往人文主义地理学的公式。换句话说，没有捷径可走。而我一直在谈的历史意识，在学术界的丰富传统里大有可为。它朝着生活世界敞开了大门，能从科学与艺术中攫取灵感。它依赖于单个

---

① Fernand Braudel, *The Mediterranean and the Mediterranean World of Philip II* (New York and London: Harper & Row, 1972).

学者深思熟虑的评价，能为世上最古怪的才华留有一席之地。我们还需要不断开发有效评价的能力，这意味着不管是北美洲的郊区、中世纪的城市还是中华文化区，我们要把自己沉浸在世界上的某个区域之中，对其中的居民展开研究。我们所掌握的技术与方法不乏用武之地，但我们永远不可能找到一套所谓“方法论”的治标措施，用于取代经年累月的研究过程或者创造性的才华。反过来，想要找到这样的措施，其实正是被技术掌控的社会背负着的沉痛教训。然而，无论方法本身如何迂回曲折，无论当下的时代压力究竟多大，这一古老且单纯的真理似乎都能在更广阔的领域里体现出自身的意义，并值得我们为之付出巨大的努力。

第九章

理解地方的主观意义

爱德华·吉布森（Edward Gibson）

如果继续围绕什么是“地方”而争论不休，就是在浪费时间。我们 138 讨论地理学问题的时候，其实就已经在言说地方了。地方的内涵会随着历史视角和文化视角的转移而改变，这不仅是因为我们的记忆会发生变化，还因为我们常常借助自己的经验不断发现并创造着各种各样的地方。地球各地之所以存在差异，并不仅仅是因为时间、地点和人群各有特点，更是因为我们出生时和长大后经常面对的文化环境，以及我们所体验到的和广大其他人群的文化环境不同。经由旅行和文化变迁所形成的观念，会在更大的尺度范围内产生地方意识，这比身处单一的意识形态之中所形成的区域意识广阔得多。

所以，诠释一个地方的意义就等于诠释人的主观意义，而这些人正在大地表层的某个区域里引发着地方的变迁，也正在利用着不同的地方，或者正在抵御着地方的变化。那么，主观意义是否等同于主观主义呢？不可否认的是，人文主义诉求始终包含着温和的主观主义要素。由于不可能实现彻底的客观主义和完全超然的研究，所以人文主义地理学家能大方地承认自己的偏好与对历史的态度。不过在这一点上，我们也得小心，不要跑得太远。诠释地方的主观意义显然不等于诠释个体化的经验。人文主义地理学家有义务去超越狭隘的个人观念，这些观念只是出于观察者自己的经验。比如说，作为哲学家兼地理学家的康德解释过自治和他治之间的区别。[①] 尽管反对不假思索地服从于被强加的道德准则，但康德又主张采用绝对命令来制衡主观主义，认为绝对命令可以防止出现反人类的后果。

139 讨论什么是反人类的后果，就是讨论什么才是现代人文主义，也是讨论什么才是当今时代的人文主义价值观。就像海德格尔对康德及《纯粹理性批判》(*Critique of Pure Reason*)的评价所体现的那样，“人类的想象力”和“存在的时间本质”能展现出生活意义的可见维度。[②] 简而言之，西方文明中的人文主义主题事实上都是在回答以下问题：我们从哪里来？我们往哪里去？我们是谁？我们身在何处？这些问题本身很简短，但答案并不是两三句话就可以表达清楚的。问题的答案是什么，在于回答的人究竟是谁——自由主义者？社会主义者？保守主义者？资本主义者？无神论者？犹太教徒？穆斯林？迄今为止，人文主义的任务就是理解地方的主观意义，甚至再往前跨一步，理解人们看待与想象事物的视角与方式，因为我们身上的人文主义特质也决定着我们看待事物的视角和回应事物的方式。很显然，本文并不能充分讨论人文主义的特质，但是有必要界定地理学研究方法的内在关系，同时研究其创造者具有怎样的诠释特征。

我觉得很有必要找一位重量级的人物来进行讨论。这个人要对主观意义进行过系统性研究，而且本人和主要的哲学运思之间存在莫大的关

① Bertrand Russell, *Wisdom of the West* (London: Rathbone Books, 1959), pp. 239–242.

② Martin Heidegger, *Kant and the Problem of Metaphysics,* trans. J. S. Churchill (Bloomington: Indiana University Press, 1962).

联。在诸多流派里，马克斯·韦伯是人们公认的十分有影响力的人物。韦伯的思想对今日的思想界而言依然非常重要。一个主要原因在于，韦伯的认识论与现代地理学之父康德的观点存在某种相通之处。在后文中，我将对韦伯和康德之间的关系展开论述。韦伯的魅力还在于他能激起非相关领域人士的好奇心。过去，地理学家常常出没于社会学圈子。地理学家常常接触自然科学，所以更习惯于社会学中的实证主义而非人文主义。于是在地理学界，没有人比涂尔干更受欢迎了。涂尔干借助他的社会形态学理论，成为美国社会学的鼻祖；在很多人眼里，他也是 20 世纪中叶北美人文地理学的教父。[①] 涂尔干同北美地理学的关系是十分清晰的，与人文地理学法国学派的关系却有些模糊。白兰士与涂尔干之间的冲突广为人知，但我们也要看见两人的共通之处。白兰士与涂尔干的共通之处在于他们都强调从环境中理解人类的生存条件，认为环境是理
解人类存在的重要因素。对于白兰士来讲，环境指地理环境；对于涂尔 140
干来讲，环境指社会环境。但是他们两人都认为，人类只是客体，行为受到抽象规律的左右，而这些抽象规律不是人的意志所能决定的。韦伯的观念又有不同，他强调人类的经验但不强调人类的客体性。然而，在这样的差异中，我们也能看到他们的共同点。当把韦伯的研究方法看作涂尔干的对立面时，当发现人文地理学的正统方法借用了涂尔干的东西但是没有给他恰当的名分时，我们就更能理解正统的人文地理学背后的科学理性主义了。事实上，人文地理学不等于人文主义地理学，正因为如此，总结和归纳韦伯的研究方法及原理才变得十分重要。

同样重要的是如何使用韦伯的研究方法。社会学与人文地理学是不

---

① Harlan H. Barrows, "Geography as Human Ecology," *Annals of the Association of American Geographers* 13 (March 1923): 1–14. 从哈兰·巴罗斯的时代到我们这个时代，北美正统人文地理学先是受到了人类生态学的影响，后来又受到了自然科学而非人文科学的影响。

同的学科，应该如何把韦伯的方法用于人文地理学呢？我们可以参考文化史学家雅各布·布克哈特（Jacob Burkhardt）的代表作《意大利文艺复兴时期的文化》(*The Civilization of the Renaissance in Italy*）对韦伯的方法的借鉴。[①] 不过，尽管上述著作有丰富的指导意义，但却无助于我们诠释现代的城市生活及其主观意义。所以，我们需要关注 1969 年针对温哥华的景观展开的一项研究，它也运用了韦伯的研究方法。

一、现代人文主义的主题

说来奇怪，只有少数人能认识到自己所处时代的某些态度是西方人文主义的现代变体。康德就是其中一人。欧文·潘诺夫斯基（Erwin Panofsky）记述了关于康德的一件事，正好可以作为探讨人文主义主题的切入点。[②] 在康德生命中的最后一个星期，有一天，内科医生来看望他。衰老和疾病缠身的康德颤颤巍巍地从椅子上站了起来，轻言细语地说了一些话。他身边的一位好友明白他的意思是要访客先落座，然后他才肯入座。检查完毕，康德被搀回椅子上。体力有所恢复后，他说了一句话："人文主义的意识还没有离我而去。"（Das Gefühl für Humanität hat mich noch nicht verlassen.）康德本人和他身边的朋友都被这句话深深感动了。尽管 18 世纪末，"humanität" 的意思大体是指文明礼貌，但对于康德和他同时代的学者而言，这个词的意思要深远得多。它意指人类的自豪感同一种悲剧意识的结合，该意识源于人类的自赏和自持；

① Jacob Burkhardt, *The Civilization of the Renaissance in Italy,* 2 vols., trans. S. G. Middlemore (1860; New York: Harper & Row, 1958).

② Erwin Panofsky, *Meaning in the Visual Arts* (Garden City, N.Y.: Anchor Books, Doubleday, 1955), p. 1.

与此相对的则是臣服于自然的法则，隐含着死亡的意味。这个词其实蕴 141
含着脆弱和不完美之意，即我们的生命是有限的。

所以，自文艺复兴时代结束以来，一直到现代思想及其存在主义变体的产生，如果说有一场运动能使人们相信人类尊严的基础既包括宣扬坚定的人道主义价值观（理性与自由意志），又包括承认人类的局限性（人的缺点与必死性），那么人文主义还算不上这样的运动。上述两方面构成了现代生活的本质意义。同时，我们也需要将这些意义同一些人的主观价值区分开来。这些人不断改变着大地的面貌，或者阻止着大地的面貌发生变化。

在更早的时期，地理学对内在价值（intrinsic values）进行过富有意义的探索。有几位地理学家始终关注地理形态的“终极”意义，他们是卡尔·李特尔（Carl Ritter）、奥斯卡·佩舍尔（Oscar Peschel）、弗雷德里克·拉采尔、埃利兹·雷克吕（Elisee Reclus）、阿尔弗雷德·赫特纳（Alfred Hettner）、白兰士和白吕纳。下面，我们来简单看一下卡尔·李特尔的研究方法。①

李特尔相信，任何一个人、任何一个民族都有自己才能够体会到的特殊意义，他们自己的历史呈现出来的伟大意义对于个体和民族来讲同等重要。李特尔还坚信，这些伟大的意义受到了当时地理环境的影响，个人与民族都会被打上环境的烙印。人类的独特性依赖于他们所处的地方。然而，李特尔并不是环境决定论者，因为他认为人的内在特质只是与环境产生了互动而已。在其他地方，李特尔还指出现代人越来越依赖于智力。由于今天的学者普遍忽略了李特尔的思想，认为他的思想过分依赖技术且过度浪漫，所以我们才会惊讶地发现，他创作《地球

① William L. Gage, *Geographical Studies by the Late Professor Carl Ritter of Berlin* (Boston: Gould & Lincoln, 1863).

学》(*Erdkunde*)的目的其实是寻找一个可以被验证的真理。他是在尝试探讨人性中的某些先验假设。在广泛的外业调查中，李特尔运用自然科学的方法反复进行实地观察。雷克吕在《地球上的人类》(*L' Homme et la Terre*)一书中同样采用了这种反复观察的方法。[1]雷克吕所描绘的地理形态的内在意义是以人类的自由度为基础的，这种自由度源自人与人之间自然而然的关系，恰恰与独立的国家身上的那种限制性形成反差。

翻阅现代人文地理学著作，我们会发现，它们不会持久关注地理现象的内在意义(intrinsic meanings)。很明显，这些研究似乎都受到了自然科学方法的限制。我们似乎可以得出一个结论，那就是，如果人文地理学想要发展出一套诠释地理现象的主观意义的方法，那么就应该先开发出一套诠释地理现象内在意义的方法。

二、韦伯之方法的哲学背景

142 当我们谈到人文科学的方法，并尝试将其运用到不同的人文科学领域时，必须牢记，尽管这些方法在形态上对我们具有吸引力，但它们最初被设计出来的目的与我们今天使用这些方法的意图迥然不同。韦伯之所以创造这些方法，不是为了应对当下的地理学问题，而是他本人满怀激情的生活使然。我们最好还是不要使用“创造”这个词，因为韦伯“设计”社会学方法的过程只是对当时的观念进行转化而已，并不是一种全新的创造。首先需要看到的是，韦伯的方法源于康德的思想。韦伯相信，

① Elisée Reclus, *L'Homme et la Terre* (Paris: Librairie Universelle, 1905–1908).

概念并非理性探索的终点，而是经验数据得以被组织起来的途径。但韦伯绝不是康德的盲目信徒，因为他已经关注到理性和非理性的交叉地带，而非像康德那样只是着眼于人类的理性这一面。之所以会这样，部分是因为 18 世纪与 19 世纪的哲学差异影响了社会科学。

19 世纪的哲学还拥有另外一些思想资源。在康德与韦伯所处的时代之间，产生了黑格尔、尼采以及马克思这样的人物。事实上，没有人会认为韦伯的人文科学方法仅源于康德一人，事情没有这么简单。

我们还可以从另一个思想源头说起，那就是古典经济学理论中的科学理性主义。它对盎格鲁—萨克逊的现代地理学产生了十分深远的影响。韦伯发现，当该经济学理论被套用到非西方社会时，仿佛意味着原始经济制度都是非理性的。他想要说清楚事实并非如此。例如，他考察了当时从事原材料开采的人对开采过程的描述，发现开采的过程其实是“理性的”，并且“能够被理解”。换句话说，相比于那些客观的、外在的科学理性方法，用于诠释资源开发过程中主观意义的方法模型能够更好地描绘原始的经济行为。看起来，韦伯确实揭示了当下自由主义学者的主流理论所存在的问题。当然，他的思想也受到了这些自由主义学者的影响。

就马克思与黑格尔的思想而言，韦伯一方面受到了它们的影响，另一方面也在不断揭示它们存在的问题。例如，韦伯认识到了自己身上那种关注工业资本主义的非人文主义视角，这其实源于马克思；但他与身边年轻的马克思主义者又有所不同，尤其不同于德国社会学历史学派。
韦伯既反对他们采用单一的要素解释历史事件的做法，也反对他们用某 143
种“通则”解释人类历史的做法。所以，韦伯究竟是推崇还是抵触马克思，这很值得推敲。

韦伯对黑格尔的态度同样如此。尽管反对黑格尔和尼采身上那种天真且阴郁的唯心主义，但他还是使用了人类行为中的“意向性”（intentionality）这个理念。这个理念用于描述一个概念同一个客体之间的内在关系，是韦伯思想的重要组成部分。此理念的重要性在于它体现出了韦伯与涂尔干之间的差异，进一步而言，则是体现出了人文主义地理学与人文地理学之间的差异。

有人曾说，黑格尔的唯心主义与后来的变体（像科林伍德对历史想象的运用）都是因为还原论才显得如此蹩脚[①]，而韦伯的社会学却成功地避开了还原论的陷阱。科林伍德及类似的历史学家认为，书写人类的历史，需要具体呈现出事件背后的思想、动机与观念。这正是韦伯所支持的观点。另一个能将韦伯与庸俗的唯心主义区分开来的观点是，韦伯坚持认为，任何一名可靠的观察者都能够基于主体间性提出相应的证据来理解历史事件。此外，韦伯的研究方法比科林伍德的更加深刻。**韦伯不仅会观察行动者的想法，还会考察就某一历史事件而言，行动者之所以会这么想的原因。**

介绍完韦伯哲学的复杂性与精妙性，我们下面就来谈一谈韦伯关于研究方法的重要著作《客观的社会科学知识》（*Die Objektivität socialwissen schaflicher Erkenntnis*）。[②] 研究方法包括以下几点：首先，描述意义和有意义的行为，对意义展开诠释；其次，在解释人类行为的过程中处理无意义的现象；再次，给予“理解”“验证”以核心地位；最后，为了实现“理解”，需要对蕴含着复杂意义的人类动机展开描述。

---

① Robert G. Collingwood, *An Autobiography* (1939; Oxford: Clarendon Press, 1967), ch. 10.

② Theodore Abel, *Systematic Sociology in Germany* (1929; New York: Octagon Books, 1965), ch. 4; Gloria B. Levitas, ed., *Cultural and Consciousness* (New York: George Braziller, 1967), pt. 2.

三、诠释主观意义的方法

在此，我们要尽可能准确地、原原本本地进行总结，暂时不要把意义延伸到具体的地理学问题中。在结论部分，我们才会做这样的引申。韦伯提到过两种类型的意义。一种是真实人物身上发生的、确凿的事实具有的意义，或某个人群的普遍意义，并用一种术语来描述这种意义。另一种是研究者从理论上虚构出来的人物或群体，用以描述一种理想化的、带有主观色彩的意义。

其中会产生一种从人的主观行为到条件反射的变化。对于主观行为， 144
人们能够理解其所蕴含的主观意义；而在条件反射中，主观意义就消失了。这就好像人们很难就宗教和艺术体验展开交流，尤其是当其中一方缺乏这种体验时。同时，在韦伯看来，如果一个人能够想象自己参与到他者的行为中，这种想象力也能对相互之间的交流有所帮助，但对理解行为背后的意义来讲作用不大。

我们首先要去观察人类的行为和语言。这样的观察必须是可验证的，由此我们才能对行为和语言所蕴含的意义展开科学的诠释。要实现这样的观察，就需要以逻辑或数学的一般概念为支撑，或者以观察者的经验为支撑；同时，从观察者的经验出发还能产生与观察对象在情感上的共鸣，并生发出艺术性的鉴赏。当以逻辑和数学的方式进行观察时，人们便能实现理性的解释了，而这正是研究者的目的。当观察对象对自己所做之事的方法与目的了然于心，且这些方法与目的同观察者自身的经验相符合时，观察者才能理解观察对象所做之事的意义。观察对象（个体或群体）所做之事背后的价值观与观察者的价值观差异越大，观察者对观察对象行为背后意义的诠释就越困难。可见，观察者越能感受到观察对象的情感，包括愤怒、野心、嫉妒、爱怜、骄傲与忠诚，以及其他任何关乎生存的外在表现，他就越能理解由这些情感产生的行为，否则这些行为对观察者来说就是荒诞的。就此而言，韦伯的研究方法是理性主义的，但这并不意味着韦伯的社会学带有理性主义的偏见。反对的声音认为，韦伯的研究方法正好表明了人类的行为绝不是完全理性的；换言之，韦伯的确采用了理性主义的方法，但他尝试诠释的大部分人类行为都是非理性的。

不但如此，韦伯还试图诠释人类行为的结果和产物，如建筑物。韦伯认为，人造物的意义只能借助生产、使用和维护该事物的目的来得到诠释。如果不了解其意义（无论是现实的还是理论上的），我们就无法从源头上认识这个事物。当然，人们还可以采用历史学的方法让该事物的意义被如今的我们理解。

过程和条件也能影响人类的行为。它们包括有生命的事物，如生态循环；也包括无生命的事物，如地质循环；还包括属于人类和不属于人类的过程和条件。倘若上述事物、过程和条件不构成行动者（个体或群体）开展行动的考量因素，那么我们就不必去考虑它们。

145 为了进一步说明理解这些行为的重要性，韦伯指出有两种“理解”。第一种理解是直接观察理性的行为与非理性的行为。什么是理性的行为？比如，一个人经过决策、计算，做了汇报，这就是理性的行为。什么是非理性的行为？比如，一个人借助身体姿态或面部表情传达出义愤填膺的情感，这就是非理性的行为。第二种理解是我们把这些行为放置到可以被解读的环境或社会背景之中，把握其意义。看见一个人在伐木，我们会为伐木这一行为添加处境性因素。比如，他之所以伐木，是为了获得报酬、维持生计，或者是为了消遣。

对诠释的验证依赖于行为所处的背景。几乎所有的诠释过程都可以被归纳到以下三种类型之中：第一种是真实的意图；第二种是群体行为常常具有的大致意图；第三种是普遍现象公式化地呈现出来的“理想型”，它就像纯粹的经济学理论（或中心地理论）一样，能说明完全的理性人可能会做的行为。在韦伯的眼里，第三种几乎毫不适用。

我们也能通过对比事件的具体过程对主观意义进行验证，但是条件十分受限，必须是真正的实验条件。通常的情况是，验证的过程意味着拿历史事件、当代事件来和研究对象进行比较，同时，这些事件与研究对象的行为所处的环境有相似性。在验证的过程中，需要想象一个人是如何经历这些事件的，也就是说，需要思考在接踵而至的事件中，一个人具有怎样的动机。根据韦伯提到的三种诠释过程，我们可以发现，意识层面的动机可能会将潜意识层面的动机与情感压制下去，或掩藏起来，而后者恰恰可能是最重要的因素。所以，研究对象哪怕是最诚实的自我评价都可能只是相对重要的，甚至一点都不重要。

还存在另一种可能性，那就是，个体或群体行为背后的动机相互冲突。观察者不难理解这种现象，但却不一定能揭示其背后的相对意义。面对这种情况，观察者需要针对冲突结果展开评价。

在对主观意义进行诠释的时候，我们还需要看到韦伯所说的一个差异，即对行为“意义层面”的诠释与对一系列事件“因果层面”的诠释之间的差异。如果对行为的意义展开诠释，而该意义能够为我们所理解的话，那么行为中相互关联的各种要素就能建构出一套复杂的意义，该意义也能符合我们的思维习惯。相反，如果我们是在因果关系的基础上 146
诠释一系列事件的话，那么根据归纳、验证和统计，我们能得出发生某件事或产生某种结果的概率。所以，因果关系建立在观察者的计算和数学表述的基础之上，表示一个行为在多大程度上关联着另一个行为，或者关联着某种结果。

值得一提的是，无论数据是否有意义，只要行为的意义没有体现出来，那么该行为对于研究者来讲就依然是不可理解的。

之所以归纳这些诠释的方法，是因为我们相信这些方法或许对人文地理学有用。但这样的相信也是鲁莽的，倒不是因为在学科之间变更方法是冒险之举，而是因为韦伯人文科学的哲学思想目前已经至少在一个方面被认为是错误的，这一错误也使很多人都跟他的观点保持着距离。韦伯的错误在于，他认为这些方法，以及以理想型为基础的其他方法，将令人文科学不再与价值取向相关。20 世纪科学哲学的发展已经证明了韦伯的这一观点缺乏支撑。韦伯思想的进一步发展，如 C. G. 亨佩尔（C.G.Hempel）等韦伯派哲学家的思想，并没有触及诠释的方法本身。① 这些后继者依然站在社会学应用的基础之上，即站在大多数地理学家都已经遗忘了的康德传统之上。对于康德和韦伯而言，事实价值与人文价值之间存在着巨大的差异。人文价值，换句话说，上文说到的“内在意义”（intrinsic meanings），并不是由人赋予具体事物的，也不存在于先验的领域。该价值是人类通过自己的行为（而不是其他非人类主体的行为）创造出来的。所以，自然科学的秩序与内在意义的秩序之间有着根本的差异。自然科学的秩序服从于事实、原因和证据，内在意义的秩序取决于自由的选择和内心的确信。无论科学证据如何确凿，它们都无法强迫人们接受一套自己不相信的价值观。当从方法本身转向方法的运用时，我们要记住，韦伯绝不会在忽视具体环境因素的前提下使用这些方法。

---

① Charles G. Hempel and P. Oppenheim, “The Logic of Explanation,” *Philosophy of Science* 15 (1948): 135–175.

四、类比于文化史学

就像我们已经谈到的，韦伯研究的是社会事件与社会关系的起源和意义。韦伯在论著中很少谈到如何用他的方法来诠释实体艺术。为了弄 147
清使用韦伯的方法来诠释有形的人文景观会得到怎样的结果，我们可以探讨一下与韦伯社会学相似的文化艺术史学。很显然，这些艺术史学的作品在一定程度上可以算作人文主义地理学的范本。此刻，我想到了潘诺夫斯基的《图像学研究》(*Studies in Iconology*)[1]和《视觉艺术中的意义》(*Meaning in the Visual Arts*)[2]。上述作品以及其他类似的作品，分析的都是某位艺术家的绘画、雕塑或装饰艺术。潘诺夫斯基并没有运用韦伯的方法去分析公共艺术，地理学家更加熟悉的却是公共艺术这个领域。当然，分析城市设计和建筑设计的著作可能更有用，因为这些设计和建筑是文化景观的一部分。之所以研究大尺度的公共艺术对于地理学家而言更有用，原因之一是这些事物产生于人类社会的各个机构，产生于家庭、村庄、企业与政府相互之间的整合与协调。人类群体的行为（相对于个体的行为）一直都是地理学家关注的对象。

雅各布·布克哈特的艺术史学与韦伯处于同一个时代，也关联着韦伯的学术旨趣。布克哈特的艺术史学能为我们展示如上所述的分析特色。他最著名的作品《意大利文艺复兴时期的文化》就采用了地理学家的视角对建筑、园林、城市和国家展开分析。与韦伯类似的是，布克哈特把这些人类成就视为西方文明的艺术品，认为它们体现了西方价值观。布克哈特与韦伯的相似之处远远不止于此。和韦伯一样，布克哈特也从康德的认识论中受益，并且也是当时的主流人士与批评家。他们的研究方

① Erwin Panofsky, *Studies in Iconology: Humanistic Themes in the Art of the Renaissance* (1939; New York: Harper & Row, 1972), ch. 1.

② Erwin Panofsky, *Meaning in the Visual Arts* (Garden City, N. Y. : Anchor Books, Doubleday, 1955).

法又都受到了黑格尔、穆勒与马克思三人的影响。在后面，我们会看到，这些方法论层面的影响持续至今。历史唯物主义的实证批判对于韦伯和布克哈特而言具有极强的魅力，对他们两人的追随者来讲亦是如此。这便造成了一个结果，那就是，他们处理事情的方法是以制度化的方式呈现出来的，就仿佛是精英人士为了推进一项特殊的爱好才导致了这些事情发生一样。如果说，史学著作里也有对某位精英人士的文化作品展开分析的内容，那么这样的内容着重体现在《意大利文艺复兴时期的文化》中名为“罗马，废墟之城”的篇章里。

布克哈特着重分析了罗马文艺复兴时期景观的意义，而这些景观蕴含着古典时期的遗风。通过对文化精英阶层（包括艺术家、学者和政府官员）遗留下来的资料进行研究，布克哈特总结称，当时的城市景观是在精英阶层的主观意义基础之上营造出来的。这些主观意义包含“恢
148 复古风”“爱国热情”和“悲伤之情”。在相关章节里，布克哈特分析了16世纪的精英阶层渴望分享这些意义的原因。其中值得我们关注的是这些主观意义对于西方文明而言具有怎样的内在价值，而不是主观意义产生的原因。

布克哈特采用了韦伯的方法进行了比较分析。他把精英阶层心中的意义和意图创造的景观，同文艺复兴时期精英阶层实际拥有的意义和建造出来的景观进行了比较，并据此对遗迹之城的终极意义展开了评价。布克哈特认为，尽管掩藏在梧桐、月桂、柏树和矮灌丛背后的废墟——如巨大的拱门和廊道——的确象征着文艺复兴时期的复古倾向与爱国之情，但也反映出当时的另一种生存处境。简单来说，布克哈特认为这些景观是人类的自由走向衰落的象征。他评论道：这些废墟意味着公民权利让位于罗马法律，象征着无条件服从威权的开始。当时的罗马人要做的就是极力讨好专制者。文艺复兴时期的人文主义者没有因为这些废墟而对社会制度的变迁有所察觉，也没有任何文献进行过这样的阐述。人类生存处

境的变化及其后果往往无关乎初衷，而只是历史的一个转折。该案例采用韦伯的方法揭示出人类行为的悖论。历史观总是会把人类理性化的观点和结果具体化地呈现出来，但是，韦伯的方法为人文地理学提供了完全相反的观点。这并不是说历史观不重要，而是说，人文景观的内在意义并不等于创造景观的人具有的主观意义。这样的悖论已在近期的北美洲景观研究中体现出来了。

五、城市地理学的潜力

要想在城市地理学中找到与韦伯的社会学研究类似的研究，这并不容易。第二次世界大战结束以后，城市地理学的发展无不体现出科学理
性主义的思潮。关于城市地理学的准确定义引发了不少争论，然而，几 149
乎所有人都主张行为地理学、社会空间科学和涂尔干式的地理环境科学仅仅是主流自然科学不起眼的旁系，就如同经典的城市中心地理论在主流自然科学中的地位一样。

人文主义城市地理学的前景需要我们从不同领域加以建构。为了更加清晰地阐述这一点，我把思考的范围缩小至个别加拿大景观研究，即对温哥华与英属哥伦比亚的研究。①

首先，容我简单描述一下温哥华 1928 年的社会与政治面貌。那一年，正值城市行政边界被重组的前夕。在今日占主导地位的利益组织与城市管理机构，当年不断将温哥华的景观划转到自己的管辖区内。那一年，当地有三个相互独立的政府：温哥华市政府、灰岬区政府和南温哥

① Edward M. Gibson, "The Impact of Social Belief on Landscape Change: A Geographical Study of Vancouver, British Columbia" (Ph.D. diss., University of British Columbia, 1970).

华区政府。

其中，南温哥华区的情况主要是劳工阶层居住的郊区，居民每天通勤于温哥华市内的工厂、铁路站点与造船厂之间。该区同温哥华市有着明显差异，后者既有商业区和工业区，也有主要用于居住的郊区，居民既有劳工也有白领。灰岬区则主要是管理阶层的居住区，没有工业企业布局于此。南温哥华区的街道与建筑物的特征是由劳工、无政府主义者和共产主义者赋予的，这些人的价值观同另外两个历史悠久的区域里的保守主义者、资本家和浪漫主义艺术家的价值观大相径庭。在温哥华市和灰岬区，人们一眼就能看到规划有序的马路和公园，以及经过“美化”的景观。我们有必要理解南温哥华区居民的主观意义。这些居民创建出杂乱无章的街道和适于当地的地籍制度；这里的商店、房屋和墓地常常凌乱地混在一起，不纳税的空地被当作公园。我们从相关资料中可以发现，这些景观背后的意义在于经济寄生主义、工业民主主义与志愿主义相混杂的意识形态。

南温哥华区的劳工阶层与政府精英有两点共识：第一，他们企图从加拿大太平洋铁路公司和其他垄断资本主义中摆脱出来，维护劳工阶层的经济独立；第二，他们想摆脱政府的控制，摆脱征兵系统和工业系统的征召，实现自身的独立。但是，当我们看见该区的景观意义同温哥华
150 市的公民意图产生对立时，也不必太当回事，因为这个时代已经到达了经济与政治独立性转向式微的节点。临近 19 世纪，随着加拿大西部资本主义的涨落，南温哥华区面临着破产，这是当时的发展政策导致的。该发展政策后又被英属哥伦比亚政府临时推行。到了 1929 年，英属哥伦比亚变成温哥华市的一部分。实际上，政治异化现象也体现在南温哥华区低于其他地区的选举投票率中。

前面，我们说明了诠释地方意义的方法，进而表明人文主义地理学

研究的醒目标志就是历史性。历史对人文主义来讲十分重要，但是，也不能将人文主义地理学局限于历史视域。我们只有结合其他方法，才能 152
对地方的当代意义展开充分的诠释。

后面，我要总结一下诠释现代温哥华景观中突出要素的方法，并对其进行评价。对当地意义的诠释，当然要从利益组织与精英团体的建立切入。他们在今天继续营造并维持着城市的物质面貌，也抵抗着一些物质面貌上的变化。显而易见的是，政府利益同企业和个人利益相互冲突之处，正是城市比较容易诠释出意义的地方。20 世纪中叶，这些冲突体现为高速公路的延伸，独户住宅变为多户住宅单元或者购物中心，以及公园变为商业用地。所以，这样的研究方法意味着不断考察城市内部冲突的意义。毫无疑问，运用韦伯的方法理解今日的景观意义，就等于理解了具体地方所蕴含的意义。城市里的这些地方对于利益组织来讲非常重要，当看到地方的物质面貌发生变化并感受到威胁的时候，他们会有组织地把自己的价值观明确地表达出来。

人们就地方的未来开展辩论的时候，是最方便我们搜集证据以佐证利益组织的意图的时候。这时，研究者就不再是像优秀的民族志学者那样去分析远离自身文明的他者文化了，而是要成为精英群体的一员，加入他们的协调过程，代表他们去发表意见。为了获得精英人士的观点——这些观点要么是自觉形成的，要么是不自觉形成的——我们要尽力融入他们的组织结构，积极参加他们的会议以及委员会的工作事务。在做这些事情的时候，我们很可能会把精英的地方意图变成我们自己的意图。那么，与此相反的意图是否也成立呢？这个问题值得思考。通过对会议备忘录的细心解读，我们能在不同的时间点上获得有意义的线索。通过了解他们的历史，我们能取得他们的信任。利益组织的类型是否会影响信任的建立？对于温哥华而言，这一点似乎并不突出。你研究的利益组织可以是社区规划协会温哥华分会，是艺术委员会，是温哥华的中央区纳税人左翼联盟，抑或是林区纳税人协会的移民公会。只有当他们面对的情况刚好符合自身的类型时，你才会被接收为成员。总而言之，这牵涉忠诚问题。你不仅需要向他们表明，你能理解他们的意图，关心他们的切身利益，还需要表明你能成为得力的助手而不是绊脚石。
153 此外，研究者能否做到对所有的利益组织都忠诚可靠？这是每一位人文主义地理学者都会面对的伦理问题。

通过与利益组织建立关系，我们便能推断出地方对于精英阶层和一般群众而言所具有的意义，但要建立起关系需要花很长的时间。有时候需要数月，有时候需要数年。在某些情况下，研究者同利益组织之间甚至建立不起任何关系。那么，研究者就要知道，对于某些利益组织来讲，街头政治是很重要的。这时候，研究者可以去解读布告栏里的一条条简报。这是另一种可行的研究方法。温哥华的大部分利益组织都会把自己的意图记录在备忘录里，研究者也可以通过该组织的秘书来核对自己的研究笔记。

这些方法可以恰到好处地成为社会与文化地理学的研究方法，因为韦伯从来没有像涂尔干那样区分社会科学与文化科学。对于人文主义地理学来讲，同样没有必要做那样的区分。

什么样的景观才是值得我们建造并维护的呢？我们可以借着对这一问题的讨论来结束本文。今日的城市形态正在不断发生变化，也在不断被维护着，而景观的变化与维护措施的背后有着不同的利益组织。我们尝试观察这些关系，理解它们背后的价值观，以及它们在地方之中呈现出来的形态和意义。我们还不断将自己的价值观置入这些过程，来解读我们自己作为行动者的存在意义。我们自己作为行动者，其实也在不断营造地方的各种变化，同时也在抵抗着环境的变迁。这样，我们便能看见自己所处的利益组织营造出来的地方。这仿佛是一出戏。此外，我们还能看见自己的理想之地与现实之地二者之间的巨大鸿沟。当我们试图跨越鸿沟时，其过程会充满反讽意味，有时还会呈现出喜剧般的效果。在这样的过程中，我们才渐渐明白了自己是谁，我们身在何处，我们能够成为谁以及无法成为谁。也正因为如此，我们才能理解一门更具有人文主义特征的地理学的正当性和必要性。

第十章

德国地理学中的景观指征学派

罗伯特·盖佩尔（Robert Geipel）撰

菲利普·瓦格纳（Philip Wagner）译

第二次世界大战结束以来，很少有人知道英语界的学术共同体如 155
何评价具有社会科学特征的德国地理学。尽管约瑟夫·海杜（Joseph Hajdu）在他的综述性文章《战后德国社会地理学的定义》（“Toward a Definition of Postwar German Social Geography”）[①]里研究了德国社会地理学界的领军人物及其追随者的思想，如沃尔夫冈·哈特克、汉斯·伯贝克（Hans Bobek），并引发了与巴特尔斯（Bartels）、佩克尔（Peucker）的进一步讨论[②]，然而在英语学术界，能够让我们想到的，也是离我们最近的德国地理学家依然是克里斯塔勒（Christaller）和廖什这样的人物。在德国，克里斯塔勒其实并没有这样的知名度。他既没有在研究机构里获得怎样的头衔和待遇，也没有在知名学术团体里有怎

① Joseph Hajdu, “Towards a Definition of Postwar German Social Geography,” *Annals of the Association of American Geographers* 58 (1968): 397–410; Joseph Hajdu, “Reply to Comments,” *Annals of Association of American Geographers* 59 (1969): 598–599.

② Dietrich Bartels and Thomas Peucker, “Geoman Social Geography, Again,” *Annals of the Association of American Geographers* 59 (1969): 596–598.

样的资格和地位。从一般意义上的“被官方认可”的程度来看，克里斯塔勒在德国地理学界是无名之辈。在国外，无论何时，他只要出现在专业的学术会场中，都会头顶光环，被一群仰慕者簇拥着。在德国，他看起来郁郁不得志。令人惊讶的是，克里斯塔勒尽管在科学领域才华横溢，但在政治领域显得涉世尚浅。纳粹统治期间，他受到一些机会主义者的蒙骗，甚至被利用。直到去世，他都未能在德国地理学的时代精神里获得一席之地，到了计量革命的时代才成为开山鼻祖式的人物。这是他应得的荣誉，英语世界的学术共同体从未怀疑过这一点。

与此同时，英语界的学术共同体还相信，计量革命不仅会开启硕果累累的新纪元，还会丰富科研技术，促使未来的研究范式发生变化。他
156 们相信，计量革命会带来“行为革命”，从而关注感知问题。在行为革命中，人们不但不会放弃最新发展起来的技术，关于价值的地理学还将愈益受到重视，人们对社会要素的关注也会越发凸显。

英语国家的研究再度重视起行为环境，但是在德国，哈德（Hard）[①] 使景观成为整整一代学者的意识形态。然而，当我们看见洛温塔尔与段义孚就景观品位与景观经验发表的观点时，就应当看到 20 世纪五六十年代潜伏在德国社会地理学中的对社会行为要素的关注，并且意识到这样的关注是多么强烈。正是在这里，海杜看到了地理学可能屈从于社会学的危险，并产生了对“社会决定论”的担忧。

实际上，哈特克 1959 年的文章《社会地理行为空间背后的决定论思想》（“Gedanken über die Bestimmung von Räumen gleichen

---

① Gerhard Hard, “Was ist eine Landschaft? Etymologie als Denkform in der geographischen Literatur” (What Is a Landscape? Etymology as a Form of Thinking in the Geographical Literature), in Deitrich Bartels, ed., *Wirtschatfs- und Socialgeographie* (Economic and Social Geography) (Cologne/Berlin, 1970), pp. 66–84.

sozialgeographischen Verhaltens”), 其题目就包含“verhalten”（行为）这个词，并认为“行为”被“认知”（cognition）引导。这使人们不会太多去分析决策背后的地理要素，而是更多关注群体和个体在既有地理环境中的感知意义。从下面这段文字中，我们可以解读其含义：

> 人类在大地上劳作，产生的一部分成果可以被称作“景观”，其狭义的名字是“文化景观”。当人类刚刚具备思考能力的时候，劳作的过程就已成为人类在大地上生存的主要条件。由此，人类获得了具有辨识度的地理要素与地理特征。但是，人类的思考能力与动机性思维并不会受到单一地理要素的左右，就好像通过科学的方式被构建出来的自然地理要素那样。相反，在人类的动机性思维中，地理要素总是更多被具体时期的社会群体所具有的价值观体系决定。尽管地理要素的客观物质特征并没有发生变化，然而，蕴含在价值观体系里的地理要素（对地理要素的评价）会在不同的环境中体现出较大的差异。当这些地理要素的属性被纳入社会群体的视野时，由于时间和空间条件的差异，它们与所谓“真实的事物”就有了差别。这种差别可以用科学的方法进行考量，但是从根本上说，这些属性的全部或者一部分，或许本来就是纯粹想象出来的。就景观塑造而言，哪怕是想象出来的地理属性，也是真实地发挥了作用的。[1]

在这段话里，“想象出来的”这一短语尤为重要。“想象”这个词意 157
味着运用感知和意象地图的方法展开研究，然而这些方法并未在 20 世

① Wolfgang Hartke, “Gedanken über die Bestimmung von Räumen gleichen sozialgeographischen Verhaltens” (Thoughts Regarding the Determination of Spaces of Similar Social-Geographical Behavior), *Erdkunde* 13 (1959): 426.

纪五六十年代的流行方法中发挥出全部的作用。事实上，我们根本不可能采用实验方法来研究想象出来的属性。“想象的要素”在大约 20 年前只是同行之间的比喻和俗称，因为那时候还没有足够的素材来支撑这样的论点。1959 年，哈特克提出了变革性的思想。他的文章以这样一句话开头：“景观是一切地理学的重要主题，地理学把自己铭刻在了景观之中。”应该看到，哈特克与他在法兰克福的学生已经涉及了感知与价值观的问题，并对此产生了兴趣。当然，他们这样做是受到了霍克海默（Horkheimer）和阿多诺（Adorno）的影响。他们这一研究兴趣的前提条件符合 20 世纪 50 年代德国地理学的规矩，同时必须声称自己的研究关乎景观。社会地理学的目的是研究内在的社会过程，并由此确定具体的景观和景观指征。这样的方法要维持下去，就不能挑战到大多数守护传统观念的地理学家的共识。那时，有人提出过“社会性休耕”（Sozialbrache）的指征[①]，或者乡村与城市土地利用方式差异的指征；还有人运用地图绘制出了商店橱窗展示的频数，购物中心、停车收费器的频数；甚至有人研究了农作物种植的分异化。所有这些都是农业景观或城市景观的可见要素。这些要素被用于研究社会，同时还被用作挡箭

① Wolfgang Hartke, “Die soziale Differenzierung der Agrarlandschaft im Rhein-Maingebiet” (The Social Differentiation of the Agrarian Landscape in the Rhine-Main Area), *Erdkunde* 7 (1953): 11–27; Wolfgang Hartke, “Die ‘Sozialbrache’als Phanomen der geographischen Differenzierung der Landschaft” (“Social Fallow” as a Phenomenon of the Geographical Differentiation of the Landscape), *Erdkunde*10 (1956): 257–269; Wolfgang Hartke, *Sozialbrache: Handworterbuch der Raumforschung und Raumordnung* (Social Fallow: Dictionary of Research on Space and on the Organization of Space) (Hannover, 1966), pp. 1798–1806; Karl Ruppert, “Der Wandel der sozialgeographischen Struktur im Bilde der Landschaft” (The Change of the Social-Geographical Structure in Landscape Forms), *Erde* 86, 1 (Berlin, 1955): 53–61; Karl Ruppert, “Zur Definition des Begriffes ‘Sozialbrache’” (Toward a Definition of the Term “Social Fallow”), *Erdkunde* 12 (1958): 226–231; C. Borcherdt, *Uber verschiedene Formen von Sozialbrache* (On Different Forms of Social Fallow), Munchner Studien zur Social- und Wirtschaftsgeographie, vol. 4, Festschrift Hartke, (Kallmunz/ Regensburg, 1968), pp. 143–154.

牌，掩护那些更具有社会学取向的研究。然而，因为语言障碍，以上观念并没有在英国与北美的感知研究中结出丰硕的成果。

一、1950—1960 年德国社会地理学的趋势：指征的识别

人们越来越对地理学家的工作感到不满了，因为地理学家只会研究那些脱离历史背景的景观有哪些趋同性，或者只会处理一些掩盖了地方无规则的事物和环境特点的趋势面。与此同时，其他门类的社会科学开始重新审视自身境况。[①] 在这样的时期，就很有必要了解一下德国地理学的发展状况。德国地理学当时着重于研究“可见的”事物，并且忙于在新计量领域追赶斯堪的纳维亚与英美地区的研究工作，因为后者已经把德国学者甩出十年外。对此，我们也提不出什么新的见解。人们其实 158
很早就对社会病症产生了强烈的研究兴趣，这也算是景观研究的开端之一；但是在这种研究里，景观只是一个背景要素，以此反思为什么要对一个人实施限制其行为的惩戒措施。

通过对学科史展开细致入微的研究，我们可以发现，这一发展趋势的主要成果在于发现了“指征要素方法”。[②] 托美尔（Thomale）认为，

---

① David Ley, *The Black Inner City as Frontier Outpost: Images and Behavior of a Philadelphia Neighborhood,* Association of American Geographers Monograph Series no. 7 (Washington, D.C., 1974).

② E. Thomale, *Sozialgeographie: Eine disziplingeschichtliche Untersuchung zur Entwicklung der Anthropogeographie* (Social Geography: An Historical Study of the Discipline into the Development of Anthropogeography), (with bibligraphy), Marburger Geographische Schriften, vol. 53 (Marburg, 1972); Dietrich Bartels, “Zur wissenschafts-theoretischen Grundlegung einer Geographie des Menschen” (On the Scientific-Theoretical Groundwork of a Geography of Man), *Geographiche Zeitschrift,* Beihefte, 19 (Wiesbaden: Franz Steiner, 1968).

这个方法之所以可行，是因为帕克的人类生态学派是从城市社会学的土壤中成长起来的，他的后继者也是如此。他们不能诱使德国地理学家离开“文化景观”（Kulturlandschaft）。“文化景观”成为德国古典地理学家的主要研究领域，施吕特尔（Schlüter）和帕萨格（Passarge），以及后来成长起来的德国地理学者都不敢轻易离开这个领域。

针对这一现象，哈德在许多文章里都有评述，既高屋建瓴又入木三分。哈德搜集了大量不同类型的文献——从语言哲学（作为一种思想形态的词源学）到概念的扩散[①]，还分析了大量的内容，成功地捕捉到核心概念散播到各个学科的过程，揭示出其作为一体化的研究范式的重大意义。后来，美国地理学家也接触到了“景观”的概念，卡尔·索尔在这个概念的传播方面尤为重要。不过，在美国地理学家眼中，景观的内涵不再那么专断，显得更加温和，因为卡尔·索尔重点关注的区域是不具有历史传统的大陆，研究对象的历史根基浅得多。在历史传承深厚的居住区，景观的范式会显得比较牢固，难以发生变化。

从景观地理学到区域地理学，这种转变经历了库恩（Kuhn）所描述的范式转变的全部过程。[②]新的理论必须“攻击正统保守派的核心概念”，必须“拥有新的见解，能在旧概念的基础上提供新的术语。这些术语要让人们感到不是那么容易理解，进而让老一辈学者感受到威胁，并在年轻学者中点燃兴趣的火焰。这些新术语要有足够的难度，好让那些呆子望而却步；但也要足够简洁明了，好让聪明人加入进来”。尽管这场“战斗”在德国掀起了波澜，在让老一辈学者困惑不已的同时令才

① Gerhard Hard, “Die Diffusion der ‘Idee der Landschaft’: Präliminarien zu einer Geschichte der Landschaftsgeographie” (The Diffusion of the “Idea of the Landscape”: Preliminaries to a History of Landscape Geography), *Erdkunde* 23 (1969): 249–364.

② Thomas Kuhn, *Die Struktur wissenchaftlicher revolutionen* (Frankfurt, 1967); Thomas Kuhn, *The Structure of Scienctific Revolutions* (Chicago: University of Chicago Press, 1962).

华横溢的年轻一辈对未来充满了期待；然而在英语世界，我们却看到了另一种范式的出现，那就是朝着人文主义地理学迈进。因而，我们有必要重新评价德国社会地理学事业的开端。比如，评价一下当年的“指征”方法。该方法企图让地理学者睁开双眼，专注于可见的且能够被理解的社会过程——这些过程潜隐在可见的事实背后。德国社会地理学在很大程度上着重研究乡村景观要素背后的社会机制。

在自然界，乡村景观是最主要的景观，处于统领地位，居于土壤、气候这些自然要素之上。这在现有的案例中是不言自明的。因此，它 159
最易于挑战环境决定论者的观念。“一个人受制于空间”的观念被拒绝后，“血与土”[①]的思想包袱就会被抛弃，后者这种范式曾极其恶毒地感染到地缘政治学。[②]自然地理学与文化地理学之间的斗争也体现在农业土地利用方面。倘若一个研究群体的研究对象是非政治性的，那么他们就能更好地在纳粹占领的国家生存下来。但是，他们当中的一些人，如果不对纳粹体制阿谀奉承的话，也很难活过那段岁月。这些人绝不会通过攻击自然地理学来巩固自己的地位，也就是说，他们绝不会追溯乡村景观特定要素的社会起源，因为环境决定论似乎是确切无疑的。有几则案例可以说明这一点。

1. 关于“社会性休耕”的讨论

20世纪50年代，随着货币的改革，在德国人口密集的地区，其肥沃的土地很多都不再用于耕种了。而仅仅在几年前，最集约的耕作方式

① “血与土”代表着德国种族意识形态，形容人与土地密切关联，后被用于纳粹的口号。——译者注

② P. Scholler, “Wege und Irrwege der politischen Geographie und Geopolitk” (Directions and Misdirections of Political Geography and Geopolitics), *Erdkunde* 11 (1957): 1–20.

都不能满足人民的需要，必须向其他国家采购粮食。土地之所以被弃耕，原因并不是土地资源的枯竭，也不是因为土壤肥力耗尽或气候因素，而是因为掌控土地资源的阶层的价值观发生了改变。由于职业地位的变化，当在选择做农业工人还是完全脱离农业时，大多数农民都倾向于工业社会的价值取向。于是，不同的人迈入了不同的收入阶层，不同地区之间很难再保持社会的同一性。同时，由于与传统观念发生冲突，一些人感到这样的选择“问心有愧”，犹豫不决；一些更具抱负的人选择完全脱离农业生产环境，因为该环境对他们而言完全是负担，且有损他们的名声。所以，“社会性休耕”的出现完全是社会价值观发生变化的指征。这样的指征所传递的知识能够避免投资领域的严重失误。比如，在土地所有者纷纷放弃农民身份的地方，一些人还在投资合并小片农地。我们还能看到社会地理学中法兰克福—慕尼黑学派做规划的早期背景。在休耕率高的区域，这一不可逆转的社会过程持续进行着，农业生产所必需的耕作技术渐渐被遗忘。今天，度假区里的人为了那一片片杂草丛生的撂荒地、为了那令人厌烦且有碍观瞻的风景发愁，很想把这些景象遮挡起来，免得游客看见，因为游客是为了享受乡村的健康生态才来到此地
160 的。“社会性休耕”很快就成为自然保护与景观美学讨论的对象。哈特克 1953 年发表的文章引发了争论，“社会性休耕”这一崭新的术语应运而生。随后，它进入不同的学科领域：1956 年，景观保护界开始使用这一术语；1958 年，林业开始使用这一术语；1961 年，休闲旅游业开始使用这一术语。1958 年，农业地理学工作小组召开的一场会议有力地推动了该术语的传播。1968 年，欧共体为促进农业发展所实施的“曼肖尔德”（Manshold）计划，把围绕“社会性休耕”的讨论一下子弹射到高层政治领域。农产品过剩的情况要求欧共体规划出人为降低农产品产量的地区（如山区）。然而，人们又该如何处置这些新的撂荒地呢？

这样的情形也是新的立法所要解决的问题，其主要目的在于防止旅游业的干扰和介入，增强人们看护土地的责任感和义务感，并采用新的方式使农业补贴合法化。德意志联邦共和国实施新立法的第一个民选区是巴登－符腾堡（Baden-Württemberg）。像德国这样一个干净整洁且肯定清教徒伦理的国家，居然出现了撂荒地，这简直是对歌德式伦理的侮辱。歌德说过："如果你继承了祖先的产业，那么就要在这产业上辛勤耕耘。"由于秉承"财产带来责任"（Eigentum verpflichtet）的精神，土地所有者要么自己维护土地的整洁，要么聘请懂得土地和景观的人来专门打理。所以，认为土地撂荒是对财产权的侵犯的理念（这在不断制造废品的美国是难以想象的），是从景观的道德观中产生的。分析环境感知的最终任务就是分析景观所蕴含的道德观，它也是价值地理学的一个要素。

2. 景观利用集约度的变化

把现有的土地利用方式归因于价值观，而非基本的自然要素，这样的思考方式会出现在强调价值与态度的案例中。例如，研究者已经发现，在某些传统的葡萄种植区，信奉新教的区域放弃了葡萄种植行业，信奉天主教的区域却依然从事着这一行业。从事该行业的区域边界遵循着教派的边界，而非生态的差异性。[①]

天主教徒热衷于酿造葡萄酒，新教徒则更喜欢苹果酒。同时，天主 162
教徒的家庭更有能力提供密集的劳动力，因为生育率更高。他们会更集约地耕作，努力获得更多的收入以供家用。新教区只剩下了少数几户全

---

① Robert Geipel, *Soziale Struktur und Einheitsbewuβtsein als Grundlagen geographihscher Gliederung* (Social Structure and Consciousness of Unity as Bases of Geographical Organization), Rhein-Mainische Forschungen, vol. 38 (Frankfurt am Main, 1952).

职酿造葡萄酒的家庭；在不远处的天主教区，绝大多数工人尽管平时在吕瑟尔斯海姆（Rüsselsheim）的欧宝汽车制造厂工作，但还是会利用业余时间酿造葡萄酒。由于生产线上有工人轮班的制度，所以他们的业余时间基本能维持集约型的耕作。研究者对啤酒花栽培[①]、草莓农业[②]、芦笋种植[③]和其他集约型农业生产都开展了研究。研究表明，在有限的生态框架内，社会团体的事业、地位和名誉、时间成本、每一代人掌握的耕作技术、日常的家庭生活以及当地的社会组织，都会对土地利用方式起到决定性作用。上述因素的增减能帮助我们更深一步地考察农业变革的扩散过程。所以，调查农业地理的各项指征，是为了发现案例背后的社会过程，而不是单纯地了解具体的农业地理要素。这样的研究往往容易在具有差异性的社会系统的边界开展起来。舍摩尔（Sehmer）就指出，在奥地利、瑞士与意大利三国的交界处，不同民族国家的成员常常会产生影响经济走向的强大的力量，这比其他要素（如海拔、气候或土壤）

---

① Karl Ruppert, *Spalt: Ein Methodischer Beitrag zum Studium der Agrarlandschaft mit Hilfe der Kleinraumlichen Nutzflachen- und Sozialkartierung und zur Geographie des Hopfenbaus* (Spalt: A Methodological Contribution to the Study of the Agrarian Landscape and to the Geography of the Cultivation of Hops with the Help of the Mapping of Small-spaced, Arable Land Parcels and Social Mapping), Munchner Geographiche Hefte, vol. 14 (Kallmunz/ Regensburg, 1958).

② Wolfgang Kuls and K. Tisowki, "Standortfragen einiger Spezialkulturen im Rhein-Main-Gebiet" (Location of Some Specialty Farming in the Rhine-Main Area), in *Geographische Studien aus dem Rhein- Mainischen Raum* (Geographical Studies from the Rhine-Main Area), Rhein-Mainische Forschungen, vol. 50 (Frankfurt, 1961), pp. 9-29; Karl Ruppert, *Die Bedeutung des Weinbaues und seiner Nachfolgekulturen fur die soziageographische Differenzierung der Agrarlandschaft in Bayern* (The Meaning of Wine Cultivation and Its Successive Cultivation for the Social-Geographical Differentiation of the Agrarian Landscape in Bavaria), Munchner Geographische Hefte, vol. 19 (Kallmunz/ Regensburg, 1960).

③ E. Meffert, *Die Innovation ausgewahlter Sonderkulturen im Rhein-Mainischen Raum in ihrer Beziehung zur Agrar- und Sozialstruktur* (The Innovation of Selected Specialty Farming in the Rhine-Main Area in Its Relationship to the Agrarian and Social Structure), Rhein-Mainische Forschungen, vol. 64 (Frankfurt, 1968).

的影响力大得多。[①]

最后，社会组织的形态也成为景观环境的一项指征。哈特克在1965年的一篇文章里说到，德国人之所以会保护福格尔斯山（Hoher Vogelsberg）附近田园牧歌般满目青翠的环境与景观，是因为这与儿童保育体系的发展有关。[②]只有当整个社会有足够多的孤儿，并能把他们送到乡下让农民收养，由他们做这些放牛养马的活计的时候，集约型畜牧业才能维持下去。在农业的收支平衡中，这些被收养的孤儿是极为关键的劳动力要素。如果新的儿童保护法不允许这些孩子发挥这样的功能（就像1957年曾发生的那样），那么这里的农业经济要么重组，要么消失殆尽。研究者此时能通过“儿童收养”的数据，揭示当地的土地利用状况。该状况也体现在农业景观之中。因此，社会地理学家转而实施社会批判，要求改革，这可以说是最好的人文主义地理学案例。那些感到 163
困惑的地理学家又提出了另一个问题：这还算是地理学吗？事实上，我们始终无法阻止哈特克把地理学的前沿领域越来越引向社会学的边缘。

3. 城市地理学的指征方法

20世纪60年代，在德国地理学指征方法中，最典型的是试图揭示景观现象——尤其是乡村景观现象——背后的社会机制。社会性休耕、

① I. Sehmer, *Studien uber die Differenzierung der Agrarlandschaft im Hochgebirge im Bereich drier Staaten* (Reschen-Scheidedeck-Gebeit) (Studie on the Differentiation of the Agrarian Landscape in the Alpine Area in the Region of Three States (Reschen-Scheideck Area)), Munchner Geographische Hefte, vol. 17 (Kallmunz / Regensburg, 1959).

② Wolfgang Hartke, *Die Hutekinder im Hohen Vogelsberg: Der geographische Charakter eines Sozialproblems* (The Foster Children in Hoher Vogelsberg: The Geographical Character of a Social Problem), Munchner Geographische Hefte, vol. 11 (Kallmunz / Regensburg, 1956).

造林地区[①]的绿色景观[②]，或者所谓“特色农业”景观，它们背后的机制包括职业地位、向上的阶层流动、利润的再投入、职业的声望，以及这些机制所产生的驱动力。为了对这些机制有所认识，就需要更加深入地分析社会群体的心理动机。所以，为了解释观察到的现象，研究者需要借助社会学、社会心理学与民族学的理论。地理学只是提供了一个让这些学科进行表演的舞台而已。研究区域不再限于莱茵—美因河流域以及处于法兰克福大都市群控制下的德国南部地区，而是转向德国西部，因为那里有美国式的大都市。这些大都市的变革不但速度很快，而且清晰得仿佛是在实验室里模拟出来的。当哈特克的视线从法兰克福转向慕尼黑的时候，他所领导的学派的关注点也逐渐从一般地理景观转向了城镇景观（townscape），而且不再那么注重景观表述了。可见，德国社会地理学的这一支比较接近芝加哥学派中帕克的人类生态学。

人们开始重新挖掘什么样的“可见证据”能够揭示出决策者的潜在价值体系。特定方式的资本投入将城市地理中的一个具体形态——购物中心——视为一项指征。[③]购物中心有内部天井式的空间，过道两边排满了商铺，而且渗透进附近的居住性街区。由此，商业空间在中央商务区（CBD）的范围内不断扩展。大型购物中心的发展与具体的城市地理

① C. Borcherdt, *Das Acker-Grunland-Verhaltnis in Bayern: Wandlungen im Laufe eines Jahrhunderts* (The Tilled Land / Pature Land Ratio in Bavaria: Changes in the Course of a Century), Munchner Geographische Hefte, vol. 12 (Kallmunz / Regensburg, 1957).

② R. Frankenberger, *Die Aufforstung landwirtschaftlich genutzter Grundstucke als Index fur Sozialgeographische Strukturwandlungen in Oberfranken* (The Afforestation of Agriculturally Used Real Estate as an Index for Social-Geographical Structural Changes in Oberfranken), Munchner Geographische Hefte, vol. 18 (Kallmunz / Regensburg, 1960).

③ Wolfgang Hartke, *Die Passage: Ein neues Element der Stadtlandschaft* (The Shopping Mall: A New Element of the Townscape), Festschrift Frankfurther Geograpgische Gesellschaft (Frankfurt, 1961), pp. 297-311.

环境存在一定的关系，它只能在土地利用制度严格限制了建筑高度的中央商务区得到发展。慕尼黑一直都采取限制楼层的政策，以此防止摩天大楼泛滥，城市天际线变得“曼哈顿化”，避免新楼的高度超过地标建筑圣母大教堂。

在这些例子里，动机研究的种种技巧比较难以施展。很明显，哈特 164
克学派将经验主义的社会研究方法引入德国社会地理学，能够挖掘出一些人塑造景观的行为动机。这些人包括农民、工人、农场雇工、葡萄园主等，他们是造成社会性休耕与特色农业的重要原因。然而，这种方法很难被运用到另一些行动者身上，如大银行家、保险巨头、地产大亨和中央商务区的土地所有者，想要挖掘他们的行为动机困难重重。哈特克通过对居住区的分析来研究商业功能的演变，采用的指征包括：（1）商店橱窗的密度；（2）停车收费器的数量；（3）霓虹灯的出现情况；（4）大楼商业功能的纵向展开情况，即从一楼开始往上，直到整栋大楼都被商业功能占据（类似于法兰克福市中心的高级商业街）。① 哈特克把对法兰克福的开拓性研究运用在了慕尼黑这座城市身上。但是，随着越来越难以确定行动者是谁，“可见证据”越来越不能满足研究需要。20世纪70年代，研究者尝试采用形态学的研究方法，把重新整修的建筑立面视作街区转型过程中保护建筑的一项指征，然而初期就遭遇了失败。当时慕尼黑在筹备奥运会，试图让贵族风的大街重现青春亮丽的外立面。由于这种“复古”潮流并不只是源于当时慕尼黑在部分地段实施的市区美化工程，因此我们对它作为动机的指征要打个问号。更何况，之所以更新建筑立面，原因或许还在于当地居民不想让这些街区沦为中

---

① E. Hubschmann, *Die Zeil: Sozialgeographische Studie über eine Straβe* (The Zeil: Social Geographical Study of a Street), Frankfurter Geographische Hefte, 26. Jg (Frankfurt, 1952).

央商务区扩张的牺牲品。鉴于城市中还存在一些更加紧要的问题，对上述问题从建筑社会学的视角来进行分析就足够了，但是这样的解决方式其实对地理学理论的建构起不到任何作用。所以，形态学的方法很快就满足不了哈特克学派年轻学者的探索欲了。鲁伯特（Ruppert）、谢弗（Schaffer）、甘瑟尔（Ganser）和迈耶尔（Maier）从过程性与功能性的角度展开了研究。针对政治选举①、教育②、人口迁移③、旅游④、犯罪⑤等行为的研究，无法采用那些“可见”的指征。

① Karl Ganser, *Sozialgeographische Gliederung der Stadt München aufgrund der Verhaltensweisen der Bevölkerung bei politischen Wahlen* (Social-Geographical Organization of the Town of Munich Based on the Population's Political Electoral Behavior), Münchner Geographische Hefte, vol. 28 (Kallmünz / Regensburg, 1996).

② Robert Geipel, *Sozialräumliche Strukturen des Bildungswesens* (Social-Space Structures of the Educational System) (Frankfurt am Main: Moritz Diesterweg, 1965); Robert Geipel, *Bildungsplanung und Raumordnung* (Educational Planning and the Organization of Space) (Frankfurt am Main: Moritz Diesterweg, 1968).

③ F. Schaffer, *Untersuchungen zur sozialgeograohischen Situation und regionalen Mobilität in neuen Groβwohngebieten am Beispiel Ulm-Eselsberg* (Examination of the Social-Geographical Situation and Regional Mobility in New, Large-Dwelling Residential Areas, After the Example of Ulm-Eselsberg), Munchner Geographische Hefte, vol. 32 (Kallmünz / Regensburg, 1968); F. Schaffer, "Zur Konzeption der Sozialgeographie" (Towards a Conception of Social Geography), in Bartels, *Wirtchafts-und Sozialgeographie,* pp. 451-456.

④ Karl Ruppert, *Das Tegernseer Tal: Sozialgeographische Studien im oberbayerischen Fremdenverkehrsgebiet* (The Tegernseer Valley: Social-Geographical Studies in the Upper Bavarian Tourist Area), Munchner Geographische Hefte, vol. 23 (Kallmünz / Regensburg, 1962); Karl Ruppert and J. Maier, *Zur Geographie des Freizeitverhaltens: Beitrage zur Fremdenverkehrsgeographie* (Towards a Geography of Leisure Behavior: Contributions Towards a Geography of Tourism), Münchner Studien zur Sozial-und Wirtschaftsgeographie, vol. 6 (Kallmunz / Regensburg, 1970).

⑤ Karl Ruppert, "Planungsregionen und raumliche Organisation der polizei" (Planning Regions and Spatial Organization of the Police), *Informationen* 23 (Bad Godesberg, 1973): 251-260.

二、景观指征学派的方法

正如上文所提到的，哈特克学派的研究目的在于关注景观形成过程背后社会群体与个体的决策。① 研究者需要分析十分细微且相对分散的区域单元（田块、葡萄园、城市地段），同时不断开发社会地图这一最重要的研究方法。就像历来人们所看到的那样，土地利用的专题地图不仅包括作物品种、轮耕情况，还包括土地所有者与使用者的社会地位、165
职业、年龄和门第等；所有权或使用权、企业规模等其他显而易见的要素同样会被反映在地图上。② 此外，地图还包括某些特殊变量，如耕作者的地缘关系，从周边地区迁移到拓荒地带的定居者。

尽管有不少人批评这种微观尺度的地理研究，但我们依然不能忽视这种研究风格对人地关系的洞察力。首先，“土壤质量”“区位优势”这些概念的内涵都有赖于人们的评价标准，利用这些概念来肤浅地表达地理环境决定论也是不正确的。事实上，这正是哈特克学派的目标之一，他们反对“空间增长驱动力”这样带有决定论意义的概念。这类概念在纳粹制度下的地缘政治发展过程中，对地理学施加了极其有害的影响。

图 10-1 所展示的地图，是在景观指征学派发展之初成长起来的学者绘制的，能代表他们的努力。

图片显示，位于法兰克福与威斯巴登之间的莱茵—美因河流域有

① Karl Ruppert, *Die gruppenyupische Reaktionsweite: Gedanken zu einer Sozialgeographischen Arbeitshypothese* (The Group-Typical Reaction Range: Thoughts About a Social-Geographical Work Hypothesis), Munchner Studien zur Sozial-und Wirtschaftsgeographie, vol. 4, Festschrift Hartke (Kallmunz / Regensburg, 1968), pp. 171-176.

② H. Durr, *Boden-und Sozialgeographie der Gemeinden um Jesteburg / Nordliche Luneburger Heide* (Soil and Social Geography of the Communities Around Jesteburg / Northern Luneburger heide), Hamburger Geographische Studien, vol. 26 (Hamburg, 1971).

两个地区，一个是新教控制的梅森海姆（Massenheim），另一个是天主教控制的威克尔（Wicker）。它们彼此相邻，交界处是向西南方倾斜的泥灰质坡。这条坡在美因河北侧，古时候是黑森—达姆施塔特（Hessen-Darmstadt）与美因茨（Kurmainz）在行政和教派上的分界线。这条边界线也是两种土地利用决策评价体系的边界线。每一个地块都记录着种植者的身份：葡萄酒职业酿造者、农民、艺术家或工人。在梅森海姆，果树栽培群体粗放的劳动力资源，反衬出葡萄酒种植业劳动力的集约型利用。在威克尔，地块分布对自然条件的要求更加苛刻（需要在坡地角度合适的地方），符合葡萄种植业的固有规律。

在新教控制的梅森海姆，地块是沿着泥灰质的斜坡排列的，乱糟糟地种着果树。这些果园的地权分散在很多人手里，所以没办法做统一、齐整的空间布局。工人群体被排挤出自然条件较好的地段，好地段一直被教会占据。在信奉天主教的威克尔，工人、葡萄园种植者、艺术家和农民混居在一起。葡萄园的分布可以达到 26 号和 27 号地块，到了连接威克尔与梅森海姆的道路一侧的最远处。这清楚地表明，社会成员的价值观是影响葡萄种植的要素，而泥灰质坡地的区位特征以及面向西南方的光照条件不足以解释葡萄种植业在此发展的原因。

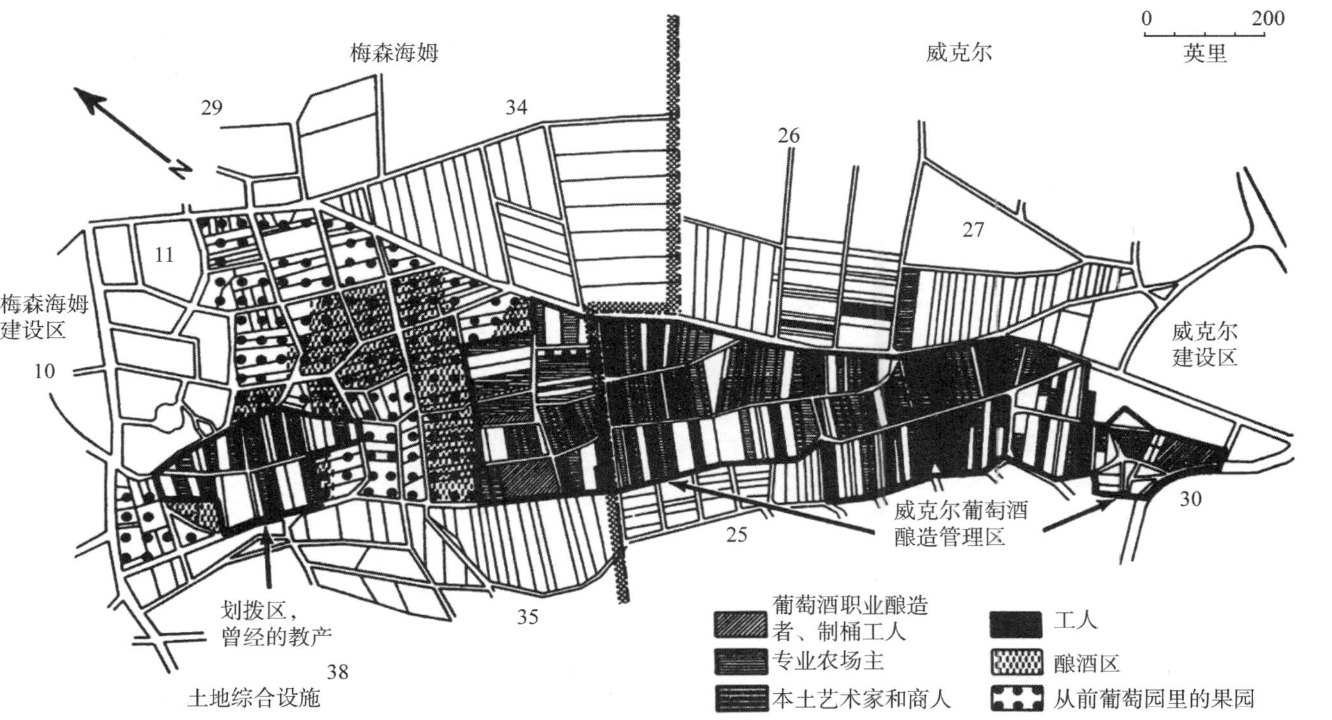

图 10-1 梅森海姆—威克尔葡萄种植区的社会地图

166

167 这样的地图不仅呈现了可见的农业景观，而且揭示出景观背后的意义。在它们出现 15 年至 20 年以后，洛温塔尔和普林斯（Prince）认识到了英国景观品位的价值[①]，段义孚也使用了“恋地情结”这个术语来品鉴一个地方。[②]

天主教区的葡萄酒酿造业已经深入当地的社会价值体系。葡萄酒在圣餐中的意义备受教会尊崇，修道院也在这一地区长期发挥着教化作用。几家大修道院还在从事有着深厚传统的研究工作，数个世纪都未曾中断。这是酿造葡萄酒的小作坊难以望其项背的。修道院的财产并没有因为继承制而被瓜分殆尽，反而作为一个整体性的经济单元被合理地保存下来。外部的物资补贴还能帮助修道院度过葡萄酒酿造的周期性危机。由于受到修道院长期的影响，周边的小型葡萄酒企业尽管屡屡遭遇挫折，但依然坚持着这一传统行业。这样的影响力在新教区是看不到的。威克尔与梅森海姆的差异还体现在葡萄酒的销售环节。在威克尔，葡萄酒的销售需要得到当地酒馆的销售许可——哪怕只是普通人卖，并非酒品专营店，也需要取得许可。有时候，一名工人会像当地村民那样用松枝装饰一座凉亭，贴上告示，表明自己获得了许可，开始售卖自己的（必须是自己酿造出来的）葡萄酒。于是，整个村庄会在六个星期之内承认这名工人是这座简易酒吧的掌柜。这名工人的同事会在下班以后，或者周末来他这里买酒。在这些村庄里，人们的日常生活充满了葡萄酒的酿造劳动，同时充满了各种各样与葡萄酒相关的运动和娱乐。

在梅森海姆，人们的日常生活与威克尔居民的迥异。没有人觉得自己是莱茵河畔葡萄酒酿造王国的一员。当地的传统习俗也不主张与酒馆

---

① David Lowenthal and Hugh Prince, “English Landscape Tastes,” *Geographical Review* 55 (1965): 186–222.

② Yi–Fu Tuan, *Topophilia* (Englewood Cliffs, N.J.: Prentice–Hall, 1974).

竞争。酿造葡萄酒的行为可能只是大农场主的一时兴起，因为这可以象征财富，或者显示社会地位。他们有时会将葡萄酒卖给亲戚，但更主要的是用于家庭内部成员相聚的特定场合，如婚礼、坚信礼与其他家庭庆典活动。一些文献档案间接地记录了葡萄酒不受当地人欢迎的历史事件。1790 年，农民迫于当地政府的要求而铲除葡萄园中的果树，因为那些果树阻碍了葡萄的生长。政府之所以会提出这样的要求，是因为葡萄酒与税收相关。葡萄酒多了，什一税就会增加，不酿酒的家庭则不必缴纳什一税。由此可见，在景观的背后，是精心计算的经济理性行为。
在历史传承相对悠久的区域，政府总是借助行政决策来强化自身的土地 *168*
利用特征。马克斯·韦伯在经典论著《新教伦理与资本主义精神》(*The Protestant Ethic and the Spirit of Capitalism*)里，就思考了“经济精神”是如何在物质层面体现出来的。这样的物质现象体现在文化景观中，对今日的研究者而言颇具启发。韦伯的理论源于其他人的研究素材，他把本土作为实验室，找到相似的元素，去验证这些外来的理论。

还有一种有问题的地理学观点，它宣称相似的地理现象背后一定有共同的属性。事实不是这样的，因为甚至是在形态上完全相同的现象，如泥灰质坡地上的葡萄园地块，都可能存在原发性的、功能性的、过程性的差异。我们要防止使用单一的意义去理解文化地理现象背后的前设。人们在对比梅森海姆与威克尔两地的葡萄园形态时，仿佛只是拍了一张快照，在某一时刻捕捉到了它们在形态上的相似性，但其背后的机理与过程是十分不同的。

三、结 语

梅森海姆与威克尔的比较研究是在1952年发表的。20世纪60年代初期，该研究的影响力衰退。此时，社会地理学研发出一系列分析社会过程的精巧方法，不再停留于用形态指征做分类归集的层面上。指征方法之所以会衰落，原因有四。

第一，如果重要的社会—空间过程没有在景观中留下明显的痕迹，景观指征方法的作用就会大打折扣。①

第二，并非所有醒目的物质形态都能支持我们进行从原因（过程）到结果（指征）的清晰分析，这些关系最终会变得模糊不清。

第三，指征方法在很大程度上建立在“直观”理论的基础之上，需要有大量的诠释。同时，该方法往往是主观的，测量的过程也显得很模糊，它无法很好地预测未来，不能满足规划的需要。

第四，指征方法往往显得不经济。如果一个人想要单独识别出社会性休耕率对就业结构的影响，就需要考察人们的态度与日常生活的变
169 化。这样一来，最直接的方法就是问卷调查法，而不是走景观指征这样的弯路，因为后者或许只能在景观上得到模糊的认识。“不能否认，‘景观’的确很容易被感知和理解，也常常比官方数据更能给人留下深刻的印象。然而，景观指征往往很不清晰，也比其他社会科学的方法迟钝。”②

那么，景观指征方法因此就变得没有价值了吗？至少存在两种反对

① E. Wirth, “Zum Problem einer allgemeinen Kulturgeographie: Raummodelle – Kulturgeographische Kraftelehre – aumrelevante Prozesse – Kategorien” (Concerning the Problem of a Common Geography of Cultivation: Spatial Patterns – Dynamics of the Geography of Cultivation – Space-Relevant Process – Categories), *Erde* 100 (Berlin, 1969): 177.

② Gerhard Hard, *Die Geographie: Eine wissenschaftstheoretiseche Einfuhrung* (Geography: A Scientific-Theoretic Introduction), Sammlung Goschen, vol. 9001 (Berlin / New York, 1973), p. 172.

的观点。

第一，社会指征研究在早期阶段包含社会行动这一指标（如上文收养孤儿的案例所体现的那样）。无论是年轻人组成的团体[①]在城市中以涂鸦的方式来标明自己的领地，还是研究者采用社会地图的方法来标注街头艺术、墙上题词的位置与意义，抑或是标明即将拆除的建筑，指征方法都为我们揭示出内城腐化过程中存在的危险。所以，对于社会规划的目标而言，指征方法是十分有用的。

第二，如果地理学不想让自身成为一门只是被内部人士掌握的学科，而是想让普罗大众也能接近，并且打开成年人与孩童的眼界去认识社会问题的话，那么地理学就需要以简明易懂的方式与人们交流。“用自己的眼睛去看”，这比任何语言都更能令人信服。在围绕生态问题的讨论中，指征方法体现出来的早期预警功能，尤其是针对人为风险的早期预警功能，重新受到青睐。

所以，我们可以在环境感知的范式中加入指征研究方法的价值观。过去颇为流行的“环境—人—行为”的推理链条，在融入“感知”与“想象”的概念之后，产生了一个全新的要素，该要素能够以更加实际的方式看待人与环境的关系。其中非常重要的一点就在于，把价值体系融入进来。该价值体系能够引导个体与群体对“现实的”环境做出评价。道恩斯（Downs）问道：“环境中什么要素才是最重要的？人们应该如何评价这些要素的相对重要性？人们是否会把这些要素考虑到决策制定中？”[②]德国哈特克社会地理学派已经对20世纪50年代的这些问题有所解答了，尽管不是提供了全部的答案。

---

① David Ley and Roman Cybriwsky, “Urban Graffiti as Territorial Markers,” *Annals of the Association of American Geographers* 64 (1974): 491–505.

② Roger Downs, “Geographic Space Perception,” *Progress in Geography* 2 (1970): 67–108.

第十一章

对经验性外业工作的思考

格雷汉姆·D. 罗勒斯（Graham D. Rowles）

> 人必须实践；即便你自认为懂了，没经过实践也不敢说自己真正懂了。
>
> ——索福克勒斯（Sophocles）

我曾花好几年的时间研究“地理经验”，认为这个概念指“融入自 173
己生活的空间和地方的程度”。我的研究对象是住在温彻斯特街的老年人。这里是城市中心区的居住社区，位于美国东部的一个城市里。[①]工作的内容主要是访谈，地点包括研究对象的家，附近的小酒吧和街道。我也会向他们的朋友了解情况。我试着成为这些老人生活的一部分，和他们建立起真正的情谊，而不仅仅是研究者和研究对象的关系。我试着分享他们的情感，和他们同甘共苦，同喜同悲。这个过程会产生真正的友情，而不是说刻意假装什么。对于很难和我产生心灵交集的老人，我一般不会讨论。

① Graham D. Rowles, *The Prisoners of Space? Exploring the Geographical Experience of Older People* (Boulder, Colo.: Westview Press, 1978).

这种对真实性的探究，是经验性外业工作的重中之重。这个过程，或者更准确地说，这种态度，是我想跟大家分享的。在这些老年朋友的帮助下，我尽量完整全面地观察和表述他们的经验，而这种经验源于特定历史背景、环境因素和社会氛围。观察和记录形成了一连串意象，我把它们对研究对象生活的细致性和完整性的破坏降到了最低。这些意象能够极大地帮助我们理解他们如何与自己身边的环境要素互动。在这种源于切身经验的记录的基础上，我试着总结一些规律，使其能够对地理学原理进行准确解读。读者接下来能清楚地看到，我的工作强调与对象建立紧密的个人关系，相互完成不受约束的、彼此发现的过程，并由此突破传统的“参与式观察”。我进行这些观察，既不是为了归纳出一种理论，也不是为了形成一套实践指导（以往的研究似乎总想占其中一
174 头）；而是想要描述或仅仅指出当代地理学方法论研究中的一些点滴，也就是最多称得上在学科内“暗流涌动”的东西。

一、人文主义传统里的外业工作

地理学从传统上讲是以外业工作为基础的学问。然而 20 世纪 60 年代以来，地理学家从“用脚丈量世界”逐渐转为坐在办公室里进行研究。人们越来越推崇对“未经污染的”数据进行“科学性”解读，这就使数据和解读脱离了作为其基础的实践经验。[①] 20 世纪 70 年代，早期的社会行动主义主张无所顾忌地走出象牙塔，重新探索外面的世界。它在很大程度上与人文主义在近代的自我壮大有关，即越来越多的人有意对环

① Anne Buttimer, *Values in Geography*, Association of American Geographers Commission on College Geography Resource Paper no. 24 (Washington, D.C., 1974).

境经验进行一定程度的了解。[①] 可是，无论口号喊得多响，这种程度的人文主义研究还是停留在“部分地”重新走进世界。研究者越来越依赖纯粹思辨、道听途说和文献证据，这也从侧面显示出外业工作基础的薄弱。外业工作之所以重新受到重视，是因为大家对既有方法论的正确性有所担忧。[②] 我们很有必要拿出一套新型的外业工作方法，不去贸然探索遥远的异域，而是着眼于个体的经验世界。其他学科，以及地理学的一些先行者，已经在这个方向迈出了自己的步伐。[③]

二、哲学基础

想要具体地讨论经验性外业工作，我们需要找到多种获知人们地理经验的方法。[④] 首先，这些经验是主观的、难以言表的。例如，玛丽 83 岁了，她在城里住了 55 年，对很多地方都如数家珍。这里有她日常穿行的街巷，每片地方对她来说都有与众不同之处，有些地方还蕴含着特

---

① Yi-Fu Tuan, *Space and Place: The Perspective of Experience* (Minneapolis: University of Minnesota Press, 1977); Anne Buttimer, “Grasping the Dynamism of Lifeworld,” *Annals of the Association of American Geograhers* 66 (1976): 277–292.

② J. Nicholas Entrikin, “Contemporary Humantism in Geography,” *Annals of the Association of American Geographers* 66 (1976): 627–629.

③ Elliot Liebow, *Tally’s Corner* (Boston: Little, Brown,1967); Robert Coles, Children of Crisis, 3 vols. (Boston: Little, Brown,1964, 1967, 1967);Sharon R. Cumin, *Nobody Ever Died of Old Age*, (Boston: Little, Brown,1972); David Ley, *The Black Inner City as Frontier Outpost* (Washington, D.C.: Association of American Geographers, 1974); David Seamon, “Movement, Rest, and Encounter: A Phenomenology of Everyday Environmental Experience” (Ph.D. diss., Clark University, 1977); Michael Godkin, “Space, Time and Place in Human Experience of Stress” (Ph.D. diss., Clark University, 1977).

④ Carl R. Rogers, “Toward a Science of the Person,” T. W. Wann, ed., *Behaviorism and Phenomenology; Contrasting Bases for Modem Psychology* (Chicago:University of Chicago Press, 1964), pp. 109–133; Abraham H. Maslow, *The Psychology of Science: A Reconnaissance* (Chicago: Henry Refinery, 1969), pp. 102–118.

殊的意义。走在那块土地上，往昔的点点滴滴会涌上心头。玛丽不会刻意地把这些东西抽象出来加以概念化，她对此习以为常，环境已经成为她生命的一部分。在她每日每夜的生活经历中，这种复杂的人地交互内
175 部发生着难以言状的交织、重塑过程。玛丽本人说不清这件事，这是基于她的生理和心理状态的动态转化过程；我也说不清，因为我不是她，没有她那样的经历。我不是在她所处的环境里成长的，没办法把自己的经验代入她生活了 50 多年的环境。这样的主观世界是非常个人化的。

其次，玛丽的地理经验或许可以被我们感知，或者说，被我们从客观角度揭示。运用逻辑实证主义，我们也许能够将玛丽在温彻斯特街的丰富经验概括出来，并且归纳出符合科学共同体公认标准的代表性要素（如行动空间、意境地图等）。这些标准中的一条，就是大家在逻辑上都能认同的“真实性”。[①] 这种具有客观性的认知有一个很重要的特性，即必须突破语言固有的抽象性，能够进行清晰的定义和表达。于是就产生了令人烦恼的两难问题。为了归纳总结出规律，我们需要可行的抽象过程，这让我们可以对城市里所有类似玛丽的人进行评价。从另一方面看，这是一个化繁为简的过程，会削减我们对个体独特性的敏感程度，尤其是让我们忽视研究对象个人经验的存在性意义。我们很有可能被蒙蔽，把对现实的抽象当作现实本身。

摆在我们面前的问题是：主观认知难以探其究竟，客观认知经常过于抽象。此外，还有第三种形式的认知，即交互认知。

> 让我们来看一些例子（尽管不一定总是适用）。比如说，两个朋友彼此相识，或者两个人彼此相识，像父母认识孩子，孩子认识

① Peter L. Bergen and Thomas Luckmann, *The Social Construction of Reality: A Treatise in the Sociology of Knowledge* (New York: Doubleday, 1966).

> 父母，哥哥认识弟弟，医生认识病人。类似的人际关系有个特点，那就是所知者本人会被卷入他所知道的东西里。他不是脱离于所知道的人或事，而是离得非常近。他不是冷冰冰地置身事外，而是活生生地参与其中。他不是冷眼旁观，而是带着自己的情绪。他对所知的东西有相通的感受或感情，换言之，他会感同身受，无论是在性质上还是程度上。可以说，他在乎。①

如果我和玛丽混得很熟，就能对她的地理知识产生特殊的感受。我们可以通过共同的经历产生相通的感受。在这样的关系里，我们彼此之间会不断反馈。我们会预设对方的认知，在自己的头脑里对标，然后再探求。在这个过程里，我们不只是突然性地、偶发性地发现对方的特质。我们会为彼此开辟一块有安全感的交流环境，这会反过来促进交流，让我们变得更像对方。于是我就能更了解她，因为我了解自己，而她的经验会变成我的经验的一部分。

上述三种认知模式相互之间存在交叉。社会学家的主观认知，在他 176
对地理经验的客观呈现中，也被表达出来了，只不过受到反思能力和个人经历的制约。我们希望能够深入其他人（非社会学家）的内心探究其地理经验，只有当这些主观认知为大众所认可，也就是客观呈现的都是老生常谈的时候，这些呈现才仿佛有用。然而，我们说过，主观的认知很难直接传达给另外一个人。那么，我们现在走进了死胡同？其实不然。我们需要明白，主观认知可以被注入交互认知。这是一个可以自洽的方法：本体是主观认知，然后通过具有媒介性的过程，产生出一个以经验为基础的、具有可读性的副本，这个途径就是交互认知。这其实就是经验性外业工作的要义所在。为了达成交互认知，我们需要

① Abraham H. Maslow, *The Psychology of Science: A Reconnaissance* (Chicago: Henry Refinery, 1969), p. 103.

和研究对象密切接触，跟他们的生活尽量贴近而不是保持距离。这就需要建立良好的人际关系，并且学会解读这些经验。上述要求在研究过程中具有非常重要的意义，我自己在研究中对这些意义有一些个人看法。

三、一次探索

我对老年人的地理经验的探求，以及本质上想要达到此类目的所有研究工作，在理论上不太完备，在步骤上欠考虑，视野也不够开阔。这反映出我对个体经验太多痴迷，以至于急于求成。

我的研究背景是根据老年人的环境经验做出的实质性推断；这些推断是从学术著作、新闻报道中抽取出来的，同时结合个人对逐渐变老这个过程的理解。研究的目的是重新审视老年个体与环境之间的关系，修正学术著作里的一些误区，指出现存政策的一些弊病。很多人认为，随着年龄的增长，人与身边环境的接触会不断增加，生活地理空间则会不断缩小。这把事情想得过于简单了。从另一方面看，人上了年纪之后，活动限制确实会增加，所以把上述观点一棍子打死同样很蠢。我们很清楚，老年人和他们身边环境的关系是不断变化的。这不仅取决于他们自身的行动能力，还和具有感知性、象征性的因素有关。我们需要对老年人进行更深层次的研究，从经验的角度出发，探究他们和环境的关系。

177 对于我个人来说，现在正是提出这个问题的好时候。因为我觉得，当下流行的环境认知研究抽象化倾向严重，我对此已实难容忍。就这些研究所自诩的展现出来的感知的丰富度和复杂度而言，其结论看似在方法论层面中规中矩，实则舍本逐末。在人类学、社会学和心理学等领域，研究者把以参与式观察和人文主义为出发点的诊断式研究作为方法，越来越多地开展对环境经验的深入剖析。[①] 我借鉴了类似的研究，也阅读了介绍这些研究方法的文献。[②] 这些准备工作貌似让我具备了一些“专业基础”。于是，我初步设计了一条研究路径，满怀期待地走进了这个研究领域。

1. 征集参与者

我原本以为只需要一两个月来征集志愿者，结果花了六个月——即便这样，我最终招募到的也只有五人。我会拜访每位参与研究的老人，第一次去的时候会有人陪同。这个人或是当地社区服务中心的工作人员，或是这位老人的熟人。这些拜访无一例外都很顺利。然后，我会稍显局促地把研究目的详细地讲述一遍。这些老人会似懂非懂地答应我，允许我经常来拜访并且“了解”他们。

等我安排下一次见面的时候，问题来了。有些老人会屡次推说自己忙、身体不舒服，或者抛出其他堂而皇之的理由，表示无法接待我。他们通常会让我过两三天再打电话约时间。结果，下次拜访或者通话要求会因新的理由被推脱——虽然言语礼貌并略带尴尬，但是态度比

① 比如说，科尔斯（Coles）的著作对环境的“分离”进行了详尽的观察，主要着眼于农场移民工人子女的地理经验。“农场移民工人子女认为一切都是暂时的。地方就像人、学校和田地一样来来往往。参见 Robert Coles, Uprooted Children (New York; Harper & Row,1971), p.91。他观察了一个一年级学生开学第一周的生活，做出了生动的描述：“他们告诉我，我可以坐在那把椅子上，那套桌椅是我的。每天我都应该坐到同一个地方，只要我在那所学校，那把椅子就是我的。他们，老师们，就是这么说的。”

② Barney G. Glaser and Anselm L. Strauss, *The Discovery of Grounded Theory: Strategies for Qualitative Research* (Chicago: Aldine, 1967); Herbert Blumer, *Symbolic Interactionism: Perspective and Method* (Englewood Cliffs N.J.: Prentice Hall, 1969); George J. McCall and J. L. Simmons, *Issues in Participant Observation: A Text and Reader* (Reading, Mass.: Addision-Wesley, 1969); Herbert J. Gans, *The Urban Villages* (New York: Free Press, 1962).

较坚决。现在回想起来，我和这五位老人，也就是斯坦、玛丽、雷蒙德、伊芙琳和爱德华（最开始的态度是逆来顺受），能分别建立起私人关系，其间花费了许多时间和精力，还曾因“失败”而产生焦虑，说不定是因祸得福。

2. 建立关系

除了招募研究对象费了番周折以外，还出现了另外一个问题。这要归因于我把经验性质的研究意义过于内化了。我和研究对象之间的个人情感，应该是在交流中自然产生的。随着两个人共同经历的增加，我越来越能读懂对方。但事实上，我发现自己在这个过程里强行加入了不必
178 要的结构。第一个原因是我在建立个人关系上本领还不够。尤其是在最初几次会面的时候，经常出现我处理不来的场面，如尴尬的沉默，含混不清的自言自语，以及当我们试图建立起对话的基础时因生活背景的不同而观点对立。很显然，如果我自己感到不适，那么研究肯定没法取得满意的结果。一般来说，我不会让这些矛盾冲突自行化解，而是会从传统的研究方法中寻找解决途径。在成型的方法里，提问者的专业性以及受访者的被动性已有定论。我感觉自己还是在顶着“学术权威”的光环提问题。

第二个原因是我作为这个领域的初探者并没有打开思路，很怕这种完全没有结构的研究产生不出有效的“数据”。如果我直接告诉受访者我可能没法站在他的角度思考问题，那么接下来的谈话立刻会变成由我“诱导”的对话，只为套出他平时活动的空间维度，甚或变成提供“意境地图训练”的白纸。如果我以“双面人”的姿态存在，那么结果不仅是表现出我对自己学术能力的怀疑，而且会造成双方信任基础的崩

塌——仿佛没有我“正规”的引导，受访者就无法恰当地表达自己。受访者从来不会对自己不信任的访谈者敞开心扉。我们之间的心理距离只会越聊越大。

受访者的反应可以分成三种类型。有些人可能感受到了我的顾虑，或者出于自己的顾虑，打退堂鼓。有些人想要迎合我，帮助我达到预期。69 岁的斯坦就是这样，他是个恬淡寡欲的人。像他这样的人会说：“你想要问什么问题？”“我绝不隐瞒什么。”“随便你，不用拘束。”“你怎么认为都行。”

幸运的是，有些人的反应属于第三种类型。这可能是因为他们天生就循规蹈矩，或者真的想帮助我。玛丽就是其中的典型。她会跟我争吵，等她弄明白我的意思，受到的冲击就会非常大。我的研究有一个预设，就是我想研究又穷又老的人，探究他们在城市中心区因物理性隔离、社会性孤立而面临什么样的限制、不便和资源匮乏。有一次，我们谈到一所教堂给老人和残疾人提供圣诞餐。

> 她说：“我们大吃了一顿，食物很丰盛。去了两百多人，有两百四十个吧。我们每人都买了入场券。有人组织给我们做这顿饭。”
>
> 我插话说：“那没钱的老人怎么办？”
>
> 她满脸狐疑地答道：“没钱的？哪儿有什么没钱的人。这话从何说起？老人吗？现在老人里没有穷人。老年人现在过得比年轻人好，179
> 因为我们有退休金。他们的退休金也都不低，所以活得都像大富翁一样。”她满怀信心地得出了结论。

我越是琢磨这段对话，越能明显地感觉到，玛丽脑子里的“贫穷”概念是在大萧条时期形成的，和我脑海里的情景完全不一样。她生活的温彻斯特街的小世界，和我所见的破败场景并不相同。渐渐地，我不仅是在了解她的思想，还把她的思想内化于我的头脑。①

在将近六个月的研究过程中，和玛丽的这段对话很典型。我和其他受访者之间也有类似的对话。有一段时间，我对自己的工作十分焦虑，因为确保“出成果”的上层建筑已经崩塌了，我不得不回到最初、最低层次的意图：记录下这些原始的经验，然后进行解读。在随后的几个月里，我一直没有完全摆脱成见，觉得如果最后得到的只是这样一些东西，就是对自己的一种否定。尽管如此，随着和受访者的关系越来越近，我的焦虑程度逐渐降低。研究过程变得不再那么生硬和脱离经验，与具体情境贴合得更加紧密。虽然三小时的访谈里没有多少明显和地理相关的内容，但是我开始感受到它们的价值。就一个完整的人来说，它们是背景条件，有利于我理解这个人的环境经验。于是，我和受访者之间形成了一种新型的、更轻松的分享机制，这让我更了解、更在乎这些受访者，也让他们更了解、更在乎我。

这种亲近有时候也会因为参与度的提高而陷入两难境地。我现在回想起站在弥留之际的斯坦身旁时的情景，还是觉得恍如昨日。他意识到自己没有希望活着离开医院了，不断地重复道：“我走不了了，我就死在这儿吧。”我觉得特别尴尬，不知道该说些什么。在开始这项研究之前，我没预想会碰到这样的事情。坐在病床边，我百感交集，甚至恼怒。“天啊，你死得可真不是时候。我的研究还没做完呢。”然后我立刻察觉到自己太恶心了。两人的情谊不过是到这个份儿上吗？我深刻感受到了

① 甘斯记录过类似的情况。那是在波士顿西区，他意识到那里的居民逐渐“习惯”了当地的环境。他写道：“我形成了一种选择性知觉，在这种知觉中，我的眼睛只关注那些人们实际使用的区域。空无一人的建筑物和用木板封住的商店已不再那么显眼，那些完全废弃的小巷或街道也不在我自己或西区的人通常走过的道路范围之内。街边仍然有垃圾，但由于它们集中在排水沟和空地上，所以不会对任何人造成真正的伤害，不再像我最初观察时那么醒目。”

自己作为人的心态和作为学者的预期之间的冲突。

3. 设置问题

在参与式观察的研究过程里，如果你不断追问，绝大多数受访者都能就你想了解的领域说上几句，如种族歧视、家庭关系，以及相关的日常生活等。但是说到地理经验，就显得虚无缥缈了。无论对于受访者，180
还是我自己，这都是个大麻烦。从受访者的角度看，这需要他们辨识出、表述出经验里潜藏的东西，而这些通常是难以用语言讲述出来的。斯坦一开始就表达出对我的问题的困惑，这或许部分地反映出我的研究内容之难以把握，同时反映出他对我用的一些词语，如空间、地理、环境等，完全没有清晰的认识。他在平时的生活里并不需要把这些意义抽象出来，绝大多数人也都一样。但是他毕竟体验过空间，所以几次会面之后，在我的引导下，他已经能建立起一些相关理念了。困难来自互相理解语义。我自己并不擅长把头脑里的概念阐述得十分清楚，这就让问题变得越发难解。我很难让受访者明白我想知道什么、想研究什么，包括“环境”是如何被定义的。结果就是我俩一起“对付”，产生出一种彼此共享的“语言”；与其说是寻求答案、进行对话，不如说是先把问题弄明白。这是研究过程中非常富有创造力的阶段，在每个受访者身上都有体现，尽管可能稍有区别。

4. 选定主题

随着工作的进行，一些地理经验的绝佳视角开始浮现出来。虽然种种耳闻目睹让我心酸，但我也逐渐对当地的公墓产生了某种情感。我的很多朋友长眠在这片公墓，年届八旬、双目失明的爱德华最喜欢在这里散步。他从小就在这里玩要，以此为乐园，如今这里正好没有任何快速的交通工具对他造成威胁。对于 76 岁的伊芙琳来说，从她的家里，只能向外看到一小片狭长的地带。她总是好心地望着外面发生的事，起到看护的作用。斯坦每天散步都会途经几个小酒吧，他之所以一直走同一条路，理由很明显——身体不行了，脑子也不好使了，所以最好还是走熟悉的路。我还发现老年人群体里产生了互助合作的网络，他们不仅在身体上互相帮助，还通过谈话交流，维系着一个地方的记忆和图景。那是这个地方曾经生机勃勃的岁月。随着时间的推移，一方面，在对比了每个人针对周边环境的自我调节能力之后，我越发赞赏他们的勇气和创造力；另一方面，就温彻斯特街这样一个发展变化着的地理环境而言，在适应老年人聚居这件事情上，它表现出来的面向公共生活的适应性和创新性也让我眼前一亮。

这些发现，只有极小部分是预先想到的。经历了几个月的谈话，一些新的研究主题浮出水面。刚开始的时候，这些东西好像是彼此不相容的、个性很强的行为特质。玛丽讲起她多年前到佛罗里达州游玩的往事，颇为生动。她在谈到一个孙女的时候，也能讲述得非常细致，尽管那孩
181 子住在千里之外的底特律。斯坦年轻时去过波兰的一户农庄，他会想象那里如今是什么样子。69 岁的雷蒙德有个女儿住在阿肯色州，聊起她的花园时，他这样说：

> 他们有一片像游乐场一样的地方。这头儿有一道篱笆墙，另外一头儿也有。我们就在两道篱笆墙之间，靠右手边的地方，修了一片花园。他们挖土来着。有秋千，就和游乐场里的一样。在另一头儿，我们和他们一起养马、养牛。到处都是树。草地上一共有 23 棵树。

只要看见一块显示着东京时间的钟表，他立刻就会想起旅居东方的

儿子。同样，所有受访者都会花很长时间回忆旧邻。令人意想不到的是，几乎没有人会谈及身体上的不便、多数时间困于家中不能外出，以及被家人遗弃在这片变迁中的老城区。这样的选择性沉默让我很困惑。

5. 解读意义

我给每个受访者都建立了卷宗，里边有很多文字记录、草图、照片，大量的录音资料，以及内容丰富的印象记录。材料已经慢慢积累起来，现在，问题转向了如何把这些资源转化成意义。这涉及两个过程。

或许最重要的是简单解读，也就是对包含原始经验的材料加以化简和重现，讲述每位受访者的生平，以及我和他们之间产生了什么样的思想交流。我们想要剖析、分类、解读，但经常忽视一个问题，即每一个生命都是一个有机整体。就算我们不去做这些事，只进行简单的描述，在遣词造句的过程里，我们还是会编辑、归类，并且从大量资料里进行筛选。这是不可避免的过程。那么，怎样进行选择呢？怎么才能在不破坏一个人经验整体性的前提下，表现出经验在环境中的动态性？不得不说，客观来看，或许我还是没能和受访者建立起足够亲密的关系，但是也不存在由我主观的直觉生发的、不言自明的实在。实际上，这个过程的关键在于，我所采用的素材在不断变化，而且我要把每个人身上有代表性的碎片集合到一起。每一次观察、每一个印象、每一段可能有用的对话，都被记录在一个 3 英寸[①] × 7 英寸的卡片上。每一位受访者的资料都是由好几摞且每摞几百张的卡片组成的。我花了很长时间对卡片进行分类，以便拼合出有内容的主题。所以说，我其实已经预先搭好了骨架，接下来需要往里面填充血肉，也就是具有说服力的素材。

① 1 英寸等于 2.54 厘米。——译者注

182 我会草拟一份文本。有三个案例，我用的基本是这种方法。还有两个案例，素材差不多都是转自录音的文字，内容也都有明显的主题，我还针对每个主题的素材做了概括性评述。把所有的访谈记录整理出来后，我会让受访者过目，和他们再次沟通（已辞世的除外）。这样就有了一个反馈过程，能让他们参与到研究的一个阶段中来，而按照以往的研究惯例，他们是没有这种参与机会的。爱德华就先阅读了这些文本，然后我们进行了长时间的讨论，对文本做了多处改动，最终的文本就成了在交互中被打磨出来的工艺品。但是在其他案例里，受访者似乎不习惯阅读文本这种交互方式，所以不太关心我写的内容，只是草草接受了。所以，很遗憾，创作过程还是被我介入太多了。

研究总是希望找到规律，所以就有了个体间的对比，以及对概括性的追求。除了简单复述个体的地理经验以外，我试图在一个概念框架下梳理出这些材料的脉络，从而在这些友谊关系的表象之下发现新的主旨。在解读的过程里，并没有什么灵光乍现导致“顿悟”的时刻，只有在外业工作形成的浩瀚文本里进行的无休止的探寻，费时费力，头绪纷繁。我在文字中探索、提炼、评价，一次次总结归纳，又一次次自我否定，这个过程就这样一直持续着。[①] 有些浓缩出来的微小成就，我已经在其他地方展示过了。[②] 我在这里只是觉得有必要让大家对这种方法有一个整体性的把握。

受访者的地理经验是时间和空间复杂交织的产物。个体在生理上和

---

① 结果证明，在这个过程中，我录制的音频非常宝贵。我发现，现场听一遍谈话和听一遍录音，会出现细微的差别。我得以还原现场，证实并进一步阐述这种方式带来的新问题。一些研究者不愿意使用磁带。除了需要将许多小时杂乱的谈话材料转成文字的技术性问题外，他们还觉得录音机限制了对话。他们更喜欢通过采访后做笔记来记录交流的内容。但是在三小时的交谈之后，我常常没有力气集中精力回忆，也有些怀疑这种选择性记录的准确性。此外，经过短时间的调整，参与者会对桌子上的小黑盒子变得毫不在意。录音机的存在可能只是在接触时间很有限的情况下才弊大于利。

② 参见 Graham D. Rowles, *The Prisoners of Space? Exploring the Geographical Experience of Older People* (Boulder, Colo.: Westview Press, 1978)。

心理上对所处环境进行直接参与和反应，能够获得相应的地理经验；此外，对一过性的或者空间上产生位移的环境，个体也会间接参与，制造出相应的地理经验。行动、辨识、感受和幻想，这四种行为模式叠加在一起，形成一种复合体，似乎这样就可以描述受访者在自身生活环境里的地理维度了。

行动，也就是“在空间里的位置移动”，包括在各种尺度上的行动：从贴近的环境，到经常性的消费、社交和休闲娱乐场所，再到偶发性的、长距离的远足、探亲、度假等。辨识的意思是辨认出空间的分异性，它包含一系列心理图式，为具体的行动打下了基础。一个人建立起这个图示序列以后，就能产生相应的生理和心理反应，比如说能分清左和右、上和下、前和后。对自己经常出入的空间，人们会精确辨识出其空间特征，这是形成一系列“具体的”空间心理图式的基础。最终，我们可以对受访者对空间里潜在的分异性的辨识情况进行总结——以家庭为圆心，划分出几个圈层，距离中心越远，辨识的精细度越低。感受承载了 183
基于地方的情感因素。一些地点和受访者本人密切相关，他作为个体，会对其产生无法割舍的情愫；还有一些地点相对泛泛，但是对于一部分老人来说，是他们“所关心的范围”，更有一种社会共享的意味。[①] 在前人的工作中，行动、辨识、感受都曾被纳入研究范围，尽管名字可能略有差别。只有对地理幻想的归纳总结，依然需要更充分的观察性研究。刚开始的时候，我还不能对地理幻想进行充分的解释，后来发现它是整合前三项要素的关键。

玛丽对佛罗里达州的印象、对女儿所在的世界的想象，斯坦对在波兰度过的时光的畅想，雷蒙德脑海中阿肯色州的花园和远在东方的城

① Yi-Fu Tuan, “Space and Place: Humanistic Perspective,” Christopher Hoard, Richard J. Chorley, Peter Haggett, and David R. Stoddart, eds., *Progress in Geography*, vol. 6 (London: Edward Arnold, 1975), p. 236.

市，以及所有受访者所珍视的“邻里的旧日好时光”，都可以被看作地理幻想的一种表达。想象自己进入从前的环境，或者想象自己进入千里之外的亲友的世界，这就是他们对“旧时本地方”和“今时他地方”的一种代入性、间接性体验。这种幻想呈现出两种形态：其一，回忆式的地理幻想，主要是往昔的状况，是对旧日环境的一种有选择性的代入体验；其二，投射式的地理幻想，主要是对今时今日和自己相距甚远的地理环境的代入体验。实际上，在受访者的“白日梦”里，出于以往经历的不同，这种代入式幻想内容非常丰富。

想要理解时间在受访者的地理经验里起到什么作用，前提是我们要能够识别出这项要素。它还能向我们说明，为什么目前这些老人身体状况逐渐变差显得相对没那么重要。对于他们来说，地理经验的来源不仅限于身体在空间中的位移——这样的空间是一种笛卡尔式的无时间性的空间；还依赖于时间的深度、各种意义以及空间性的具体背景，是一个复杂的融合体。我越发感到，以往那种“随着年龄增长，地理空间急剧收缩”的常规认识实在太过想当然。

于是，一个简单的人地交互模型被搭建起来，其中包含地理经验的若干元素。这些元素相对的重要性是动态变化着的。我们是否可以认为，随着年龄的增长，虽然行动力逐渐受限，但地理幻想在一个人的地理经验中地位越来越重要？如果这个论述成立的话，那么，期待人们调整辨识方位的能力，以及由空间而产生的各种情感，是不是就不太现实？我在和这些老人的互动中探究着这些问题，发现这些最基本的假设对研究很有帮助。

184 不过，不要忘记，我最初的目的并不是讨论研究所产生的各种概念，而是分析产生这些概念的过程。我们能不能从这个过程里归纳出一些东西，让后人在采用这种研究方法的时候成果更加丰富？我们要认识到，提出一套方法论并把它作为研究工作的约束条件是有危险的，毕竟每个领域都有具体的、特定的实际情况。① 不过，我们还是有必要总结一些要点，供后来的研究者参考借鉴。

四、经验性外业工作的特点

1. 需要接触受访者

经验性外业工作里最重要的部分就是和受访者建立起什么样的关系。在传统的调查性研究中，绝大多数互动都是受访者猜测提问者的用意，然后顺着提问者的预设路径回答。无论是问题的措辞，还是对答复的类型施加的限制，都已经为做出"恰当的"评估打下了基础。从本质上讲，研究者在进行访谈之前，就已经决定了受访者会怎么想。话说回来，经验性外业工作不希望研究者置身事外，而是希望研究者尽可能与研究对象建立起能够交心的人际关系。在这种交互关系里，研究者不要总想着避免"污染"研究对象。② 这个过程更强调相互之间的语言交流，而不是研究者单方面观察研究对象。这种关系不只停留在研究者对研究对象的移情，或个人主观世界的简单交换上，而是在交谈中形成一种互相促进的创造过程：

---

① Richard J. Hill, "On the Relevance of Methodology," *Et Al.* 2 (1969): 26–29, reprinted in Nornnan K. Denzin, *Sociolouical Methods* (Chicago: Aldine, 1970), pp. 12–19.

② 当研究者参与到他们正在探索的体验中时，研究结果不可避免地会受到"污染"。近年来，地理学家都对这种影响望而却步，其程度也许比大多数社会科学家所感知到的更甚。今天，观察者效应在研究中得到了更广泛的承认。这种"污染"并非洪水猛兽，而是经验研究的组成部分。

> 研究对象不仅会从研究者那里得到有价值的反馈，也会从自己的见闻中总结出经验性的东西，让研究者本人获取宝贵的真知灼见。无论是研究对象还是研究者，他们都因为经验性的研究方法而有所改变——他们彼此改变了对方。①

这样就产生出一种“文本”，它能够超越参与双方先入为主的经验②，不再仅仅是反映那些“想当然”的经验成分。不过，这种水乳交融的状态人人都想获得，真要实现却很难，必须突破重重障碍，包括社会阶层、种族、受教育程度、性格、性别，就我的研究而言还有年龄。伊芙琳有次偶然说道：“你还年轻呢，看着像个孩子似的。”这真是让我不
185 知道说什么好。跨越这样的障碍需要深入社会性和个人感知性的领域，而我们以前对如何探索这些领域知之甚少。要达到这个目的，我们要有足够的耐心去掌握彼此能够互通的语言，去建立一种双方都觉得舒适的亲密感，然后让思绪飞到千里之外。有时候，尽管从专业角度看，研究者在主观上希望建立起这样的分享机制，但结果常常是很难实现，因为参与双方（包含研究者本人）都不情愿或者客观上没办法找到共同的立足点。想要建立并发展这种建设性的关系，需要双方有大量的投入并且互相妥协。

“换位思考”存在很突出的问题，想要成功，就需要参与者做一些反直觉的事情。③ 比如说，当我和斯坦聊天的时候，感觉彼此建立起来

---

① Rolf Von Eckartsberg, “On Experiential Methodology,” Amedeo Georgi, Willam F. Fischer, and Rolf Von Eckartsberg, eds., *Duquesne Studies in Phenomenological Psychology*, vol. 1 (Pittsburgh, Pa.: Duquesne University Press/Humanities Press, 1971), pp. 75–76.

② Thomas J. Cottle, “The Life Study: On Mutual Recognition and the Subjective Inquiry,” *Urban Life and Culture* 2 (1973): 344–360.

③ Raymond L. Gold, “Roles in Sociological Field Observations,” *Social Forces* 36 (1958): 217–223.

的实在是相互割裂的。我说话的方式甚至思考的方式，都变得和原来不一样了，而是学着他惯用的词语和简练的句式，就像他平时和酒友说话那样。想要从这种经验中跳出来，进行批判式的思考，或者进行干预，会变得越来越难。这是一个从根本上难以解决的问题。我们不想弄虚作假，也不想刻意操纵结果。可是，一方面，我们需要鼓励参与者充分展示自我的特性；另一方面，我们得把他们表达的内容和我们自己的分析转化为学术界能够接受和理解的语言。二者之间应该怎么实现平衡呢？这逼着我们去实现一个某种程度上自相矛盾的过程。

2. 时间投入多

建立彼此信赖的关系需要花费很长时间。总的来说，两个人保持一种越来越紧密但又在节奏上有所克制的交流，会提升对话的质量，让彼此越来越深入对方的内心：

> 你不必过于在意、过于主动地迅速理解对方的想法，从长远来看，这反倒是效率最高的沟通方式。问题在于很容易草率地得出解释或应用理论，而实际上它们更多出于你自己的建构。[①]

如果你真的在乎对方的实在性，就给他充分的自由，让他决定对话的时间，允许他用熟悉的方式表达自我。不要在意时间问题。我们经常发现，只有在闲聊的过程中，你才会抓住很关键的内容，这在很大程度上决定了你获得的是清晰的概念还是模糊的印象。在交往半年多以后，玛丽才偶然和我说起自己有一支枪，从而引发了一场对话，让我深刻地

① Erik H. Erikson, "*Verstehen* and the Method of 'Disciplined Subjectivity'," Leonard I. Krimerman, ed., *The Nature and Scopc of SocialScience* (New York: Appleton-Century-Crofts, 1969), pp. 721-735.

了解到她对居住环境产生的恐惧意象。

186 很明显，这种松散的研究方式不太适合有基金支持或者合同约束的研究，因为后者有明确的时间限制。此外，它还会产生其他问题。受访者不会总有充足的时间配合你。一个许久未见的亲戚造访，或者突然得了一场大病，会有各种偶然事件中止交流。过了这段时间，等你想要进一步开展工作的时候，恐怕需要重新建立朋友关系。更大的问题在于，受访者可能失去兴趣，不愿意继续配合。还有就是，存在受访者非自愿性丧失的现象。拿我的研究来说，斯坦和爱德华就在研究结束之前辞世了。尤其当你的研究对象数量有限的时候，丧失任何一个都会造成极大的困难。

3. 受访者数量少

时间投入大，加上密切接触带来的繁复事务，这就决定了研究的样本量不会很大。如果你想在深度上做更多的文章，那么势必要牺牲一些广度。

小型的研究定组[1]是逐渐确定下来的。在这项半系统性的研究工作中，研究对象组不是一开始就确定好的。就我的研究来说，最开始就是拉一个清单，看温彻斯特街上住着哪些老人。当地的教堂、社会公益组织和社区里的知情人帮我列出了这份清单。在这个过程里，我也认识了当地的几位居民，他们又把我介绍给了邻里间的同龄人。这些人提供的帮助，让我度过了最开始一筹莫展的日子，而且对于潜在的受访者来说，似乎给我的研究披上了“合法化”的外衣，降低了他们配合研究的心理

① 定组研究是社会学常用的一种纵深型研究方式，关键在于选取一些研究对象（或对象组），定期跟踪其状态。研究可持续数年之久，在此期间研究对象不变。——译者注

门槛。[①] 即便如此，受访者的流失率也很高。我最初接触过的 26 个人，最后只有 5 人留在了定组里。爱德华是其中一个，我跟他的关系是在一次事先无法预料的会面后才发展起来的。他偶然看到社区通讯里有篇报道我的工作的文章，于是自愿加入了受访者队伍。受访者经常是可遇而不可求的，就算你广撒网，最后可能也捞不到几条鱼。

研究定组有一定的自选性，研究对象并不是统计学意义上的随机样本。[②] 在最开始选择研究对象的时候，你就有一定的倾向性，只有那些“有反应能力的”、愿意配合进行长期工作的人才能被选入。这是不是说明，最后得出来的结论价值很有限？我们很容易钻进只强调客观看待问题的圈套里，也就是说，希望所有的结论都符合被他人普遍接受的框架。但很显然，我们的出发点是描述一个完整的人，他是一个独立个体，所以上述要求根本就不切实际。在这个小的研究范围里，每个人只能代表 187
他自己。不过刚才也提到了，我希望尽量归纳出一些东西。那么，我的“样本”选择是不是无效的？如果我们很在意实证主义的验证过程，那只能说，的确是无效的。不过经验性外业工作只会在主体间性的层面上关注验证的过程：它关注的是**发现**的过程，需要冲破传统的规矩发展出洞察事物的新方法。由圈子里的同侪开展的以主体间性为基础的验证过程，会在研究的后期阶段出现。

---

① 从事这类工作的大多数研究者发现，社区的线人或联络人（经常也是研究参与者）是当地历史和社会背景信息的重要来源。此外，了解参与者的第三方通常可以带来关于他们的启发性观点。这种观点是通过对他们的深入了解而获得的。

② 然而，这种方式可能构成了格拉泽（Glaser）和斯特劳斯（Strauss）所称的理论抽样的基础。与统计抽样相比，理论抽样没有任何“预先设想的理论框架”；相反，它的前提是“样本类型齐全”。为了在一个新出现的理论框架内阐述重要的主题，需要仔细选择反映经验尽可能丰富的参与者。

4. 能获得归纳性结论

总结规律是经验性研究最重要的成果之一。在和受访者不断交流的过程中，从一些事件中或在某些方面，我们能够得出一些结论。对话本身便是待研究的数据，它们反映出总结归纳的过程，形式是两个人用自己的所知所见相互沟通。这些对话会被整理成文字，产生有说服力的数据。

归纳总结的第二个阶段，是在与受访者充分交流之后反思经验，向学科同行转译并诠释的过程。这个过程，无论是身体上还是精神上，都与访谈本身所在的空间无关（如我写作的地点距离温彻斯特街几百公里）。它需要将“文本”批判式地转化到地理学一以贯之的主题中。由此得出的结论肯定出于研究者本人，但是既然需要学术权威性，就必须得到访谈者和受访者的共同认可。于是，研究者就变成了转译者。他必须把双方主观认知的精髓抽取出来，并且用可理解的方式展现给双方，这样才算成功。

如果想要把这样的解读放在另一个研究环境下——哪怕用在另一个研究者或研究对象身上，是很难成立的。如果只和其他研究做比较，你或许会发现一些相似性，但是个体间和群体间的差异性同样很明显。但是，我们不能说这项研究只是把毫无联系的个案拼凑在一起，而应该看到它引发了批评和对研究初衷的讨论，还引发了新的问题。最后所总结的规律仅有参考意义，甚至只是引发思考而已，但也是形成理论的必要基石。

5. 呈现方式多样

地理学家既不同于心理学家，也不同于社会义工，他们更关心的是能从研究中得到什么样的实质性结论，而非止步于探究研究者和研究对象之间的人际关系。不过，在经验性外业工作中得出的结论，通过强调探究过程的人文性和创造性，可以最明显地呈现出对事物的洞察。一般
来说，这不需要研究者掌握严密的推导或者翔实的数据，而是需要通过 188
精细的感知能力和表达能力，把读者带领到研究过程里，对过程进行详尽的描述，让读者明白结论是怎样得出的。这要求其载体就像传记文学一样，把“自然发生的历史”娓娓道来。[1] 这个过程是什么样子的？大量的观察结果怎样融合在一起成为结论的有力支持？像本文一样采用第一人称的写法，会对这项工作有所裨益，因为这样便于直接体现研究者在研究过程里的心路演化。就像布里奇曼（Bridgeman）所说：

> 当我得出一个结论的时候，就算该结论像数学定理一样冰冷枯燥，那也是我作为一个人在下结论；而且“是我这个人在下结论”本身也是这个过程可视化的部分。同理，当你引用别人的话时，无论被引用的内容多么平淡无奇，那也是你作为一个人在引用，这是不能被忽略的事情。我引用你的话，那也是我在引用。[2]

一般来说，如果采用记叙文的写法，那么更容易展现这种外业工作内容的丰富性和连贯性。站在老人的墓碑前，和他的亲友们一起默默追思，这是一种很特殊的交互性体验。词语、语调和语气，都能体现情感。我没法知晓爱德华的感受，但是我制造出的氛围，仿佛让他也存在于这片地方，我创造出的情感或许比他原先投入在这片地方的情感还多。当

① Howard S. Becker, “Problems of Inference and Proof in Participant Observation,” *American Sociological Review* 33 (1958): 660.

② P. W. Bridgeman, *The Way Things Are* (Cambridge: Harvard University Press,1959), p. 4.

你想表达这种情感因素的时候，难题也就随之而来了。想要达到这个目的，你需要有高超的写作技巧——好像地理学家有必要同时也是诗人。这就是难题之所在，因为没有几个地理学家有这样的天赋。我们搜肠刮肚寻找合适的词语，我们苦于难以充分表达内心的情感，我们迫切地想把个人的经验如画般展现出来，这就是为何我们说“解读”有很高的难度。对于所有的调查来说，对过程和结果进行精确的描述都很不易，如果还牵涉细微的差别，那更是难如登天。这样的写作没有可借鉴的模板，没有可遵循的规则，能做的只有追求尽量真实的再现。

在这项研究里，研究过程的完整再现不仅包括生动描述人际关系，还包括建立一个基础，让读者明白结论从何而来。基本条理应该是：“事情的过程是这样的，从中我们总结出了什么东西。”结论不能是纯思辨、纯推理的，要与经验充分结合，这样才有可信性。

五、关于态度：伦理道德与诚实正直

189 我的观察特别注重经验性外业工作的可操作性。从某种意义上，这可能具有欺骗性，因为在这种类型的研究里，态度起到的作用可能比操作程序更大。研究者必须在一系列伦理道德问题上找到自己的立场，最起码得凭良心做事。你希望建立的是一种亲密无间的关系，这要求你能够意识到自己的责任。如果受访者追求一种平等的关系，那么势必要相互做出彼此满意的承诺。于是，在研究过程中，双方尤其注意是不是会被对方利用。交流时，如果有一方企图占便宜，那么另一方就会感到不平等。此类行径包括一些隐晦的承诺性暗示，如流露出“如果你配合我，我会让你的生活有起色”之类的意思；还包括用一些利诱的手段，只为自己的良心少受些谴责（“这样你总该无所保留地对我讲了吧”）。

还有一种比较危险的做法，就是研究者刻意追求公平性，不允许受访者在没有得到资金补偿的情况下主动做贡献。这样做的后果，就是把两个人的关系变成了空洞的交易。斯坦经常会请我喝一杯，当我执意回请的时候，他十分恼怒。最后，我学会了客客气气地接受他的好意。一般来说，搭个车，或者一些小的互相帮忙，都是人际关系里的正常现象，跟金钱关系不搭边。有时候你只管接受，这就是对他最大的回报。

只要你在处理人际关系时光明磊落、正直坦诚，很多伦理上的问题会自行化解。就算是善意的谎言，最好也不要有。这项研究的目的，即便确实（研究者很不甘心）难以详尽描述，但是在寻找潜在的研究对象的时候，还是要尽量用他们能理解的语言进行解释。这种解释可能会被误认为是一种要挟，也可能会让社会学家“神通广大”的形象扫地，所以并不利于笼络研究对象。但是待人真诚的意义远大于此，它会让你建立起真挚的人际关系，当然也是非常复杂的关系。在这种关系里，双方能相互信赖，可以突破时间的藩篱，分享爱与恨，共担喜和怒。当然，有些问题不能仅靠坦诚相待来解决。如何处理关系的中断就是比较棘手的问题。[①] 在所有的人际关系里，离别是最痛苦也最容易激发强烈情感的。双方渐行渐远，分别的那一天终将到来。对此我们只能理性地看待，希望对于绝大多数受访者来说，从这层人际关系里得到的益处远大于分离带来的苦楚。

发表研究结论的过程也存在伦理道德的问题。无论你多么小心地保 190
护隐私、使用化名，如果有人对研究报告进行细致的解读，还是能辨识

① Robert W. Janes, “A Note on Phases of the Community Role of the Participant Observer,” *American Sociological Review* 26 (1961): 446–450.

出其中一些人。[①] 必须使用地图来展示地理信息，让这个问题变得更加凸显。反转地图、更改地名只是权宜之计，因为我们需要通过展示地理信息来体现空间关系，所以只要仔细分析，还是不难辨认出图中地点的现实位置。研究报告还有可能让读者把某些参与者和现实中的人错误地联系起来，更有甚者，可能会导致对某些人的精准刻画。如果隐私曝光，那么彼此的信任就将化为泡影。对学术的忠诚和对人的忠诚，二者有时难以兼顾。最可叹的是，这类难以化解的冲突经常不可避免。[②]

如何解决上面这些问题，在很大程度上取决于个人的判断，毕竟这是个人的事业，带有个人的行事风格和表达方式。想要真实而完整地保留这些经验，外业工作的内容就不能仅限于简单地收集数据。这个过程里有很多陷阱，如果你在态度上有问题，就会掉进去。你可能会过分注重浪漫主义元素，夸大某些人对于受访者的意义，仿佛是在讲故事，从而对原本很复杂的生活做出很草率的结论，人云亦云地发布一堆毫无根据的陈词滥调。盲目自信，觉得自己采用合理的“方法”挖掘出了“真实”，却忽视了每个鲜活个体的独特视角，这是另一种态度问题，甚至比崇尚浪漫主义还幼稚。

六、视　角

这篇文章是在研究结束后进行的反思，可能有些地方过于强调“我希望能怎么做”，而对“我实际上是怎么做的”言之甚少，没有把握好

---

① 本文的地名和人名都经过改动。

② Howard S. Becker, “Problems in the Publication of Field Studies,” Arthur J. Vidich, Joseph Bensman, and Maurice R. Stein, eds., Reflections on Community Studies (New York: John Wiley & Sons, 1964), pp. 267–284.

这个度。就算能把握好，我在实际研究里犯的一连串错误也降低了它的参考价值，毕竟在特定的条件下事情就那样发生了。不过，总体上说，我采用的策略还是给深入观察地理经验提供了全新的视角。在当代人文主义地理学领域，我们声称要透过现象看本质，揭示出寓于空间之内的
意义、价值和主观能动性。但是，这个领域的经验性研究目前还很缺乏， 191
需要更多有识之士前去探寻。光是闭门苦想，已然不足以让我们向前迈进。

第十二章

文学与地理学：语意之于地理研究

段义孚（Yi-Fu Tuan）

地理学家一直在研究一个问题：文学和地理学有着怎样的联系？ 194
“联系”是一个空泛的词语，目前寻找到的答案并不能让我们满意。这些答案基本归于三个方面：一是地理学作品的文笔质量应该提高；二是文学作品是地理学研究素材的重要来源；三是文学提供了一个认识世界的视角。上面这些路径隐含着一个共同的假设，即我们知道文学的存在有何目的，以及它普遍的呈现方式是什么。

一、文　学

文学从广义上讲是所有被写出来的东西，可以是传单、报纸，也可以是诗集或学术期刊。在地理学领域，文学包括有方志性质的诗歌、包含区域元素的小说，以及学术著作。我们对本科生的要求是“了解地理学领域的文学作品”，言下之意是，应该去读那些被学术界广泛认可的、成为学科体系精要的大部头著作。其实我们有“文学作品”，也有“专业书籍”。只要涉及地理学的一些主题，如空间、地方、自然、环境，就可以算是地理学领域的文学作品。那么，地理学和文学之间的关系如何？

艺术和科学之间的关系，在我们的兄弟学科社会学里，就显得清楚多了。文学艺术作品有很多对历史内容的一般性表述，有些具有创造性，有些具有一定的模式；而罗伯特·尼斯比特（Robert Nisbet）清晰地界定了社会学和一般性表述之间的区别。科学的诞生经常受到艺术的启发。我们以城市为例。在西方，城市在 19 世纪形成了独特的社会和文
195 化景观。法国印象主义大师很喜欢表达这些景象，他们在不计其数的画作中表现了广场、咖啡厅、街角、公园甚至拥挤的道路。当时的小说家，尤其是巴尔扎克（Balzac）、陀思妥耶夫斯基（Dostoevsky）、狄更斯（Dickens）、左拉（Zola）和司汤达（Stendhal），都愿意用城市作为作品的背景。其后的一些社会学家，包括滕尼斯（Tonnies）、韦伯和涂尔干，也是如此。巴尔扎克的《人间喜剧》（*La Comedie Humaine*）有大量关于巴黎的细节描写。在他笔下，这座大都市既充满形形色色的个体，又能被归纳出一些社会群体属性——这些群体都能在当时的社会学专著里找到对应的类型。马克思认为巴尔扎克的作品是绝佳的社会学研究素材，同时也是优质的读物。尼斯比特对充满工业化气息的城市景观满怀敬意，他写道：“从 19 世纪的文学、绘画和社会学著作里，你能够切身体验到工业化的景观；恐怕再也找不到别的东西，能这样把 19 世纪的社会学和艺术韵味结合在一起，生动地展现出来。”[①]

与社会学相比，传统的地理学不太关心文学艺术界的大事和动向。

---

① Robert Nisbet, *Sociology as an Art Form* (New York: Oxford University Press, 1976), p. 61.

我们在人文主义方面的修为尚有不足。在康德的倡导下，地理学家主要研究自然过程和那些“外在于”人类社会的现象。在康德看来，“外在于”指的是房屋、农田、习俗以及人口数量这些服从于自然法则和生物规律的元素。“内在”的元素就不属于地理学的范畴了，如人性的各个方面，即意图、意志、理念、符号等。相对于人类学和社会学，地理学受启蒙运动中哲学变革的影响较小，受政治变革和商业变革的影响较大，而后面这两个领域对文学兴趣寥寥，最多也就是拿它粉饰一下辞令。可想而知，地理学如果涉及文学艺术的话，也不过是用它来装点门面。我们能感受到，艺术的熏陶会让我们变得更加敏锐，阅读文学作品能提升写作能力——就像我们的作品如果图文并茂（当然并非必须），就能更有说服力，引用名人名言也更容易打动读者。我一点也不反对文辞雅致，不过巧舌如簧也会带来风险。于是，当运用敏锐的科学手段时，我们没有选择让自己的感觉也敏锐起来，而是采用了一种滞涩但求实的文风，也就是所谓的“准确”；文采被当成对表达思想毫无帮助的奇技淫巧。

二、图　画

文学的种类浩如烟海，各有不同的特点。那它们的共同点是什么？
我们只有先搞清楚这个问题，才能看到文学为地理学家提供了多么强大 196
的武器。人们的经历，或者说经验，包含不计其数的感知、行为，以及环境所给出的反馈。大家都觉得文学是总结归纳或者准确描述经验的工具。经验是具体而有形的，但是当你回过身想抓住它的时候，它却又倏然消散。到了一日的尽头，或者生命的尽头，你或许会问：我究竟都做了些什么？文学的初衷就是将这些鲜活的经验（包括我们日常的行为）用文字呈现出来，从而让我们对这些具体而有形的东西再次产生经验。这是两种全然不同的过程。为了探究经验到底是什么样子的，我们要对经验进行重构。比如，说话的一个主要功能就是重构经验——当对邻居提起买菜的路上发生了什么事的时候，我们就是在重构经验。至于文学，它呈现的是书面的形态，所以也就作为一种很正式的途径，来满足人类在这方面的需求。

我们在经验的懵懂状态里不断探索和总结，于是才有了艺术和科学。艺术和科学分割了现实，让世界在我们脑子里呈现为一幅幅画面。反过来说，正是这些或多或少经过抽象的画面，让经验具体而有形地呈现在我们面前。人们日常的言论，如我们和朋友小酌时的谈话，其实与这些反映世界的画面紧密相连。但是言论太随意了，而且支离破碎，所以就随着经验很快地在我们的记忆里消逝了。艺术和科学成果则不然，它们非常讲求完整性和原创性，这和一般的言辞有非常大的区别。当我们观赏一幅画时，一般的反应是“现实生活就是这样子的”；当我们阅读一篇科学文献时，一般的反应是“自然规律就是如此运转的”。这些画面会镌刻在我们的脑海里。它们固化了经验，让我们觉得现实也是稳定的。

艺术作品和科学原理所描绘的画面有何不同？简而言之，前者倾向于大而化之，后者想做到精益求精。爱因斯坦是这样评价科学视角的：

> 理论物理给世界画的样貌只是诸多可能样貌中的一个。你必须极其精准地给出事物间发生关联的一切规律，这样才能画出来。所以物理学家毕生追求并以此为乐的主题，就是“描绘出我们能够观察到的最基本的运动形式”；而更复杂的运动形式，只有依赖于更

基本的运动规律和符合逻辑的推导过程才能为我们所认识。“因此，我们只能以牺牲宏观性为代价，去追寻极度纯粹、极度清晰和极度确定的规律性。”①

三、道路和花园

托尔斯泰这样的大文豪追求宏观的一面，爱因斯坦这样的物理学家 197
喜欢清晰和精确的一面。从他们追求的不同目标中，我们也可以看到文学与科学的差异。多萝西·沃尔什（Dorothy Walsh）写道：“用文字写成的作品，如果它追求艺术性，那它就不带有目的论色彩，最后有个结尾就可以；如果它追求非艺术性，那它就一定带有目的论色彩，而且最后会得出结论。”非艺术性的追求必然带有目的，因为它希望发展、进步，甚至到达一个终点。“这个终点会告诉我们世间万物存在的最基础、最重要的规律。我们可以用一条直线来象征其发展脉络，即一个人从这一端走到另一端。艺术理念就完全不同了。它是一个圆圈而不是一条直线，目标不是得出结论，而是追求一种完满的表达。”沃尔什后来还对这个比喻进行了延伸，说非文学作品像是“沿着一条大路向目的地走去”，文学作品像是“在一个封闭的花园里，按照特定的规则绕着圈子慢慢探寻”②。

如果一个人偏爱清晰性和确定性，那么他必须舍弃“大而全”和没有定论的结尾。但是这句话反过来并不见得成立。人们也可以在花园里

---

① Gerald Holton, *Thematic Origins of Scientific Thought* (Cambridge: Harvard University Press, 1973), p. 377.

② Dorothy Walsh, *Literature and Knowledge* (Middletown, Conn.: Wesleyan University Press, 1969), pp. 37–39.

修一条路。这条路可能蜿蜒曲折，绕过假山和溪水，但本意是通向带有目的论色彩的终点。换言之，文学作品就算结尾要留下悬念，其过程可能也包含科学的分析。在小说《白鲸》(*Moby Dick*) 里，梅尔维尔 (Melville) 就写了很多捕鲸技术方面的内容。在小说《大骗子克鲁尔的自白》(*Confessions of Felix Krull*) 里，托马斯·曼 (Thomas Mann) 也写到了自然发展史和进化规律。哪怕是短篇小说，也可能会涉及科学世界。例如，在《年轻的阿基米德》(*Young Archimedes*) 里，赫胥黎 (Huxley) 描绘了一个小天才如何证明了勾股定理。

四、风　格

关于形式，C. S. 刘易斯 (C. S. Lewis) 有着睿智的表述：

> 一个人想要打造一种风格，一是要明确知道自己想说什么，二是能确保自己正在说的就是自己想说的。我们必须记住，读者预先并不知道我们想要说什么。如果语言含混不清，我们就没办法把意
> 198 思传递给读者。我有时觉得，写作就像是赶羊。如果路旁有岔口，读者肯定会想走过去。①

我到底想说什么？“到底”似乎是个追求极致的词，但是很明显，我们在开口之前，还是要对自己想表达的主要意思有清醒的认识。如果有地理学家让学生读一些文学作品，以培养学生在地理写作上的风格，那么显然失于草率。如果想培养学生写气候研究报告的能力，应该让他

① C. S. Lewis, *Underception* (London: Geoffrey Bles, 1971), p. 219.

们看顶尖的学术论文，而不是去读狄更斯的小说。

就风格而言，文学作品和非文学作品有一个显著的差异，就是有没有明确的结论。文学作品一般都比较隐晦，即便好像要说什么道理，却往往欲言又止。学术作品目标就非常明确，写东西就是为了说明道理。所以在文学作品里，含蓄是刻意营造出来的；在科学著作里，有时候难以完全消除含蓄的表达，因为作者本人的语言工具可能就是这样的，但是你能看出作者肯定不是故意追求含蓄。

在隐晦程度上，明喻和暗喻也有差别。我们根据它们出现的相对频度，能大体推断出作品更偏向于文学还是更偏向于科学。字典对暗喻的解释是："把一种事物比作另一种相似的事物，或把一类概念比作另一类相似的概念，但不直接出现描绘相似性的词。如'冲积扇''铁石心肠'等。"明喻指的是用比喻词将具有某种共同特征的不同事物连接起来，如"大脑就像一台计算机"。无论是明喻还是暗喻，它们都是典型的创造性思维，能从两种不同的事物中找到相似的地方，并把它们连接在一起。文学作品多用暗喻，科学作品更倾向于使用明喻。这是因为文学作品行文繁复，也不追求明确的结论，妙处就在似与不似之间。科学作品要有明确的结论，如果使用暗喻，就有可能让读者误会。例如，一位科学家可能一上来就说社会在某种程度上像一个生命体。在正文里，他需要分析为什么社会像一个生命体，最后得出结论：社会的确就像一个生命体。

"哲学是一句一句说，文学恨不得把四句话合在一起说，所以搞文学总是比搞哲学费力气。"[①] 萨特以此解释为什么他在文学上花的工夫比在哲学上多。他在笛卡尔和司汤达的作品里各选了一句话进行对比。

---

① Jean-Paul Sartre, *Life/Situations: Essays Written and Spoken* (New York: Pantheon, 1977), p. 8.

199 “我思故我在”在哲学领域引发了无尽的遐想，但是作为一个句子，它仅仅表达了笛卡尔想要表达的内容。“只要能看见维里埃尔（Verrières）的钟楼，于连（Julien）就一直转弯。”《红与黑》(*The Red and the Black*）中的这个句子用简洁的词语，描述了主人公的行动，但是作者透过它，告诉了我们于连的感受、德雷纳尔（de Renal）夫人的感受，甚至钟楼的巨大体量，等等。作家司汤达仅凭借陈述事实，就能把隐含的社会关系和丰富的人物情感展现在读者面前。

要解数学等式，我们可以遵从一定的规则，但是创造一种数学理念就没有章法可循了。我们可以在学习中掌握说明文的体例，但是没有人能告诉我们怎样创造一个新的比喻。无论是科学作品还是哲学作品，清晰性都是行文的重要要求，这样才能让读者沿着一条确定的路，从各种前提出发，最终走到结论。对于文学作品来说，其间有大量对复杂人物关系的刻画，所以遣词造句要细致入微、引人联想。因而，作家既要有“把四句话合在一起说”的本领，又要能在不同的事物之间找到那一点点勾连，也就是我们提到的暗喻。

五、文学与实在

历史地理学家可能热衷于从文学作品中还原实在。比如说，唐代的长安城是什么样子的？曾经居于长安的诗人白居易写道：

> 百千家似围棋局，十二街如种菜畦。
> 遥认微微入朝火，一条星宿五门西。

这几句诗生动地描绘出 9 世纪初期长安城的景象。整座城市呈现出方形的布局。宽阔的街道纵横其间，朝着东南西北四个方向伸展，把城市切割成很多小格子，“似围棋局”。入夜之后，黑暗和静谧笼罩下来。黎明时分，人们可以“遥认微微入朝火”。短短的一首诗就能为历史地理学家提供参考，长篇大论显然更具备挖掘的潜力。关于维多利亚时代的伦敦，几乎没有学者不引用狄更斯作品里的语句。这不仅是为了修饰润色，更是因为他的作品饱含当时物质环境和社会环境的实在。

长安城的街道是不是有 12 条，还是像其他一些资料所记录的，只
有 11 条？狄更斯笔下的伦敦在细节上能不能保证准确？夏洛蒂·勃朗 200
特（Charlotte Brontë）的《简·爱》（*Jane Eyre*）在描写荒地景象时提到花岗岩，这肯定是不对的，因为奔宁山脉（Pennines）出露的大片都是砂岩，根本没有火山岩。[①] 但是，文学作品追求的肯定不是文字与事实能够精确地对应。那么，问题来了：它们追求的是什么？

六、经验的模式

实实在在的经验只能源自生活。任何表述经验的东西，无论是闲谈、小说还是学术专著，都是经验的抽象产物。实实在在的经验是独特的，但是我们在表述的时候抽出了它的一致性。文学作品对经验的描述，其独特性已经超出了普通的表述方式，但仍远不及人们每时每刻对现实生活的感受、想法和体验。文学想要达到的目标之一，是尽可能地找到经验的各种模式。比如说，20 世纪 20 年代在芝加哥一个加油站上班的人，

---

① A. E. Trueman, *Geology and Scenery in England and Wales* (Harmondsworth, Middlesex: Pelican, 1949), p. 164.

他的经验是什么样子的？小说家能对现实世界里感情、行为、人际关系形成的错综复杂的网络抽丝剥茧，进行精准细腻的描写。这样的准确把握是基于大的环境背景的，而不是基于孤立的事实。某两条街道的实际距离到底有多远这根本就不重要，重要的是，在当时的情况下，人们会据此做出什么样的举动。

手法纯熟的小说家所展示的各种人的个性和行为，比社会学家平时关注的复杂得多。若是有地理学家或者历史学家研究美国中部大平原，他很可能会选一个传统的角度切入，如自然环境、印第安人、畜牧业王国、寻找水源地等。他还会考虑其他经验模式吗？如果翻开罗瓦格（Rölvaag）的《大地上的巨人》（*Giants in the Earth*），他很快就会意识到，在南达科他州开拓并定居的故事不仅发生在主人公身上，还发生在他的妻儿身上。当然，对于到底有多少女人和孩子参与到这个过程，我们无从考证。但是这会提醒研究者，在研究中部大平原的时候只考虑男性劳动力的因素是不够的，还应该考虑到女人和孩子。

社会学家可以尝试通过文学作品提出问题，做出假设，因为文学作品经常出现一些“狂想”。比如说，在小说里，田间的一所房子突然被烧毁了。在这件事发生前，地主和佃户有着某种关系；那么在这件事发生以后，他们之间的关系会产生怎样的变化？让我们假设，后来有人发现，这场事故并不是意外而是有人纵火，又会发生什么？这条信息会给
201 相关的人造成什么样的影响？小说家不得不把这些前因后果都想清楚，这样才能创造出一个各种关系紧密交织在一起的世界。一条新的高速公路会对它经过的居民区产生什么影响，这是规划师关心的内容。在小说家的头脑里，人们可能做出的各种反应都已经被考虑好了。工程技术的应用只是在特定环境下造成了特定的结果而已，完全逃不出小说家的料

想。科学家能用科学技能分析并解决具体问题，但其中有多少人拥有文学家的想象力呢？

对于人文地理学家而言，知道观察什么是很重要又很困难的事。文学作品在这方面经常提供帮助。它们会关注科学家容易遗漏的方面，哪怕科学家在这个领域已经浸淫多年。比如说，理解居民区的本质属性是一个很难的问题。里面住的都是谁？他们之间的关系怎样？人们彼此间的联系必须借助于语言，还是仅用简单的眼神或手势就可以达成？大卫·埃文斯（David Evans）写过一首名为“邻居”的诗，提到了一对夫妇，他们孤独地住在一起。“她宽宽的后背、尖尖的脸颊，他圆圆的肚子、短短的头发。他们整天忙不停，却彼此不说话。”

今天他们擦窗户，
每扇都两人一起来。
她在屋里，他在窗外。
他对着她的脸喷清洁剂，
她对着他的脸喷回来。
他们用抹布擦拭着对方的脸，
没有一丝笑容挂在嘴边。[①]

七、对现实的感知

过去的人，身处异域文化的人，他们对环境有着怎样的感知？地理学家可以通过文学作品窥其一斑。我们所认定的“专业性地理文学”算

① D. A. Evans, “*Neighbors*,” copyright 1971 by Washington and Lee University.

是对环境非常专业化的解读。更普遍一些的，是文学圈子里富有想象力
202 的作家的感知。物质环境，或者说大自然，在人类世界里究竟扮演着什么样的角色？从 19 世纪美国白人作家的文字来看，他们认为自然“非常重要”。玛丽·麦卡锡（Mary McCarthy）写道：“我们大约已经忘记了，环境描写，也就是日落、风暴、河川、湖泊、山岳、峡谷这些东西，不仅是主人公行为的背景，也是小说标志性的写作技法，是这项艺术不可或缺的内容。”[1] 一个作家的笔力如何，要看他的描写能力强不强。比如说，大家都推崇狄更斯笔下的伦敦的雾，艾米莉·勃朗特（Emily Brontë）笔下的旷野，哈代（Hardy）笔下的荒地和山谷，梅尔维尔笔下的太平洋。地理学家愿意把自然环境摆在很重要的位置上，认为自然环境对生活的影响无处不在。有意思的是，19 世纪的文学家也体现出类似的倾向。“以前，我们说三要素，即线索、人物和环境描写。其中环境描写包含大自然和她的喜怒哀乐，需要给文章塑造一个大环境，让读者身临其境。它是小说赖以生存的空气，就像包裹着地球母亲的大气层一样。”[2]

一篇区域地理学的文章，开篇一般是一大段对当地自然环境的描述，好像和后面对人类活动的论述没有多大关系。同理，在小说里，环境描写经常被读者直接跳过去，因为对情节发展没有什么影响。很显然，尽管不是每每如此，但当大自然出场，成为故事的重要角色时，经常都是主人公的头号敌手。在很多小说里，自然环境与自然界的事物和人物的情感、行为紧密交织，就像在现实生活中那样。如果研究乔伊斯和福克纳（Faulkner）的作品，我们就要把自己放在这种人与自然的紧密联

---

① Mary McCarthy, “One Touch of Nature,” in *The Writing on the Wall* (New York: Harcourt, Brace & World, 1970), p. 189.

② Mary McCarthy, “One Touch of Nature,” in *The Writing on the Wall* (New York: Harcourt, Brace & World, 1970), p. 189.

系当中，而不是割裂地审视环境描写，去关心一条街道或者河流的位置是不是准确。

八、地理学里的艺术

我们谈到过，社会学和艺术经常出自同一种创造灵感。法国小说家，如司汤达、福楼拜（Flaubert）和巴尔扎克，都特别擅长描述社会现实。他们愿意把社会真实的样子告诉读者。司汤达的《红与黑》，副标题是“1830 年纪事”。福楼拜的代表作《包法利夫人》，副标题是“外省风俗”，看上去仿佛是一本社会学专著。巴尔扎克的《人间喜剧》不仅刻画了各式各样的人物，也描绘了不同的社会阶层。

想要了解自然现象，客观写实就足够了。但是想要了解社会现象，这还远远不够。阿尔弗雷德·舒茨是这样阐述的：

> 自然科学家眼中的自然世界，是由分子、原子、电子这些东西 203
> 构成的，它们本身并不“意味着”什么。社会学家关心的领域，也就是社会现实，有自己存在的意义。它们让人类在其中生存、活动、思考……社会学家为了把社会现实抽象出来而建构起来的思维客体，其基础是每天在社会里往来穿梭的普罗大众因日常所想而建构起来的思维客体。也就是说，社会科学的建构是一种二级建构，建构在社会成员的一级建构物之上，而这些社会普通成员的行为是社会学家必须观察、解释的，以契合他们所秉承的科学的程序化规范。①

① Alfred Schutz, *Collected Papers*, vol. 1 (The Hague: Martinus Nijhoff, 1962), p. 59.

过着平凡日子的普通人，他们建构起来的是怎样一种实在？小说家最擅长琢磨这些主观实在。社会学家也必须注意它们。实际上，社会学家在自己的学科刚刚肇生，还处于臆想阶段的时候，就已经注意到它们了。在描绘现实方面，小说家和社会学家都面临着一个根本性的问题，即如何把主观和客观融合在一起。

九、主观和客观的问题

地理学家熟知客观的空间和时间，并且善于用它们做文章，小说家同样如此。到了 19 世纪，小说家才意识到，要在主观世界和客观实在之间寻求一种平衡。罗伯特·兰波（Robert Langbaum）解释道："过去的小说家对时间的认知来自历史和每天都经历的现实，他们的'实在'就建立在这种时间之上；如今维多利亚时代的小说家却越来越为时间的本质而困惑，因为他们心里感受到的时间与钟表上、日历上的时间出现了不同步的问题。"[①] 出于相同的原因，他们面临另一个日益突出的问题，那就是如何让"人称视角"与客观实在达成一致。"维多利亚时代的小说家不愿意写固定人称视角的小说。人称视角只是他们使用的工具，是他们观察现实的众多角度中的一个或几个；相对来说，他们还是希望尽量保持客观的立场。"[②]

那么，什么是客观实在？它应该是以"上帝视角"观察的世界，体

---

① Robert Langbaum, "The Art of Victorian Literature," in Josef L. Altholz, ed., *The Mind and Art of Victorian England* (Minneapolis: University of Minnesota Press, 1976), p. 30.

② Robert Langbaum, "The Art of Victorian Literature," in Josef L. Altholz, ed., *The Mind and Art of Victorian England* (Minneapolis: University of Minnesota Press, 1976), p. 30.

现在小说里，就是全知全能的叙事者。如果这个全知全能的叙事者过于凸显，那么主人公就会像傀儡，失去人物性格。这样的作品就类似于社会学的专著和地理学家对区域的刻意描述。但是话说回来，如果有多个 204
比较突出的视角，那么**原本的**世界就会消失，分裂成若干世界，展现客观实在所依赖的尺度也就崩塌了。比如说，一个小说家或者社会学家想要描绘一个大都市，如果他把过多的笔墨花在描写社区和人群上，那么就很难使读者形成关于“这个城市”的整体印象。同理，如果过于侧重每个人的行动和想法，那么整个社区的形象就会变得模糊。

到了20世纪，小说家和社会学家一样，都放弃了主观与客观的调和，而是主动地靠向这一边或者那一边。在主观的方向上，客观和客观实在都被符号和精神层面的表达取代了，如卡夫卡和贝克特的表现主义作品。在客观的方向上，不仅小说常见的心理活动和主人公的本体视角不见了，而且叙述结构本身都被瓦解了，因为只要这个结构还存在，就会让读者意识到存在一个叙述者、一个操弄天命者。在罗伯－格里耶（Robbe-Grillet）的作品里，叙事被极端弱化，事物只展现出它们表面的样子；对地理环境的描写摒弃了各种比喻，因为比喻会把客观事物同内在的东西混淆在一起。威廉·巴雷特（William Barrett）评价道：

> 我们不要说“这个村子睡在山谷的臂弯里”，因为这样是试图把外在的现实类比成人类的醒与眠。这个村子就是位于山谷里而已。这是个单纯的现实，我们应该立足于现实而不是空洞的臆想。①

① William Barrett, *Time of Need* (New York: Harper Torchbooks, 1973), p. 59.

十、综合体

不得不说，一些低劣的地理学写作手法被比作法国“新小说”流派，这实在有点讽刺意味。在地理学作品里，我们都读到过一些描述街道、商场以及其他土地利用形式的干巴巴的段落。这些文字勉强算作对城市略显生动的写照。反观另一端，有些人过于追求个人的立场和视角，以至于使客观的外在世界整体崩塌了，读者只能看到众多演员眼睛里碎片化的世界。

真正秉持着人文主义精神的区域地理学家，其采用的模式既不是贝克特的，也不是罗伯 – 格里耶的，而应当是维多利亚时期小说家的，即
205 把主观与客观吸纳为一个综合体。地理学家既要考虑内心的时间，也要考虑钟表和日历显示的时间，也就是把人称视角与客观实在结合起来。一个理想的地理学家在描述一个区域的时候，既要有典型的个体，也要有社会群体，就像巴尔扎克做的那样。地理学家应该搭建好一个舞台，展现出宏观的背景，就像 E. M. 福斯特（E. M. Forster）在《印度之行》（*A Passage to India*）一书的开头所写的那样。这部经典著作的开篇很短，但区区两页就把物质环境和社会氛围巧妙地呈现在读者面前。地理学家需要一边论述自己对实在的看法，一边说明自己是如何理解和分析特定环境的，就像乔治·艾略特（George Eliot）在《亚当·比德》（*Adam Bede*）和《米德尔马契》（*Middlemarch*）中，以及托尔斯泰在《战争与和平》中做的那样。换句话说，维多利亚时期的小说及其 20 世纪的继承者向我们展现了如何将个体和社会群体统一起来，如何把数量不足的样本和力求精准的分析统一起来，如何把人称视角和客观实在统一起来，体现出最大程度的智慧。

文学作品主要为地理学家提供了三方面的帮助。第一，它作为一种

思维实验，帮助我们了解人们的经验和人际关系具有怎样的模式。在研究社会关系这类对象时，我们可以参考文学作品。第二，它作为一种人工产品，向我们展现出人们对环境的感知和文化价值观，帮助我们以历史的眼光看待问题。第三，它是主观与客观的调和物，为我们造就主客观综合体提供了模型。对于地理学来说，文学作品是包含道路的花园，既有艺术的形式，又有足以帮助我们展开分析的实质。

第十三章

地图学与现实

丹尼斯·伍德（Denis Wood）

行为地理学最近越来越时兴。这门学科大量用到了认知地图 207
（cognitive map）。我们日常对距离和空间的认识，与遵照地图学规范所得来的认知地图，其差别也越来越显著。[①] 尽管制图人的度量方法可能由本人素质决定，但是画出来的东西和人们普遍接受的标准经常有很大的距离，让人们难以认同其易变性、偶发性和流动性。[②] 本文就是要在以人为本的认知基础上，浅谈一下如何以日常的距离感和空间感为基础改进地图学。

地图学作为地理学的一部分，说到底要反映现实，必须以日常经验为基础，不能毫无原则地进行抽象。地图学和其他纯思辨学科的绘图不

---

① Roger Hart and Gary Moore, *The Developmenr of Spacial Cognition: A Review*, Clark University Department of Geography Place Perception Research Report no. 7 (Worcester, Mass., 1971); Roger Downs and David Stea, *Maps in Minds* (New York: Harper & Row, 1977).

② Arthur Robinson and R. D. Sale, *Elements of Cartography*, 3d ed. (New York: John Whey & Sons, 1969), ch. l; J. K. Wright, "Map Makers Are Human," in *Human Nature in Geography* (Cambridge: Harvard University Press, 1966); Arthur Robinson and B. Petchenik, *The Nature of Maps* (Chicago: University of Chicago Press, 1976); Waldo Tobler, "The Geometry of Mental Maps," in Reginald Colledge and Gerard Rushton, eds., *Spatial and Spatial Behavior* (Columbus: Ohio University Press, 1976), especially p. 69; David Stea, "The Measurement of Mental Maps," in Kevin Cox and Reginald Colledge eds., *Behavioral Problems in Geography*, Northwestern University Studies in Geography no. 17 (Evanston, Ill.: Northwestern University Press, 1969), pp. 228–253.

一样，它基于现实，具备人文主义特征，符合现象学的规律。之所以说地图学具备人文主义特征，是因为它必须尊重人，表达的内容要让人们觉得符合自己的经验；必须设身处地为使用者着想，而不是像电线杆或者照相机一样冰冷。之所以说地图学符合现象学的规律，是因为它必须考虑到客观实在和难以把控的纯粹主观反应之间的关系，照顾到人的空间体验的完整性；必须为休谟这样彻底的前实证主义经验论者所认可。从数据基础和题材来说，地图学不能像其他纯思辨学科的绘图那样狭隘以至于不符合人性，也不能遵循行为地理学的错误观念，即认为有人脑参与的世界和无人脑参与的世界有本质上的区别。

想把这些理念贯彻到地图制作中，我们要把握好三项原则。首先，个人的经验是对世界唯一真实的测度。以此为前提，就有了第二项原
208 则，即每个人各自感受到的世界都是独一无二的。我们每个人的人生轨迹都是独特的，因此要想建构一个世界，每个人的基础也是不一样的；再推进一点，可以说每个人所经历的世界都是不一样的。一种说法是，我们有一个共同的世界，每个人享有这个世界独特的一部分；另一种说法是，我们每个人都享有一个世界，我们共同的世界是由这些小世界集合而成的。这两种说法在表意上没有太大区别。伯特兰·罗素在试图把物理学的空间概念与经验论的传统和逻辑分析统一起来时，也表达过类似的想法。他说：“同一个客观物体，由两个人同时感知到，这基本上不太可能发生。”感知过程中的所有方位细节都必须被加以考虑。他又说：

> 需要注意，一个人所见的物体所处的空间和另一个人所见的物体所处的空间是完全不一样的。二者是互不相同的空间，而不是同一个空间的不同部分。我要说的就是，一个人所感知到的空间的不同部分之间的空间关系，和若干人感知到的空间的不同部分之间的

> 空间关系，不适用于同一种规律。整个世界是由众多的三维空间组成的。[①]

对于时间，罗素表达了相似的看法："永恒的、无处不在的时间，就像永恒的、无处不在的空间一样，是人类建构出来的概念。我所经历的特定的时间，和其他人所经历的特定时间，相互之间没有直接的关联。"[②]个体的经验是完全独立的，每个人都有自己私人化的时空叠加状态，而这正是想要表达现实的地图学所要刻画的真实世界的内容。

不可否认，我们对这些世界的结构知之甚少——毕竟，关于人们头脑中的世界的结构，我们几乎一无所知。罗素认为："看起来，我们说的空间比物理学里成熟的概念复杂得多，时间也一样。"[③]这样一来，就没有一个能够指导我们用地图表达现实世界的先验模型。地图用到的几何学必然是天然的几何学，就像阿瑟·爱丁顿（A. S. Eddington）所言："天然的几何学是物质世界的行为准则。"[④]根据第一项原则，物质世界要以个人自身的经验为蓝本，地图学里的几何学则是基于个体经验的一种理论或者描述方法。考虑到当代地理学的风格，我们想要为现实世界量身打 209
造一款几何学的做法是合理的，可以像传统地图学那样检验这款几何学是否符合经验。但是，通过进一步的反思，我们发现，其实不如像牛顿说的那样"我不杜撰假说"，并让越来越丰富的经验数据在经典的实证主义的框架内为自己说话。

---

① Bertrand Russell, *Mysticism and Logic* (New York: Doubleday Anchor, 1957), p. 133.

② 在亚历山大·达雷尔（Alexander Durrell）的《巴萨泽》（*Balthazar*, New York: E. P. Dutton, 1958）一书里，一个角色是这么说的："帕斯沃登（Pursewarden）在某个地方写道：'我们的生活……就像被写好的剧本。我们对现实的看法取决于我们在空间和时间中的位置——而不像我们想象的那样依个性而定。因此，每一个对现实的解释都基于一个独特的位置。向东或向西走两步，整个画面便都会改变。'"毫无疑问，达雷尔深受罗素的影响。

③ Bertrand Russell, *Mysticism and Logic* (New York: Doubleday Anchor, 1957), p. 138.

④ A. S. Eddington, "What Is Geometry?" in J. J. C. Smart, ed., *Problems of Space and Time* (New York: Macmillan, 1964), p. 170.

综上，反映现实的地图学有三大原则。其一，个人的经验是唯一真实的测度。其二，每个人感受到的世界都是独一无二的。其三，每个现实世界的结构必然基于个体经验的天然几何学，这表明基于现实的地图学更多是一种方法，或者一类方法的集合，用于观察和反映现实，而不仅仅是传统产品（如地图和地图集）的印刷机。话说回来，它作为一种反映现实的工具，存在的意义恰恰依赖于是不是可以生产出反映现实的产品。作为制图工具，它要是制作不出地图，岂不是空谈！事情虽然明显如此，但根据第二项原则，我们每个人都是自己世界的制图师；我们不知道在反映现实的过程中，自己的地图学会出现怎样的问题，因而没法预先假设解决问题的方案。

假设有一对小夫妻，省吃俭用地给客厅里添了一张地毯。由于通货膨胀，他们只买得起一张 6 英尺[①]×8 英尺的粗毛毯。既然买了，就得运回家，但是他们一铺就后悔了。他们买的粗毛毯看起来就像是一小片破布。女主人的眼泪溢满了眼眶，润滑了眼睛，使隐形眼镜滑落到了毯子的粗毛丛里。当跪在毯子上找隐形眼镜的时候，他们突然发现，这张小毯子简直像撒哈拉沙漠一样大！你或许会说，它仅仅是“像”，但如果你真的在地毯上找过隐形眼镜的话，肯定会觉得我所言非虚。如果在买之前让这位女士画出心目中的地毯，她一定想让它铺满房间；等到掏钱的时候，她会觉得这块毯子也就小了一点点而已，能对付；真铺在地上的时候，她又觉得简直像在广场上贴了块膏药；到了找眼镜的时候，她会觉得毯子本身变成了广场。在以上每一个场景里，这块地毯在人的认知里都大小不同，因为具体的情境在改变。既然地毯的大小在变，怎么才能用地图表现出这一事实呢？其中一个方案是变换比例尺，赋予每个场景一个自己的比例尺，就像图 13-1 那样。[②]更通用的方案是不给这

① 1 英尺等于 30.48 厘米。——译者注

② 这个独特问题的解决方案参见科登·辛兹曼（Cordon Hinzmann）1973 年 3 月 16 日的一次私下交谈。

块地毯标比例尺，你想要它多大都可以，如图 13-2。[①] 我们可以把这两种方式结合起来，把过去的尺度标出来，同时给未来留出模糊的尺度或一系列尺度，这样做或许比单独采用一种方式更好。

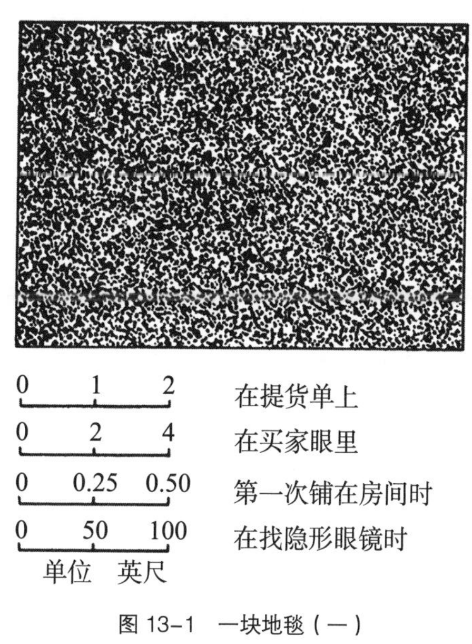

图 13-1　一块地毯（一）

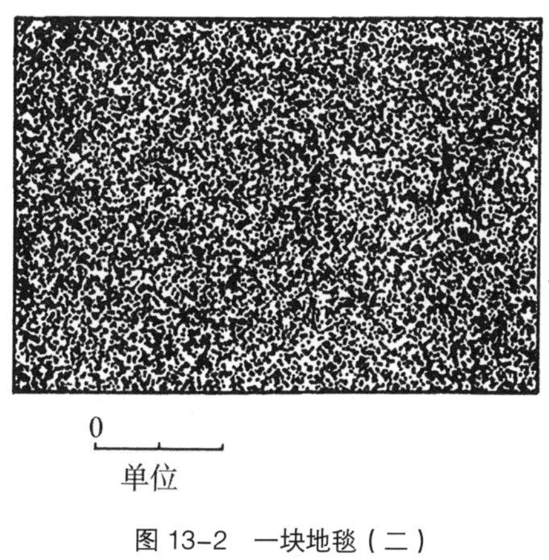

图 13-2　一块地毯（二）

① 这个改良方案是本文作者提出的。

210 另一项研究反映的是两点间的距离，如工作单位和家，从中我们会得出类似的结论。乍一看，图 13-3 很像图 13-1，也反映出一些曾经发生的现实，同时给未来留有余地。不过，其中一些尺度能让我们产生新的看法。最开始的两个很明显，如果一个人意外地被允许提前下班，那么回家的路感觉就比地图所显示的短。第三个比例尺反映出，随着行程的增加，尺度是在变化的，至少我们会在放长假前最后一天的回家之路上有这种感觉。在一段路途刚开始的时候，路程似乎比地图所标记的要长；随着越来越接近目的地，路程给人的感觉好像会比实际距离短。与此相反的是，如果上了一天班，累得要命，那么离家越近，路似乎就越长，好像走不完。

211

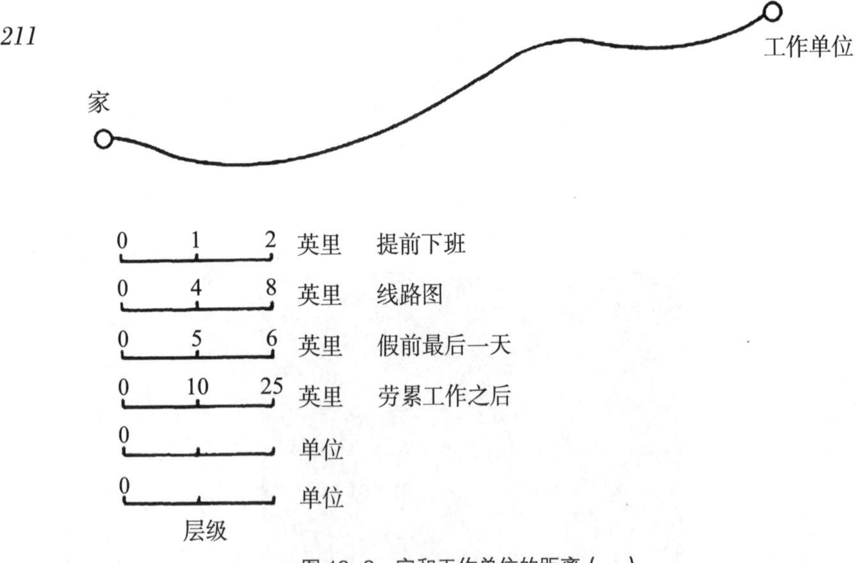

图 13-3 家和工作单位的距离（一）

在图 13-4 里，从家到工作单位，以及从工作单位回家，途经地
212 方的距离是用通过时间来标记的。[①] 一来一回，总长度是一样的。[②] 这

① 这个方案属于约翰·德利尔（John DeLisle）。
② 总时间一样，但是每个部分的时间不一样。

反映的现象就和刚才我们看到的不一样了——无论是哪一天，无论是在什么情境下，不同的路段具有怎样的长度只取决于是上班还是下班。图 13-4 的空间距离是用时间单位来度量的，而不是空间单位。这种做法有很强的主观性，因为生活处于时空共同体之中。明可夫斯基（Minkowski）就认为："脱离开时间，人根本没办法认识空间，反之亦然。"[①]

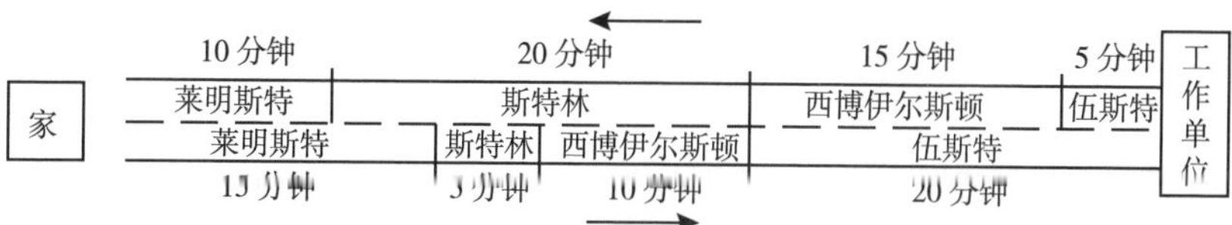

图 13-4　家和工作单位的距离（二）

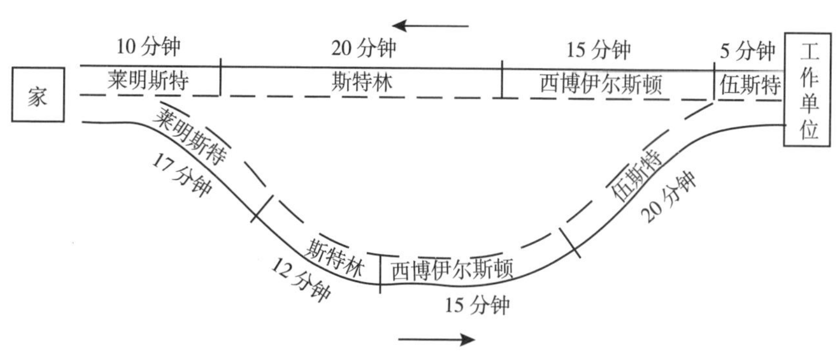

图 13-5　家和工作单位的距离（三）

在图 13-5 里，起止点互换后路程的总长度和每一段的长度也发生了变化。乍一看，图上似乎有两条路，其实不然，它们表示的是一条公路上一来一去两条车道。从家到工作单位要花 64 分钟，而从工作单位到家只需要 50 分钟。这幅图同样说明了不同时间尺度下的空间感的差别。如果你想把单位转换成空间，也无不可，而且很简单，只要认为每分钟相当于一里地就可以了。这两条路径之间的空白是为了进行区分，

① H. Minkowski, "Space and Time," in J. J. C. Smart, ed., *Problems of Space and Time (New York:* 1964), p.298.

不代表空间上的分离关系。[①] 为了避免此类误会，我们来看图 13-6。这幅图可以反映周而复始的行为：从家到工作单位；回家，再去工作单
213 位。它只能从逆时针方向看。图 13-6 反映的是运动的方向不同，导致人们感受到的路途长短也不同。途经的克劳福德加油站实际上只有一处，但在图中出现了两次。[②] 如此做的好处是能够表现出同一个事物在路途中被经过两次，也不会让一来一回的路途中间出现容易引起误会的空白区域。图 13-6 和图 13-5 都体现出了现象学所具有的反映现实的多种可能性，和我们以往熟知的地图学观念有很大的不同。

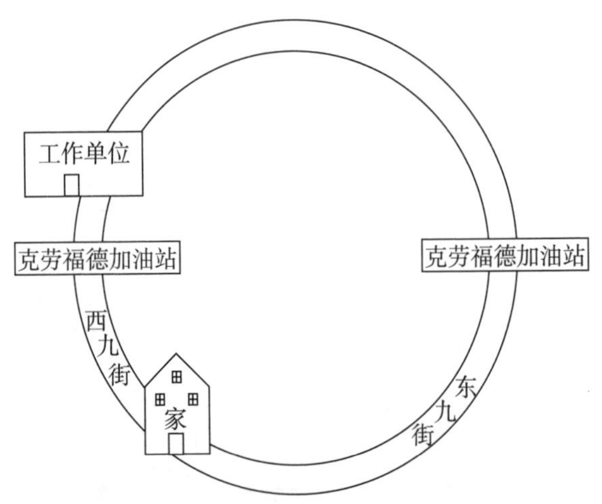

图 13-6　家和工作单位的距离（四）

目前为止，我们看到，这段路程的长短仿佛与起止点的位置没有关系。但如果起止点的位置的确发生了变化，那么路程的长短也会随之变化，这肯定是说得通的。这种想法给了我们解决问题的另一种方案，如图 13-7 所示。图中路程长短有变的原因在于家和单位都在改变。继续往下推，我们可以得到图 13-8，说明路程的长短取决于起止点的变化

① 当然，对于大多数地图来说，空白区域意味着大片空间。这只是我们的一种视觉习惯。我还没有看到地球表面的任何地方是空白的，然而，这就是一种约定俗成。我这个方案和大多数表达方式不太一样，但也不算多么出格。

② 这个方案属于托马斯 · 奥莱姆（Thomas Oram）。

情况；但是起点和终点都分别包含一大堆可能性，任何一组都跟另外一组不一样，当然也没有统一的结果，只能说路程的长度是起点和终点位置的函数。这样一张地图就纯粹变成了对空间不确定性的描述，而在让一组空间位置转化成一个单独的空间蜂群之后更是如此。

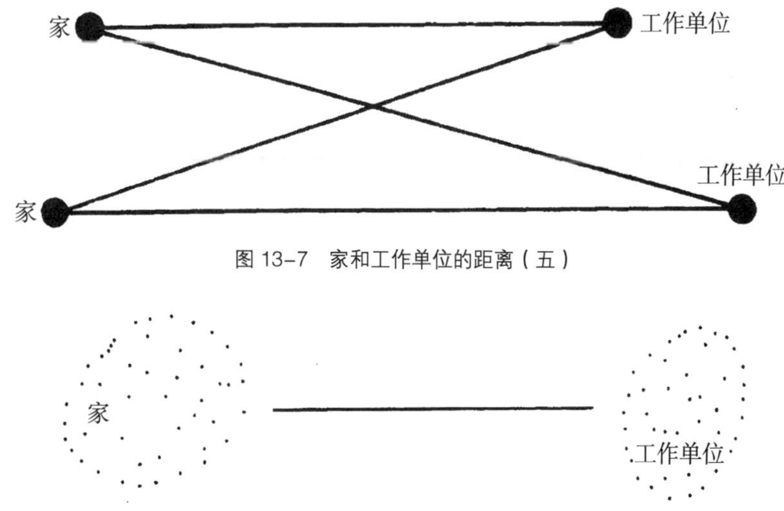

图 13-7　家和工作单位的距离（五）

图 13-8　家和工作单位的距离（六）

这个世界毕竟不是二维的。让我们设想，有一个孩子在滑雪。[①] 每次他拉着雪橇往山上爬的时候，心里想的都是能开开心心地滑下山坡。这是他一次次往返的精神动力。遗憾的是，他觉得上山的路永远比下山的路长得多。每一次上山，他都觉得山比以前更陡了，路也比以前更长了。但是只要从山顶开始往下滑，这段路就会变得很短了。最后，这座山变得高不可攀，于是他回家吃晚饭。图 13-9 展示了两座不一样的山，它告诉我们，真实的世界里至少有两座不一样的山。如果按照比例尺的变化来看，其实还有很多很多。一套比例尺用于只上下一次的人，另一

① 这个方案属于斯图尔特·豪（Stuart Howe）。

套比例尺用于往返多次的人。最后这套比例尺显示出有很多很多山。此外，我们还可以用等高线或者颜色的浓淡来表示。[①] 山峰有多高，表达的方式就有多少可能性。

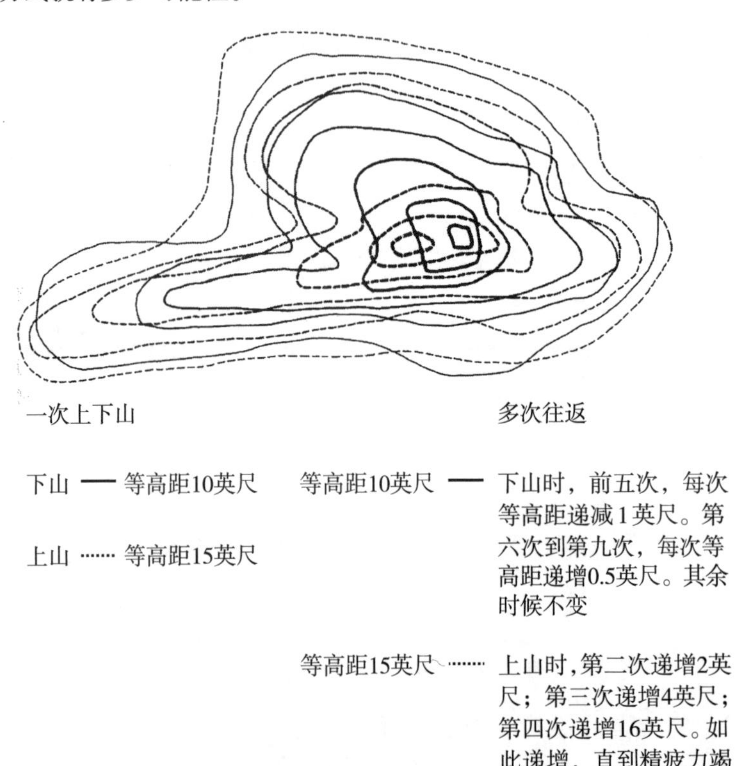

图 13-9 山的高度

215 现在，我们只探讨了地图学与现实之关联最简单的部分，也就是如何表达两点之间的距离，使其看起来可变或成为某种因素的函数。还有很多别的内容值得分析，因为现实是千变万化的。我在本文最后想要探讨的是摒弃度量单位过程的一小步。让我们来考虑一下距离的非递推关系。所谓“递推关系”，就是 A 和 B 有某种关系，B 和 C 有同样的关系，

① 这个方案属于诺曼 · 卡朋特（Norman Carpenter），他还绘制了图 13-1 到图 13-9。

那么 A 和 C 之间也存在这样的关系。在距离上，比如说，距离 A 比距离 B 长，距离 B 比距离 C 长，那么距离 A 就比距离 C 长。但是，如果考虑非递推性，我们就无法得出这样的结论。距离 A 不一定比距离 C 长。非递推关系其实很常见。比如说，我喜欢你，你喜欢她，但我不见得喜欢她，她也不见得喜欢我。或者换一个例子：张三下棋经常能赢李四，李四经常能赢王五，但张三可能从来没赢过王五。研究非递推关系 216
的数学家斯坦利・乌拉姆（Stanley Ulam）这样描述他的认识：

> 记得我在八九岁的时候想要对喜欢的几种水果进行“喜欢程度”的排序。我想说梨比苹果好，苹果又比橘子好。让我错愕的是，这种关系没法递推下去，因为李子比核桃好，核桃又比苹果好，但是苹果比李子好。[①]

乌拉姆的这种“错愕”感在非递推关系上其实很正常（见图 13-10、图 13-11）。它给简单排序这项工作造成了很大的麻烦。只要稍微考虑一下非递推关系，人们就能对传统地图的合理性提出怀疑。

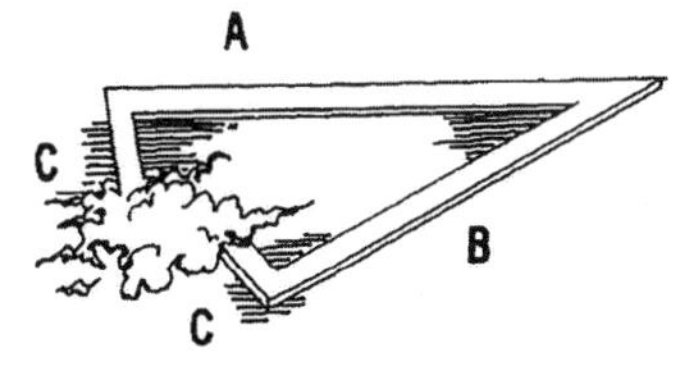

图 13-10　非递推关系（一）

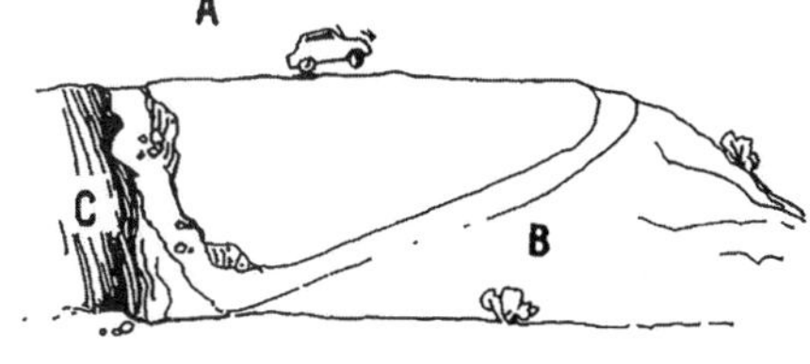

图 13-11　非递推关系（二）

为了解释非递推关系造成的空间问题，我们可以假设，有这样一个不等边的三角形，A 边比 B 边长些，B 边比 C 边长些，C 边又比 A 边

① Stanley Ulam, *Adventures of a Mathematician* (New York: Charles Scribner's Sons, 1976), p. 91.

长些。这样一个三角形貌似是不成立的，但没有必要去质疑，因为没人规定这个三角形的三边必须交于三个点形成三个角。这样一个不符合递推关系的三角形如何用图表达出来呢？如果有人企图用主观性来浑水摸鱼，那我只能用罗素的话来回应：“草率地用这个词会把真正会用这个词的人搞糊涂。”[①] 无论如何，上面两种方式都违反了我们为反映现实的地图学所设定的前提条件，即相信你的经验胜于相信其他任何东西，所以它们都要被我们摈弃。真实的世界是**一定可以**被表达出来的。

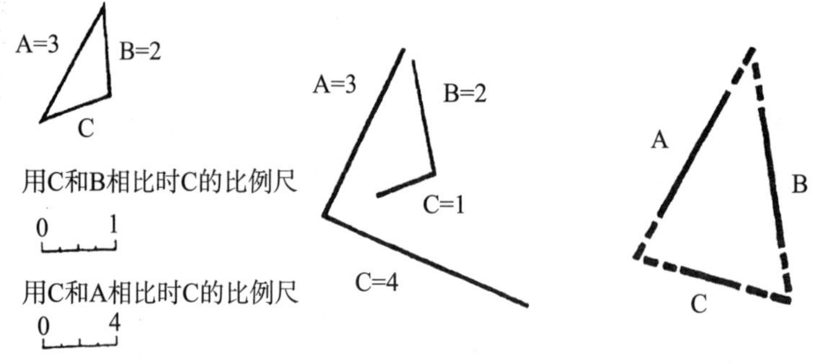

图 13-12 不等边三角形

实际上，一旦大家都认为这个问题十分重大，解决方案也就呼之欲
217 出了。比如说，每条线代表一段距离，但是比例尺可以变化，一套用于和某条边相比较，另一套用于和另一条边相比较。更稀奇的是，C 边用两条线段来表示，一条线段比 B 边更短，另一条线段比 A 边更长，以契合题目给出的条件。这三条边延伸到尽头附近时都可以虚化，用虚线来表示。这样一来，任何测量方式都说得通，可以赋予它们任何长度。可能性是无限的。你或许觉得这些妥协的做法有悖于直觉，但这种感觉很快就会消退，尤其是当你意识到其实所有的制图学方法都存在妥协。很多时候我们之所以没觉得那些做法违反直觉，只不过是习惯使然。举

① Bertrand Russell, *Mysticism and Logic* (New York: Doubleday Anchor, 1957), p. 138.

例来说，以北极为中心的等距投影地图所显示的澳大利亚的形状是非常违反直觉的。同样的投影方式下，原本是一块大陆的南极洲变成了围绕着全世界的圆环，这岂不更加违反直觉？如果我们在审视传统地图的时候用到的都是最天然的本能，那么所有制图方法做出来的成品都会显得特别不真实。[①] 但是习惯踩扁了现实，让它成为世俗的、为我们所接受的表现形式；所以我们很快也会习惯对地图学反映现实的方式进行改造，哪怕会制造出反直觉的东西。

一个完善的、反映现实的地图学体系会包含一整套方法，能够把人们空间经验中的现实反映在二维的图像上。这些方法会随着时间推移不断改进，逐渐扬弃传统制图方法。有三篇早些时候的文献，介绍了一系 218
列有助于反映出真实的距离和真实的方向的方法，但是这些方法还处于探索阶段，目前我们还没绘制出能反映复杂经验的地图。[②] 只有当我们把描绘现实的方法用于制作基于个体经验的地图集的时候，反映现实的地图学才能够真正找到用武之地。

① 这就是说，无论反映现实的地图学看起来多么不可能，都比不上常规地图学那样怪异——后者的元素中很少有比将点（如两极）转化为直线更奇异的了。在墨卡托投影中，这些点转化为无限长的直线。这种做法对于大多数教师来说太狡猾了：他们给地图贴上"真实"的标签，掩盖了"理解它完全要靠想象"这一事实。

② "What Color Is the Skye" (Paper distributed at the 1978 meetings of the Association of American Geographers); "The Cartography of Reality" (Paper presented at the 1973 meetings of National Council on Geographic Education); "The Geometry of Ecstasy" (Paper distributed at the 1977 meetings of the Association of American Geographers). 上述三篇文献，第一篇探讨的是递推性，第二篇探讨的是交互性，第三篇探讨的是真实方向。图 13-10 至图 13-12 是由鲍勃·克卢（Bob Klute）绘制的。

第三部分
一些研究方向

当试图说明人文主义地理学的巨大贡献时，我们会立刻感受到“人文主义地理学”这个词语本身的有限性。像其他带有限定词的地理学词语那样，说“社会地理学”或者“经济地理学”，这意味着它们具有自己的研究主题和研究系统，从而与其他同级别的地理学区分开来。然而，这既不是人文主义的特征，也不是它的目标。人文主义的目的并不是在既定的学科当中建立一套分支体系，以供研究者在专业期刊上不断发表研究成果。从根本上讲，人文主义的目的是为已经存在的问题提供新的视角，所以，它给予我们的不是一套具体的程序，而是**一种视角**。 221

我们在说到人文主义地理学的研究方向时，并不是要去限制人文地理学目前已有的研究范围，仿佛这一部分的文章只能揭示可以采用人文主义视角探讨哪些问题。我们最好不要用这些文章的研究内容给它们下定论，而是去思考它们的风格和强调的重点。

这一部分文章的很多作者几乎都认同地理学的传统定义，如对地球的研究，对人类家园的研究，等等。更重要的是，他们可能会觉得自己的文章着重关注**人的地方**。“人的地方”这个词能够更加彻底地表达这些研究的范围。因为专注于人的地方，所以会产生一种关系性的视角，会关注人类群体和地理环境之间的关系。因此，地方一定是人文化的地方，它们是人类建造出来的，并会反过来影响人类，地方的属性和人的属性紧密地关联在一起。

在人文主义者看来，人与环境是相互依存的。人的行动不是仅被需求驱动的，也不是完全被物质与经济决定的。这种决定论的视角在20世纪的社会科学研究中广泛存在着。人文主义者会把人视为积极的行动者，而不是被环境塑造出来的被动理想型。这一部分的文章表明，人具有行动的自由、思考的自由、命名的自由和建造的自由。研究者需要认

真对待人的目的和意识。在地方的发展过程中，价值和观念起到了十分
222 重要的作用，无论这样的价值和观念是源于宗教的，是现代社会运动带来的，还是历史上的伟人造就的。以前那种不证自明的观点已经不能再被视为真实的了，它们说明人类在进行地理学解释时常常采用先验的结构，进而将人的创造力压抑到十分严重的程度。这样的结构可能是“环境”“市场”“文化”，抑或是最近流行的“资本”。这些概念仅仅需要一些傀儡般的人，他们像变色龙似的殷勤地携带着环境所赋予的特征，一举一动完全是按照理论家编写的脚本展开的。

但是，关于人类自由的论点并不是故事的全部，否则我们只会得到一堆不切实际且模糊不清的理想。事实上，人类行为受到两种类型的环境限制：物质环境和社会环境。它们是被公认的最明显的环境限制。我们这个世界的思想基础仿佛是一种理想化的解释，它诞生于一成不变的残酷现实；这些现实包括人类的需求、有限的能力、稀缺的资源和不对等的社会关系。人文主义的社会观并非像一些人谈到的那样追求一种调和与共识，矛盾、竞争、冲突也是它的组成部分。

权力和权威的观念必须去神秘化，需要展现出它们究竟是什么。事实上，它们都是人类建构出来的产物。社会学家弗洛里安·兹纳涅茨基认为，甚至像英国银行这般毫无生气可言的机构都具有人文主义的特征，体现在它长期秉持的那一套价值、目标与传统之中。[①] 不管结构有多么宏大，它们都是人为创造出来的产物，也都是某些价值观的产物，某些人需要对此承担责任。如果我们采用“种族主义”“法西斯主义”或“资本主义”这样的意识形态标签解释驱逐开普敦有色人种的事件，

① Florian Znaniecki, *On Humanistic Sociology*, ed. Robert Bierstedt (Chicago: University of Chicago Press, 1969).

那么，这一事件只会变得越来越扑朔迷离。其实，驱逐事件背后蕴含着强势集团的人为意图，即拉大社会距离，并利用政府工具将这样的意图体制化。驱逐事件造成的景观以及随之而来的苦难是权力与价值观的产物，并借由权力加以实现。人文主义的诠释旨在增强我们的理解力，其路径在于考察人类的价值观与行动，而它们是景观形成的原因。

人文主义的诠释还有一个更远的目标。它不仅是为了认识上文说到的物质与社会的限制性要素，同时还是为了认识那些不自觉的、认为理所当然的限制性要素。比如，游客对旅游地不加反思的期待充分体现在J. B. 杰克逊（J.B. Jackson）所说的"指向他者的地方"（other-directed places）之中。游客在脑子里对旅游地的景观有一种想象，这种想象又形成了一种幻象，所以游客永远无法知道自己的期待有什么问题。人文主义揭示出唯物主义也带有显而易见的主观性，而且没有被充分质疑，进而提出了一个根本的问题。这个问题不管是在理论层面还是在实践层
面，都无法给予人们一种确定性。它的特征是反思性与自反性，它提问 223
的方式和逻辑结论也都是自问式的，因此，它的最终成果不仅是实现理解，也是实现对自我的理解。这是人文主义的最高目的，就像段义孚所说："人文主义的志业在于让人们的知觉承担更多的责任。"①

① Yi-Fu Tuan, *Space and Place: The Perspective of Experience* (Minneapolis: University of Minnesota Press, 1977), p. 203.

第十四章

犹太—基督教传统里的“地方”与“土地”概念

詹姆斯·M. 侯士庭（James M. Houston）

从对地球村的迷思中，我们可以看到一个前提假设，那就是生活在 224
这个世界上的现代人，他们的身份认同与他们所处的地方之间并不存在任何关系。过去，如果要描述一个人，我们通常会说他是谁的孩子、来自何处，然后再描述一下他的职业。也就是说，我们用三重事物来界定他的身份：位格性（personality）、地缘性（topographically）与文化性（culturally）。而在今天的技术时代，全世界都因同一种人造的文化而变得相似与趋同起来，地方也变得不再重要了，职业成为定义人的唯一要素。难怪哈维·考克斯（Harvey Cox）[①] 会把技术社会（或城市社会）的本质描述为匿名性与流动性，这导致人类社会出现焦虑与失范。爱德华·雷尔夫（Edward Relph）在他颇具影响力的著作《地方与无地方》（*Place and Placelessness*）中把“无地方”的现代性内涵界定为技术力量引发的地方认同的衰落。例如，“内部导向性”被“外部导向性”

① Harvey Cox, *The Secular City* (Toronto, Macmillan, 1966), p.424.

取代，导致趋同性、标准化、不稳定性和毁灭性增强。[1] 所以，我们不断见证着今日的城市与郊区景观被技术改造的过程。

无地方不仅仅是一种空间现象，它同时还象征着人的精神世界——其中，人的境界与价值观都屈从于技术的支配。当人的价值是通过收入与社会角色来定义的时候，人类的绝大多数成员都无法避免地沦为了无地方的无名众生。这样的过程是邪恶的，因为它为了彰显技术的荣耀而破坏了人类忠诚、正直、和平与健康的社会根基。人们把地方定义为“对人而言有意义的空间”，所以地方的意义是一体两面的。首先，地方具
225 有空间的现象。其次，地方象征着人类在宇宙中对和谐的追求。地方感的丧失以及人们对地方感的渴望，都充分证明了温馨舒适的地球村完全是这个时代的假象而已。

一、地方的层次

无地方隐喻地表达出现代人的疏离状态。正如马丁·海德格尔所言：“无家可归成为全世界的命运。”[2] 彼得·伯格等人进一步把现代性视为无家可归的核心要素。[3] 洛伦·艾斯利（Loren Eisley）则充满忧伤地把人说成“宇宙的孤儿”[4]。于是，人与环境之间的关系就不得不引起地理学家的反思了。我们对自己的身份认同越是感到模糊，就越不清楚我们的

---

① Edward Relph, *Place and Placelessness* (London: Pion, 1976).

② Fritz Pappenheim, *The Alienation of Modern Man* (New York: Modern Readers Paperbacks, 1959), p. 33.

③ P. L. Berger, B. Berger, and H. Kellner, *The Homeless Mind* (New York: Random House, 1973).

④ Loren Eisley, “The Cosmic Orphan,” *Encyclopaedia Britannica, Propaedia* (Chicago; Encyclopaedia Britannica, 1974), pp. 206–208.

环境到底是由什么构成的。而这样的意识必将造成地理学思想的变革，除非地理学只是满足于地形地貌而不理会自身的核心旨趣——对人的兴趣。所以，我们面临着一个选择：要么不假思索地全面接受一种无地方的空间科学，要么努力发展一种蕴含意义的地方地理学。该选择最终关系着一种更具本质性的选择，它不是惯常的资本主义与社会主义的二元意识形态选项，而是指向我们到底该选择技术还是该选择人文。这样的选择也是本书所有文章共有的核心精神。

地方的景观折射出意识的景观。世界的景观则是过去、现在和未来人类虚空性的一面镜子。大地铭刻着人类的渴求、意义、贪婪与恐惧，所以，我们才看到了地方意义的不同层面，包括生态的、文化的、本体论的层面，以及更为广泛的意义层面。

在生态层面上，当我们提到人类所感受到的环境危机时，不是指一种类似于世界末日般的危机，而是一种古希腊式的批判态度——“judgment”。[①] 该批判态度揭示出工业文明与自然环境之间的内在割裂。[②] 这样的割裂现在变得越来越明显了，并以人类无休止的欲望——人类无法辨别什么才是合理的需求与基本的需求[③]——在同有限的生态资源产生冲突的形式体现了出来。其背后的原因在于，人类改造自然界的技术力量及其发展速度已经远远超过了地球生态循环自我更新的速度[④]。这样的技术力量不断制造出难以降解的垃圾，动力则是人类难填的

---

① J. M. Houston, “The Environmental Crisis as the Mirror Image of Western Civilization,” *Shaping the Future, Conference Proceedings,* ed. A. I. Miller (Deep River, Ontario, Oct. 8–10, 1976), pp. 27–38.

② Willis W. Harman, *An Incomplete Guide to the Future* (Stanford: Stanford Alumni Association, 1976), pp. 28–33.

③ William Leiss, *The Limits of Satisfaction* (Toronto: University of Toronto Press, 1976).

④ Barry Commoner, *The Closing Circle* (New York: Alfred A. Knopf, 1971).

欲壑。[①] 所以，在生态层面上，人类并没有安身立命于“地方之中”，也并没有栖居在大地的家园（希腊语“oikos”或英语“household”）里。过去，对环境危机抱以关怀的犹太—基督教传统受到林恩·怀特[②] 等人的怀疑，然而，我们此时却很有必要再次从《圣经》的角度去理解人类与土地、地方之间的关系。[③]

226 在文化层面上，人类相互之间的空间争夺战一直延续着，而且所使用的武器的毁灭性越来越大。在美苏敌对关系的影响力之外，非洲部落主义与国家主义的演化进程也不断制造出与领土和边界相关的冲突。同时，犹太人与阿拉伯人在中东地区的领土争端所体现出来的矛盾并非像单纯的政治抱负那样简单。这样的领土需求到底是人伦的还是动物性的？是否有更深的属灵含义？

这些现象都引导我们进一步追问，地方对于人类而言究竟具有怎样的本体论意义？人类当前体验到的异化究竟具有怎样的宏观意义？人类为何不再位于地方之中了？马克思指出的异化在本质上是人自己造成的，还是有着更多的原因？[④] 人类的根本需求究竟是伊凡·伊里奇（Ivan Illich）所说的寻找快乐的工具[⑤]，还是 E. F. 舒马赫（E. F. Schumacher）所说的在经济学中回归人的本位？[⑥] 抑或是人类对生存于地方之中的需

---

① 哈伯特（H. Kong Hubbert）探究了不可更新资源的快速消耗过程。例如，世界上占半数的石油产品都是在 1956 年以后的十二年里生产出来的。简言之，世界上的大多数石油消费都产生于过去的二十五年间。参见 H. King Hubbert, “Energy Resources,” *Resources and Man,* National Academy of Sciences, National Research Council (San Francisco: W. H. Freeman, 1969), p. 166。

② Lynn White, “The Historical Roots of Our Ecologic Crisis,” *Science* 155 (March 1967): 1203–1207.

③ H. Paul Santmire, *Brother Earth* (New York: Thomas Nelson, 1970); John Passmore, *Man's Responsibility for Nature* (London: G. Duckworth, 1974); James Barr, “Man and Nature–The Ecological Controversy and the Old Testament,” *Bulletin, John Rylands Library* 55 (1972): 9–32.

④ Paul Oestreicher, “Marxism, Nature and Work,” in *Man and Nature,* ed. Hugh Montefiore (London: Collins, 1975), pp. 169–179.

⑤ Ivan Illich, *Tools for Conviviality* (New York: Harper & Row, 1973).

⑥ E, F. Schumacher, *Small Is Beautiful* (London: Abacus Books, 1973).

求比上面提到的更加深刻？是否涉及更复杂的属灵问题？

作为地理学者，我们太容易被当今时代出现的问题牵绊住，并被人文主义、经验主义等意识形态分隔成不同派别。我们很清楚，空间的含义不同于地方。[1] 空间是自由的场所，人在空间中无所谓责任和义务。除了数学意义以外，空间不再有其他任何意义。我们对空间的痴迷源于“技术统领一切”带来的诱惑，却忘记了绘制地形图其实是从天空俯视的过程。地方则具有人性的特征，与历史结合在一起。在历史的长河里，有人发下誓言，有人不期而遇，有人肩负使命，有人信守承诺，有人扪心自省。地方还意味着归属，能产生认同，能定义职业，能预见宿命；地方之中充满了生活的记忆，能让人扎根，给人指明方向；地方还能具体地呈现出人类的愿望。地方所具有的这些横向与纵向的维度是空间所不具备的，原因在于地方代表了人类的价值与需求。正如萨尔瓦多·德·马达里亚加（Salvador de Madariaga）所说，定量化的技术工具永远无法构想出人会直立行走这一事实。[2]

二、地方研究的趋势

目前，人们对地方的研究早就超越了地形地貌，其他很多学科也都在提醒我们要以更加人文化的方式理解地方的意义。当阿尔文·托夫勒（Alvin Toffler）预测地理学要走下坡路时，他说：“人类与地方之间的关系从来没有像现在这般多样、脆弱与易变。”[3] 相反，另一些人看见 227

① F. W. Dilliestone, *Traditional Symbols and the Contemporary World* (London: Epworth Press, 1973), ch. 6.

② James M. Robinson, *Religion and the Humanizing of Man* (Waterloo, Ont.: Council on the Study of Religion, 1972).

③ Alvin Toffler, *Future Shock* (New York: Bantam Book, 1970), p. 75.

了地方愈益凸显的意义。动物学家、生态学家与人类学家为人类领地研究提供了丰富的数据。罗伯特·阿德里（Robert Ardrey）在畅销书《领地的必要性》（*Territorial Imperative*）中把人类的动物性归结为领地性。尽管他在书中区分了低等生命形态的封闭式本能与高等动物的开放式本能①，但他依然强调人类因为某种力量而产生的领地特征。爱德华·T. 霍尔（Edward T. Hall）在《隐藏的一面》（*The Hidden Dimension*）中以更加隐晦的方式使用了领地特征来考察人类文化的差异性。②

心理学家与精神病学家对人类自我意识的私有空间体验，即自我与世界的关系展开了分析。明可夫斯基的研究表明，空间关系的扰动会带来精神性的紊乱，如精神分裂。③“鲜活的空间”既能给人带来“空间的充实”，也会令人产生被剥夺感。保罗·杜尼耶阐述了人类渴望生存于地方之中的需要，因为“我们所有的经验、情感与感受都同我们的地方记忆不可磨灭地关联在一起”④。“在生活的每时每刻，我们的内部世界与外部世界都织成了一张牢不可破的网”，其中包含人们歌唱与哭泣的地方、威吓与安慰的地方、伤害与抚慰的地方、试炼与奋斗的地方、发誓与委身的地方，所以“属于我的地方包含着一切融入我自身的事物”⑤。

在比较宗教学的研究领域，人们会关注神圣空间的意义。段义孚已经总结出一些具有超越性的符号意义。⑥自从1955年在罗马召开“宗教的宇宙象征”（Le Symbolisme Cosmique des Religieux）会议以

① Robert Ardrey, *The Territorial Imperative: A Personal Inquiry into the Animal Origins of Property and Nations* (New York: Dell, 1966).

② Edward T. Hall, *The Hidden Dimension: An Anthropologist Examines Man's Use of Space in Public and in Private* (New York: Doubleday Anchor, 1969).

③ Eugene Minkowski, "Toward a Psychopathology of Lived Space," *Lived Time, trans.* Nancy Metzel (Evanston, Ill.: Northwestern University Press, 1970), pp. 399–433.

④ Paul Tournier, *A Place for You* (London: S. C. M. Press, 1966), pp. 9–24.

⑤ Paul Tournier, *A Place for You* (London: S. C. M. Press, 1966), p. 15.

⑥ Yi-Fu Tuan, *Topophilia* (Englewood Cliffs, N.J.: Prentice-Hall, 1974), pp. 129–172.

来，人们不断对主观性研究产生兴趣。当时参加会议的人包括伊利亚德（Eliade）、达尼埃卢（Daniélou）和列维-斯特劳斯（Lévi-Strauss）。此外，伊利亚德[①]、卡里奥斯（Callois）[②]、克拉米斯奇（Kramisch）[③]、斯库利（Scully）[④]、文斯克（Wensick）[⑤]和其他一些人，他们撰写的文章不断引发大家的研究兴趣。这一现象也同对神秘主义与自然主义的研究兴趣存在部分关系。由于科学技术剥夺了人们曾经拥有的象征世界，所以，当一个人幻想自己有能力把人类再创造出来的时候，他就会毫不犹豫地立起自己的神祇，或返回古代神祇那里。因而，乔纳森·Z. 史密斯（Jonathan Z. Smith）[⑥]和理查德·L. 鲁宾斯坦（Richard L. Rubenstein）[⑦]这样的学者就很渴望把地方重新神圣化，并宣告地方具有“神圣—异教徒”的属性。

哲学家同样带着浓厚的兴趣去研究人类对位于地方之中的存在性渴望。这正是海德格尔等人所说的“dasein”，也就是“在此”“在地方之中”。因为人是需要位于地方之中的“被造物”，所以人不是纯粹的灵体，也并非完全被身体的本能驱动。就此而言，人类才会被称为“智人”（Homo sapiens）。在胡塞尔（观念）与海德格尔（存在与时间）这样 228

① Mircea Eliade, *The Sacred and the Profane* (New York: Harcourt, Brace & World, 1961).

② Roger Callois, *L'Homme et le Sacre,* 2d ed. (Paris, 1953).

③ S. Kramisch, *The Hindu Temple* (Calcutta, 1946).

④ Vincent Scully, *Earth, Temple and the Gods* (New Haven: Yale University Press, 1962).

⑤ A.J. Wensick, “The Idea of the Western Semites Concerning the Navel of the Earth,” in *Verhandelingen der koninklijke Academie van Westenschappen te Amsterdam* (1916).

⑥ Jonathan Z. Smith, “Earth and Gods,” *Journal of Religion* 49 (1969): 103–127; Jonathan Z. Smith, “The Influence of Symbols upon Social Change: A Place on Which to Stand,” *Worship* 44 (1970): 457–474.

⑦ Richard L. Rubenstein, “The Cave, the Rock and the Tent: The Meaning of Place in Contemporary America,” *Morality and Eros* (New York: McGraw-Hill, 1970), pp. 164–182.

的现象学—存在主义哲学家看来，地方对于现代人而言具有基础性的意义，因为现代人的生存超越了虚无主义，也超越了意识形态的死亡。“‘地方’把人安置在自我意识的地基上，并以独特的方式确认了人在世界之中的存在。‘地方’揭示出了我们存在于此的现实和我们人类本身的现实。”[①] 当回顾西方文明史的时候，我们可能会发现西方文化始终在两个极端之间进行着恶魔般的摇摆：人既可能是阿波罗似的人（劳动者），是环境的操控者与挥霍者；也可能是狄俄尼索斯（Dionysos）似的人（游戏者），能以自然的状态消费自然。前一种人想让自己变成上帝，后一种人很容易忘记自己与禽兽的差别。

神学家对《圣经》的“土地”主题表现出崭新的兴趣。该兴趣曾被长久地忽视，现在却变得鲜明起来。首先，罗米耶（Lohmeyer）[②]、莱特福特（Lightfoot）[③] 和马尔克森（Marxsen）[④] 撰写的论文使人们对四福音书的神学地理产生了兴趣。之后，人们对《旧约》产生了兴趣，并将其与现代锡安主义相关联。W. D. 戴维斯（W. D. Davis）的《四福音与土地》（*Gospel and the Land*）[⑤]，以及瓦尔特·布鲁格曼（Walter Bruggeman）的《土地》（*The Land*）[⑥] 勾勒出了犹太—基督教信仰中关于土地的核心象征意义。

罗伯特·阿德里对犹太文化中的人地关系有着令人啧啧称奇的负面评价。在他的笔下，“犹太人的人格”只剩下了“一群失去土地的

---

① W. Kluback and J. T. White, “An Ontological Consideration of Place,” in Martin Heidegger, *The Question of Being* (New York: Twayne, 1958), p. 19.

② Ernst Lohmyer, *Galilaa und Jerusalem* (Gottingen: Vandenhoek und Ruprecht, 1936).

③ R. H. Lightfoot, *Locality and Doctrine in the Gospels* (New York: Harper, 1937).

④ Willi Marxsen, *Mark the Evangelist* (Nashville, Tenn.: Abingdon Press, 1969).

⑤ W. D. Davis, *The Gospel and the Land: Early Christanity and Jewish Territorial Doctrine* (Berkeley and Los Angeles: University of California Press, 1974).

⑥ Walter Brueggeman, *The Land* (Philadephia, Pa.: Fortress Press, 1977).

流民在言行举止之间充分透露出的身份认同”。所以，他把流散状态下的犹太人背井离乡的精神矛盾视为其身份特征。就像毛里斯·萨缪尔（Maurice Samuel）所分析的，欧洲贫民区里的意第绪语[1]同其他民间语言不同，因为这种语言在自然界中没有任何基础。

> 同其他语言相比，描述自然界的土地、森林、小溪的词语是贫乏的，几乎快要枯亡了……意第绪语开不出什么花朵……也长不出什么大树……动物也面临数量上的锐减……天空中没有鸟儿飞翔……到处是死鱼……在意第绪语创作的散文和诗歌中，你见不到任何对自然界的描述。[2]

总的来看，贫民区里的犹太人对巴勒斯坦的动植物比对波兰附近的更熟悉。阿德里指出，一旦犹太人定居在以色列，由于受到巴勒斯坦地区的影响，他们身上就不会再有犹太人的特征了。戴维斯在《四福音与土地》中却认为这样的论证非常错谬，完全忽视了犹太—基督教的神学传统和历史传承。下面，我们针对这一点展开论述。

三、应许之地

《圣经》关于“地方”与“土地”的观点对于现代的世俗人士而言，229
似乎非常久远，因为人类对大自然的认识已经经历了两次大的飞跃：从

---

① 意第绪语属于日耳曼语族，使用者多为犹太人。“意第绪语”一词可指代犹太人。——译者注

② Maurice Samuel, *The World of Sholom Aleichem* (New York: Schocken Books, 1965), pp. 194–196.

玄妙的自然界转向世俗的自然界，又从世俗的自然界转向商品化的自然界。在原始的玄妙世界里，一切事物都是同质同体的，有共同的本源，而观念与现实、词与物之间是不存在任何差异的。正是因为语言与信仰，希伯来人才走出了生活的泛神圣化状态。[①] 他们的生活除了不会刻意冒犯上帝以外，其他很多方面都出现了世俗化的倾向。他们始终坚信自己与上帝之间存在特殊的关系。莫里亚蒂（Moriarty）断言："在古代近东地区的宗教中，我们能发现最早的自然与人类行为的比拟。"[②] 由于 17 世纪科学的发展与世俗主义的不断蔓延，人类对创世的感受力变得越来越微弱，这才导致人类把自然界视为可以被操控的存在，而自然界也成为"自然过程"的产物。犹太—基督教对土地的感知处于玄妙与世俗两个极端之间，也处于玄妙的自然与以人类为中心的自然之间。犹太—基督教信仰把上帝视为世界的中心，认为世界是上帝创造的。

在希伯来人的思想中，不存在"自然"这个词，也不存在这样的概念。至高无上的耶和华超越一切，是所有事物的本源与归宿。因而，人类处于一个关联着自然界的道德平衡点上。[③] 世俗主义则完全丧失了这个平衡点。希伯来思想认为，世界存有的终极原因并不是机械式的，而是位格性的，是合乎理性的。物质的世界并不是全部的现实。所以，世界并非一个因果机械式的封闭系统，相反，它能反映出公正、慈爱的上帝所具有的理性与道德。现代科学世界观的困境却在于，它所相信的物质宇宙已经使这个世界的道德感变得暗淡无光。因此，我们需要以朴素

① Ernst Cassirer, *An Essay on Man* (New York: Doubleday, 1944), p. 110; H. Franfort et al., *Before Philosophy* (London: Penguin Books, 1949).

② Frederick L. Moriarty, "Word as Power in the Ancient Near East," *A Light unto My Path,* ed. Howard N. Bream at al. (Philadelphia, Pa.: Temple University Press, 1974), pp. 360–361.

③ Alfred von Rohn Sauer, "Ecological Notes from the Old Testament," *A Light unto My Path,* ed. Howard N. Bream at al. (Philadelphia, Pa.: Temple University Press, 1974), pp. 421–434.

的态度来思考希伯来人的信仰：上帝在甘霖中赐福、在干旱中诅咒、在烈风中说话、在地震中审判，或者说“诸天都在诉说上帝的荣耀”。

在这样的世界中，没有一个神圣的地方可以与耶和华本身相混同。以色列的圣所是“耶和华写下自己名字的地方”。这些地方并不具有先天的神圣性，所以只能用于庆祝历史事件，而不会让人在那里崇拜这个地方本身的原始神圣性。[①] 如果离开了耶和华，一个地方就会变得不再神圣，也不会再有人造访，那里的土地也不会继续存留。可见，这里存在一个三元关系：耶和华、耶和华的子民和应许之地都受缚于圣约。

这不是一幅抽象的乌托邦蓝图，而是一个必须被遵从的“约”，就 230
像任何一个古代近东宗主国的条约那样。

以色列民族必须以管家的身份去管理土地，因为土地是属于耶和华的，而非以色列人。提供食物的人与管理律法的人之间存在着微妙的平衡关系，而该关系需要得到维护，所以管理行政事务的利未人被禁止拥有土地。同时，富人的财富会通过什一税的方式转移给穷人，穷人可以在别人的田里捡拾掉落的麦穗；借贷不可取利，每七年要释放家里的奴隶，等等。由此，民族共同体内部的资本积累就得到了控制。[②] 整个社会还具备了一种休息与工作相结合的工作伦理，并通过安息日与安息年的庆祝来实践这一伦理。此外，整个地球都被视为一个巨大的农场，耶和华就像宇宙的农夫一般管理着这片农场。耶和华的赏赐包含着人当尽的义务：“当你们和你们子孙的日子增多的时候，你要谨慎修理看守那供

---

① Brevard S. Childs, *Myth and Reality in the Old Testament* (New York: Harper & Row, 1959).

② Neal M. Soss, “Old Testament Law and Economic Society,” *Journal of the History of Ideas* 34, no. 3(1973): 323–344.

养你们的土地。”摩西颁布的生态禁令，还包括可以砍伐的树木种类[1]，取鸟蛋的条规[2]，以及卫生与房事方面的规则。

最初，土地在一个圣约共同体的律法之下被管理着。但是到了公元前 11 世纪，由于遭到非利士人（Philistine）的侵略，以色列人想要获得更多的安全保障，于是君主政体出现了，之前的管理体制随之崩溃。[3]这诱使君王把土地当作放纵私欲的资源，大卫王就是一个管理土地失败的例子。土地作为安全、自足与物质主义的象征，使人民渐渐忘记了自己存在的基础其实是圣约共同体。“忘记”，意味着共同体的结束，就像历代先知反复警告过的那样。何西阿（Hosea）和耶利米（Jeremiah）两位先知见证了国王违背律法，从而导致土地“痛苦呻吟”的场面。耶
231 利米作为先知兼诗人，充分揭示出人民只要背弃圣约，大地就会山崩水竭的事实。

公元前 6 世纪犹太人被虏以后，土地的教义就不复存在了。相反，关于末世盼望的灵性运动开始层出不穷，正如今日改革过后的犹太教与锡安主义分别以不同的角度所反映出来的那样。事实上，在一些伪经、模仿《圣经》的作品和昆兰社群[4]撰写的文稿中，还有少量提及土地的内容。马丁・亨格尔（Martin Hengel）认为，当时的犹太教徒和处于流散状态的犹太人严重希腊化了，对都市的向往成为当时的核心精神。[5]

---

① 关于砍伐树木的细节载于《申命记》第 20 章：“你若许久围困、攻打所要取的一座城，就不可举斧砍坏树木；因为你可以吃那树上的果子，不可砍伐。田间的树木岂是人，叫你糟蹋吗？惟独你所知道不是结果子的树木可以毁坏、砍伐，用以修筑营垒，攻击那与你打仗的城，直到攻塌了。”——译者注

② 关于鸟类保护的细节载于《申命记》第 22 章：“你若路上遇见鸟窝，或在树上或在地上，里头有雏或有蛋，母鸟伏在雏上或在蛋上，你不可连母带雏一并取走。总要放母，只可取雏；这样你就可以享福，日子得以长久。”——译者注

③ George E. Mendenhall, *The Tenth Generation* (Baltimore: Johns Hopkins University Press, 1973).

④ 昆兰社群：古时位于死海西岸的犹太教社团。——译者注

⑤ Martin Hengel, *Judaism and Hellenism,* vol. 1 (Philadelphia, Pa.: Fortress Press, 1974), p. 136.

亚历山大时代以后，由于耶路撒冷曾被巴比伦统治，所以这座城市处于帝国争端的焦点，而非边缘。希腊化带来的知识和文化的启蒙与希伯来信仰相对立，尽管它不会反对犹太教，但是却以十分微妙的方式改变着犹太人的世界观。马加比起义为犹太人争取到了土地，法利赛人也看中了这片土地。尽管如此，人们关注的还是耶路撒冷以及那里的圣殿。土地的利益呈现出都市化的状态，各种各样的仪式具有了更高级的形式。

学者普遍认为，《新约》中人们对基督的盼望已经从地上的耶路撒冷转向了天上的耶路撒冷。根据《约翰福音》的记载，基督的位格超越大地，并洁净了圣殿，其自身亦象征着新耶路撒冷。《马可福音》则指明一些新的地方会变成圣地，包括加利利、迦拿和伯利恒。这样的历史与神学需要犹太教与基督教里的现实事物契合在一起——无论是时间还是地点——以提供支撑。但是，总的来看，对于犹太教而言，基督教意味着一场异教运动，削弱了“土地”的主题。保罗作为异教的使徒，主要强调基督徒的归属之地是在“基督里”。中世纪的宗教战争和当代原教旨主义背景下的锡安运动却又都把巴勒斯坦当作核心的归属地。弗朗西斯·汤普森（Francis Thompson）用诗一般的语言所描绘的基督在水面上行走的地点不是“在加利利海，而是在泰晤士河”。同样，斯坦利·斯宾塞（Stanley Spencer）的“复活”之地位于泰晤士河的库克汉姆村（Cookham-on-Thames）。这就为“什么才是神圣的地方”提供了新的诠释。

经历了中世纪和大流散时期，犹太人对巴勒斯坦土地的感情因为性格和思想的变化而发生改变。[①] 当时，出现了一群犹太人思想家兼哲学家，他们强调土地的历史意义，就像《律法书》（*Halakhoh*）所体现出来的那样。同时，还出现了类似于卡巴拉（Kabbalah）的神秘主义。

---

① Samuel Sandmel, *The Several Israels* (New York: Ktav, 1981).

卡巴拉在 13 世纪以后转向了异教的神秘主义，并把耶路撒冷当成宇宙
232 的中心。[1] 此外，还产生了各种类型的救世主运动，它们掀起一阵阵期
盼末世的浪潮。

19 世纪末产生的现代锡安主义是西方民族主义与东方神秘主义的结合，思想来源多种多样，由此导致人们的期待互有冲突。第一种思想来源以亚伯拉罕・艾萨克・库克（Abraham Isaac Kook）为代表。此人受到卡巴拉的强烈影响，追求复活，相信犹太人的“灵魂”与巴勒斯坦的“土地”具有独一无二的特性。[2] 第二种思想来源是哈西德派（Hassidic）[3] 的传统，代表人物是马丁・布伯。布伯认为，在以色列的土地上探索和实践新的劳动形式时，需要强调“人—土地—上帝”的整体观念。[4] 他还看到了民族主义与世俗主义所引发的道德危机，坚持认为土地应该建立在公义和良善的基础之上。第三种思想来源以亚伯拉罕・约书亚・海舍尔（Abraham Joshua Heschel）为代表。他把以色列与时间——过去、现在和未来——联系在一起，指出，因为安息日的本质是承认上帝才是时间的主宰，所以可以通过节日庆典化解以色列的矛盾。[5] 第四种思想来源是各种世俗主义，在土地与劳动原理的基础上建造出以色列的集体农场（kibbutzim）。A. D. 戈登（A. D. Gordon）是其中的代表人物。因为大屠杀导致犹太人离乡背井、看不见希望，上述思想便融合到一起，直到 1947 年以色列复国。1967 年，犹太人重新占领耶路撒冷圣殿，真正被唤起了对土地与地方象征的强烈意识。

---

① G. G. Scholem, *On the kabbalah and Its Symbolism* (London: Routledge & Kegan Paul, 1965).

② Arthur Hertzberg, ed., *The Zionist Idea* (New York: Atheneum, 1972), pp. 416–431.

③ 哈西德派：犹太教的一个虔修派，18 世纪起源于波兰犹太人。——译者注

④ Martin Buber, *Hasidism and Modern Man* (New York: Harper & Row, 1966).

⑤ Abraham Joshua Heschel, *The Earth Is the Lord's and the Sabbath* (New York: Harper Torchbooks, 1962).

四、对未来的设想

今天的以色列是一个小规模的现代国家。在生态方面，地方感突出地体现为这个国家的农业成就。沙漠里开出了鲜花，土地得到了很好的经营。以色列树立了智慧地治理生态环境的榜样。在文化方面，犹太人的家园情感遍布全世界；如果巴勒斯坦人也能按照公义和良善的原则获取土地的话，那么以色列边境地带的土地分配或许就会成为典范，可以供世界上其他有领土争端的地区效法和学习。在本体论方面，以色列人今日的地方感并不会比其他地方的人的地方感更加突出，因为当以色列人在采用科学技术改变生存环境时，塑造文化的力量也愈益人工化了，其本体论的立场也变得越来越强调人的中心地位了。我们该如何设计出一种普遍有效的秩序，让它既能维持犹太人与阿拉伯人之间的平衡，也能维持人与地之间的平衡呢？

事实上，尽管以色列也像世界上的其他地方那样继承了丰富的遗
产，但是，这个国家的地方本质依然是难以捉摸的。同其他地方类似， 233
以色列也面临着一个挑战，那就是要么回到自然主义或异教的空间思想，要么转而对空间施以亵渎。此外，还有一群像鲁宾斯坦这样的激进神学家，将以色列的复国视为“在犹太人的经验中早已经被遗忘了的大地诸神的重新复苏”。他们呼吁兴起“一种新的异教”，这种宗教伴随着以色列人重返土地的历程，引发“古老的大地宗教的再次回归”[1]。R. 桑德尔斯（R. Sanders）谈到，以色列的考古学不仅是“为了人民重新回归而发掘地方的神秘遗产”，而且是“民族神话制造过程中的重要元素”。一个悲剧性的讽刺却在于，自然主义的力量与形态一方面导致了纳粹的

① Richard L. Rubenstein, *After Auschwitz: Radical Theology and Contemporary Judaism* (Indianapolis, Ind.: Bobbs-Merrill, 1966), pp. 7, 70, 122-126, 130, 136.

血统论与种族神话，进而导致了奥斯威辛集中营；另一方面也导致了今日以色列人的土壤神话，巴力[①]的力量依旧盘踞在这片大地上。另外一条进路则是世俗化与科技化，因为以色列已经不再是一个圣约共同体了。

与之相似，北美洲在移民的眼里也是一片应许之地。这个地方同样从圣约子民的清教主义变成了大企业的官僚主义，后者比以色列历史上的任何一种君王制度都更加猖獗地耗费着土地。巴勒斯坦地区历史悠久但空间狭小，北美洲历史短暂但空间辽阔。人们极为赞赏北美洲拓荒者身上的象征意义，肯定他们所秉持的民主理念以及当地发展起来的自由企业与科层制度。[②]生活在北美这片土地上的先知也是一群先验论者，包括米尔（Muir）、艾默生（Emerson）和梭罗（Thoreau），但他们并不具备希伯来先知那种发自内心的义怒，因为他们无法区别耶和华和巴力。在今日的环境运动中，人们对大自然依然保留着像“折断的芦苇”[③]这样的情感，而不是切合实际地去支持现代社会的运转。

未来，人类到底是会重返家园，还是会继续留在无地方的世界游荡徘徊？我们能否拥有一门关于重要地方的地理学？还是说，地理学会在未来消亡，就像阿尔文·托夫勒曾预言的那样？或许，我们能够设想可能出现三种未来：神话的空间、毁灭的空间与生活的空间。

就像鲁宾斯坦等人所设想的，第一种未来就是重返神话的空间。这也正是罗扎克（Roszak）等人正在支持的环境运动，这样的运动已超

① 巴力：古代迦南人信奉的生育和丰收之神。以色列人在摩西和约书亚的带领下进攻迦南，后受到当地宗教的影响，也开始膜拜巴力，招致耶和华的愤怒。——译者注

② William R. Burch, *Daydreams and Nightmares: A Sociological Essay on the American Environment* (New York: Harper & Row, 1971).

③ “压伤的芦苇他不折断”出自《马太福音》第 12 章第 20 节，原指上帝对受伤子民的慈爱之心，在这里可能指环保人士不顾现代性的处境，渴望返回原始状态的对生态环境的怜爱之情。——译者注

越美洲，遍及全世界。它的意图在于强调公共利益，怀疑科技带来的好处，并且要从内部瓦解科学的灵魂。[①]这无疑将引发反智主义。当人们不断崇尚“水瓶宫时代”时，就会容让层出不穷的非理性事物，像占星术、神秘学与通灵术。而这将造成超自然的、属灵的无地方性的蔓延，使整个社会迷失在永无止境的个人内省与遍布四野的迷信之中，由此，客体与主体之间的差异也将变得模糊。这当然会促进艺术与工艺的发展，但西方社会将再次堕入中古时期的印第安人时代，现代美国的生活方 234
式会被取代。总之，其后果便是造成更严重更普遍的无地方性，而不是更少。

第二种未来是地方的毁灭。北半球的核竞赛和局部冲突已经让地球的三分之二笼罩在核阴云之下。而在南半球的海域，适宜居住的地方正在缩减。全球灾难过后的边缘地带将会是幸存者的地带，可能就像加勒特·哈丁（Garrett Hardin）的救生艇伦理学所描述的那样产生一种野蛮而非人道的体制。[②]也正如人类的普遍经验所表明的，科学会一直为人类种族的延续效力，但也可能因此走向集权主义，同时，地方作为历史记忆的仓库将因居民从未有过的经验而被遗忘。无论如何，居民会被困在“技术空间”之内，而该空间建立在已经被严重损坏的生物圈中。

第三种未来是生活的地方性，它对于人类而言是一种充满希望的未来。其前提在于，人类已经克服了现代技术的危害，并且战胜了民族主义。这样的假设如何才能成为现实呢？首先要认识到，人类已经前所未有地拥有了一套关于物质世界的科学和宇宙论。当这套科学和宇宙论不断复杂化的时候，我们就有必要转变认识论了。由此，我们才能认识到

---

① Harvey Brooks, “Can Science Survive in the Modern Age?” *Science* 174 (October 1971): 21–30.

② George R. Lucas and Thomas W. Ogletree, eds., *Lifeboat Ethics* (New York: Harper Forum Books, 1976).

不同层次的知识之间的差异性，而每一种层次的知识的基础都需要一种适合于自身的“理解方式”，已有的机械式诠释难以为继。每种科学内在的合理之处都能有效地将“分析”与“直观”协调起来，这样才能带来真正的科学精神与正统的宗教精神的融合。只有当每一个人都意识到，自己所处的地方并非与某种特定的世界观捆绑在一起，而是与整个活生生的生活世界联系在一起的时候，当今文化中的冲突才会弥合。或许，那时人们仍然记得，科学源于犹太—基督教传统。科学去除了世界的神圣性，却又从未玷污这个世界。到那时，所有人都会在不同地方的圣典中去庆祝那个地方被创造出来的第一日。

今天，技术理性与人的灵性是相互割裂的。倘若我们能严肃地思考“创世”的观念，那么这将引发我们的灵性与思想的深刻变化。最好的未来究竟是怎样的？是水瓶宫时代？是技术化的世界？是犹太—基督教的世界？作为地理学家，我们不能只徘徊于无地方的地理学和地方的地理学这两个选项，而应肩负起重任，探索什么样的地理学才能持续不断地反映出我们的生活世界。我们的一些同事或许把地理学弄得过于理性
235 化了，不过犹太—基督教传统又该如何适应今日的世界呢？显而易见的是，犹太—基督教传统不会因为环境危机、中东的政治动荡以及关于疏离和异化的本体论意识而为非议所伤。

第十五章

歌德如何认识自然界：环境理论与环境教育

戴维·西蒙（David Seamon）

人文主义研究一直强调现象学和存在主义的理念，如今它的视野更 238
加深入，更贴近人在理解地理学时提出的问题，比如说空间、地方、家园和景观的本质是什么。[1] 与此同时，有些亘古不变的问题也可以采用人文主义视角加以探究。例如，人地关系是怎样的？在科技爆炸的时代环境态度是如何形成的？很多人都发表过观点，认为能源和生态面临的问题甚至危机，已经威胁到了人类的生存，因而在环境态度上做根本性

① Anne Buttimer, "Grasping the Dynamism of Lifeworld," *Annals of the Association of American Geographers* 66 (1976): 277–291; Martin Heidegger, "Building Dwelling Thinking," in *Poetry, Language, and Thought*, Albert Hofstadter, trans. (New York: Harper & Row, 1971), pp. 145–161; Donald W. Moncrieff, "Aesthetics and the African Bushman," in Amedeo Giorgi et al., eds., *Duquesne Studies in Phenomenological Psychology*, vol. 2 (Pittsburgh, Pa.: Duquesne University Press, 1975), pp. 224–232; Edward Relph, *Place and Placelessness* (London: Pion, 1976); David R. Seamon, "Movement, Rest and Encounter: A Phenomenology of Everyday Environmental Experience" (Ph.D. diss., Clark University, 1977); Yi-Fu Tuan, *Space and Place: The Perspective of Experience* (Minneapolis: University of Minnesota Press, 1977).

的转变不仅是一种希冀，更是一种必需。[①]持这种观点的人认为，人类不再尊重和关心大自然，而且脱离了大自然的固有节律，只要稍加安排并且有主观意愿，就可以与大自然建立起别样的联系。正如历史学家林恩·怀特所言："人与自然的二元关系植根于我们的生命。除非彻底把它从我们的思维甚至情感里根除，否则就影响人类生态的态度和行为而言，我们不可能做出颠覆性的改变。"[②]基于这种理念，崇尚人文主义的地理学的宗旨之一是揭示出环境经验的类型及其多样性，并且在这些经验丧失或变得难以找寻的时候，告诉人们如何重新赋予它们生机，唤醒人们融入自然、与自然协同共生的精神。

为了获取这样的效果，研究一下德国著名作家歌德的作品是很好的方法。如今，歌德更多是因为其对德国文学和世界文学的贡献而广为人知，但在他生活的年代，他作为探究自然的科学家的名头和作为诗人的名头同样响亮。
239 地理学家会觉得前面这个名头很有意思。这不仅因为歌德在欧洲建立了早期的气象站，还因为他在自然史和自然哲学方面颇有建树，而这也成了他和亚历山大·冯·洪堡（Alexander von Humboldt）建立长久友谊的基础。这样的一种友谊也激发了洪堡的热情，促使他曾经模仿席勒和德国其他浪漫主义作家的风格去撰写自然史。[③]不过，歌德和洪堡几乎在同一时刻放弃了浪漫主义，转向了经验

---

① Aldo Leopold, *Sand County Almanac* (New York: Sierra Club Ballantine Books, 1970); Theodore Roszak, *Where the wastelands Ends* (New York: Harper & Row, 1973); E. F. Schumacher, *Small Is Beautiful* (New York: Harper & Row, 1973); Paul Shepard, "Introduction: Ecology and Man-A Viewpoint," in *The Subversive Science: Essays Toward an Ecology and Man*, Danniel Mcinley and Paul Shepard, eds. (Boston: Houghton Mifflin, 1969), pp. 1–10; Allan W. Watts, *Nature, Man and Women* (New York: Vintage, 1970); Lynn White, Jr., "The Historical Root of Our Ecological Crisis," in *Western Man and Environmental Ethics*, Ian G. Barbour, ed. (Reading, Mass.:Addison-Wesley, 1973), pp. 18–30.

② Lynn White, Jr., "Continuing the Conversation," in Barbour, *Western Man*, p. 62.

③ Douglas Botting, *Humboldt and Cosmos* (New York: Harper & Row, 1973), pp. 33–42.

主义或以实验为依据的方法论。如果这两位德国启蒙运动时期的天才曾经互相启发、互相影响的话，歌德相对更看重人与自然的交互，而且透露出这种交互带有一定的目的性。他相信，自然界里的一切事物都体现出一种普遍存在的整体性，满载着精神动力和秩序，所以他也相信，在潜心研究了自然界的事件后，应该用一种比较具有实验性的方式进行解读。在这个过程中，他创建了一种高度系统化并且彻底经验性的研究大自然的方法。歌德想要达到的目标，不仅是对大自然有更深入的理解，还包括对大自然产生更大的敬畏。

一、歌德与浪漫主义

歌德年轻时受到过欧洲浪漫主义运动的影响。浪漫主义运动抵制日益蓬勃的科学技术，想要回归更简单、更融入自然的生活方式。[①] 法国古典模型引导了启蒙运动中的作家，对此，浪漫主义者表示不能接受，转而追求灵感、幻想、天性所带来的力量。大自然作为万物之母，顺理成章地成为艺术家唯一的导师。这里的大自然不仅指自然界里的各种事物，如河流、谷地、山峦、云彩、季节等，还包括拥有质朴本质的人，如孩童、农民以及他们纯净的心灵。浪漫主义者认为，大自然是神圣的、唯一的存在。敏感的、不断探寻的人类个体，在成长中逐渐了解大自然的整体性，然后在某个时间点，醍醐灌顶般认识到自己在广袤而又统一的大自然里的位置。华兹华斯（Wordsworth）在《丁登寺》（*Tintern Abbey*）一诗里写道：

① 关于歌德的生平，参见 G. H. Lewes, *The Story of Goethe's Life* (Boston: Houghton Mifflin, 1898); 关于歌德的哲学，参见 Arnold Bergstraesser, *Geothe's Image of Man and Society* (Chicago: Henry Regnery, 1949)。

我感觉到
有崇高的思想
给我喜悦、让我心动；
有融入的感觉，
让我景仰、让我升华；
仿佛正融化在落日的余晖里，
浩瀚的海洋里、清新的空气里、
蔚蓝的天空里、纯洁的心灵里：
一种动力，一种精神，推动着
一切思考的主体和思考的客体
在宇宙万物间穿行。

240 随着年龄的增长，歌德与浪漫主义渐行渐远。他不再支持浪漫主义所展现出的叛逆精神和抵制学术架构的做法，转而去理解自身限制性存在的必要意义。他强烈的感情主义（emotionalism）逐渐降温，内敛与克制、平衡与和谐成为他生活、学习、写作的理想状态。歌德走上了每个伟人都必须走的道路，即把自己的天赋转化成优雅、完整的人格。在这种态度的驱动下，他花了很大力气研究自己身外的这个世界，相信可以通过观察世界来发现自己身上更多的特质，从而变得更均衡、更完整。他写道："人只有先认识世界才能最终认识自己。只有通过自己，人才能理解世界的存在；也只有通过世界，人才能理解自己的存在。"

与浪漫主义者类似，歌德眼中的大自然充满神秘感，感兴趣的人或许会在纷繁芜杂的物质表面之下发现其潜藏的整体性。"大自然无论看起来如何多变，其实都始终是一个统一体、一个单元。所以，无论它展现在前台的是哪些部分，余下的部分都会在后台成为基础性的支撑。前台永远无法和后台分开。”[1] 整体和部分，就像大世界和小世界，彼此相通。对于歌德来说，他的使命就是探究这种整体和部分的和谐关系，从而理解这种根本上的协同性适用于宇宙的每个层次。

> 每一种表象，每一种现象，都必然有其本源。这些本源能够组合成一个统一体，这个统一体又能够分化成一个个本源……融合后又分化，分化后又融合，这是大自然固有的运行状态。这种张弛亘古不变，由外观之就像一涨一落、一呼一吸。这便是承载着我们生存和繁衍的世界。[2]

歌德对大自然的兴趣和热爱驱使着他在不同的领域进行科学实验，如研究骨骼、解剖学，涉猎地质学、气象学、光学等。[3] 正是这些研究让他认识自然的方法逐渐摆脱了浪漫主义，而且趋向于能被其他人效
仿。浪漫主义者在散文和诗篇里大量描绘了他们与自然的接触，这些接 241
触基本上都是无法控制的、不可预期的（就像华兹华斯在《丁登寺》里所写的那样）。但是歌德想要把这些经验梳理出来，再整合成系统，使特定的现象反映出大自然的驱动力，从而方便人们更好地观察和理解世界。他写道：“一个现象经常由千股力量汇聚而成，包罗万象。”他的研究方法是把每一次认知所包含的灵感主动激发出来，然后逐渐汇聚成对现象的完整理解。

---

① H. B. Nisbet, *Goethe and the Scientific Tradition* (London: Institute of Germanic Studies, 1972), p. 6.

② Johann Wolfgang von Goethe, *Theory of Colours* (1810; Cambridge: MIT Press, 1970), par.739

③ Rudolf Magnus, *Goethe as Scientist*, trans. Heinz Norden (New York: Henry Schuman, 1949); Ernest Lehrs, *Man or Matter: Introduction to a Spiritual Understanding of Matter Based on Goethe's Method of Training, Observation and Thought* (London: Faber & Faber, 1958).

二、精妙的经验主义

歌德的研究模式，就是“高等深思”（higher contemplation）——他自己有时候也把它称为“精妙的经验主义”。这种模式不同于科学的分析方法，后者有自己的一套解释现象的机制。① 歌德的方法是和大自然进行更深入的接触，从而发现并且理解事物“本来”是什么样子的，也就是在外界观察者给它下定义、分类别、起名字之前的样子。他声称：“我们应该还原自然界里的客体本来的样子。它们不应该随着观察者的不同而不同。我们要尊重它们，就仿佛它们都具有神性。” ② 他还认为，科学的研究工具，如显微镜、望远镜等，割裂了人与研究对象，经常会导致不可靠的结论。

> 用科学实验的方法对待大自然是一种不幸，因为人们会满足于从人造物里看到的大自然的样貌，这样就让研究所得变得更加局限……无论是显微镜还是望远镜，实际上都蒙蔽了人们的心灵。③

歌德不希望把自己与研究对象割裂开来，于是更主动、更亲密地接触它们——用人类敏锐的、可训练的感知能力去打破研究对象的外层。“人类是有感觉的，会十分熟练地掌握自己的感觉器官，让它们成为无与伦比的探测工具。”歌德认为，在理解上发生的任何错误都可以归咎

---

① Peter Salm, *The Poem as Plant* (Cleveland: Press of Case Western Reserve University, 1971), p. xii; Goethe,*Goethe's Botanical Writings*, trans. Bertha Mueller (Honolulu: University of Hawaii Press, 1952), pp. 213-245; Abraham Maslow, *The Psychology of Science* (Chicago: Henry Regnery, 1969).

② "Cautions for the Observer," in Goethe's *Color Theory*, Rupprecht Matthaei, ed. (New York: van Nostrand Reinhold, 1971), p. 57.

③ Ernest Lehrs, *Man or Matter: Introduction to a Spiritual Understanding of Matter Based on Goethe's Method of Training, Observation and Thought* (London: Faber & Faber, 1958), pp. 111, 106.

为思想意识上的问题："感觉不会骗你，骗你的是你的判断。"① 每个人在 242
从经验到判断的过程中都必须加倍小心，避免出现"缺乏耐心、急功近利、骄傲自满、刻板僵化、目光短浅、先入为主、懒惰懈怠、鲁莽草率、摇摆不定以及与之类似的毛病"。

正因为感觉在歌德的研究方法里占有重要地位，对感觉的训练就显得尤其关键。歌德认为，观察者的观察能力并不相同，所以每个人都需要努力提高自己的感知力，而这离不开坚持不懈的练习。他写道："你越是耳聪目明，大自然就越是明亮鲜活；你的感官若是不灵，大自然也就黯淡下来。"② 如果搞不懂一种特定的现象，我们就必须学会充分利用自己的感觉，"让智慧能够理解感觉告诉我们的东西"③。

不过，歌德声称，仅仅训练外部感官和学术技能还不够。随着外部感知力的提升，内部的官能也会变得越来越敏锐。"自然界里的每一种现象，只要用正确的方式观察，都会激发我们身体内部新的器官产生新的理解力。"④ 视物越来越清晰，知物就会越来越深入。我们会越发觉得物我同一，能够投入更多的感受和移情来理解它。歌德还认为，这种方法能揭示出带有情感、属性的意义，而不仅是经验性的、停留在感官上的浅表意义。他写道："看和看之间是不一样的，取决于你怎么看。心灵的眼睛永远要与肉体的眼睛保持一致，否则对事物的认识就只能浮皮

① Ernest Lehrs, *Man or Matter: Introduction to a Spiritual Understanding of Matter Based on Goethe's Method of Training, Observation and Thought* (London: Faber & Faber, 1958), p. 85.

② Ernest Lehrs, *Man or Matter: Introduction to a Spiritual Understanding of Matter Based on Goethe's Method of Training, Observation and Thought* (London: Faber & Faber, 1958), p. 85.

③ Ernest Lehrs, *Man or Matter: Introduction to a Spiritual Understanding of Matter Based on Goethe's Method of Training, Observation and Thought* (London: Faber & Faber, 1958), pp. 84-85.

④ Ernest Lehrs, *Man or Matter: Introduction to a Spiritual Understanding of Matter Based on Goethe's Method of Training, Observation and Thought* (London: Faber & Faber, 1958), p. 85.

潦草。”[1] 这种认识不易掌握，但只要坚持系统性的训练，还是能够获得的。“所以，既不是超凡的天赋，也不是一时的冲动，而是长期不懈的努力，让我得到了满意的结果。”歌德是这样评价自己的科学发现的。[2]

三、源现象

歌德认为，通过全身心的投入、持续性的正确引导和自身的努力，人们会发现事物的源现象（ur-phenomenon）。“源”有原本、基础、统领的含义，“源现象”可以被认为是“深层的现象”，是决定事物性质和外观的东西。[3] 比如说，歌德认为植物就具有源现象，体现出两种力量
243 的对抗和交融：一种是“竖直的趋向”，另一种是“水平的趋向”。前者的表现是植物要向上生长；后者的表现是植物要生枝长叶从而繁茂，要扩大根系以固定自身。只有这两种力量达到平衡，植物才能正常生活。歌德认为，人的感知力和理解力无法超越源现象。“它是认识的终点，无法再被解释，而且不必被进一步解释。以之为基础，我们所见的一切皆可明了。”[4]

歌德的想法和信奉胡塞尔的现象学主义者的想法不同。后者从经

① Ernest Lehrs, *Man or Matter: Introduction to a Spiritual Understanding of Matter Based on Goethe's Method of Training, Observation and Thought* (London: Faber & Faber, 1958), p. 106.

② Ernest Lehrs, *Man or Matter: Introduction to a Spiritual Understanding of Matter Based on Goethe's Method of Training, Observation and Thought* (London: Faber & Faber, 1958), p. 111.

③ 浪漫主义诗人席勒曾经埋怨歌德的“源现象”其实与柏拉图的“理式”（Ideal）是同义词，但是歌德并不认可。参见 Werner Heisenberg, “Geothe's View of Nature and Science,” in *Across the Frontiers* (New York: Harper & Row, 1974), pp. 122–141。

④ George A. Wells, “Goethe's Scientific Method in the Light of His Studies in Physical Optics,” *Publications of the English Goethe Society*, E. M. Wilkinson et al., eds. (Leeds: W. S. Maney and Son, 1968), p. 102.

验开始，然后退回来仔细思索、悬搁（epoche）并应用其他科学手段。而歌德主张在调查研究的**全过程**里都要保持和研究对象的感官接触，思考和理性分析越少越好。他在《色彩学》中写道："一切自然科学都应当以纯粹的经验为基础……一个理论想要成功，必须能够统领所有相关的直观经验，让每个经验都能够与之契合。"歌德还认为经验和想法、现实和理论之间没有内在的冲突。他主张真正的理解是现实和理论的综合体。想要达到这种效果，就要探究源现象，因为源现象能够清晰地界定被观察的事物，并且呈现出与之相关的所有现象。① 如果研究方法是正确的，现实和理论就可以融合在一起，因为二者你中有我，我中有你：

> 说到底，所有的现实都是理论。天空的蓝色让我们得出颜色的基本法则。所以，不要在现象之外寻找什么，因为现象本身就是理论。

四、《色彩学》

歌德的研究方法最好的体现，就是他研究颜色和光的著作，毕竟颜色和光时刻伴随着我们。歌德对牛顿的颜色理论持怀疑态度，从 18 世纪 80 年代晚期开始进行光学研究，1810 年出版了《色彩学》（*Theory of Colours*）一书。歌德的色彩理论的核心是其经验性的来源，换句话说，他没有"建立起一种理论"（他认为这是牛顿做的事），而是致力于设计一系列实验，让光和色彩在实验里展现出来，由读者自己去体会。歌德

---

① Ernest Lehrs, *Man or Matter: Introduction to a Spiritual Understanding of Matter Based on Goethe's Method of Training, Observation and Thought* (London: Faber & Faber, 1958), p. 125.

认为，只要“坚持不懈、细致耐心”地完成这些实验，就能揭示出潜藏在实验里的所有颜色都遵循的规律。

244 按照歌德的说法，颜色的源现象是明与暗的动态平衡。牛顿的理论认为，颜色是白光的组成部分（就像棱镜色散实验所说明的）；但是歌德不这么想，他认为颜色是一种新的实体，是明与暗的辩证统一。歌德和牛顿在何为“暗”的问题上就没达成共识。牛顿认为没有光就是暗；歌德认为这太消极被动，主张暗是主动的存在，站在光亮的对立面上与它产生互动。歌德说，如果暗因明而弱化，就会出现发暗的颜色，如蓝、靛、紫；如果明因暗而弱化，就会产生发亮的颜色，如黄、橙、红。①

《色彩学》的开篇写了人对颜色的生理反应，比如说随着人眼的不同状态，颜色会呈现出不同的状态。举例来说，我们有视错觉：如果长时间盯着蓝色色块看，那么转而看别的东西时会觉得更偏橙色。歌德首先要求读者探索一般意义上的明暗现象。他让读者仔细地按照如下方法进行实验并认真思考：（1）在一个全黑的地方睁开眼睛，保持一段时间；（2）先看一个白色的、被强光照得很亮的表面，然后去看一个正常亮度的物体。他解释说，在第一个实验里，眼睛“最大程度地放松，敏感性也最高”，能“感受到被剥夺了一切”，于是努力想要从黑暗中捕捉到东西。第二个实验正好相反，眼睛“过度疲劳，敏感性极低”，一段时间内都没法感受到正常亮度的物体。

---

① 关于歌德色彩理论的科学性，众说纷纭。科学史学家查尔斯·吉利斯皮（Charles Gillispie）称色彩理论是“主观的”“感性的”和“令人痛苦的……人生污点”，参见 *Edge of Objectivity* (Princeton: Princeton University Press, 1960), pp. 192–201 (quotation on p.196)。另一对歌德理论的攻击，参见 Wells, “Goethe’s Scientific Method”。有评论家认为，《色彩学》至少对科学有启发价值，参见 Arthur G. Zajonc, “Goethe’s Theory of Color and Scientific Intuition,” *American Journal of Physics* 44 (1976): 327–333。一些最近的科学研究表明，歌德的理论可能比一些传统的科学理论更适合于理解光和颜色，参见 M. H. Wilson, “Goethe’s Colour Experiments,” *Yearbook of the Physical Society* (London; Physical Society, 1958); Salm, *Poem as Plant*, p. 8。有关颜色理论及其与传统科学方法的关系的概述，参见 Hans Cebert, “Goethe’s Work on Color,” *Michigan Academician* 8 (1976): 249–265。

歌德的实验看起来确实很简单，但也揭示出人类视觉的一个重要现象：黑暗让眼睛更倾向于捕捉光亮，而光亮让眼睛更倾向于捕捉黑暗。歌德认为，人的眼睛是带有主动性的有机体，内生的状态总是与外界的状态相反。眼睛“展现出了自己的生命力和显示物体影像的能力，其原理就在于自发地朝着与外界相反的方向改变”。歌德致力于阐释明与暗、看与被看的辩证统一。就他而言，两极的调和是大自然演化的原动力之一。人与世界，颜色与其对立面，也就是被看到的有颜色的物体，以及由此而来的视觉影像，所有这些都指向一种瞬时的、活生生的平衡态，而所有这些平衡态加起来形成了动态统一体。这种关系是“有无之间富有创造性的对话，是一种辩证的教育方式。一个人通过学习这些，可以发挥出自己的潜质，成为他本来应该成为的样子。什么是有，什么是无……其实是同一事物的两极”[1]。

五、阐述同一性与多样性

歌德的《色彩学》认为，大自然里的很多现象都包含着类似的结构 245
和过程。看起来多样化的东西其实隐含着某种同一性。除了上文谈到的生理学意义上的颜色以外，《色彩学》还探究了物理学意义上的颜色（如光在透明或半透明介质中折射出的色彩）和化学意义上的颜色（与物质本身相关的颜色，如叶子的绿色）。在普遍的科学理解中，一类现象由某一独立的学科进行解释。生理学家研究生理学意义上的颜色，物理学和化学同理。但这样一来，“色彩”这个概念的同一性就丧失了，被学

① Erich Heller, “Goethe and the Idea of Scientific Truth,” in *The Disinherited Mind* (New York: Meridian Books, 1959), p. 11.

科的划分破坏掉了。歌德的解释拯救了色彩的整体性。他把颜色看作人类经验的产物，这样就保持了其概念的完整性，同时也找到了大千世界里各种色彩所潜藏的共性。

想必读者已经发现，很多共性都表现出某种两极化，如主动与被动、温暖与寒冷、临近与遥远、酸的显色与碱的显色。歌德举例说，对这种两极化进行调和的典型表现就是半透明的介质，如空气、烟雾和水。如果空间里什么都没有，它必然是全透明的；但是只有在半透明的空间里，光才能转化成颜色。通过半透明的介质，灰暗的物体呈现出蓝色，明亮的物体则看起来发黄。降低介质的浓度后，暗色会变得越发明显，转为靛和紫。反之，如果增加介质的浓度，亮色就会发暗，变为橙和红。

半透明介质在自然界的典型例子是蓝天和落日的余晖。歌德说，天空之所以呈现蓝色，是因为外层空间的暗色穿过了半透明的大气层。阳光与之相似。落日的光芒透过傍晚越来越浓厚的水汽，先变成黄色，而后变成红色。正因为具体环境不同，同样的半透明介质，也就是大气，会产生不同的颜色。歌德认为，其他很多颜色产生的基本过程也是如此。例如，潜水者会看到海底的颜色发红；远足者会看到远山的颜色发蓝，覆雪的山峰发黄，在黑暗背景下的烟雾显现出淡蓝色，等等。

246 歌德的研究结论对颜色做出了一系列解释，这不仅是想揭示大自然的同一性，还想提醒人们注意世界里的颜色具有差异性，但正是它们之间的共性把这些自然现象归结为更宽泛的统一体，让量变为质变所统领——尽管不那么显而易见。

六、质和量的统一

一般的科学研究要把质和量分开讨论。比如说，物理学家认为颜色是单位时间内粒子振动的次数——他们的思路是把颜色产生的过程归因于最小的实体的运动，从而从时间和空间上描述产生颜色的机理。他们不关心颜色在质上的属性，因为他们预设的前提是“在自然界里只存在可定量的、黑暗的、无色的运动，只有当量的变化积累到一定程度，所谓‘质’才会显现出来，被生命体的感官和精神捕捉到”[①]。歌德反其道而行之，认为颜色的感知和意义都属于不可分割的整体，颜色的质是自然界的实在，作为整体事物而存在。[②]他写道：“每一种颜色都在意识中制造出一个独特的印象。自从眼睛和感觉肇生，颜色就存在了。”

《色彩学》的后半部分讲解了颜色更详细的含义。最终，按照歌德的说法，他“并不是用眼睛看到了某种纯粹的现象，更多是用心”。歌德声称暖色调，也就是黄、橙、红，能够激起人们轻快、活泼、冲动的感觉，蓝、靛、紫这样的冷色调会制造出烦躁、摇摆、焦虑的印象。黄色作为与白光最接近的颜色，有一种平静、喜悦、轻微悸动的特质；蓝色作为与黑暗接近的颜色，与阴影有所关联，会引发忧郁和悲伤的情调。

在那个时代，人们普遍认为颜色没有独立完整的概念，它们的意义由观察者赋予，随着观察者文化背景、历史时代和个人经验的不同而不

① Rudolf Steiner, *Goethe's Conception of the World* (London: Anthroposophical Press, 1928), p. 150.

② Rudolf Steiner, *Goethe's Conception of the World*(London: Anthroposophical Press, 1928), pp. 150–156.

同，所以歌德这种看起来比较主观的意见可能不合时宜而且错误百出。[①] 不过，歌德或许会辩解说，其实相对主义者的立场才是主观的，因为每一种颜色都具有自己的特质，不随特定的人物、地点和时间而转移。问题在于，绝大部分人都还没能拥有足够的感受力来触及颜色的客观概
247 念，只能退而求之于外物来对其进行描述和界定。如果一个人希望养成感知颜色深层意义的能力，在理论上他能做到，但是要进行极其专注的研究，付出巨大的努力。[②]

七、对环境理论与环境教育的启发

如今，很多科学研究都把自然当作按固定规律运行的实体。一只青蛙可以被看成一个"动物机器"，整个地球可以被看成一艘"太空船"，

---

① 关于光，莱写道："每种文化都认为光是连续统一体，但同时又任意将其划分为若干单元……由此产生的系统是带有感情色彩的、主观的，而不是科学的。"参见 Verne F. Ray, "Techniques and Problems in the Study of Human Color Perception," *Southwestern Journal of Anthropology* 8 (1952): 258–259; quoted in David Lowenthal, "Geography, Experience, and Imagination: Towarda Geographical Epistemology," *Annals of the Association of American Geographers* 51 (1971): 256。段义孚写道："颜色和情感对应关系的建立过程是很不成熟的，普遍的原理没有表现出其特质，而是与文化背景结合得很密切。"参见 Yi-Fu Tuan, *Topophilia: A Study of Environmental Perception, Attitudes, and Values* (Englewood Cliffs, IV.J.: Prentice-Hall,1974), p. 24。段义孚还认为，白色、黑色和红色似乎在世界各地都是最重要的颜色，人类最早创造出的符号中就包括它们。

② 一些使用歌德的方法的练习是为学生设计的。笔者 1975—1977 年在克拉克大学任教时，设计过一门课程，名为"歌德的科学之路"。该课程包括一系列学生对色彩感知的报告，以及他们在欣赏景观或色彩方面的经验。除了少数人外，大多数人都通过这些练习加强了与自然环境的接触和参与环境的感觉。一名学生说："对于我来说，用我们的方式和颜色打交道是一次重要的经历。以前，我真的没怎么注意到它们。现在我可以更好地融入它们——我可以问：'这些颜色想要告诉我什么？'例如，上周末我开车回家。当时是黄昏。我走到山脊上，脚下是一片美景，远处蓝色的小山向后退去，近处是靛蓝和绯红。天空布满了云彩和余晖。过去我也会注意到这一幕，但现在我观察得更仔细了。我感到强烈的情感接触，仿佛这些颜色在告诉我一些关于我自己的事情，仿佛它们在说，它们的一部分在我身上。我同时感到希望和悲伤，觉得自己活得很实在。"这种在自然界里的"实在"感正是歌德的研究方法所追求的。更多关于该方法应用的探讨，参见 Theodor Schwenk, *Sensitive Chaos* (New York: Schocken Books, 1976)。

而人类自己也被描述成“被生物化学能驱动的庞大系统，用燃烧能量的方式带动起存储和处理海量信息的计算机”。[①]持有这种观点的人努力从物质上和精神上了解自然：“不能通过实验测量和证明的东西是不具有价值的。”大家普遍把自然事物看作“零部件”与“工作机理”的总和，推而广之，对整个自然界的基本看法也是如此。这种观念给环境教育带来了很大冲击。环境教育的工作是让大家掌握关于环境和生态的科学知识，从而让人们对生态环境更加关心、更加负责。[②]

此外，现代科学普遍认为大自然是自然形成的，不含人的意志。例如，法国生化学家雅克·莫诺（Jacques Monod）强调说，当代科学隐含着一个条件，那就是客观性。也就是说，其基本假设是“宇宙的形成不需要主观意识，一切东西的肇生都是而且仅是概率的结果”[③]。他还表示，自然界的过程完全不理睬外物，人类“居住在一个与其性质相异很大的世界的边缘，这个世界完全不懂人的创造，不理睬人的诉求，也不关心人承受的痛苦和犯下的罪孽”[④]。基于这种观点，大自然和纯粹的物质实体没什么分别，都是可以为人所用的没有自主智能的东西。通过对自然的研究，人类的预测能力和控制能力一天天成长起来。[⑤]

歌德的观点很重要，指出了另一个认识自然的途径。他教我们换一

---

① William Etkin et al., *A Biology of Human Concern* (Philadelphia, Pa.: J. B. Lippincott, 1972), p.17; G. Tyler Miller, Jr., *Living in the Environment: Concepts, Problems, and Alternatives* (Belmont, Calif.: Wadsworth, 1975), p.38; Jacquetta Hawkes, in a lecture given at the University of Washington, 1971, as quoted in *MANAS* 30 (November 16, 1977): 7.

② James A. Swan and William B. Stapp, eds., *Environmentad Education* (New York; John Wiley & Sons, 1974). 这本书中的文章提到了环境体验的感官和情感成分，但总的来说，大多数作者更强调增加对自然的知性理解。

③ “Jacques Monod, Nobel Biologist Dies; Thought Existence Based on Chance,” *New York Times*, 1 June 1976, p. 36.

④ Jacques Monod, *Chance and Necessity* (New York: Vintage,1971), p.172; Pierre Teilhard de Chardin, *The Phenomenon of Man* (New York: Harper & Row,1961); Lewis Thomas, *Lives of a Cell: Notes of a Biology Watcher* (New York: Viking Press, 1974).

⑤ William Leiss, *The Domination of Nature* (Boston: Beacon Press, 1974).

种方式与大自然互动，在互利互惠中产生赞叹和感激之情。歌德希望我们与大自然进行交流，然后在自己身上找出大自然万千变化的映像。正如苏格兰哲学家 L. L. 怀特（L. L. Whyte）所言，歌德的中心思想是："无论是地上的一块岩石，还是画家创作一幅作品的过程，你只有亲眼去看，才能发现贯穿其始终的客观规律。在探究大自然同一性的同时，你还需要探究自我，这样才能更好地理解自己。"[①] 如果歌德的思想扩展了我们观察世界的视角，让我们在这个过程里保有更多的尊严、敬畏和决心，
248 那么它也能扩展我们观察人类的视角。用物理学家海森堡的话说，或许我们能从歌德的方法中领悟到其他一些什么，但是"我们如今最应当从歌德那里学到的是，不要为了某一种理性的分析方法而把其他所有的方案束之高阁。我们应当兼收并蓄，相信所得到的现实必将殊途同归，走向事物'唯一、最好、最真'的本质"[②]。

① L. L. Whyte, "Goethe's Single Vision of Nature and Man," *German Life and Letters* 2 (1949): 290.

② Werner Heisenberg, "Goethe's View of Nature and Science," in *Across the Forontiers* (New York: Harper & Row, 1974), p. 141.

第十六章

从地名和地方称谓看空间结构

大卫·E. 索菲尔（David E. Sopher）

本文基于一个古老的传统来探究人们认知中的空间结构。笔者认为， 251
语言结构既是一种意义也是一种过程。我们要研究地名的构成和地理学意义，看地名如何囊括了方位、方向，以及其用词如何体现出“地方”的概念。

一、地名与方位

虽然现在关于空间认知结构的问题引起了人们极大的兴趣，但人们对这种研究的起源和发展却莫衷一是。这类探索有不止一个起源。其中一个不太成熟的是在上海，给上海人对这座城市周边和中国其他地方带来了不同程度的熟悉感。“河南”“湖北”“山东”这些省份，给人们一种感觉，即大地上存在一种稳定的秩序。许多城镇似乎都以同样的方式将自己固定在空间中，或者以某种方式声称自己是“中心”。在更小的尺度上，有像“浦东”这样的地名，告诉大家这地方就在河的东边。其中一些地名可能在上海人说的吴语出现时就有了。有些人给迁居到上海的低收入者起了个带有地域歧视的名字——“江北人”。“江”指的是长江，“江北”指的是江苏省内部分地势低洼、闭塞落后的农村地区。

252 在上海这个大都市，学校教育和氛围比较国际化，传过来的历史就包括“东撒克逊人的”和“西撒克逊人的”、“北方人的”和“南方人的”。地理学还会提到南安普敦——既然有南安普敦，想想也知道很可能存在其姊妹城“北安普敦”，只不过人们在几十年前才发现其存在。在地名里使用方位似乎是很自然的。于是在伯克利，最近人们注意到的也许就是这些带有方位的地名，如北伯克利、南旧金山、西奥克兰、东海湾等。城市里横平竖直的街道加深了人们对这种地名的印象——即便匠气呆板，但是也完全说得过去。

约翰·莱利（John Leighly）在伯克利大学所做的关于地理和地名的讲座，内容丰富，算得上此类研究的开端。“北方人”和“南方人”又被重新提起，还有他们起的各色地名。大家也有机会看到其他的地名命名系统。我选择的是西班牙的阿拉伯语地名。[①] 通过阿辛·帕拉修斯（Asin Palacios）编写的字典和阿拉伯地名辞典，我们可以在一定程度上了解到，这些地名和古英语地名的组成部分之间存在许多差异。这些差异有的很明显，有的很细微。[②] 现在我们已经知道（尽管当时还不明确），一个明显的区别是，西班牙语和阿拉伯语中几乎完全没有英语里常见的、包含基本方位的地名。

---

① David E. Sopher, “Arabic Place Names in Spain,” *Names* 3 (1955): 5–13.

② Miguel Asín Palacios, *Contribución a la Toporaimia Árabe en España*,2d ed. (Madrid: Consejo Superior de Investigaciones Científicos, Patronato Menéndez y Pelayo, Instituto Benito Anas Montano, 1944).

伯克利大学的文化地理研究浅显地触及了不同文明在地理景观上表达出的秩序感，特别是就中国和其他亚洲文明来说，其宇宙图景的基础是轴对称、有明确的基本方位——李约瑟（Needham）和魏特雷（Weatley）都谈到过这一点。同时，一方面，社会精英建构出带有神秘色彩的空间秩序并且以此为基础给地方命名；另一方面，普通民众使用由其日常经验创造出的语言给地方命名。许多文化里的探险家、施政者、规划师和学者，包括西班牙人，都很在乎比较大的图景，偶尔也使用基本方位作为新的地理词汇的构词元素——通常是在一个大尺度上，如“Mar del Sur”（南海）、“Sierra Madre Occidental”（西马德雷山脉）、“la France de l'Est”（法国大东部大区）等。我们很难分清这些地名是在这片土地上行走的人“自发”取的，还是那些坐在书桌前的人“自觉”取的；但无论如何，如果地名可以告诉我们空间结构是如何被认知的，那么我们就应该时刻留意这种区别。[①]

有几个问题已经浮出水面了。为什么英语地名和其他日耳曼语地名经常使用基本方位，法语和西班牙语却很少使用，其他罗马语种的用量
也明显偏低？中国地名的命名条件，就其频繁使用基本方位而言，会对 253
理解这个问题有什么帮助吗？从这些事实可以推断出人们的空间认知有什么特点？我们很难指望这些问题得到明确的答案，在收集相关材料时也没有什么可遵循的指南。事实已经是这样，那么这种空间分布的格局，以及那些似乎占次要地位的问题，都可能上升为解开谜团的关键线索。

---

① 如果坐办公室的人走到野外，或者人们掌握了地图和复杂的地理知识，这种辨别很容易变得模糊。与旧世界的地名相比，新大陆的许多地图似乎是由具有生动的地图意识的人绘制的，因而是鸟瞰图，而不是仅仅基于地面观察。参见 George R. Stewart, *Names on the Land*, 3d ed. (Boston: Houghton Mifflin, 1967), p. 69。

1. 中国人的世界

中国人给地方命名会依据自己的宇宙观，而这种宇宙观可能建立在传统的儒家学说所包含的空间秩序之上。无论是在地理景观中还是在语言里，方位和轴对称都占有很重要的地位。“北面”说的是对君主和师长的尊敬，“南面”意味着统治。日本人也吸收了这样的习惯——日本的国都平安京，即后来的京都，就是按照中国人的宇宙观来规划的。其东端和西端分别叫“左京”和“右京”。①

据统计，中国每十八个人里就有一个人的名字包含方位词（包括“中”这个字），在县级行政区里，这种现象占十二分之一。这充分说明了宇宙观所造成的深远影响。在这些地名诞生的过程中，或许存在一些幻想色彩，比如说期望这个地处高原的省份能够直升入云，所以给它起名叫“云南”。到了尺度较小的地域，如市、镇、村，甚至“一疙瘩”土地，其命名规则也是相似的，就如上文提到的上海周边的例子。② 我们很容易看出，这种方式是传统元素在地方上的一种体现。这种现象在印度的乡村也十分常见。它说明，景观设计符合宇宙运行的原理作为一种传统被保留下来，并且持续发挥着作用，尽管使用这些地名的人很可能已经不记得这些地名最初是怎么和传统联系在一起的了。③

说英语的人可能会问，用这种方式来命名地点是不是“完全自然”。有人可能会说，似乎只有给地方起名字这种做法本身是普遍的，

---

① Carl Darling Buck, *A Dictionary of Selected Synonyms in the Principal Indo-European Languages: A Contribution to the History of Ideas* (Chicago: University of Chicago Press, 1949); Heinrich Schröder, “Nord – Süd – Ost – West,” *Germanisch-Romanish Monatschrift* 17 (1929): 421–427; B. L. Gordon, “Sacred Directions, Orientation, and the top of the Map,” *History of Religions* 10 (1971): 211–227.

② J. E. Spencer, “Chinese Place Names and the Appreciation of Geographic Realities,” *Geographical Review* 31 (1941): 90–91.

③ David E. Sopher, “Landscapes and Seasons: Man and Nature in India,” *Landscape* 13 (1964): 14–19.

除此之外则几乎没有什么共性可言。例如，对于东亚地区来说，中国的风俗习惯造成的强大影响让另一种非常普遍的命名方法失去了影响力——那些纪念个人的地名。亚历山大港（Alexandria）、艾哈迈达巴德（Ahmedabad）、西迪贝勒阿巴斯（Sidi Bel Abbes）、科隆（Colon）、约翰斯敦（Johnstown）、列宁格勒（Leningrad）[①] 等大大小小的地名，就像名人和普通人的纪念碑一样，广泛分布在新旧大陆的大部分地区，让大地变得像巨大的墓园。这种命名方式在东亚很罕见，那里的人觉得这样起名字不合适，尽管他们同样尊敬逝者。[②]

对于这个天真的问题，我们可以更直接地回答：从基本方位出发来 254
思考空间，绝不是技术先进的文明独有的标志。近来一些探讨认知地图的文献碰巧给我们展示了另一种定位方案，如密克罗尼西亚人用恒星升起和落下的位置来导航与定位，波利尼西亚人使用的是“内陆”（夏威夷语“mauka”）和“海洋”（夏威夷语“makai”）的二元结构。无论是否使用方位系统，几乎所有的史前人类都有基本方向的概念。但是，正如巴塞尔（Barthel）认为的，如果不能找到与他们所处的环境相关的方位，他们就不会使用这些方位。[③] 不同的人同时在使用不同的系统。比如说在火奴鲁鲁，夏威夷人的定位系统已经演化成两套。长期居住在此的白人用一套，从“美国本土”来的新定居者用另一套。在马来语中，“南”（selatan）的字面意思是“海峡”。“Tanah selat”，意思是“海峡

① 今已重新改为圣彼得堡。——译者注

② 例如，西贡在 1975 年越南共产党胜利后改名为胡志明市，但是中国并没有“毛泽东市”。大家可能希望对这种有趣的心理现象归纳出更精确和完整的分布规律，但是即便苏联一直积极进行比较系统的地名研究，也没有找到普遍性的标准。关于苏联的研究工作，参见 Y. M. Pospelov, “The Present State of Toponymy in the USSR,” *Soviet Geography: Review and Translation* 8 (1967): 234–247。

③ Thomas S. Barthel, “Raumvorstellungen bei Naturvölkern,” *Geographische Zeitschrift* 54 (1966): 307; T. T. Waterman, “Yurok Geograph,” *University of California Publication in American Archeology and Ethnology* 16 (1920):193; A. L. Kroeber, “Ethnographic Interpretations 7–11,” *ibid*. 47 (1959): 238; Erik Homburger Erikson, “Observations on Yurok: Childhood and World Image,” *ibid*. 35 (1943). 273.

之国”，指的是马来半岛的南端和岛屿世界，差不多是其狭长海岸线上偏南部的大部分地区。尽管如此，马来语使用者仍然用“向着海峡”来指代他们居住的南部地区，甚至住在苏门答腊岛南海岸的人也这样说，因为在那里，朝这个方向也是汪洋大海。[1]

比较简单的社会群体也会用基本方位来指明方向。澳大利亚的一些土著部落根据合适的基本方位来划分相邻的部落，这些包含基本方位的词语或多或少又会成为长久的族群名称。[2]文字出现前的普韦布洛人（Pueblo）与纳瓦霍人（Navajos）会用详细的图画来记事，其中包含一系列属性的对应关系，如动物、植物、元素、颜色和基本方位，这与中国和亚洲其他地区的一些习惯很相似。一些部落直到近些年才开始使用文字。

普韦布洛人的案例表明，宇宙观里基本方位的整合，包括将基本方位与湖泊、山脉结合起来并赋予其神圣性，不一定会导致这些方位词在地名中被广泛使用。分析过哈灵顿（Harrington）的调查结论以后，我们可以得出一个印象，即说特瓦语（Tewa）的普韦布洛人有丰富的地理名称，但除了少数神圣的、包含方位词的地标以外，特瓦语里的地名从来不会用基本方位作为元素。[3]

那么，我们认为中国人对中国传统里的神秘空间产生了认知性的结
255 构，并以此为规则给地方命名，这种想法是不是有点想当然？我们想知道，这样的传统是如何被另一个民族接受的，如日本。就日本而言，大多数地名似乎都是从民间的环境中自发产生的。一部分日本地名是汉语

---

① Emiko Ohnuki-Tierney, “Spatial Concepts of the Ainu of the Northwest Coast of Southern Sakhalin,” *American Anthropologist* 74 (1972): 426-455.

② A. H. Elkin, *The Australian Aborigines*, 3d ed. (Garden City, N.Y.: Doubleday, 1964), p. 64.

③ John Peabody Harrington, “Ethnogeography of the Tewa,” *U.S. Bureau of Ethnology Annual Report* 29 (1916): 29-626.

词汇的变体，数量虽然不多，但一般都是相当大的、官方的地名。这些地名常使用基本方位，读音也与中文类似。例如，“东京”（Tokyo）源于中文的“东都”，北临内海的“中国”（Chugoku）源于中文的“中土”。日语地名也常使用基本方位。这些地名虽然是用汉字书写的，但发音都是本地的。在现有的日语地名里，以特定方位词（包括“中”）开头的地名占全部地名的3%到4%。考虑到人们其实有很大的选择余地，这一比例已经相当高了。

其中有些名字来自近代的行政行为，也就是重新规划县市，如“北九州市”（Kitakyushu）。就规模较小的聚落而言，1889年进行的大规模村镇重组使得行政机关定立了数千个新地名，而这些新地名肯定会大量使用方位词。日本姓氏也常使用方位词，常见的方式就是以某个村镇为中心词，然后加上方位词作为前缀或后缀。这种情况很大程度上要归因于当地的地形地貌特征，如“北川”（Kitagawa）、“中村”（Nakamura）。这很有力地说明了这种命名规则停留在“自发的”民间层面，就像在中国一样。当然，其中也并不排除中国模式的扩散和“向下”渗透的可能性——有人支持这种说法，因为日语地名里使用基本方位词的案例，有三分之一出现了“中”（naka）这个字眼。或者说，我们看到的现象是不是说明中国传统远播海外，对整个东亚地区产生了影响，让这里的人建构起了同样的方位感？

2. 日耳曼语

英国的地方命名方式与历史传统并不相干，因为盎格鲁—撒克逊人的宇宙观和盎格鲁—撒克逊时期的景观记录都不存在像中国那样四四方方的、强调方位的空间结构。矩形网格在罗马时代的军队驻防地和殖民地中被广泛使用，但并没有基本方位的要求。[①] 这一出现在自然景观里的特征，不太可能让使用日耳曼语的人产生一种地
256 名的命名规则而对拉丁语使用者不构成任何影响。

粗略地看，英语地名里以方位词为组成部分或者前后缀的现象并不普遍，约占全部地名的二十五分之一，与日语地名相当，只不过“中”出现的概率并不突出。[②] 这个统计包含当代英语已经不再采用的形式，如“Norton”（the north tūn，北部农庄）和“Sutton”（the south tūn，南部农庄）。这种现象没有明确的区域分布规律。

然而，我们会发现，在使用日耳曼语的其他地区，这种地名形式有明显的区域差异。有证据表明，它在欧洲大陆上的出现及逐渐扩展，在很大程度上比在英国晚。在德国，基本方位更多是处于次要地位的词缀而不是特定的构词元素，如“北安普顿”（Northampton）的“北”相比于“诺顿”（Norton）的“北”。它们既存在于朴素的民间用法中，也或多或少存在于官方的名称中。因此，正如亨宁·考夫曼（Henning Kaufmann）所指出的，这些名称带有某种自觉性，显示出对图式的偏好。[③]

词缀的使用导致了地名中基本方位的出现，这种现象始于9世纪的德国，到1100年左右变得普遍。它最显著的发展出现在中世纪13世纪到15世纪。包含基本方位的地名的最早记载来自弗里斯西亚（Frisia）；此后，它们出现在下萨克森州（Lower Saxony）和图林根州

① Ferdinando Castagnoli, *Orthogonal Town Planning in Antiquity*, trans. Victor Callandro (Cambridge, Mass.: MIT Press, 1971), pp. 87 ff, 110.

② 数据源于包含英伦诸岛3.2万个地名的*Reader's Digest Complete Atlas of the British Isles* (London: Reader's Digest Association, 1965)。

③ Henning Kaufmann, *Westdeutsche Ortsnamen, mit unterscheidenden Zusätzen* (Heidelberg: Carl Winter, 1958), pt. 1, pp. 2–3, 213; Ernst Förstemann, *Die deutschen Ortsnamen* (Nordhausen: Ferd Forstemann, 1863), pp. 212 ff.; Adolf Bach, *Deutsche Namenskunde*, vol. 2, *Die deutsche Ortsnamen* (Heidelberg: Carl Winter, 1952).

（Thuringia），在威斯特伐利亚州（Westphalia）数量众多。许多佛兰德人和荷兰人起的地名都是这种类型的。尽管这种模式在当代德国仍被沿用，但在德国南部一直很少见，主要分布在德国西北部。

在斯堪的纳维亚半岛，中等尺度的地图显示出相当一部分聚落名称（如瑞典中部的“Norrköping”“Söderfors”“Västerby”）用了基本方位，但如同英国，方位词直接是词根的组成部分而非词缀。地区性的名称也符合这种规律，无论是古老一些的“俗称”还是年代近一些的官方命名。如果加上以方位词为词缀的地名，瑞典包含方位词的地名大概占到 6%。[①]

在冰岛，这样的名字似乎不太常见。然而，霍根（Haugen）提供了一个有趣的例子，即表面上使用方位词的双重系统。[②] 霍根所称的“近似的”方向包括或多或少正确的指南针方向，被用于对山谷的命名。“根本的”方向被用来描述围绕岛屿的顺时针或逆时针环流（岛中心既无人定居也无人穿行）。基本方位词作为地名的组成部分，应用于定居点外围的四个区域，作为对目的地的指示。这种双重用法导致了许多反直觉 257
的描述（实际上，一个人“向南”走时，可能会在相当长的一段时间内是在朝北移动）。这里，我们又发现了两种不同方向系统的共存，其中岛屿的结构形成了**当地参考系统**。这是一种自相矛盾的现象，霍根称之为“根本的”或“远距离的”定向系统。这种明显的矛盾恰恰是因为斯堪的纳维亚语言的使用者愿意使用基本方位作为地名。如果海岸的四个部分没有用基本方位命名而是用其他描述性名称，霍根注意到的大量异常情况就不会出现。对于冰岛人来说，他们似乎并不比马来人更被这些

① 数据源于包含 7.4 万个地名的 U.S. Board on Geographic Names, *Sweden*, Gazetteer no. 72 (Washington, D.C.: Government Printing Office, 1963)。

② Einar Haugen, “The Semantics of Icelandic Orientation,” *Word* 13, (1957): 447–460.

异常现象迷惑。相反，似乎在所有地方，“南方”的意思都是“朝着海峡的方向”。①

3. 地名与航海的关系

我们已经粗略地探讨了日耳曼语族使用区以方位词为地名的分布情况，可以看出其分布中心离北海（North Sea）不远。这到底是臆想，还是纯属巧合？我们需要分析日耳曼语和罗马语之间的另一种关系引起的问题：所有的罗马语都会使用一些日耳曼语的词来表示基本方位。甚至对罗马尼亚语和列托—罗马语（Rhaeto-Romantsch）②这样的内陆分支来说，情况也是如此。无可否认，这些分支在与德国人的接触中受到了其他方面的严重影响。在罗马尼亚语里，较新的形式没有完全取代旧的拉丁语衍生词[如“西”（apus），源于拉丁语“appōnĕre”；“东”（răsărit），源于拉丁语“resalire”]。这些形式在日常语言里还在使用，而日耳曼语的对应词语在文学和技术语境里更为常见。③

这一迁移并不是伴随罗马帝国解体而来的民众大迁徙的结果，但当时确实有大量的日耳曼词取代了拉丁语，其中一些在日常情况下使用[如拉丁语的“白”（albus），被日耳曼语的“blank”取代，后又发展成法语的“blanc”、意大利语的“bianco”和西班牙语的“blanco”，等等；在罗马尼亚语里则是“alb”]。词源学的工具书对这一点讲得很清楚：罗马语族里表达基本方位的新词首先出现在法国，是在12世纪

① Roger M. Downs and David Stea, *Maps in Minds: Reflections on Cognitive Mapping* (New York: Harper & Row, 1977), p. 52.

② 列托—罗马语：罗马语族的一个分支，主要分布于瑞士和意大利北部。——译者注

③ Alejandro Cioranescu, *Diccionario Etimológico Rumano* (Tenerife: Universidad de la Laguna, Biblioteca Filológica, 1958–1966).

确立的。[1] 从语言学的角度来看，它们的来源肯定是英语，而不是德语或荷兰语（所以法语单词里表示“西”的是“ouest”而不是“vest”），出现的具体语境则是海事。中世纪晚期，在大西洋欧洲发展起来的多语言海洋文化将这些方位词带到了 15 世纪末的伊比利亚半岛。最早有记载的西班牙语用“este”表示“东方”，出现在哥伦布写的一封信中。后来，这些词语通过多种途径传入，被意大利水手带回家，并被作为当 *258*
时流行的西班牙语和葡萄牙语的翻译词语，用来描述 16 世纪的旅行。在法国，方位词向内陆的扩散是缓慢的，随着人们在陆地旅行的过程逐渐取代了旧的词语。

海上的关联解释了传播者和传播路径，但并不能解释为什么会发生这样的扩散。为什么在一些源流相关但地理上相互独立的书面语言中，作为基本概念的一组术语会被一组类似于异界语言的外来词语取代？请注意，英语“west”（西）里的“w”在发音上和法语、西班牙语很不一样；在法语、西班牙语中，这个词的拼写方式是“ouest”和“oeste”。此外，法语里的“s”在这种位置上的发音方式也很特殊。这种转变的范围和深度似乎意味着一种更有效的、更适合航海的技术的扩散。同一时期，沿同一条海上航线的技术扩散导致了航海技术的快速发展。例如，大西洋沿岸方帆和地中海沿岸三角帆的结合成功地适应了海洋航行的需要。随着 18、19 世纪商业、交通、航海和制图的国际化，人们越来越习惯于以各日耳曼语种为外国术语的主要来源（参考罗马尼亚语的“vest”），内陆的罗马语种则面临着越来越大的压力。扩散就这样实现了。

---

① O. Block and W. von Wartburg, *Dictionnaire Étymologique de la Langue Française*, 4th ed. (Paris: Presses Universitaires de la France,1964); J. Corominas, *Diccionario Crítico Etimológico de la Lengua Castellana*, 4 vols. (Madrid: Editorial Gredos, 1954); T. E. Hope, *Lexical Borrowing in the Romance Languages: A Critical Study of Italianisms in French and Gallicisms in Italian from 1100 to 1900* (New York: New York University Press, 1971).

使用英语里的方位词效率到底有多高？是不是因为它们都是一个音节，而拉丁语和罗马语分支要用三四个音节？这个问题恰如其分，因为这种对比可能表明，在拉丁语地名中使用基本方位存在结构性障碍。也就是说，这些词可能不适合拉丁语和罗马语独特的地名语法。例如，法语到现在还有这种问题。其形容词形式直接源于拉丁语的书面语，“非洲北部”的写法是“l’Afrique Septentrionale”。形成“北非”这个词在英语地名语法中非常方便（North Africa），存在基本的构词法；法语就必须用“l’Afrique du Nord”，既笨拙又不精确。[①]

然而，要说罗马语族在这方面效率太低，这也并不完全令人信服。随着语言的发展，许多种类的缩略语和替换语可能会“自然地”根据需要产生。法语中一直有“midi”和“levant”这两个词，分别表示南方和东方，现在它们的含义范围更窄；上文提到的罗马尼亚语也说明了古
259 代文学作品和当代生活语言之间的差异。由于有这些新的词语资源，西班牙语里也出现了“norteamericano”（北源性的）和“norteño”（北方人的）。我觉得，我们不能主观地坚持认为，方位词没有出现在拉丁语和罗马语的地名中只是因为这些词语本身很笨重。相反，是不是就像萨丕尔—沃尔夫假说[②]所认为的那样，根本就不需要适当的形式？可用的地名构词法之所以没有出现，是不是因为罗马语里的空间概念本来就不需要这样构造空间词语？我之前提到过，在创造大尺度的地名时，罗马语使用者借用了日耳曼语和拉丁语的形式；只不过，用较长的拉丁词语替换罗马词语并没有明显增加方位词的出现频率，因为新的地名构词

① 不过，拉丁形式在创造科学技术用语方面有特殊的用处。我曾数次向该领域的同事提议，他们应该用轻快而准确的“extraseptentrional Africa”取代“sub-Saharan Africa”这一语义荒唐的词，尽管并没有得到积极的回应。

② 萨丕尔—沃尔夫假说：认为语言结构决定人类思维方式及行动方法，使用不同语言的人对世界的感受和体验也不同。——译者注

法大规模覆盖了以前使用西班牙语和葡萄牙语的海外领土。德语里包含基本方位的地名分布高度不均匀，正印证了这个观点。掌握这些词语和这种地名构词法本身并不足以使这种特殊的地名形式大量出现。其以北海为核心的分布引起了人们对这样一种可能性的关注，即一些与海洋经验相关的文化生态因素可能培育了不同的思考空间的习惯。

在北美，我们发现，在以英语为母语的民族定居的地方，共同的语言资源并没有导致以方位词为词缀的地名均匀分布。这类名字的密度在新英格兰地区最大。在那里，它成为区分以前划定的居民区和新设立的定居点的常用方法。这发生在相当严格的宗教社区。宗教势力拥有强大的内部控制力，使得这些定居点联系紧密，相互依赖，所以相比于独立演化的殖民地区域而言，它们更容易有共同的名字成分。我们可以推测，城市被赋予了神圣的宗教符号，而新大陆的城市大多采用横平竖直的网格状布局，就像纽黑文（New Haven）最早期的规划那样。[①] 因此，掌握地方命名话语权的人可能更容易接受加入方位词的地名构词法。随着以公理教会制度（Congregationalism）为主导的社会结构的削弱，以及国家独立后不再照搬英国地名，以基本方位词为小型农村居民点的地名要素的现象似乎有所减少。例如，在艾奥瓦州，只有阿玛纳教会群体（Amana Society）[②] 建立的乌托邦式定居点才用这种地名构词法。但是这种特殊地名的“感觉”仍然存在，并以一种不同的空间组织形式重新出现，成为区分中心城市与周边卫星城的常见方式。因此，虽然看起来 *260*
有官僚主义的色彩，但其实命名系统是民间思想的一部分。我住在雪城

① John Archer, “Puritan Town Planning in New Haven,” *Journal of the Society of Architectural Historians* 34 (1975): 140–149.

② 阿玛纳教会群体：18 世纪初期兴起于德国，19 世纪中期传入美国纽约州，后在艾奥瓦州落地生根。自 20 世纪 30 年代起，该群体在艾奥瓦州建立了多个以合作联营为经济形态的定居点。——译者注

（Syracuse）的时候，“Northside”（北部）和“the Near Westside”（近西部）在地图上是找不到的，它们存在于雪城人的心灵地图上。

如果想说一种事物没有某种规律，通常并不容易说清。想要得出罗马语地名中除了偶尔出现的大地名之外基本不用方位词这种结论，还不是特别有理有据。法国语言学家德赞（Dauzat）以一种消极的方式支持了这个结论，因为他在分析地名词缀的时候，根本没有把方位词考虑为一种元素。[①] 有人对法国南部某地地名做了极为详尽的研究，同样没有提到这种构词法。[②] 在帕拉修斯的研究里，以及在对新旧大陆上西班牙语和葡萄牙语地名的研究里，我都谈到过这类反面证据。

这类研究显示出，罗马语族，尤其是意大利语，倾向于使用方位元素，仿佛从一个中心（自我）出发指明方向。也就是说，它们会使用相对的词语，如“那边 / 这边”和“远 / 近”。拉丁语式的前缀“cis-”和“trans-”，是直接从拉丁语书面语用法渗透进欧洲语言的，已经被广泛用于指示新的地区，如“cis-Appalachia”和“trans-Appalachia”（美国史学家常这样用，但是居民们不这样说）。这种形式在日耳曼语里也不少见，俄语（以及其他一些斯拉夫语）里也经常出现以“za-”和同义词为词缀的现象，指代“越过……”或“……之外的”，但是这种现象在英语、荷兰语和德语里很早就消失了。荷兰东部的一个省叫“Overijssel”，其中“ijssel”指的是一条沟通了莱茵河与须德海（Zuiderzee）的南北向水系，叫“Ijsselmeer”。但是，当荷兰人在南非殖民的时候，给“Transvaal”和“Transkei”命名用的是拉丁语中的对

① Albert Dauzat, *Les Noms de Lieux: Origine et Évolution* (Paris: Librairie Delagrave, 1928); *La Toponymie Française* (Paris: Payot, 1946); Auguste Lognon, *Les Noms de Lieu de la France: Leur Origine, Leur Signification, Leurs Transformations* (Paris: Librairie Ancienne Honoré Champion, 1920–1929), p. 288.

② Georges Ricard, “Une Étude Toponymique en Rouergue,” *Annales Economies Sociétés Civilisations* 28 (1973): 1577–1583.

应词语，也就是“over-”和“trans-”之分。

罗马语族常用这类词语给区域命名，而非离散的聚落——尽管所谓“区域”也不一定很大，而且很可能只包含一个重要的定居点。特拉斯泰弗雷（Trastevere）就是这样的例子。它是罗马市“台伯河另一边”的一个上班族聚居区。以自我为中心作为给地区命名的方式之一，可能会被官方采用，就像方位词一样。人们可能会理所当然地想到，近代葡萄牙大多数省的名称，源于某次大型的行政区规划；河流在规划里占有很重要的位置，其他地名受到与河流相对位置的影响。在歌曲和故事中，有一些地名，如“Alentejo”（字面意思是塔霍河另一边），作为民间自发形成的地名有着悠久的历史。葡萄牙的省的名称与河流的关系有一个例外，而这个特例恰好包含方位词，就是“Algarve”，葡萄牙最南端的一个省。这个名字的本源是阿拉伯语的“al gharb”（西方）。

以自我为中心的命名理念有个问题，就是当一个区域的重心发生 261
转移的时候怎么办，如“Transylvania”和“Transjordan”（字面意思是“Sylvania”“Jordan”的“另一边”）。同一个词语可能具有完全相反的地理意义，因为其意思是相对使用者而言的。在意大利语里，“tramontano”是“北方”和“外国”的同义词；但在北边法国人的说法里，“ultramontanisme”指的是罗马以及那里教会权力的集中化。这种含糊不清的相对性也可以出现在方位词的使用上，这就导致了一些奇怪的事实。比如说，英国北部海岸一个郡的名字意思是“南方的土地”（Sutherland）——北欧人也把方位词纳入了自己的地名系统，起了这个名字。

提到挪威语，我们就会联想到欧洲西北部的海域会用到方位词作为名称。为什么会这样？航海当然需要经常使用这些术语。海员有必要给风命名，也有可能（虽然不是必须）根据风吹向的方向来命名。[①]在海上，位置具有运动的相对性。一个人没法占据固定的位置，也不能轻易地用身边的事物来定位自己，而必须使用外部参照系。那么，航海的经验会不会在空间的概念化方面产生普遍的开放性和相对性？在航海中经常使用的带有方位词的词语，被人们认为也可以拿来给陆地上的地点命名。早期的英国人及其后继者从一个地方迁居另一个地方，就像拿着漂浮的罗盘，把它扔到这里，扔到那里，以此作为给不同规模的定居点和地区命名的参考依据。罗马语里的命名方式是从固定地点的有限空间向外界发出的。中国人似乎使用了一种“外部”的参照系，就像英国人一样；但他们的参照系是一种静态的、宇宙般宏大的模型。它不受人口迁移、殖民过程的影响，与英国随着定居点的出现而产生地名的做法有本质上的不同，这也可能使其与罗马语族的命名规则产生更大的差别。[②]

二、地名的专有词语

262 开放动态的空间概念化与封闭静态的空间概念化的对比，与其他一些语义对比相吻合。这些语义对比将英语与罗马语族的各语种区分开来，也与欧洲两个广义地区的直觉感觉相吻合，即欧洲北部和地中海沿岸。我们来看英语里与地方（place）相关的三个概念的含义，以及它们在

---

① Mary Kawena Pukui and Samuel H. Elbert, *Place Names of Hawaii* (Honolulu: University of Hawaii Press, 1966); Irving A. Hallowell, *Culture and Experience* (New York: Schocken Books, 1967), p. 190.

② 这个规律可能在南亚的适用性没有那么好，比如说孟加拉国吉大港附近的沿海平原人口非常集中，其中很大一部分人以海为生。他们的定居点与基本方位有很大的关联性。

罗马语族里的对应词语："home"（家）、"neighborhood"（邻里）和"place"（地方）。[①]

"home"是英语里独有的概念，但这个词里的一些含义也在日耳曼语族的其他语种里有所体现。[②]它的独特之处在于其空间尺度是有弹性的，既可以指房屋，又可以指土地、村庄、街区、城市或者乡村。所以，"hometown"（家乡）和"homeland"（故土）这样的词语就沉淀了温暖、安全、亲密这样的意味，与居家产生了联系。这些词语在罗马语族里找不到对应的词。后者的词语相对来说表达尺度比较精确。比如说，法语里的"ville natale"和"pays"，分别由"maison"和"chez"分化而来，而"chez"又从拉丁语"casa"（小房子）演化而来。"home"不但在尺度上有弹性，而且具有社会渗透性；罗马语族里的词语分指不同尺度的空间，是相对封闭的空间概念，仅限于特定尺度的地域范围。

"neighbor"这个词在日耳曼语里的本源是"nigh-dweller"（靠近居住者）。这里表达的就是一种"空间关系"。它是开放的，取决于定居点及其环境的构成。但是"靠近"也有社会性的意味，包含相互间的责任、信任、影响等随着距离增加而逐渐衰减的元素。在罗马语的对应词语上，我们就找不到这样既开放又随着距离增加而衰减的社会因素。罗马语里的词语，如法语"voisin"，意大利语"vicino"，西班牙语"vecino"等，与拉丁语"vicious"同源，由"vicus"演变而来，指的是乡村或集镇这样的定居点。西班牙语里的"vecino"很长时间以来都包含"邻居"和"有房产的公民"两种意思。罗马语族中的这个词语没发生明显的分化，要归因于人民定居在有边界的区域里；而对于使用英语的人来

① David E. Sopher, "The Landscape of Home," in D. W. Meinig, ed., *The Cultural Meaning of Ordinary Landscapes* (New York: Oxford University Press).

② George Steiner, *After Babel: Aspects of Language and Translation* (New York: Oxford University Press, 1975), p. 28.

说，尽管居民之间也有共同的关注点和利益，英语对“边界”这个概念的强调却远比罗马语少。[①] 在英语里，“neighbor”隐含着“靠近”和（随之而来的）“联系”的意思；在法语里，“neighbor”虽然临近但是彼此的关系是分离的。“neighborhood”，也就是“邻里”，在空间上开放但存在分异；罗马语族里的词语，无论是“quartier”“vecindade”还是“barrio”，都隐含着边界、区分和分隔的意味。

具有讽刺意味的是，在当代功能主义的愿景发生动摇后，美国近来的地理运动开始谋求改变，但这些改变可能会被语言的粗鄙习气拖累。像“places”“making places”“placelessness”“sense of place”这些词语和词组基本上只可能在英语环境里产生，也只能让英语世界的人看懂——当然算不上是小众语言，但也绝不是能被全人类理解的语言。

263 如果想要翻译“sense of place”，说罗马语种的人可能会觉得毫无头绪——何况其中两个最重要的词语都是从罗马语种借用来的，这就造成了更大的困扰。在英语里，“place”和“home”这两个词尺度都是可变的。而且，就像“home”一样，对于个体或群体而言，“place”这个词的尺度会随着对方（或其他人）的“place”的尺度的放大而放大，如“纽约是个游览的好地方”。英语的尺度还可以缩小。“place”这个词取自法语，指的是有一定范围的、开放但是有边界的空间，一般是城镇尺度。西班牙语的“plaza”和葡萄牙语的“plateia”也指的是“开放并且扁平化（的空间）”。唯独在法语里，这个词可以指代社会关系，这点是和英语用法相同的。[②] 但是，无论是法语还是其他罗马语

① Tina Jolas and Françoise Zonabend, “Cousinage, Voisinage,” in Jean Pouillon and Pierre Miranda, eds., *Echanges et Communications: Mélanges offerts à Claude Lévi-Straussàl' Occasion de Son Soixanti è me Anniversaire,* vol. 1 (The Hague: Mouton, 1970), pp. 169-180.

② Yi-Fu Tuan, “Space and Place: Humanistic Perspective,” *Progress in Geography*, vol. 6 (1977): 233; Herbert H Clark, “Space, Time, Semantics and the Child,” in Timothy E. Moore, ed., *Cognitive Development and the Acquisition of Language* (New York: Academic Press, 1973), pp. 27-63.

种，凡是可以描述非连续空间的词语，不管尺度大小，在英语里全都被“place”一个词代表了。看看英语里的“place”翻译回罗马语种所用的词语，如“lieu”和“lugar”，它们都有相对固定的空间尺度。

所以我们可以推定，英语和罗马语种在使用描述地方的词语的时候产生的这种差别，表明了在曾经某个时候，它们各自演化出了不同的空间概念。一个是动态的、相对的，另一个是静态的、固化的。我们这里的结论不涉及词源学和任何文化决定论。词语的含义不仅来自词源，也有赖于它在实际中的用法，而相对古老的含义经常会在实际使用中若隐若现。那么，词语的含义就有了文化的选择性。如果一个法国的人种学研究者用法语写一本书，内容包括美国人如何建构出对“home”概念的认同，那很可能有一部分词句要用英语来写，因为法语文化体系没法完整表达英语的这些内涵。[①]

这些词语的含义和概念化过程自然能够长久流传，就像其他文化要素一样。我们关心的是在流传过程中发生的分化现象。比如说，我们能不能仅凭印象或者臆想，就说北欧的社会自视为开放的、易变的，而地中海沿岸的社会是封闭的、静态的？从法国自身来看，在乡土间的地理概念里，南北应该是有别的。法国北方的“pays”指的是一个区域，一般来说伴随着起初不稳定的（哪怕最终固定了下来）、不注重最终效果
的文化生态。而在南部，“pays”绝大多数情况下指一座城市定名之后 264
在其周边产生的郊区。拉巴斯（Labasse）曾经指出，地中海沿岸的人愿意以石头为建筑材料，这体现出他们追求不朽的人格，他们也由此更加重视结构的安全性。于是他想到，这可能与意大利和法国那些外观凌乱的工业建筑产生了对比，因为盎格鲁—撒克逊的实业家更重视功能

① Claude Pairault, “L’Espace des Tambours et le Temps des Transistors,” in Pouillon and Miranda, *Echanges et Communications*, p. 488.

性，而较少考虑永恒性，这也有助于他们取得成功。[①]

如果形式、词语和名称所体现的认知差异仍然存在，我们就可以在思想和行为上模拟各种后果。在这里，我想谈两点。第一，在北欧，信任关系是可扩展的，“我们”生活在“无界”但又略微倾斜的空间里。在这个空间里，“我们”最终会突然终结在一个认知悬崖上。“他们”都是奇怪的、可疑的、充满敌意的。另一方面，地中海世界的特点是封闭的地理和社会空间，及其内部和相互之间相对固定的关系；这使“我们”和“他们”之间的区别非常明显。那些遥远的人之所以与众不同，是因为“我们”对“他们”并不关注。

第二，盎格鲁—撒克逊地理学号称以兼容性的思维模式（“空间分析”）为基础，然而它并不适用于罗马语言区。我们难道不应该在这两种情况之间谋求一种调和吗？我们会不会在最近一本关于空间组织的专著中发现，是美国而不是法国的地理学家认为，对于最严重的规划问题，要把责任归咎于太抽象的概括、抛弃了具体的地理环境，归咎于“拒绝深入人类景观”？[②] 盎格鲁—撒克逊味道的地理学给人的感觉是能够应对动态的、无界的、多种用途的空间，但与之相反，也存在着有“关于地方的科学”（la science des lieux）味道的地理学，它更强调持久的知识，以及自始至终属于某些人的、有界的、专注于居住性能的空间。

---

① Jean Labasse, *L'Organisation de l'Espace: Eléments de Géographie Volontaire* (Paris: Herrmann, 1966), p. 224.

② Jean Labasse, *L'Organisation de l'Espace: Eléments de Géographie Volontaire* (Paris: Herrmann, 1966), p. 27.

第十七章

非现实的社会建构：从互动论来看游客对环境的认知

詹姆斯·S. 邓肯（James S. Duncan）

一、互动论的一些核心要义

符号互动论（symbolic interactionism）是社会学理论的一个分支，269
目前已经被其他一些社会科学采用。[①]尽管与主流的社会科学概念有所抵触，但是互动论已经站稳了脚跟，而且我们能从 G. H. 米德（G. H. Mead）、约翰·杜威（John Dewey）和威廉·詹姆斯这些美国哲学家的思想中找到其源流。互动论不认可每个人分散的、个体的感受，认为人的自我很大程度上是由与其他人的观念和行动的互动决定的。每个人的态度都与其他人有所矛盾或者差别，大家都在自觉或者不自觉地不断对这些矛盾或区别做出反馈；每个人的自我认识也会因为调整自己的视角或调整自我的展现方式而发生改变。

---

① G. P. Stone and H. A. Farberman, eds., *Social Psychology Through Symbolic Interaction* (Waltham, Mass.: Werex College Publishing, 1970).

按照互动论的观点，先验的抽象概念没有存在的必要，如历史、社会、“看不见的手”以及个体和群体之间的社会契约。[1] 一个符合互动论的个体应该是活跃的、相对自由的。他应该被视为一个主体，就像近年来人文地理学所阐释的那样；而不是一个客体，就像在行为地理学里流行的“刺激—反应”模型所主张的那样。[2] 人不是被动接受“社会系统”里规定好的地位、规范和其他元素的。互动论强调个体在沟通交流和建立行动路线方面，有充分的自由去应对其他人的行动路线。个体确实有可能社会化，但是个体的行为不会严格地受到社会化因素的约束。

270 根据互动论的观点，所有的客体都有社会属性。这个属性不是客体天生具有的，而是被社会的协同性附加的。我们一定要注意，这种协同性很可能只存在于严格定义的狭小社会里，无法超出这个范围。社会里的人也会组成各式各样的群体，这些人有权在千差万别的社会意义中找到自己认同的那些，当然也有权拒绝自己不认同的。一个人既不是完全独立地接纳这些社会意义的，也不是因为对客体本身做出直接反应而接纳它们的。

在互动论对认知的分析过程中，“社会化的世界”的概念是核心要义。[3] 这个概念在舒茨的现象学和互动论里很常见，指的是一群拥有一致的观点进而共享范围很广的意义群的人。[4] 涩谷（Shibutani）认为，在互动论里“社会化的世界”的概念是：

---

① J. S. Duncan, “The Superorganic in American Cultural Geography: A Critical Commentary” (Ph.D. diss., Syracuse University, 1977).

② David Ley, “Social Geography and the Taken-for Granted World,” *Thansactions, Institute of British Geographers* 2 (1977): 498-512.

③ J. S. Duncan and N. G. Ducan, “Social worlds, Status Passage, and Environmental Perspectives,” *Research and Methods* (Stroudsberg, Pa.: Dowden, Hutchinson & Ross, 1976), pp. 206-213.

④ Alfred Schutz, *On Phenomenology and Social Relations*, H. Wagner, ed. (Chicago: University of Chicago Press, 1970).

> 很多有章可循的反应组成的群体，与对他人的行为预测相契合的某种结构的集中所在地……那里存在专门的行为规范、一系列价值观、一套威望梯度以及一种普遍的对生活的向往。[①]

"社会化的世界"划定了参照人群，并把他们和拥有不同价值观和意义的人区分开来。舒茨认为"社会化的世界"是一系列复杂的"社会关系，具有特定意义结构的信号和符号，制度化的社会组织构成方式，以及地位和威望系统，等等"[②]。这些意义是"人群之内的约定俗成"，除非在某些特殊情况下显得怪异，否则大家会视之为"理所当然"，"既不需要解释也不需要证明其正当性"。它们给社会状态下了标准化的定义，或者说，给出了"解读世界的标准方式"。

互动论者和舒茨都强调，"社会化的世界"的精髓在于"理所当然"。涩谷认为，这种观念是"一个人对世界的成体系的看法，也就是对物体、事件和人的本质是什么样子习以为常"。舒茨所说的"理所当然"的态度已经内化为人的社会文化属性，从人类出生就已经定型，使人隶属于某一类社会人群。这种聚类或者"特化"规则对群体外的人并不适用。他们既不会感觉它和自己相关，也搞不清楚它是什么。这些类型也很难被算作科学意义上的"现实"，不过，按照 W. I. 托马斯（W. I. Thomas）经常说的，以及舒茨和互动论者喜欢引用的话，只要最终结论是真实的，情况就是真实的。

---

① Tamotsu Shibutani, "Reference Groups and Social Control," in A. Rose, ed., *Human Behavior and Social Processes: An Interactionist Approach* (Boston: Houghton Mifflin, 1962), 136–137.

② Alfred Schutz, *On Phenomenology and Social Relations*, H. Wagner, ed. (Chicago: University of Chicago Press, 1970), p. 80.

二、互动论的扩展

271 伯格和卢克曼[①]发表过相关见解，前者还和普尔伯格（Pullberg）[②]一起发表过文章。他们略微突破了互动论和现象学的传统，将两个马克思主义概念引入分析过程，即“物化”（reification）和“异化”（alienation）。[③]这两个概念可以与互动论和现象学相容，或者可以说，它们植根于“理所当然的世界”这种理念。但是，当人们把注意力集中在这个过程上，并且把它当成一个问题的时候，就造成了选择研究方向上的重大分歧。[④]

马克思在《资本论》第一卷[⑤]里基本上把“物化”这个概念阐释清楚了。当时，他谈的是人们对商品的崇拜。卢卡奇在《历史与阶级意识》一书中进一步对这个概念进行了概括。[⑥]物化过程指的是人们在制造抽象事物（理念、价值观、规则）和具体事物的时候，尽管这些东西是人的产出，但是人也允许它们约束人自己，仿佛它们是客观的、不变的实在。异化指的是人们忘记世界是自己的产品，允许它反作用于人。人在创造世界的时候将其具体化，却忘记其实是自己赋予了它“自己的生

---

① P. L. Berger and Thomas Luckmann, *The Social Construction of Reality: A Treatise in the Sociology of Knowledge* (New York: Doubleday, 1966).

② P. L. Berger and S. Pullberg, “Reification and the Sociological Critique of Consciousness,” *History and Theory* 4 (1964-1965): 196-211.

③ 北美马克思主义地理学家忽视了产生这一观点的人文主义马克思主义传统，主要关注结构、制度和经济变量。人文主义马克思主义者对社会心理学问题非常感兴趣，在他们看来，正统的、结构主义的马克思主义是社会决定论的一种形式，这与塔尔科特·帕森斯等理论家的看法相似。

④ 应该指出，通常被认为是负面的其实是正面的。不幸的是，这两个术语的固有性质掩盖了两者之间的结构关系。在本文中，我会交替使用这两个术语，以突出它们之间的相似性。正如这里所使用的“物化”的和“理所当然”的东西不一定是好或坏；相反，它们都既有积极的一面，也有消极的一面。

⑤ Karl Marx, *Capital*, F. Engels, ed., vol. 1 (New York: International, 1967).

⑥ George Lukacs, *History and Class Consciousness* (Cambridge, Mass.: MIT Press,1971).

命”，而后允许世界将力量反施到人的身上，这就是人的异化过程。

上面说的“理所当然”的态度，以及规则、地位、预期、“解读世界的标准方式”和形成意义的系统就属于物化。如果无法将这些东西视为自己的创造物，这些条条框框既不是“自然”的也并非事物唯一的组织方式，那么人就是异化了。

对世界“理所当然”的态度和互动论之间的区别在于，后者强调假性意识（false consciousness）。互动论和现象学的支持者，其兴趣点都聚焦于意义、意识、因果、定义等方面，较少关注这些内容之间的矛盾，也较少关注“客观实在”。外部观察者能够尽量还原这些“客观实在”。依托这些“客观实在”，人们可以考察一个群体异化的程度或者假性意识泛滥的程度。[①] 伯格和普尔伯格在讨论“去物化”（dereification）的时候举了文化冲击（culture shock）的例子。一个人突然接触到陌生文化，便会发生此类现象。

> 任何程度的文化冲击都可能导致“知识”的危急，因为当事人接触到了认知世界以及将自己的生命融入其中的全新方式……无论原有世界的具象化多么稳定，接触到新的文化之后，原有世界都会产生动摇。[②]

舒茨的一篇关于异乡人的文章很有名气。他写道：“一个人在平时 272
生活的世界里行动、思考，他的知识并不是均质性的。它首先是支离破碎的，然后只在某些方面清晰明了，最后还要受到不同意见的影响。”[③]

---

① Barney Glaser and Anselm Strauss, *Awareness of Dying* (Chicago:Aldine,1965).

② P. L. Berger and Thomas Luckmann, *The Social Construction of Reality: A Treatise in the Sociology of Knowledge* (New York: Doubleday, 1966), p. 211.

③ Alfred Schutz, “The Stranger,” in Richard Sennett, ed., *The Psychology of Society* (New York: Vintage, 1977), p. 143.

舒茨认为，对于指导自己和日常接触范围以内的人而言，这些知识算得上条理清楚，能够自圆其说。然而异乡人并不清楚这些规则的基本前提——“他觉得几乎所有的事情都不太对劲，但是他接触的人都觉得不存在任何问题”[①]。他所经历的事情也会让他对自己的基本观念产生怀疑，从而自信心动摇，没法“正常地思考”。对自己习以为常的世界进行“去物化”是一个痛苦的过程，也有办法尽量避免。有些心理机制是无意识间起效的，还有一些方法正在市场上待价而沽。

三、异乡人的感受

无论是在“理所当然”的世界里还是在被打碎的世界里，认知都是一种功能，但是功能如何发挥还要取决于人与地方的关系和地方之中的其他人。[②] 认知是一个社会化的过程，一个人能看到什么，经常受制于别人希望他看到什么或者别人觉得他希望看到什么。一般来说，存在这样的好奇别人如何看待环境的环境“管理员”。

一个人在社会里所处的位置也会影响他对环境的认知。我们可以想象互动论与现象学如果消失了会发生什么，这既是对影响认知的物质条件的探讨，也是对某些人将自己的世界观强加于他人的权力关系的探讨。认知是一种社会建构，但并不是每个小群体在参与并得出更大群体

---

① Alfred Schutz, “The Stranger,” in Richard Sennett, ed., *The Psychology of Society* (New York: Vintage, 1977), p. 144.

② E. M. Gerson and M. S. Gerson, “The Social Framework of Place Perspectives,” in G. T. Moore and R. G. Golledge, eds., *Environmental Knowing: Theories, Research and Methods*, pp. 196-205; M. S. Gerson, “The Shock of the Sacred: Expectations and the Conduct of Religious Places” (Paper presented at the 1977 Annual Meeting of the Association of American Geographers, Salt Lake City, April 1977).

的观点时都享有平等的份额。这种意识形态的霸权在很大程度上没有被承认，这使它变得特别危险。

不同的历史和文化对异乡人的反应各不相同。异乡人有时被认定为非人类，有时被视作神。《荷马史诗》和《圣经》中都有这样的例子："不要忘记款待异乡人，因为有些人就是这样在不知不觉中款待了天使。"此外，在某些社会中，异乡人被当作来自另一个世界的居民。[①] 哈特（Hart）和普林（Pulling）对阿拉弗拉海滨的提维人（Tiwi） 273
的研究就为这种观点提供了例子。[②] 过去，提维人把他们居住的两个岛屿看作有人居住的世界，澳大利亚遥远的海岸线则是"亡灵的家园"（Tibambinumi）。任何碰巧在岛上登陆的外来者都会遭到屠杀或驱逐——他们不被认为是人类，并且会对人类构成威胁。

在罗伊施（Reusch）和贝特森（Bateson）记录的一个有趣的案例中，异乡人没被视为上帝或已故的灵魂，而是被视为一种动物。[③] 据说，在白人到来之前的爪哇岛，风暴过后，人们发现一只白色的猴子被冲上了海岸。祭司解释说，这是海神殿的成员，他在风暴中被放逐了。于是猴子被拴在一块石头上。后来考古学家在观察这块石头时，发现上面用拉丁语、荷兰语和英语刻着一个人的名字和他沉船的经过。

> 显然，这名会说三种语言的水手从未与俘获他的人建立过语言交流。他肯定没有意识到，在那些人的脑海里，他被贴上了"白猴

---

① M. M, Wood, *The Stranger: A Study of Social Relationships* (New York: Columbia University Press, 1934), pp. 77–84; L. Levy–Bruhl, *Primitive Mentality* (New York; Macmillan, 1923), pp. 355–364.

② G. W. M. Hart and A. R. Pulling, *The Tiwi of North Australia* (New York: Holt, Rinehart & Winston, 1966).

③ Jürgen Reusch and Gregory Bateson, *Communication: The Social Matrix of Psychiatry* (New York: W. W. Norton, 1951).

子”的标签，因此他们不可能听他说些什么；他大概从来没有想到这些人不拿他当人。当然很可能他也没把那些人当人。[①]

既然有人把异乡人当作神，自然就有人把异乡人当作潜在的恶人。[②]这种把异乡人看作天神和把异乡人看作坏人的双重观点，直到今天仍然在欧洲部分农村地区的民间心理中根深蒂固。如果异乡人被认为有潜藏的敌意，他要么被驱逐，要么必须通过范·根奈普（Van Gennep）所说的“成人仪式”与当地人结合在一起。[③]这涉及异乡人从“潜在的敌对陌生人”到客人的转变，伴随着双方权利、义务和期望的变化。

这种潜在的敌人和客人的划分方式在现代社会中仍然存在。在没有人情味儿的市场化社会中，怀有敌意的异乡人和客人之间的分离可以被看作财产问题。没有财产的异乡人（以流浪汉为例）仍然被视为潜在的怀有敌意的人，他们是被害怕、被鄙视的异类；有财产的异乡人，如游客，被视为客人，但是他们必须付钱。好客的法则仍然适用，只是被商业化了。进入东道国群体的“成人仪式”在市场化社会已不再是一种宗教或象征性的仪式，而是一种经济往来。

274 按照菲斯泰尔·德·古朗士（Fustel de Coulanges）的说法，异乡人在古老的城市里没有法律地位，需要寄人篱下，以主人为媒介融入当地。[④]就像皮特·里弗斯（Pitt Rivers）所说：

---

① Jürgen Reusch and Gregory Bateson, *Communication: The Social Matrix of Psychiatry* (New York: W. W. Norton, 1951), pp. 204–205.

② J. A. Pitt–Rivers, “The Stranger, the Guest and the Hostile Host: Introduction to the Study of the Laws of Hospitality,” in J. G. Peristiany, ed., *Mediterranean Sociological Conference: Contributors to Mediterranean Sociology* (Paris: Mouton, 1968), pp. 13–30.

③ Arnold Van Gennep, *Rites of Passage*(Chicago: University of Chicago Press, 1960).

④ Fustel de Coulanges, *La Cité Antique* (Paris: Dourand, 1985).

> 异乡人只有攀上某一既有成员的私人关系，才能被接纳。可以说，他与其他人没有直接的法律关系，在体制内没有地位。就这个引荐人而言，他具有一种明确的身份，即客人或中间人的身份，不必对其做进一步的评价。因此，客人的地位介于怀有敌意的异乡人和本地人之间。他是在实践中而不是在道德层面上与当地人结合起来的。①

在现代市场化社会中，这种引荐是商业化的。流浪汉身无分文，因此无法找到引荐人，而游客有能力支付引荐费用。现代的中间人以导游或酒店员工的形式出现，他们的工作是在游客和接待群体之间进行协调。游客与这些中间人的互动极大地影响了他们对周围环境的认知。同样，流浪汉的认知也被这样一个事实影响着：他不仅没有引荐人，而且面临充满敌意的警察，后者的任务是把身无分文的异乡人从东道国领土上赶走。

四、作为异乡人的游客

当提到舒茨和齐美尔（Simmel）② 关于异乡人的著名文章时，引用者可能没有注意到，二人主要讨论的对象是移民。③ 并不是所有的异乡人都会如此沉浸在他们所遭遇的陌生地方的文化中。接下来，我将探讨

---

① Pitt Rivers, “The Strangers,” in Richard Sennett, ed., *The Psychology of Society* (New York: Vintage, 1977), pp. 15–16.

② Georg Simmel, “The Stranger,” in K. Wolff, ed., *The Sociology of Georg Simmel* (New York: Free Press, 1950), pp. 402–408.

③ S. D. MeLemore, “Simmel's ‘Stranger’: A Critique of the Concept,” *Pacific Sociological Review* (spring 1970): 86–94.

美国或西欧国家的游客短暂到访外国的情况。

鉴于旅游体验的性质，我们可能会问：游客在多大程度上会让一个不透明的世界崩塌？这个世界要么是当地人的，游客或带着批判的眼光或抱着崇敬的心情去体验；要么就是游客自己的，因为另一种文化的撞
275 击彻底颠覆了他自己之前的认识。并不是所有的外国文化对于异乡人来说都是陌生的，也不是所有的异乡人都以同样的方式体验陌生的环境。我们必须要问：异乡人要具备什么条件才算经历了陌生的环境？他与当地人互动的性质是什么？这会如何影响他的认知？

打破自身世界的不透明性意味着人们认识到，自己与物质和社会环境之间的关系依靠着一种条理，该条理不是自然的、客观的和普遍的，而是基于特定的社会或文化结构。如果游客从国外归来时，自己的条理基本上完好无损，那么这种经历无助于揭开他具象化的世界观的神秘面纱。当然，游客结束旅行后，可能会带着他所形成的人和地的具体的、定型的印象返回。形成这些印象的部分原因可能是当地旅游业有意为之。这个行业为旅游者提供他想看的东西，并从中渔利。

游客对新地方有几种可能的反应。第一种反应是文化冲击，这将粉碎其世界的不透明性。文化冲击指“无法理解他人的行为，也无法预测他们会说什么或做什么。一个人惯常的经验条理不再起效，习惯性的行为会引发看似奇怪的反应”[①]。P. K. 博克（P. K. Bock）作为人类学家，强调对行为的解读。我们可以看到，人们在解读环境各个方面的意义时面临着同样的问题。那么，文化冲击意味着人们认为理所当然的条理无法成为一种解读环境和进行互动的手段。它让我们认识到，个体的条理不具有普遍性，而这对具体化的思维方式形成了重大的挑战。第二种反

---

① P. K. Bock, ed., *Culture Shock* (New York: Alfred A. Knopf, 1970), pp. ix–x.

应并不会粉碎不透明性，因为异乡人的条理未被他的经验动摇——他会解读自己看到的差异，将它们翻译成自己的条理。第三种反应是拒绝接受当地环境的条理，将其视为不合理的、低劣的、不开化的或根本无法翻译的，因此与外人的观点无关。舒茨在评价这种反应时说：

> 如果找不到一个转换方式，能让被考察组内部普遍存在的联系和条理转换成对照组的联系和条理，那么，前者的方式会一直让人无法理解，而且往往被认为价值不高、等级低下。①

这种对当地条理的彻底排斥，很难让外来者意识到是他们自己的观 276
念有问题。②

对新地方产生的第一种反应对于异乡人来说并不少见，如移民或民族志学者，他们在第一次进入新的文化环境时会经历文化冲击。在日常生活中，他们必须按照当地人的方式处理各种事情。这通常需要他们对自己的世界观去真实化，但其实他们也很少完全采用本土化的世界观。当地的条理要被看作不证自明的真理，正如布迪厄（Bourdieu）所指出的：

> 我们称之为现象学的知识（或者用当前活跃学派的用语，叫“人种学的”），旨在阐明社会里最基本的经验，即所有这一切都铭刻在“熟悉性关系”中，也就是熟悉的环境以及我们笃信的对社会

---

① Alfred Schutz, *On Phenomenology and Social Relations*, H. Wagner, ed. (Chicago: University of Chicago Press, 1970), p. 85.

② 我不赞同彼得·温奇（Peter Winch）的观点（*The Idea of a Social Science and Its Relation to Philosophy*, London: Routledge & Kegan Paul, 1958）。温奇认为，一个社会的世界观只能用它自己的文化来理解，而且在任何层面上都是不可翻译的。尽管理论上存在翻译的可能性，但并不是所有的翻译都是恰当的。对于普通游客来说，自己的民族中心主义式解读不太可能把认知扩展到更大的尺度。

> 的理解中——这个社会不会质疑自身的合理性，也排除了一切质疑其存在基础的问题。[1]

游客不太可能有这种反应，因为他基本上与当地人的视角隔绝。游客通常避免与当地人广泛接触。由于不会说当地语言，游客更喜欢和导游和其他旅游从业人员打交道，由他们告诉他要看什么，以及如何解释他所看到的。中介机构是游客与当地文化之间的媒介，限制了游客的文化冲击体验。中介机构要么将游客所看到的东西翻译成他熟悉的事物，要么用一些与游客日常体验相距甚远的术语，将其描述为独特或离奇的事物。

大多数现代旅游业都存在固有的矛盾。一方面，游客希望看到东道国的风景和生活，希望对该地区有原汁原味的体验。[2]另一方面，游客通常既不能也不愿将自己置于这种情况中。他面临着语言的障碍，不认同当地人的习俗和信仰；别人也不会把这个异乡人当作本地人。更何况，他不愿意以当地人的视角进行体验，因为他想拥有"宾至如归"的感觉，包括身体上的舒适，以及更重要的，一个理所当然的世界，以免迷失。

277 可以说，游客更希望目睹原汁原味的体验而不是亲自参与，尽管游客的参与程度有所不同。对于那些想要与法国当地人短暂接触的游客来说，"可以由法国旅游部门单独安排，去法国人家里喝咖啡，甚至和'与自己社会地位相似'的法国人一起驾车游览"。对于那些更具冒险精神的人，《纽约时报》刊登过一则广告："以 378 美元的价格，在哈特菲尔德（Hatfield）和麦科伊（McCoy）两家的土地上度过 21 天，住在西弗

① P. Bourdieu, *Outline of a Theory of Practice* (Cambridge: At the University Press, 1977), p. 3.

② Dean MacCannell, *The Tourist: A New Theory of the Leisure Class* (New York: Schocken Books, 1976).

吉尼亚州明戈县一些美国最贫困的人的家里。”有 70 个人报名参加。

游客对于什么是原汁原味的体验有先入为主的想法，这无疑会塑造他的认知。通常这种先入为主的印象会被高度浪漫化，因为游客常追求文化的纯净，即一种不受现代科技影响的理想环境。在非西方国家，来自西方的游客倾向于寻求一种世外桃源般的环境，这样他们所经历的就不仅是一次空间之旅，而且是一次时间之旅。游客的这种印象总是由资本塑造的。如果游客想要看到五十年前或一百年前的景观，那么这些景观就可以被建造出来。讽刺的是，游客只有在看到这不真实的一面时，才能获得梦寐以求的真实。

五、对虚假真实的追捧

人们可以识别出各种各样的人造景观，这些景观源于游客对“真实”体验的渴望。第一类是过去遗留下来的景观。意大利人类学家菲德莱（Fidele）举过一个很好的虚假真实的例子：在意大利阿尔卑斯山上的一个偏远村庄里，村民们庆祝“四十年一度的节日”，并“再次”穿上他们的传统服装。这纯粹是商业炒作，目的是吸引游客。这场演出不是村民在举行有意义的仪式，而是一出对他们和游客来说同样离奇有趣的戏剧。在游客眼里，当地人投入了比游客多得多的时间和金钱，实际情况恰恰相反。

对景观的人工操纵大大促进了对虚假真实的追捧。在西班牙北部 278
的桑提亚纳镇（Santillana del Mar），当地法律禁止改动村庄的物理结构，除非获得相关委员会的许可。相关委员会不允许改建或增建不符合该地田园风光意象的建筑，因为桑提亚纳是离著名的阿尔塔米拉洞穴最近的城镇，经济在很大程度上依赖于旅游业。通过人为控制景观和禁止现代化的外在标志，桑提亚纳成为游客眼中“真正”的西班牙城镇。布尔斯廷（Boorstin）如此描述这些博物馆式的旅游景点：

> 这是一种精心设计的间接体验，是一种人造产品，但其所在的场地是货真价实的历史产物。它们是游客在“观光”的过程中与外国人保持接触的一种方式。它们把当地人隔离起来，坐在车里吹着空调的游客则通过车窗欣赏它们。这种文化的“海市蜃楼”在如今的旅游市场随处可见。①

第二种虚假真实是由环境提供的，也就是给游客留下一种印象，仿佛他们像当地人一样生活。最近，一家美国旅行社打算在以色列的集体农场建立连锁酒店，这就是一个例子。酒店的陈设是这样的：

> 粗糙木材搭建的小木屋，被壕沟和带刺的铁丝网包围着，以增添当地“色彩”。客人们将被邀请加入集体农场劳工的行列，早起挤牛奶，在田里帮忙。但是进屋以后客人会发现，除了“酒店”的外墙是用木头搭起的以外，原始风格荡然无存。屋里配备了空调，私人浴室铺好了瓷砖，弹簧床垫上铺着整洁的床单，上面还搭着粗糙的贝都因骆驼毛毯。②

与之相反的是，为了提供一种带有异国情调的体验而取一个片段来

---

① D. J. Boorstin, *The Image: A Guide to Pseudo-events in America* (New York: Harper & Row, 1961), p. 99.

② J. B. Jackson, “We Are Taken for a Ride,” *Landscape* 11 (1962): 20.

构建景观，如美国州际公路沿线的旅游站点，度假区里的“梦幻长廊”，
甚至整个聚落。不列颠哥伦比亚省的采矿小镇金伯利（Kimberley）被
重新设计为一个瑞士阿尔卑斯式的村庄，以吸引滑雪者。这样的转变很 279
受欢迎，因为它们可以让游客体验欧洲的滑雪胜地，而不用花钱去那里。
游客又一次心甘情愿地参与到虚假真实中来。

杰克逊（Jackson）指出，第二次世界大战以来，美国旅游业的格局发生了显著变化。那些唤起人们对该地区历史回忆的汽车旅馆（新英格兰村庄、加州战地或南方种植园），在很大程度上已被那些唤起遥远和异国情调的旅馆取代。夏威夷和南海成为流行的主题。[①] 景观和身份认同合力促成了阴谋，以契合那些追求感官体验的人心中的迷思。

六、结　语

总之，游客和当地居民在日常生活方面存在着很多社会性和物质性障碍，无论他们能否明白地感受到。可以说，游客作为异乡人的身份和状态不大可能会击碎自己日常世界的不透明性。有人认为，游客在这方面不同于民族志学者和移民。后者在经历一段时间的文化冲击后才能摆脱游离或迷失。他们最终接受或者至少了解了当地人的条理，让世界再次呈现出确定无疑的状态——虽然可能不会像从未接触异域社会的人心中那么明确、自然。

物化研究认为，物化的世界观，即虚假意识，是一种保守的力量。它阻止人们认识到世界是他们自己的产物，可以因他们而变得更平衡。

---

① E. H. Zube, ed., *Landscrapes: Selected Writings of J. B. Jackson* (Boston: University of Massachusetts Press. 1970), p. 65.

大家认为去物化也是可取的，通过知识（包括自我认识），人可以获得力量。黑格尔、马克思和杜威等思想家的著作都有这样一种观点，即人类认知的改变能够给社会带来重大变革。在很大程度上，社会和政治结构是思维具体化的产物。然而，通过这些结构，人类建构了非常复杂和具体的世界。这个世界可以源于思考或错误的思考，但不那么容易被思考消除。相比于杜威，马克思是更纯粹的唯物主义者。马克思意识到，仅仅去神秘化并不会带来真正的改变，尽管其更具理想主义的追随者可能和他意见相左。

280 不过，一定程度的物化或许是必要的，而且是难以避免的。去物化有可能在一个比较大的尺度上造成社会失范[1]，这是任何社会都无法容忍的。游客会尽量避免陷入去物化的过程，同理，社会里的每个人也都会这样，因为日常生活需要一个让我们感到“理所当然”的世界。

游客是异乡人中的一类。他们对异域环境的认知向我们描绘出两个主要观点，都能说明环境认知是一种社会建构。第一，游客在当地接触到一些人，哪怕这种接触是间接的，他们的环境认知也会受到一定的影响。第二，环境认知与游客“理所当然”的世界的样子有关系，是当前与曾经的社会产生互动的后果。

本文大致介绍了互动论者的主要立场，并且简要指明了一些它们和现象学叠加的情况。互动论对环境认知的研究理念与近来很热门的行为地理学有着很大的不同。行为地理学经常强调个体的心理活动；互动论把个体放在他所接触的社会关系中，换句话说，是研究社会化的人。当然，这是一种幼稚的人文主义，只是说研究者可以作为外部观察者考察研究对象的生活经验。通过理解（verstehen）和其他方法，我们希望能通过研究对象的眼睛去看世界。然而，一个人之所以是异乡人，正是

① Emile Durkheim, *Suicide* (Glencoe, Ill.: Free Press, 1951).

因为他永远不能真正地像当地人一样看世界。同理，研究者永远无法重建研究对象的意识。正如布迪厄所言，质疑一个群体“理所当然”的世界，这一事实确保了学者永远不会像那些人一样真实地体验这个世界。“扮演他者的角色”非常符合互动论观念，我们应该尝试理解他人的假设和立场。我们也可以利用自己作为外部观察者的地位，考察研究主体的认知与更广泛的事件之间的关系，毕竟这些可能会以他们没有意识到的方式影响他们。

第十八章

了解地方：开普敦的“有色人种”和《群居地法》

约翰·威斯特恩（John Western）

> 我们有一帮很棒的人，他们都不是欧洲裔……
>
> 哦，他们对现在居住的地方很满意。
>
> ——莫布瑞天主教堂工人（白人），1975 年 2 月 10 日
>
> 要是有消息说能回去，我恨不得明天就找一架直升机。
>
> ——被强制搬迁者（有色人种），1975 年 6 月 6 日
>
> 《群居地法》是有史以来最恶毒的法律。
>
> ——被强制搬迁者（有色人种），1975 年 11 月 19 日

在南非的开普敦，不同社会群体和社会信仰者对权力的获取是不对等 297
的。本文将在这样一种背景下考察地方和社会的关系。很多人认为，权力掌握在占据主导地位的少数人手中；《群居地法》（*Group Areas Act*）把这种信念以制度化的方式表现出来了。出于战略和经济考虑，这部法律的实施途径是将“有色人种”从种族融合的内城驱逐到城外，即位于开普敦平

原沙丘上的种族聚居区。

有人计算过强制搬迁 100 个家庭的社会成本，这些家庭需要从近郊的莫布瑞区（Mowbray）迁走。在莫布瑞区混居时，这些家庭社会地位的差别并不那么显著；搬迁后，根据迁入地的不同，其社会地位的差距一下子凸显出来。在流离失所的有色人种中，屈辱或体面变得可以通过住址看出来。

一、一个社会的建构

298 450 万白人和 1875 万非洲黑人之间的权力斗争是南非社会关注的焦点。不过，这里还有 300 多万“中间”人，其中 75 万是亚洲人，其余的被称为“有色人种”。从本质上讲，后者是 1652 年后南非白人和其他种族通婚而出生的人。这些通婚者包括逐渐从开普敦迁往内陆的白人；包括白人的奴隶，他们主要来自马达加斯加和东印度群岛；包括当地的科伊桑人（Khoisan），也被称作霍顿托特人（Hottentots）和布须曼人（Bushmen），尽管这些人目前基本已经不存在了。今天，大多数开普敦人都是有色人种：既不是白人，也不是非洲黑人。这些人居住的地域向东延伸 600 多千米。南非国内 30% 的有色人种居住在大开普敦地区，约占该区一百多万总人口的六成。

由于奴隶制度和后来的依附关系，有色人种不由自主地接受了一种几乎在所有方面都与南非白人相同的文化，只有大约 16 万“开普马来人”（Cape Malays）亚群的穆斯林背景例外。此外，种族通婚在奴隶制废除（1834 年）之前和之后都造成了这样一种情况：许多血统上是白人的南非人看起来是有色人种，但“被认定为白人”；许多在法律上被定义为有色人种的人，在外表上与白人并没有区别。非洲黑人 20 世纪也大量来到开普敦，主要是劳工男性，他们有些也与有色人种通婚。

像巴西人一样，开普敦人包含从北欧白人到非洲黑人的所有类型，在表型上是连续不断的。在这个连续体上，政府通过种族隔离法，强行划定了“白人—棕人（有色人种）—黑人（也称班图人）”的离散等级。1950 年颁布的《群居地法》决定了南非城市种族群体的定居模式。在这部法律里，白人的定义是“任何外表明显是白人的人或被普遍接受为白人的人，外表明显是白人却被普遍认为是有色人种的人除外”，与非白人结婚或同居的人也除外。对“社会接受”的强调意味着，南非公民实际上有“官方认可”的种族属性，这种属性可以由种族分类委员会（Race Classification Board）的法庭来宣告改变——对于任何不熟悉南非这个国家的人来说，这都是难以置信的。例如，1975 年，14 名白人和 3 名非洲黑人被重新划分为有色人种；24 名有色人种和 2 名亚洲人正式成为白人。

为什么会有这样的法律？一个崇尚白人至上的群体，当自己的人数 299
只有“非白人”的五分之一时，以法律手段实施种族歧视就有了充足的理由。赫里伯特·亚当（Heribert Adam）指出：“大家认为种族隔离制度只不过是垂死的殖民主义最过时的孑遗，但其实它可能是理性寡头统治最先进、最有效的模式之一。这种实用主义……完全是为了满足体制想要达成的目的：作为少数人享有特权的先决条件，对廉价劳动力和政治依附者进行平稳、顺畅和理所当然的统治。”[①] 在支持种族隔离制度的法律中，《群居地法》就是一个例证。1950 年，总理 D. F. 马兰（D. F. Malan）在向议会（只由白人组成）提出这一法案时说：“该法案体现出种族隔离政策的实质。”内政部长 T. E. 东格斯（T. E. Donges）说：“我

① Heribert Adam, *Modernizing Racial Domination* (Berkeley and Los Angeles: University of California Press, 1971), pp. 16, 53.

们相信，这项法案将成为‘白人南非’的基石之一。”

《群居地法》并不针对南非城市中占多数的黑人族群，因为自1923年以来，甚至从更早的时候开始，就已经有了在居住上将他们隔离开的法律（尽管没有严格执行）。这项法案针对的是那些处于中间的人，即印度裔和有色人种。它拥有重塑南非城市居住形态和社会生态的最高土地处置权。对此，库帕、瓦茨（Watts）和戴维斯（Davies）恰如其分地评论道：“欧洲人传统上都认为财产权是神圣的，而他们居然能接受这种颠覆性的变革。这就表明，他们坚信《群居地法》适用于非欧洲人，并且有利于欧洲人。”[1] 事实证明确实如此。尽管为政府辩护的地理学家声称“一小部分人，包括白人和非白人，也是这项法案的‘受害者’”[2]，但统计数据显示，四分之一的印度裔和六分之一的有色人种被（或将被）强制搬迁，白人被迫搬迁的比例只有1/666；从数量上看，就是涉及20万印度裔、40万有色人种、6731个白人。

就1976年的这些数据，马雷·斯特因（Marais Steyn）部长解释说：“要搬迁的家庭，90%来自贫困地区或贫民窟……居住条件尚可但依然需要搬迁的是极少数。”“清除贫民窟”和“健康危害”的论调是将人群（几乎全是非白人）从城市的一个地方移到另一个地方的官方理由。这部法律在1961年遭到了反对种族隔离的国会议员海伦·苏兹曼（Helen
300 Suzman）的抨击：“我们不需要《群居地法》来清除贫民窟。我们已经有了《清除贫民窟法》，人们完全可以根据这部法律处理贫民窟问题。而且……宏大的住房计划（在这些计划中，拆迁户已重新得到安置）……也与《群居地法》的施行毫无关系。”问题的关键不在于宏大的住房计

---

① Leo Kuper, Hilstan Watts, and Ronald J. Davies, *Durban: A Study in Racial Ecology* (London: Cape, 1958), p. 160.

② A. Nel, “Geographical Aspects of Apartheid in South Africa,” *Tijdschrift voor Economische en Sociale Geografie* 53 (October 1962): 207.

划，而在于这些住房是在什么地方修建的：是在中心城区的外围，而中心城区如今只允许白人居住。安置房的所在地显示出与政府的声明完全不同的意图：这是一种社会疏远，而不是对健康危害的关切。

划分群居地的做法存在比部长所言的更深刻的原因。让我们看看 1832 年曼彻斯特的 J. P. 凯伊（J. P. Kay）发出的警告。他说：“附近小巷里的工人阶级、赤贫人口和瘟疫是多么邪恶……穷人和疾病盘踞在我们大城市的中心，成为社会不满和政治动乱的根源。”[①] 他谈到了策略性动机，这确实是划分群居地的两大基础之一。范登伯格（van den Berghe）认为，对于 20 世纪的南非来说，策略性动机是非常重要的：

> 那些古老的非白人居住的棚户区有着迷宫般狭窄曲折的巷子。它们往往位于白人居住区或商业区附近，现在正因为“对军事行动有重大危害”而被有组织地夷为平地。新的贫民区通常位于距白人城镇几英里[②]的地方，中间有缓冲区。[③]

正是在这种情况下，我们才可能理解诸如开普敦第六城区的大规模搬迁。当然，这里有一些破败不堪的房屋，但同样重要的是，它是紧邻“白人”市中心的有色人种聚居区，有色人种比例达 95%。有色人种一代代居住于此，使这里成为有象征意义的有色人种定居地。但是，随着政府宣布这是一个仅供白人居住的区域，有色人种的房屋被拆毁了。希尔达·库帕（Hilda Kuper）观察到，“在政治话语权单一的地方，当一个群体占据主导地位时，他们可能会通过忽视、漠视甚至抹杀从属群体

① J. P. Kay, *The Moral and Physical Condition of the Working Classes Employed in the Cotton Manufacture in Manchester*, 1832, p. 8.

② 1 英里等于 1609.344 米。——译者注

③ Pierre L. van den Berghe, “Racial Secrecation in South Africa: Decrees and Kinds,” *Cahiers d'Etudes Africaines* 23, no. 6 (1966): 411.

的地盘来宣示统治地位”[①]。正如由于罗马人的胜利，迦太基被夷为平地。亚当·斯茂（Adam Small）是诗人和剧作家，被归为有色人种。他在一张一名有色人种的工人穿过第六城区废墟的照片上，用当地方言做了注解。

> 301 挖掘机来来去去，轰隆作响。这是何其愚蠢。我们只能呆若木鸡地看着。这么多年我们都住在这里，现在它们来了，将这里夷为平地。所有的一切，我们的屋子，我们的心，所有的一切！天呐！老伙计，赶紧从废墟里爬出来，赶紧，赶紧！你肯定觉得我是在这儿多愁善感吧？老天，我没有一句谎话。[②]

1976 年冬季，开普敦的动乱突出了策略性动机的重要性。在开普敦平原的非洲黑人和有色人种聚居“乡镇”发生了数周的骚乱后，暴力行为最终在市中心爆发。一份南非荷兰语日报的社论很有启发性：

> 这是很有心机的人干的……这也是一场用心险恶、早有预谋的行动，目的是让（上学的）孩子们来到市中心，把那里变成暴乱的现场。显然，它想让公众（对白人的一种有趣、委婉的说法）参与到此前仅存于黑色和棕色人种居民区的事务中，从而制造精神危机，确保更多的公共曝光度。

显然，按照这份报纸的说法，人们对“非白人”城镇发生的暴乱比在“白人”城市发生的容忍度要高得多。

① Hilda Kuper, “The language of Sites and the Politics of Space,” *American Anthropologist* 74, no. 3, (1972): 422.

② Adam Small, “Die bulldozers, hulle het gakom,” from *Oos Wes Tuis Bes Distrik Ses* (Cape Town: Human & Rousseau, 1973).

除了大规模清除市中心的“非白人”之外，统治者还通过另一种战略性方法来减少这个“问题”。我们可能会因此想到维多利亚时代的英国城市：

> 我们必须想办法对付聚集在城市中心的危险的劳动者，这已经 302
> 是老生常谈了。T. 查默斯（T. Chalmers）坚持将“地方性”原则作为城镇管理宗教和公民的手段。否则，原本碎片化的反抗活动会汇聚起来，无法控制的群众将形成声势浩大的反对浪潮。①

格拉斯（Glass）说，19 世纪的最后 20 年，英国人对劳动大众的恐惧有所减轻，部分原因在于“英国工人阶级的异质性得到了发现和鼓励”②。分而治之的政策就这样得到了推行和拥护。

我们要注意，在当代南非，为种族分隔聚居立法是一种策略，它所掩盖的是具有决定意义的东西。那些被种族隔离法称为“非白人”的人并不构成稳固和无差别的群体。无论是在客观存在上还是在主观体验上，这些人之间都有着内在区别。因此，尽管断崖带（the Rand）③ 上的非洲黑人可能表达过对部落混合住房的偏好，但在小城索韦托（Soweto）内部，居民们分居在不同的种族和语言区域。同样，根据法律，“有色人种”这一整体类别有 7 个子类别。其中，有三种通常被认为是“亚洲人”：首先，是“印度裔”（占“亚洲人”的 99%），包括那些原来住在英属印度的人，他们被带到南非，主要是制糖业劳工；其次，是“华人”以及“其他亚裔”。其余四种通常被认为是“有色人”：“开普有色人”，

① Norman Dennis, “The Popularity of the Neighbourhood Community Idea,” *Sociological Review* 6, no. 2 (1958): 203.

② Ruth Glass, “Urban Sociology in Great Britain,” *Current Sociology* 4, no. 4 (1955):16.

③ 断崖带：一条约 56 千米的地质断裂带，位于南非东北部。——译者注

人数占这四种合计数的93%；“开普马来人”，占5.9%；“格里夸人”[①]以及“其他有色人”。本文并不想详细讨论这些亚群体的差异和组成[②]，但是要提醒读者，南非的白人也存在类似的种族和语言亚族群。按照政府的逻辑，白人也可以在法律上被划分为阿非利卡人（Afrikaner）、说英语的基督徒、犹太人、葡萄牙人等。但事实并非如此。里奥·库帕（Leo Kuper）评论道：

> 危险在于非白人的数量优势。然而，只有非白人团结起来，这才是一种威胁。1950年的《群居地法》赋予总督（现在的州长）必要的权力来细分有色人种和土著居民（现在被政府称为“班图人”，本文称“非洲黑人”），而不细分白人……如果不承认我的解释，那么我们必须认为，政府歧视白人，不让白人享有公共生活的权利，然而这是不可能的。[③]

303 亚当（Adam）的想法略有不同：

> 面对种族隔离制度，所有族群都弥漫着一种本民族的自我陶醉感。相比而言，南非白人过去的进步民族主义是否投射到了其他族群身上，或者种族隔离是否仅仅是分而治之的一种手段，就显得不那么重要了。[④]

---

① 格里夸人：南非当地人的一支，形成于开普殖民地初期。——译者注

② Michael G. Whisson, “The Legitimacy of Treating Coloured People in South Africa as a Minority Group” (Paper read at the First Congress of the Association for Sociology in Southern Africa, 1972).

③ Leo Kuper, “Techniques of Social Control in South Africa,” *Listener* 55 (31 May 1956): 708.

④ Heribert Adam, *Modernizing Racial Domination* (Berkeley and Los Angeles: University of California Press, 1971), p. 52.

更符合政府利益的显然是分而治之，而不是任由非洲黑人团结起来。

根据 1966 年修订的《群居地法》第 12 条第 2 款，州行政长官有权在认为必要时，根据这部法律来“创建”一个社会群体。那么，开普马来人在什么条件下可以存在呢？就是当他们人数达到一定规模，（在政府看来）足以被单独划为一个群体并居住在一定范围内的时候。因此，在东伦敦（East London），没有人试图将马来人与和他们一起生活的其他有色人种区分开来。在伊丽莎白港，群居地委员会（Group Area Board）曾经决定应该有一个单独的马来人区域，遭到市议会反对。市议会的意见是，实际上马来人人数太少。[①]

开普敦的情况尤其复杂。根据《群居地法》，马来人显然足够多，约占开普半岛有色人种总数的 20%，因而需要划出特定的马来人居住区。因此，马来人只被允许居住在他们的历史领地，即被称为“Schotsche's Kloof”的“马来人聚居区”。但能住在这里的人只占开普敦马来人的一小部分。政府在萨里庄园（Surrey Estate）和温伯格（Wynberg）建立马来人定居区的意图遭到了强烈反对，最终只好作罢。因此，所有没能住在 Schotsche's Kloof 的马来人散落在开普敦的有色人种聚居区，自然地形成了若干小型聚居地。这其实自相矛盾。在任何特定的城市地区（在这里是开普敦市），任何子群体都无法保证自己拥有足够的人数，符合能拥有群居地的标准。但在开普敦，马来人似乎被允许（或者更确切地说是被强迫）拥有了自己的特权：他们被隔离在一些人可能希望被隔离的地方（也就是有“自己的地盘”），又在广义上与

① William J. Davies, *Patterns of Non-White Population Distribution in Port Elizabeth urith Special Reference to thc Application of the Group Areas Acl* (Port Flizaheth: Institute for Planning Research, University of Port Elizabeth, 1971), p. 119.

其他“有色人种”混居。一份法律意见书是这样写的：

304 如果不是在这些地区，他们（指马来人）会属于一般的有色人种群体，他们自己的特点会让他们成为一个亚族群。在这个特定的地区（指马来人聚居区）以外，一个真正的马来人可以毫不费力地与另一有色人种做买卖，因为他们属于同一族群；但在本地区以内，同样的一个马来人就没法完成这种事务，因为他们属于不同族群。

在这一点上，人们开始怀疑，整个司法实践过程是否仅仅是为了展示政府给人“戴帽子”的能力。根据《群居地法》，马来人什么时候算不得马来人？“‘问题是，’爱丽丝说，‘你能让词语有不同含义吗？’‘问题是，’矮胖子说，‘谁是主人——关键在这里。’”①

看似幻游的故事反映出一个真正的问题。事实上，当某一特定少数群体的成员数量相对而言非常少时，主流社会就会以其外部力量来界定他们，并倾向于把他们纳入一个和他们具有某些相关特征的、更一般的少数群体之中；当这个群体的人数更多、更明显时，他们就可能被允许拥有特殊而独立的身份，这是完全合乎普遍规律的。因此，危地马拉人，如在美国的危地马拉人，在一般的社会中，至少在刚开始时，可能被视为西班牙语群体里占比较大的一支；在东洛杉矶地区，他们在社会里的地位更加突出，于是很可能被定义为“危地马拉人”，而不是“墨西哥人”或其他“说西班牙语的人”。唯一的不同是，南非的种族隔离政策要求将这种社会惯例写入法律。但是，请注意矮胖子对统治术的准确认识。

① 这是刘易斯·卡罗尔《爱丽丝镜中奇遇记》里的一段对话。爱丽丝遇到鸡蛋形的“矮胖子”（Humpty Dumpty），两人展开了一段关于“语言含义”的对话。在“矮胖子”看来，词语的意思不是由大家在长时间交流中约定俗成的，而是靠掌握权力的“主人”来决定的。——译者注

“黑人意识”的倡导者很好地理解了这一点，他们清楚地认识到并反对白人政府刻意操纵有色人种、亚洲人和非洲黑人之间的差异的做法。一个南非学生组织（South African Students’ Organization）的领导人热情洋溢地说：“现在轮到我们来下定义了。”这就是里奥·库帕的担忧：非洲黑人是分裂的，白人不是。白人不惜一切代价破坏“非白人”的团结，并用各种手段强化自己的团结。

《群居地法》不仅在“非白人”群体内部界定出了很多子类别，而 305
且有助于区分白人和“非白人”。在南非施行群体隔离政策之前的城市中，白人里的工人阶级和有色人种混居，特别是在开普敦内城区。在很多时候，他们之间并没有社会分化。白皮肤的有色人种会被认为是白人，因为他们可以直截了当地宣称自己得到了一些白人邻居的认可。在两次世界大战之间，贫穷的白人从大萧条中的农村走出来，成千上万地移居到城市——他们可能比许多从事手工业的有色人种还要贫困，因此很容易被有色人种吸纳进来。已经在南非占少数的白人——因出生率相对较低而逐渐减少——不能承受“失去”这么多“自己人”。划定群居地可以支持模糊的身份认同，提供明确的“谁在哪里”的观念。也就是说，如果某种人住在这样一片郊区，那么他**只能**是有色人种：一个人由他的住址所界定。可见，群居地有助于对种族进行认定。

这是罗伯特·索默（Robert Sommer）区分“dominance”和“territoriality”的一个实例。[①] 奴隶制时期，白人不需要强调他们显而易见的社会优越地位和空间隔离状态。即使在南非解放之后，有色人种变成了仆人而不再是奴隶（就像美国南部腹地那样），英国殖民政府也觉得没必要在开普敦采取任何法律形式上的土地隔离手段，因为白人显然

---

① Robert Sommer, *Personal Space* (Englewood Cliffs, N.J.: Prentice-Hall, 1969), pp. 12–13.

在各个方面都统治着处于从属地位的有色人种。在开普敦中心城区，白人在数量上并不少于有色人种，因为后者“知道自己的位置在哪”。而且，正如马莱斯（Marais）所说，殖民政府对开普殖民地东部边缘地区非洲黑人的关注度，“当然高于单纯的贫困问题，毕竟所有的有色人种都面临贫困问题”[1]。但是，随着工业的发展，对劳动力的需求有可能（尽管不是必然）不再像从前以农业为主的时候那样主要考虑肤色因素。因此，就有必要避免白人和有色人种作为统一的工人阶级而获得平等的地位。手段之一就是刻意的空间隔离，以保持白人和有色人种在社会阶层上的疏远。

如果设立《群居地法》的根本动机之一是白人试图为自己创造一种空间安全感，那么另一个动机就是经济考量。这里我们要提到德班（Durban），这是目前容纳印度裔南非人数量最多的城市。库帕等人认为，他们对德班的研究揭示出“（对于白人而言）物质收益的机会与权力垄断的程度正相关”。《群居地法》会将政治权力转化为物质利益。在这方面，该法案是白人在接管南非国家政权之后变得在经济上
306 更有实力的例子之一。毫无疑问，它主要针对的是印度裔。[2]库帕也认为，在因为搬迁而受到影响的族群中，印度裔受影响的人口比例是最高的。“存在利益趋同的现象，即说英语的白人排斥异己，而说荷兰语的白人想要挤进去。这在农村地区尤为明显。”“总的来说，委员会技术分会（Technical Sub-Committee）打算重新分配资源，使之有利于欧洲人……欧裔在这座城市里的投资将增加 600 万英镑，达到 1.2 亿英镑；

① J. S. Marais, *The Cape Coloured People, 1652–1937* (Johannesburg: University of the Witwatersrand Press, 1939), p. 205.

② Fatima Meer, “Domination Through Separation,” in *Separation in South Africa*, David M. Smith, ed., Queen Mary College Department of Geography Occasional Papers no. 6 (London, March 1976), p. 21.

印度裔的投资将减少到大约 1850 万英镑。”

严苛的种族隔离尤其冲击到了白人和“非白人”重叠的混杂区域。相关的一系列法律，包括户籍登记、禁止异族通婚、禁止不道德行为（如与异族人发生性关系）等，消除了不同种族之间大量的社会交往。有色人种本就少得可怜的政治话语权，已经被由白人独占的议会排除殆尽。居住空间的重叠及其产生的社会影响也已经被《群居地法》消除。以前的种族混居地区包括开普敦天文台附近，以及包含小型有色人种和马来人聚居地的白人区域，如莫布瑞。此外还有经济地位上的重叠，也就是说，“白人—棕人—黑人”大体上存在“较富—较穷—更穷”的顺序，当然一直都有很多例外。但是这些例外变得越来越不明显，因为有法律规定一些技术的传承关系必须根据人种而定，一些类型的工作也只允许由某些人种从事，当然还有不可或缺的《群居地法》。

很多印度裔在商业和贸易上取得了成功，经济地位高于许多白人。这使他们很容易引人注目，也很容易受到那些广受贫穷白人支持的政客的攻击，换句话说，就是那些白人民粹分子。1838 年，欧洲农牧民的后裔在战役中以少胜多击败了祖鲁人（Zulus），战斗地点在血河（Blood River）附近，于是这里成为南非白人的圣地。了解了这个背景之后，我们看到，在纪念这场战役 100 周年之际，南非国民党领导人马兰扬言，要“破釜沉舟，在经济竞争的开阔平原上与非欧洲人进行较量”。较穷的白人对印度裔的恐惧和嫉妒是种族分居的强大动力，因为这样一来，财富就会从印度裔那里被强制分配给白人，当然不仅仅是贫穷的白人。尽管英裔部门在南非社会里已经是经济上最具特权的部门，但英裔德班人还是利用群居地施行自己的战略，将投资从印度企业转移到英国人主导的企业。

表 18-1　商业房地产迁移数量（以省份和种族区分）

	开普省（Cape）	德兰士瓦省（Transvaal）	纳塔尔省（Natal）	合计
白人	3	8	10	21
有色人种	38	33	11	82
印度裔	139	668	470	1277
华人	3			3

表 18-2　商业房地产计划迁移数量（以省份和种族区分）

	开普省（Cape）	德兰士瓦省（Transvaal）	纳塔尔省（Natal）	合计
白人	48		12	60
有色人种	195	48	4	247
印度裔	897	2332	552	3781
华人	617			617

307 让我们来看看《群居地法》施行至 1975 年年底，从商业房地产中迁出者的种族特征（见表 18-1）。当时待迁而未迁的人群也存在种族差异性（见表 18-2）。在群居地划分之前，印度裔住宅的分布经常反映着经济活动的分布，而不是种族的分布。[①] 印度裔大多从事贸易活动，所以他们必然广泛分布于城市各处，接近（无论哪个种族形成的）市场。要求印度裔只能囿于自己族群的区域生活和进行贸易（除非获得官方许可，而且许可令很容易被撤销），就是在摧毁他们的企业。同时，在瑞兰德（Rylands）和克拉文比（Cravenby），供印度裔居住的区域非常有限。

① Peter Scott, "Cape Town: A Multi-racial City," *Geographical Journal* 121 (1955): 149–157.

白人通过购买由《群居地法》驱逐的“非白人”拥有的房屋，然后转售或者翻新后出租，也获得了经济利益。在开普敦，这主要与有色人种相关。有色人种的小房子曾经由一个小家庭挤着住，甚至需要容纳一大家子；现在，它们被改造得精巧华美，由中产阶级白人以低得多的人口密度来居住。

20 世纪 50 年代初，在实施群体隔离之前，开普敦的种族生态同当时其他南非城市差不多。其种族格局图也是经济梯度图。[①] 然而，这种分层绝不是“密不透风”的。巴特森（Batson）的研究表明，1936 年，开普敦市域范围内只有 44% 的居民区可以被确定地划为“欧洲人的”居住区（标准是欧洲人占比超过 75%）；按照同样的标准，只有 20%“非欧洲人的”和 37%“混居的”地域是可以被确定的。[②] 将群居地推行之后的种族格局图同之前的进行比较，我们可以看到白人和“非白人”的重叠空间是如何被消除的。

二、空间的社会建构：以莫布瑞区为例

想要弄清楚整个过程，莫布瑞区是一个不错的案例。这是一个近郊 308
区，现在完全由白人居住。在《群居地法》施行（1961 年）之前，它有大约 200 个“非白人”家庭。笔者采访了 100 多个被搬迁家庭，研究政府推行的意识形态如何对空间和社会产生影响。笔者会尽可能多地使用受访者的自述进行阐述。

① Leo Kuper, Hilstan Watts, and Ronald J. Davies, *Durban: A Study in Racial Ecology* (London: Cape, 1958), pp. 154, 213.

② Edward Hatson, “Notes on the Distribution and Density of Population in Cape Town, 1936,” *Transactions, Royal Society of South Africa* (1947): 389–420.

笔者从采访中获得了两大显著印象：一是对目前环境缺乏安全感的关切，特别是在市议会推行的“城镇公租房计划”中；二是城镇租户和那些在搬迁后成为原房屋主人的人之间社会经济地位的差距。

310 19 世纪晚期之前，莫布瑞区主要是农家村屋，以及由前奴隶和劳工建造的简陋住宅；后来，6 千米外的开普敦市区开始扩张，有色人种和马来人的住宅地块形成了三个相邻的“非白人”区域，并被白人居民区包围。问题在于，在 20 世纪 60 年代初搬迁之前，它们在多大程度上构成了“社区”？“社区”是一个定义含糊且依赖主观价值判断的术语。为了避免冗长的讨论，这里我们只需要指出，麦瑞斯（Marris）认为它有两个基本的特质：一是领地意识，即对熟悉的共有场所的要求；二是认同感，即由血缘或友谊所联结的相互承认。[①] 这两种特质的结合产生了怀尔德（Wild）所说的“关爱领域”（fields of care）。[②] 对于这样一个地区 [如伦敦的贝思纳尔·格林（Bethnal Green）]，杨（Young）和威尔莫特（Willmott）写道：“居住时间和亲密关系的相互作用是解释的关键。单独拿出其中一种因素是不充分的。”[③]

还有一个因素需要考虑。莫布瑞区是因其“对外关系”而被外界定义的一个区域[④]，与之类似的“非白人”区域原本得不到白人财力和政治上的关切。来自外部的模式也有可能激发对内部团结的积极探索。维森（Whisson）因此发问道：“难道没有对‘不合作规则’和‘我们有色人种’

① Peter Marris, “Community as Ideology” (Paper presented at the School of Architecture and Urban Planning, Universify of California at Los Angeles, January 27, 1977).

② John D. Wild, *Existence and the Wortd of Freedom*(Englewood Cliffs, N.J.: Prentice-Hall, 1963).

③ Michael Young and Peter Willmott, *Family and Kinship in East London* (1957; Harmondsworth, Middlesex: Penguin Books, 1962), p. 115.

④ Gerald D. Suttles, *The Social Construction of Communities* (Chicago: University of Chicago Press, 1972), p. 13.

共同生活与交往的偏好吗？白人让‘我们’感到不舒服，提醒着我们自己不是什么……排他性并不只有负面效应。”

这种集体的自我意识仍然只是一个局部要素，不足以形成完整的社区观念。莫布瑞区的情况尤其如此，因为大多数工薪阶层并不在那里工作，而是在开普敦的市中心工业区工作。对他们来说，莫布瑞区只是一个分时段利用的地域。尽管如此，人们还是感受到了搬迁的负面影响。例如，受访者里，70% 的户主至少与步行距离内的另外一个独立的家庭有亲戚关系，而现在他们分开了（见表 18-3）。他们搬迁前在原地的平均居住时间为 33 年，超过了有色人种平均寿命的一半。表 18-3 显示了邻里之间的距离，并将其与亲缘关系联系起来，这是杨和威尔莫特认为的对社区至关重要的关系。

表 18-3　莫布瑞区家庭居住年限和亲缘家庭对应关系

居住年限	亲戚数量和对应的家庭数										总共的亲缘家庭数
	0	1	2	3	4	5	6	7	8	9+	
0—4		2	1	1							7
5—9	2										0
10—19	10	1	2		2	1					18
20—29	5	7	3	1		2		1	1		41
30—39	8	8	6	2	1					3	51+
40—49	2	2	2	2	1	1		1		3	55+
50—59		3	1	3		2				1	33+
60—69			1	1						1	14+
≥ 70	1					1				1	14+

人们对莫布瑞区搬迁感到遗憾的最后一个因素是，在有色人种和马来人看来，莫布瑞区地位比较高。它的地位是由一系列客观数据来说明的，包括居民的收入、职业地位、拥有汽车和住房的情况，以及宗教和语言（英语或南非荷兰语）归属。此外，这个区域算是远离白人区莫布瑞—罗斯班克（Mowbray-Rosebank）的世外桃源，有色人种居民认为自己享有该地区的“尊严”——这个理念在采访中曾多次出现：

311 和欧洲人一起住在莫布瑞很好。下层社会，也就是工薪阶层的有色人种，在那里的确更好。在阿斯隆（Athlone），他们的一只脚还在灌木丛里呢。莫布瑞很好，整个环境更好。政府对所有有色人种一视同仁，无论是地位高的还是工薪阶层。我是像白人一样长大的……我的朋友都是白人（他们的表兄妹也是），我们不担心肤色问题。

上面这位受访者已经是耄耋老人。另一位受访者表示：“哎呀，他这么多年一直把自己当成一个白人！”也有年轻的（30 岁）受访者对隔离居住之前的人际关系有着更加清楚的认识：

312 如果真的平等，我们就不会只待在自己的小街巷里。其实白人和黑人家庭比邻而居的情况并不多见。尽管我们和白人的关系似乎相当友好，但想要完全打成一片还是不现实的。

搬迁大部分集中在 1964—1966 年，过程并不愉快。“我从未见过我丈夫哭，但当收到通知，说我们必须去邦特胡维尔（Bonteheuwel）时，他哭了。”一名现在住在海德维尔德（Heideveld）的男子说：“我们是最后一批离开的人，我们曾经想尽办法留在那里。”邦特胡维尔和海德维尔德是市议会主导的大规模公租房社区，从莫布瑞区迁出的人大部分都被安排在这两个地方。邦特胡维尔给人的印象尤其负面：

> 他们很不好说话。我记得我去市里请求多待一些时间再搬，心里祈祷着“上帝啊，帮帮我吧”。你走进去，他们甚至不抬头看你，也不跟你说什么。他们来我家，叫我们出去，然后四处打量——我家装修得很漂亮，还有一间浴室。其中一个人居然说：“你知道吗，这样的房子我住着还算可以。”然后他们说，他们在邦特胡维尔给我们找了个地方。既然他们已经找到了，我们就得走了。但是我很害怕那个地方，尤其为我的女儿们担心。她们才十几岁，我辛辛苦苦把她们拉扯大。我知道我们很快就能办好房产手续，但他们等不及了。我们必须搬两次家，连同生意一起搬两次。于是我坐下来，写了一封非常悲伤的信，把所有的事告诉女儿们——唉，太难过了。这封信一定打动了他们中的某人，因为他们回来了，说我可以再多待一阵子。

一名参与过两次世界大战的老兵悲愤地说： 313

> 你给自己找了个地方，准备安享晚年，然后他们来告诉你，你得走了。但你不能再从头开始了，岁月已经容不得你了——你还记得那些在海岬的有轨电车轨道上自杀的人吗？他们给了我一个月的宽限期，让我在女婿的土地上盖房子。房子还没完工，到了那个月的最后一天，他们又来了，说如果我不搬，就要交240兰特的罚款。

一名有房子的教师说：

这是耻辱。整件事情就是一个恶性循环，一个陷阱套着另一个陷阱：如果你想大声说出来，你必须离开南非；如果你想留下来，就得把嘴闭上……是的，我会帮助你，但这是一个结果非常消极的研究，而且没法让事情逆转。

有受访者提到了更严重的影响：

许多新生儿在离开莫布瑞后夭折了。这让很多老人心碎。我丈夫很穷，他过去常常坐着，望向窗外。临死前，他说："你必须给我穿好衣服，带我回莫布瑞。爸爸妈妈正在找我，他们现在在莫布瑞找不到我。"

那些被迫搬迁的人经历了越来越多的分离，与他们曾经生活的世界的所有元素越来越远。有数据显示，从莫布瑞区搬走的人，其工作场所、医疗服务场所、礼拜场所、亲属关系、"最好的朋友"、首选的购物中心、电影院、体育场、水管工和电工等服务，在距离、时间和成本上平均起来都比以前不划算。例如，在 63 个可量化的案例中，64% 的人平均每天上下班的时间是 1 小时 56 分钟，比搬迁前增加了 1 小时 7 分钟。

314 人们还必须承受无形的压力。52% 的受访者认为新居民区是"不安全的"，21% 的受访者说自己不敢走夜路。有受访者拿着锁自行车的链子锁说："我们在拉维斯（Lavis）走夜路必须有所防备。"有些人把新居民区与莫布瑞区相比较：

> 这是一个可怕的地方，我们生活在恐惧中。起码我们在莫布瑞非常安全……这里有太多非法卖酒的地方。有一次，我的鸡无缘无故就消失了。三个星期前，我十八岁的三儿子在屋外被流氓刺伤了头，鼻子也被打破了，医生说是被钉子划的。你不知道他们是谁，你永远也不会知道。警察也不采取行动。你走在路上会感到害怕。人们处于恐惧之中。如果你看到强奸，最好躲进屋里别出门。你要是看见他们偷衣服，也别吭声，否则他们会来砸你的房子。

对莫布瑞区最普遍的评价（48%）是人身安全。第二常见的（37%）是心理安全，也就是有些人说的，“在莫布瑞，每个人都认识其他人，你一眼就能识别出陌生人”。这其实就有麦瑞斯所说的“相互承认”，巡查监控是其中一个手段：

> 我十五六岁的时候，如果在大街上做了什么粗鲁、随便的事，比如去酒吧、抽烟或带女人出去，晚上回家就会被一巴掌扇在脸上，因为他们（父母）马上就知道了……过去常常有站在角落里聊天或坐在门廊上的老人，他们会假装在看《古兰经》或漫画，玩弹子游戏或其他什么，但其实一直在用余光盯着你。

超过三分之一的受访者认为“莫布瑞非常方便”，离城市更近；有同样比例的人表示，他们想要回去（回到记忆中的、现在已经不存在的莫布瑞）：

> 我当然想回去。在莫布瑞，大家都认识你，知道你是哪天出 315
> 生的，知道你跟谁结了婚，知道你从哪里来，知道你和谁是亲戚。

但正如弗兰德（Friend）在波士顿西区的整体搬迁中发现的那样，搬迁给搬离者造成的创伤并不相同。[①] 通过打破“非白人”的莫布瑞区，政府同时也打破了其对白人来讲封闭的“墙”。这堵墙会产生一种社区内部情感，让该地区内部的异质性得到调和。产生异质性的两个主要因素，一个是马来穆斯林和有色人种基督徒之间的矛盾，另一个是富人和穷人之间的矛盾。这两大因素在如今的房屋业主（包括产权房区域内的私人租户）和公租房区域内的租客之间就有所表现。有一种很明显的现象，即马来人，作为比非马来有色人种更富裕的群体，不太可能成为公租房的租客。接受采访的基督徒有色人种里，近 60% 是租房者；穆斯林里，40% 的人愿意租房。

房主和租客之间的区别很容易转化为一种空间模式，从而彰显出群体之间的阶层差距。在莫布瑞区，既有租户，也有产权所有人；但是现在，我们又要说，一个人的地位取决于他的住址。访谈数据显示了房屋产权和一些态度之间的系统性关系：

1. 希望 / 不希望返回莫布瑞
2. 对目前居住地的满意度
3. 对目前安全 / 缺乏安全的看法
4. 对邻居的满意 / 不满
5. 与邻居交往时的谨慎态度
6. 对邻家孩子的排斥性
7. 处于离群索居的状态
8. 对现在的房子各种具体的不满

① Marc Fried, “Functions of the Working-Class Community in Modern Urban Society; Implications for Forced Relocation,” *Journal of the American Institute of Planners* 33, no. 2 (1967): 90–102.

业主既认为他们房屋所在的地区具有优越性，又认为公租房项目很差劲：

> 球道区（Fairways）是专属于中产阶级有色人种的地方，我可 316
> 没见过有球道在上边（窃笑）。这里有不少势利眼，房子也还看得过去……但我不太喜欢在这里散步，因为帕克伍德（Parkwood）就在路对面。我们有色人种居住的所有好地方，附近都有这种混居的破烂地方，比如说帕克伍德旁边有球道区，汉诺威公园（Hanover Park）旁边有皮纳蒂（Pinarty），拉维斯旁边有贝尔哈尔（Belhar）。

八名曾经住在莫布瑞区的人如今在条件很好的下温伯格区（Lower Wynberg）有房子。其中一人说，他尽可能“与邦特胡维尔那样的小镇保持社会和空间的距离”。“我不知道那些地方的名字，最多是开车去机场的时候在高速公路上看见过。这对于我来说已经足够了。我从来没去过那些小镇，今后也不会去。”

一名莫布瑞区的前住户提到了另外两个小镇的名字：“我能住在温伯格真是走运，幸亏这里既不是海德维尔德也不是汉诺威公园。”还有人在采访中颇感自尊自爱：“我可不去那些地方，那都不是什么好地儿……我从来不去阿斯隆。”

可以想象，许多以前受人尊敬的、如今居住在这类小城镇的前莫布瑞区人会不满于这种空间歧视。一些住在邦特胡维尔的人说：“他们没有把我们区别看待。他们觉得我们和第六区、盐河区（Salt River）那些人是同一类人。”有些住在西尔维敦（Silvertown）的人说：“这里的人不像住在开普敦（内城里）的人那么优秀。他们跟莫布瑞的人一点儿都不一样，莫布瑞的人可好多了。”还有住在海德维尔德的人说：“我们是受尊敬的人——我来自阿訇（莫布瑞清真寺的神职人员）的家庭。为什么不让我们住在一起？现在，我旁边住的是梅特兰（Maitland）的小流氓和温德米尔（Windermere，曾臭名昭著的城中村）的酒鬼。”

一名受人尊敬的花店店主总结了他对邦特胡维尔的感受。之前他被强令迁出莫布瑞区，现在逃到了一个拥有产权房的地方。这位吉尔迪恩（Gierdien）先生说：“邦特胡维尔就像一顶帽子一样扣在我脑袋上。”他尽力想摆脱其他人因为他的住址而给他本人打上的烙印：

> 不，当你说你来自邦特胡维尔时，有些人会瞧不起你，他们是球道区或温伯格的人。我告诉他们，邦特胡维尔也有正派的人。我们之间存在着社会隔阂，这是件大事。

和在其他地方一样，在南非，空间的意义也是社会的语言。

第十九章

面向公共家务的城市社区运动①

詹姆斯·T. 莱蒙（James T. Lemon）

去年夏天，多伦多晴空万里。我在公园骑车，看见一个年轻人把香 319
烟盒子朝垃圾桶扔了过去。没有扔准，烟盒掉在了旁边的长椅子上。他走过去捡起来，把它重新扔进了垃圾桶。这样的事情算是多伦多的特色。尽管很多人都在公园里行走，但路面却一尘不染。问题来了，人们对公共环境卫生的关注究竟有多强的主人公意识？我顺便询问了那个年轻人，问他是否真的愿意把掉在外面的垃圾捡回垃圾桶。从他的回答中，我发现多伦多人其实并不情愿这样做。毕竟在西方社会，个人主义的意识形态已经延续了好几百年，而公共物品只是在极短的时间内才闯进人们的视野，进入人们的思想、情感与财务。

当今这个时代，个人主义开始消退，人们愈益痛苦地发现自己必须通过集体行动参与到相互协作之中。而之所以并非自愿为之，是因为历史给人们设置了障碍。我们总习惯于幻想一种没有限制的自由，也习惯

① 特别感谢以下诸位对本文初稿提出的宝贵建议：拉里·波恩（Larry Bourne）、莉迪亚·伯顿（Lydia Burton）、艾勒特·福利里奇斯（Eilert Frerichs）、泰德·哥顿（Ted Gordon）、苏珊·麦肯齐（Susan Mackenzie）、约翰·梅特森（John Metson）、菲勒·麦肯娜（Phil McKenna）、马尔文·诺威克（Marvyn Novick）、汤姆·欧苏利文（Tom O'Sullivan）、达玛丽斯·露丝（Damaris Rose）、吉姆·西蒙斯（Jim Simmons）、朱迪·司坦普（Judy Stamp）以及巴里·威尔曼（Barry Wellman）。

于不被邻居打扰，除非是很小程度的打扰。我们都习惯沿着自己的轨迹前行。尽管疏离感和个体自由代表我们的过去，但我们和我们的后代若要获得一种健康的行为方式，并作为一个物种存活下去，就必须摈弃个人主义。

在这篇文章里，我将思考城市里不同类型的参与。它们可以被放在一起，启发我们思考城市社区运动的各个方面。尽管这些类型彼此之间并不相通，社区运动也是碎片化的，但是我们依然能看见它们之间的关系，也能看见人群之间共通的方面，看见人们在各自所处的环境里为实
320 现合作而努力着。我们还需要思考工会与工人的参与状况，因为工作场所吸收着个体的能量，不管是正向的还是负向的。同时，我们还需要思考不同社区服务存在的行动与资金问题，这些服务都是由公众或志愿者参加的社会服务机构、企业与居民提供的。为了应对工作场所与社区之间存在的问题，我们还需要指出城市社会里的一个根本问题，即职住分离。对于这个问题，我将采用“公共家务”的概念来表达其中的变化趋势。在这个趋势下，人们的互惠要考虑金钱、情感、生产和分配方式等元素不断融合的关系，而且人们会越来越关注自己使用（或被迫使用）的产品的质量。这些东西会影响我们对工作、家庭和社区结构的参与度。首先，我们需要思考更大尺度的力量，它会导致分离，并且深刻地体现在社会与文化之中。

一、分离的现实

当下，我们听到很多关于“极限”的论调。在生态学领域，全球

智囊组织罗马俱乐部出版的《增长的极限》(*The Limits to Growth*) 可谓一石激起千层浪。它表达出一种强烈的情绪，即地球上的资源正因人口过多而遭受威胁。[①] 这样的观念迅速传播，让人们觉得生存环境至关重要，并让发达国家觉得自己是罪魁祸首。相关批评并未指向发展中国家的人口增长，而是直指西方社会的资源浪费与环境污染，以及物质上的过度消费。贝里・康莫奈（Barry Commoner）颇为精当地指出，西方社会，尤其是北美洲，在耗尽资源之前就会耗尽自己的资本。[②] 他写道，商业分析家预测，未来十年我们需要 1.9 万亿美元，这相当于过去十年的 6700 亿美元。他认为，这就是人类与大自然作对的后果，尤其是与热力学第二定律作对的后果。每一个生产单位所需要的非生物能源都比过去多得多。事实上，美国农业生产投入的能量已经高于产出的能量。为了更加疯狂地攫取资本，人们要消耗越来越多的非生物能源，体力劳动显得越来越不重要了。

一些人进一步指出，西方社会强大的生产力已经不再像过去那样有吸引力了。今天我们开始听到一些声音，包括满足的极限、经济增长的社会极限、无快乐经济学（joyless economy），以及公众对所需物品的质量越来越漠视。[③] 弗雷德・赫希运用富裕悖论来说明满足感正在缩小， 321
人们对“地位”财富的满足感也变得越来越稀缺。[④] 他认为，尽管西方社会有一部分人物质贫乏，但绝大多数人还是有条件大规模消费他们想

---

① Donella H. Meadows et al., *The Limits to Growth* (New York: Universal Books; London: Earth Island, 1972); H. S. D. Cole et al., *Thinking About the Future: A Critique of the Limits to Growth* (London: Chatto & Windus, 1973).

② Barry Commoner, *The Poverty of Power: Energy and the Economic Crisis* (New York: Alfred A. Knopf, 1976), pp. 212, 228.

③ William Leiss, *The Limits to Satisfaction: An Essay on the Problem of Needs and Commodities* (Toronto: University of Toronto Press, 1976), p.88.

④ Fred Hirsch, *The Social Limits to Growth* (Cambridge: Harvard University Press, 1976), ch. 3.

要的商品的。那些想要借助消费品来获得社会地位的人发现自己反而掉进了泥潭，事与愿违地陷入了平等主义。经济增长有着社会的极限。提勃尔·西托夫斯基（Tibor Scitovsky）指出，所有这一切导致“无聊的工作生产出无聊的商品”。①

然而，人们依然在追求满足。如果追求的方向是错误的甚至致命的，那么，个体的欲壑如何才能被填平？赫希指明了一个方向：“集体主义或许能实现个体的满足。”但正如他所言，在西方社会，人们不愿意做集体主义者，而这样的不情不愿也通过行为表现了出来。我们为何如此不情愿？为何如此抵触集体主义？

“意识形态”与“体制结构”是能让我们理解这种抵触心理的核心要素。我们的社会把人的思想与情感割裂开来，把人与其所在的地方或社区割裂开来，其最为核心的观念在于“一定限制下的自由”。自由关注自我以外的世界，而个体的实现在于控制甚至支配周围的环境与他人。在某种意义上，最不满足的个体有最多的成功机会，因为他的目光永远是朝向外部的，而从来不会朝向内部去反省自己或者与他人结成的共同体究竟需要什么。②这成为所有社会的现实状况，尤其是在美国，人们对自由的追求已经达到了无以复加的程度。工作伦理沦为被迫而为的事情。在过去几十年里，攫取丰富的资源自然而然被裹挟进消费的旋涡。然而，对自由的渴望又显得空洞别扭，仿佛电影《纳什维尔》（*Nashville*）里的一首歌：“我虽不自由，但我也无所谓。”

在日常生活的具体层面，我们能从体制的结构里看见关于自由的意识形态。对于地理学家而言，以体制化的视角关注地方，并将自身从地

---

① Tibor Scitovsky, *The Joyless Economy: An Inquiry into Human Satisfaction and Consumer Dissatisfaction* (London: Oxford University Press, 1976), pp. 248, 283.

② Philip Slater, *The Pursuit of Loneliness: American Culture at the Breaking Point* (Boston: Beacon Press, 1970).

方之中抽离出来，这样的做法或许是恰当的。不过，为了避免陷入单纯的美学，我们还必须关注实际的社会内容，而不能仅仅考察那些可见的表象。[①] 作为从景观里分离出来的一种感知，无地方蕴含着与人群相疏离的意思。人们可以进一步指出，景观美学也意味着从人群中分离出来的状态，因为这其实是以一种浪漫主义的方式回应大都市的生活。离开了人群，人们无法想象什么才是地方。如果离开了对地方的关注，离开了地方之中的景观，而单纯地去关注人群，同样是站不住脚的，因为只有立足于地方，人群才得以存在。地理学家所扮演的角色就是把这两方面结合起来，引发一种具有创造力的理解与行动。换句话说，规划物质 322
环境就等于规划社区共同体，这样的过程是显而易见的。

我们甚至可以明确指出，借助科学技术与大众传媒，大规模地组织社会、安排景观秩序，是削弱地方感和社区意识的主要方式。大规模的技术变革让人们心神不宁，问题也层出不穷，其根源也是深层次的。尽管北美洲有像教会与政府那样的共同体，但由于西欧个人主义的蔓延，早期的殖民者来到北美这片开阔的环境之后，还是想要发展出一种个体化与私有化的农场与家庭。

在新法兰西征服美洲以前，贵族的力量不足以塑造农民与皮货商的性格。[②] 新英格兰的清教徒也不能稳定地扎根在一个定居点。[③] 在宾夕法尼亚，贵格会与门诺会的教徒——他们一直被视作社群主义者——也在

① Edward Relph, *Place and Placelessness* (London: Pion, 1976), pp. 109–114; James T. Lemon, "The Weakness of Place and Community in Early Pennsylvania," James R. Gibson, ed., *European Settlement in North America: Essays on Geographical Change in Honour and Memory of Andrew Hill Clark* (Toronto: University of Toronto Press, 1978).

② Cole Harris, *The Seigneurial System in Early Canada: A Geographical Study* (Madison: University of Wisconsin Press, 1966).

③ Jack C. Greene, "Essay Review: Autonomy an Stability: New England and the British Colonial Experience in Early Modern America," *Journal of Social History* 7 (1974): 171–194; David H. Flaherty, *Privacy in Colonial New England* (Charlottesville: University of Virginia Press, 1972), pp. 25–33.

顷刻之间倒向了私有财产制，并以相互分离的农场构成邻里单元。因为私有化的缘故，集体公有制商品原本的超低税收开始飙升。[①] 抵制税收是引发独立的一股重要力量，公有财产在其中显得格格不入。这合乎杰斐逊总统的观点：无论是地方政府还是国家政府，小的政府才是好的政府。同时，地方上的牧师也在抱怨自己的社会地位不稳，国家的独立将教会的残余势力一扫而光。加上不断增强的流动性与不断振兴的商业，人们对成功的期待变得越来越强烈，结果造成整个社会都无法再委身于特定的地方和社区。

虽然如此，人们对地方与社区的关注还是持续了几百年。尽管大家关注的焦点在于个体性的救赎，但教会提供了各种各样的参与途径，就像志愿者协会一样。20 世纪 20 年代，芝加哥的社会学家以一种低调的方式在城市中寻找那些沉溺于竞争关系的社区。它们强调竞争而非合作，正如吉卜林（Kipling）所指出的："这些社区住着野蛮人。"[②] 在地理学中，尽管地方的观念遭到打压，但它仍存在于理查德・哈特向的作品之中。哈特向关注的是区域，而他所说的"区域差异"可以被视为一种先兆，标志着地理学将采取空间分析的手段，以统计的方式定义区域。[③]

第二次世界大战后经济的全面增长，加上汽车与飞机带来的移动性的增强，使得北美洲居民把"地方"与"社区"从日常生活词典里删掉

---

① James T. Lemon, *The Best Poor Man's Country: A Geographical Study of Early Southeastern Pennsylvania* (Baltimore: Johns Hopkins University Press, 1972).

② Barry Wellman, *The Community Question: Intimate Ties in East York,* University of Toronto Center for Urban and Community Studies and Department of Sociology Research Paper no. 90 (Toronto, 1977), p. 4; Peter G. Goheen, *Victorian Toronto 1850 to 1900: Pattern and Process of Growth,* University of Chicago Department of Geography (Chicago: 1970), ch. 2; *The Writings in Prose and Verse of Rudyard Kipling,* 27 vols. (New York: Charles Scribner's Sons, 1899), vol. 16, p. 230.

③ Richard Hartshorne, *The Nature of Geography: A Critical Survey of Current Thought Light of the Past* (Lancaster, Pa.: Association of American Geographers, 1939); Brian J. L.l Berry and Duane F. Marble, eds., *Spatial Analysis: A Reader in Statistical Geography* (Englewood Cliffs, N.J.: Prentice-Hall, 1968).

了。都市主义者把洛杉矶鼓吹为非地方的城市典范，体现为四散且缺乏中心。[①] 工作与家庭在空间上变得更加分离。尽管通勤时间没有增加多少，但每天都要遇见那么多陌生的通勤者，无疑会让人对地方和社区产生疏离。从本质上讲，工作中的疏离感会下意识地影响家庭。今天，甚 323
至工作也是不固定的，因为整个经济系统都是在跨国公司的操纵下运作的，这些公司对地方、区域甚至国家来讲都没有什么代入感。商业化的进程稀释了新教主义的道德凝聚力，这样的凝聚力主要用于保证资本主义的契约精神——信用与诚实；商业还完全瓦解了农业资本主义的基础。或许彼得·马林（Peter Marin）对当下社区状况的反思是正确的："在我们当下的处境中，真正可怕的是……我们再没有能力想起曾经失去的东西了。"[②]

我们生活在大规模的个人主义文化之中，我们的意识形态与制度总是会让我们通过个体的方式解决问题。因此，我们会深层次地反感公共纪律，因为公共纪律会增加公共物品。面对不断抵制公共生活的新趋势，我们该如何讨论提高参与度的问题呢？

二、工作场所的参与

借此，我们要思考工作场所与社区邻里的问题。为了展开具体讨论，我们有必要从"公共家务"的概念出发。[③] 历史上，尤其是在农业社会

① Melvin M. Webber, "The Urban Place and Nonplace Urban Realm," in Melvin M. Webber et al., *Explorations into Urban Structure* (Philadelphia: University of Pennsylvania Press, 1964). pp. 79–153.

② Peter Marin, "The New Narcissism," *Harper's* 251 (October 1975): 48.

③ John Kenneth Galbraith, *The Age of Uncertainty: A History of Economic Ideas and Their Consequences* (Boston: Houghton Mifflin, 1977), p. 321.

和早期资本主义时代，经济事务直接由家庭主导，这表现在商品和服务的生产与分配环节。在一个健康运行的社会里，互惠关系是在家庭成员之间建立起来的，而不是建立在非个体化的市场合同关系中。在一致认同的基础上，人们通过彼此信任、互相关怀来共同做决策。由于工作结构逐渐削弱了家庭的经济功能，同时家庭与工作场所相分离，上述特征在今天变得十分罕见。在今天的家庭生活中，契约正在取代共识，很多人都开始拒绝传统的家庭模式。或许正因为家庭的经济功能不断削弱，人们才把家庭的内涵延伸到社区。这种延伸的关键在于：单身母亲与孩童之间的互助，孤立无援之人的互援，以及缺乏信心的核心家庭之间的互惠。换言之，人们需要超越志愿主义（voluntarism），采取刻意且周密的集体行动，这样才能“为弱势群体提供基本的社会支持”[①]。

参与和互助体现在不同领域，首先是工作场所。工作场所里的每一
324 个人都会受到一定的约束。商业联合主义朝白领专业人士部门的不断扩张就是一个很明显的趋势。在过去几年里，教师、打字员，甚至银行办事员都采取了封闭式产业模式（closed shop industrial model）。那些不愿意接受集体主义的人也开始出现集体化的趋势。背后的原因是人们越来越强烈地意识到了社会总资源的有限性，所以采取了以集体而非个体的方式来争取职位与财富资源。多数机构都因为担心丧失地位而采取了防御姿态，而非主动地争取更高的地位。就拿教师行业来讲，生育率的迅速下降导致工作岗位减少，社会不再需要那么多教师了，这就促使教师个体相互联合起来。经过理性推断，封闭模式可以保证个体不至于丧失自身的地位。这样的变化会导致一个后果，那就是，在崇尚个人主义的社会中，那些没有联合起来的游离分子——无论贫富——会憎恶这

① Morton H. Fried, *The Evolution of Political Society: An Essay on Political Anthropology* (New York: Random House, 1967), p. 33.

样的模式。

那么，是否存在一种联合的模式，它既能避免人们的反对，还能产生深层次的参与呢？我们能否让成员更多地参与管理，进而有效地实施这样的联合？尤其是在欧洲的产业部门，我们经常能听到工人参与部门管理的案例。在联邦德国，工人有时候会进入管理者的行列。瑞典沃尔沃公司的工作结构就发展出一种半独立式的工作团队，改进了管理程序。在南斯拉夫，工人在工作协会里更彻底地掌控了产业部门，这已经成为一代人的模式。[①]1977 年的英国，以艾伦·布洛克（Alan Bullock）为主席的“产业民主调查委员会”（committee of inquiry on industrial democracy）发布了一份报告（*Bullock Report*），称有很多社会实验致力于实现人们的参与，并产生了大量的公共需求。[②]甚至在北美洲，一系列管理或倡议方案超越了利益共享的层面，而发展到工作现场民主的层面，并不断出现制度化的趋势。[③]

这些趋势引发了一个严肃的话题：如果大多数尝试都是在“管理”层面实施的话，那么还需要改变传统的等级制度吗？工厂的大多数工作都是枯燥乏味的，实际产出的利益满足不了人们的需求，而这才是底层工人最关心的问题。工厂里的利益共享与高工资不足以遏制日益严重的罢工浪潮、效率降低和劳资冲突——因为工作过于碎片化，不需要多高的技术水平，也不需要什么创新精神，结果便是生产的衰退和工会势力

---

① Carole Patemen, *Participation and Democratic Theory* (Cambridge: At the University Press, 1970), ch.4; Gerry Hunnius, ed., *Participatory Democracy for Canada: Workers' Control and Community Control* (Montreal: Black Rose Books, Our Generation Press, 1971); Bonnie Rose, "Workers' Cooperatives: An Overview," *Harbinger: A Journal of the Cooperative Movement* 4 (fall 1977): 7–13, 60.

② John Calvert, "The Bullock Report," *Canadian Dimension* 12, no. 3 (July 1977): 39–42; Elliott Jacques, "Democracy at Work," *Times Higher Educational Supplement*, no. 287 (April 22, 1977): 17.

③ David Jenkins, *Job Power: Blue and White Collar Democracy* (New York: Doubleday, 1973).

的增强。[①] 唯独联邦德国限制了工会的发展，其经验令其他西方国家的企业家与政客眼红。企业有所让步，以及提高效率（也意味着减少工人的数量），都可能带来利润的增加。

一些批评者则担忧被“联合”管理激发的人与人之间的合作不仅不会提高工人阶级的力量，反而会削弱工人阶级的力量。他们还担心前几
325 代人通过商品消费来解决问题的办法会被后代人否定，甚至担心联邦德国爆发大规模失业，收入不均等状况无法改善。另一些人则要乐观得多。布洛克就认为，从长远看，劳动阶层的实际获得会大大增加。但企业家对此持强烈的否定态度。

要想避免西方社会的深层次分裂，就需要在科技领域实施彻底的变革。E. F. 舒马赫在《小的是美好的》（*Small Is Beautiful*）中提倡“中间技术”，希望未来西方国家投入更多的人力。[②] 他认为，我们不应该在西方国家发展 1000 英镑科技的同时在发展中国家发展 1 英镑的科技，而应该在全世界普遍发展 100 英镑的科技。提倡大规模合作的管理者认为，这一方案不仅会降低失业率，还会让人们参与到管理过程中来。正如很多人所指出的，这一方案似乎指明了一个方向：它意味着未来会把工业产业带入区域尺度或本土地方性的尺度中，还可能会限制大都市的过度膨胀。但是问题依然存在。舒马赫自己的斯科特巴德（Scott Bader）公司不仅以家长制的管理方式控制着生产的运行，限制参与（根据一项严肃且全面的分析来看的确如此），还忽视了物质生产过程。斯科特巴德公司生产“聚酯树脂……醇酸树脂、聚合物和塑化剂”[③]。塑料

---

① Cy Gonick, “Discovering Industrial Democracy,” *Canadian Dimension* 12, no. 3 (July 1977): 25–30.

② E. F. Schumacher, *Small Is Beautiful: Economics as if People Mattered* (London: Blond & Briggs, 1973), pp. 154–180.

③ E. F. Schumacher, *Small Is Beautiful: Economics as if People Mattered* (London: Blond & Briggs, 1973), p. 275.

制品的原料来自石油，而石油由跨国公司掌控。此外，康莫奈的一个核心论点在于，塑料制品会不断衍生新产品，以替代更原始的商品，如木料与皮革，而后者需要更大规模的人力。由于原材料富富有余，而且资本主义体系最看重的是财富增长，所以目前依然存在扩大塑料生产规模的动力。虽然表面上看，塑料的价格更低，但事实上，塑料生产会消耗更多非生物能源，所以长期来看，生产成本很高，甚至会引发通货膨胀。因此，有人怀疑，舒马赫的公司之所以取得成功，并不是因为员工的参与，而是因为赶上了塑料制品大规模增长这趟列车。

产品本身引发的问题才更为关键。塑料制品有着更多而非更少的科技含量，会让工人在面临产业弊病的时候显得更加脆弱。此外，它会造成污染，会向大气和土壤释放有毒物质，还会增加整个社会“扔垃圾”的现象，妨碍节约型社会的形成。塑料制品也不需要匠心般的工艺，只需要碎片化的体力劳动，人与物质之间也不需要直接接触。尽管不得不承认，面对当下的问题，我们仍然无法找到解决方案，但在后面的结语中，我还是会回过头来讨论这个问题。现在，让我们来谈谈社区的问题。

三、社区参与的障碍

20 世纪 60 年代末 70 年代初的社区运动明显陷入单调无趣的境地。 326
在多伦多，阿里克斯（Annex）与里弗代尔（Riverdale）的居民掀起了抵制高速公路与高层建筑的浪潮，而这股浪潮被训练有素的组织者政治化了，于是社区运动跌入迷惘与怠倦。[①] 居民参与的活动好像与失业率增长这种社会问题完全不搭界。社区参与到底让人们收获了什么?

就像有些人最近说的那样，很多东西其实都被“发酵”了，与此同时，尽管政府的一些政策与行动令人不安，但很多事情还是切实地发生了。约翰 · P. 罗巴茨（John P. Robarts）出版了《多伦多大都市皇家专门调查委员会的报告》（*Report of the Royal Commission on Metropolitan Toronto*），其中出现的一些政府的观点可以作为很好的切入点。[②] 该报告明显意识到了居民参与的价值，甚至认识到了培养当地人责任感的价值之所在，即更好地在邻里之间实现人与人的互助。这些互助看起来不是那么正式，但却对人们彼此之间的需要更敏感，就像“曾经的大家族和邻居之间给予的相互照顾”。比起官僚机构所提供的服务，这类服务价格更加低廉，也更能以地方为中心顾及不同类型的问题。罗巴茨过去认为，因为整个体系都是碎片化的，所以更高层次的理性化才是当务之急。然而现在，他放弃了对正式化服务的追求。他发现，只要存在多样化服务的中心，自然会出现相应的组织结构。他总结说，这类中心未来会得到进一步的发展。

但是，这样的未来是不确定的。罗巴茨反对以任何方式把居民的参与正式化与机构化，而他所反对的，正是温尼伯湖咨询委员会与温哥华社区委员会帮助其居民实现的。罗巴茨指出，不仅在市政府的层面上，

① James T. Lemon, “Toronto: Is It a Model for Urban Life and Citizen Participation?” in David Ley, ed., *Community Participation and the Spatial Order of the City* (Vancouver: Tantalus, 1974), pp. 41–58; Donald Keating, *The Power to Make It Happen* (Toronto: Green Tree, 1975).

② John P. Robarts, *Report of the Royal Commission on Metropolitan Toronto,* 2 vols. (Toronto: Queen’s Printer, 1977).

而且在更高的政府层面上，我们都需要更多地关注地方性的力量。[①] 多伦多似乎不想往前推进得太快。为何罗巴茨不愿意快速推进？为何英属哥伦比亚的社会信用部门会对解散之前的社区委员会——该委员会是由新民主政府成立的——感到如此焦虑？有四个方面的原因：一是选举政治本身的传统，二是地方性力量威胁到了政客的正当性，三是成本的问题，四是有必要借助志愿主义来让人们产生自己可以自由选择的假象。

“民主制选举”是实现人民普遍参与的关键途径，而且这样的传统获得了广泛的公众支持。尽管 19 世纪末 20 世纪初的改良运动已经将地方政客的大量权力转移到了商人操控的各个专业委员会手中，甚至转移到了以城市管理者面目出现的政府手中，然而一旦更高层的政府机构掌 327
握了地方财权，新的趋势就会变为赋予地方政客更多权力。过去有一段时期，市政府主要借助安大略省城市管理委员会对市民的不当行为进行控制，而眼下，如果罗巴茨的主张被采纳的话，那么该委员会的行动会受到严格的限制。[②]

这正是政府不愿意推进社区参与的原因所在。在市场化的资本主义制度下，收入分配存在各种各样的扭曲与变形，因此，财务控制需要同外部政治切割开来。[③] 为了实现收入的公平分配，人们扩大了选举权，今天租客也能参与本市选举。但是，以群体自助的方式推动平等参与，

① Social Planning Council of Metropolitan Toronto, *In Search of a Framework: A Review of Trends in the Financing and Delivery of Community Services* (Report prepared for the City of Toronto Neighborhood Services Work Group, Toronto, 1976), pp. 63–95; Stanley M. Makuch, *A Study of Statutory Powers to Provide Community Services,* Center for Urban and Community Studies Research Paper no. 81 (Toronto, 1976).

② Robarts, *Metropolitan Toronto,* vol. 2, pp. 203, 215–219; Gerald M. Adler, *Land Planning by Administrative Organization: The Policies of the Ontario Municipal Board* (Toronto: University of Toronto Press, 1971); Sam B. Hays, “The Changing Political Structure of the City in Industrial America,” *Journal of Urban History* 1 (1974): 6–38.

③ Fred Hirsch, *The Social Limits to Growth* (Cambridge: Harvard University Press, 1976), p. 165.

这就有点类似于我们所倡导的操控经济杠杆的企图了；今天更是如此，因为当下服务、福利与教育都是经济领域的主要部门。这些经济领域必须由被选举出来的政客（和官僚机构）管理。资产阶级的自由需要通过选举权来限制，也需要通过更广泛的政党参与权来限制。尽管参与其中的选民不多，但这一制度却是牢固不变的。

地方参与的合法化会在多个层面威胁到政客的利益。[①] 以草根为基础的地方自治党群作为参与的主要途径已经宣告失败，这表明政客成功抵制住了公众的参与。[②] 更加紧密结合在一起的社区工作可以引发更多的内部冲突，对政客造成更大的冲击，甚至消除政客存在的正当性。从根本上讲，个人主义的盛行必然阻碍公民的地方行动。

“对经济资源的控制”当然是关键。为了营造健康的社区，公共资金最终还是要用于公共物品，这被认为是地方的核心，也是需要人们关注的。在过去十年里，政府对一个地方的认同和代入是不确定的，也是间歇性的。即便如此，还是有很多人通过接受社区行动项目的训练或部分训练，对这项工作有了高度的认同与代入。这清晰地表现在为数不多的几个职位的参与者的数量上。最近，多伦多教育委员会（我也是成员之一）基于其关于多元文化主义的研究报告，开办了一个学校与社区之间的联合项目。该项目要聘请一些员工，有 500 多人提出了申请；后来增加了一个职位，又收到 200 份申请。这些申请者要么在职，要么无业，但是，相较于大企业或大型政府的工作，他们更愿意从事本项目所提供的工作，觉得社区才是自己想要耕耘的地方。

社会服务项目里的社区工作已经成为政府部门最薄弱的环节，因为

---

① Jürgen Habermas, *Legitimation Crisis* (Boston: Beacon Press, 1975), pp. 36–37.

② James T. Lemon, “Environment, Residents’ Groups and Political Parties,” *Alternatives* 5 (1976): 31–34; Donald J. H. Higgins, *Urban Canada: Its Government and Politics* (Toronto: Macmillan, 1977), ch. 7.

这类工作让政府欠了一屁股债。[①]他们可以对富人和企业多征税，但是 328
得罪不起公众。这些公众一天到晚都在被媒体灌输社会对自由企业与资本投入的需求，他们正在极力扶持一个越来越不脱离自己控制的体系。做生意和政府干预全然不同。领取福利的母亲、无业者与社区工作者“多一个不多，少一个不少”，但是企业，尤其是通过减税从政府那里直接或间接获取大量利益的大型企业，可不是那样。

最近，多伦多大都市委员会的立场表明了政府对社区问题的矛盾态度。为了表现得十分关注年轻人失业，委员会提出了一项计划，雇用了90名接受福利救济的年轻人帮助那些居家的老人。委员会既得到了省级基金的资助，也得到了当地人的资助。因为担心老人过度依赖这个项目，委员会为老人提供的服务是暂时性的，持续时间为30周。面对这样一个温和的政策，人们的反应如下：（1）纳税人不应该资助这一项目（多伦多大城市群里的一位百万富翁市长提出了这一反对观点）；（2）志愿者机构，尤其是社区联合基金会，在原则上反对这一计划，但却赞成该项目的资助方案，因为温和的公共开支可以减少福利成本。此方案是对人群共同体的坚守，并努力把人们联系起来，但是，不仅公众对此抱有困惑，就连政客与慈善机构的管理者也感到不解。

人们反对地方参与的最后一项观点是“自由选择的意识形态，即提倡公共参与的志愿主义”。志愿主义不一定意味着对社群共同体的高度代入，甚至不等同于认为自己是社群的一部分。个人主义会导致人们各自过各自的生活，使志愿者的工作处于很边缘的地位。最差的情况下，志愿主义者要是再继续下去，只能沦为维多利亚时代的慈善姐妹——说得详细一些，就是把无人认领的残尸拼合起来安葬，安抚穷苦人的心灵，

---

① W. Darcy Mckeough, *Ontario Budget 1977* (Toronto: Queen's Printer, 1977), p. 3, “Balanced Budget”; p. 13, “Capital Construction for Energy Accelerated”.

而她们自己也会因为制度的缘故变得冷漠无情。她们可以因为丈夫的支持而将慈善工作坚持下去，但后者通常更热衷于经济增长和利益攫取。[①]即便这种偏激的观点现已得到纠正，我们承认历史上的这些慈善事业的确会酝酿出社会福利制度，结论也没什么不同。这种家长式（或母爱式）的做法并不容易推动互助组织在本质上有所提升。“公共家务”所需要的东西远比“有自由选择的志愿主义”多得多。

今天，我们能否超越志愿主义？我相信是可以的。广泛而普遍的社区行动并没有脱离政府官员和公共事务人士的关注。在多伦多，社区服务工作小组提出组建多功能的社区服务中心，这项提案正处于严肃的讨
329 论阶段。[②]这些倡议超越了波士顿的“迷你市政厅”（mini-city hall）概念。迷你市政厅指一些市政服务功能分散到社区之中，并借助邻里关系建构出与规划和社会服务相关的组织。虽然它们只具备咨询功能，参与其中的市民也还很少，但它们在社区规划领域已经有所建树。[③]随着更细致的社区规划的出台，除非规划目标本身是同社会服务相关联的持续性的过程，而且目标预期可以实现，否则议会可能决定解聘当地大部分的规划人员，后者中有很多人都对居民参与表示认同。幸运的是，多伦多教育委员会很欣赏人们把学校当作多样化的服务中心，大力促进其与城市形成合力。因为生源减少，人们担心小型的社区学校办不下去，这便导致当地居民可能合作起来组建更大的互助共同体。部分学校配备了

---

① Kate Millet, “The Debate Around Women: Ruskin and Mill,” in Martha Vicinus, ed., *Suffer and Be Still: Women in the Victorian Age* (Bloomington: Indiana University Press, 1972), p. 136; Kathleen Woodroofe, *From Charity to Social Work in England and the United States* (London: Routledge & Kegan Paul, 1968), pp. 21–22.

② Colin Vaughan et al., *The Report of Neighborhood Services Work Group* (Toronto: City of Toronto, 1976).

③ John R. Hitchcock, ed., *Case Studies of Neighborhood Planning in Toronto*, University of Toronto Department of Urban and Regional Planning, Planning Paper no. 1 (Toronto, 1973); Charles Hampden-Turner, *From Poverty to Dignity* (Garden City: N.Y.: Anchor Books, 1975).

白天看护小孩子的机构，更多的社区在晚上提供的服务常常是满负荷运转的。

一个主要的障碍在于成本的管理权问题。人们认为，校方开支过大，因此不情愿对所谓“非教育功能”提供资助，除非省政府与多伦多大都市区政府认识到白天的看护工作其实也是教育的一部分。社会服务领域的许多项目都因为联邦政府与省政府模棱两可的意见而遇到挫折。

四、多伦多的社区参与

尽管政府的财政十分紧张，但城市社区运动中的一些团体还是表现出了强劲的势头，哪怕把大量的时间耗费在了获取更多资助这件事情上。这些团体想要从市政府、省政府、联邦政府和准公共机构——像联合国社区基金会——中获得相应的资助。在多伦多，尤其是中心城区有大量非营利团体。其运作部分依赖于公共基金，这些基金则源于商铺、教会（他们帮助社区团体和剧组收支相抵）、法律援助所、社区娱乐中心，以及大型组织的书记处——这些单位为大量事务提供了资助，如信息中心、环境宣传、少数族裔和老年人的项目。最近，全市共收到了60份有关这些领域的申请，而这还不是全部的数字。多伦多大都市委员会共收到了95份申请，社会服务领域的产值达到76.6万美元。

现在更加具体地来看一看我自己所在的两个典型的社区团体。第一 330
个社区团体是布洛尔—巴瑟斯特（Bloor-Bathurst）信息中心。该中心于1971年开始运行，目的是为低收入人士和移民家庭提供指导（这样的家庭在多伦多为数不少），同时从事一些规模较小的团体性工作。它能帮助一些低收入人士在就业与社会福利机构的迷宫中找到自己的位置，还能提供法律支持，推荐可住房源，并提供葡萄牙语、西班牙语、意大利语和希腊语的翻译。该中心吸引了以布洛尔地铁站为中心直径两英里以内的人群，该区域是全市重要的繁忙区域之一。该中心的董事会由客户和市中心的中产阶级资助者组成。1977 年，五名员工的薪金预算为 7.6 万美元，其中 25% 来自联邦基金，约 40% 来自省政府基金，5% 来自市政府基金，28% 来自联合国社区基金。即便该中心的员工把大量时间都花在了寻求资助上，但是它在官方与当地人的眼里仍是十分有用的机构，甚至是能够为移民提供帮助的关键资源。该中心很少以集体合作的方式开展工作，但它还是间接地、以非正式的方式在城市里扩展着人际关系网，并揭开了官僚机构的神秘面纱。中心员工也具有很强的社会合作意识。

第二个社会团体是半个街区之外的多伦多亲子发展中心。该中心作为学龄前儿童的父母自发开展的新颖大胆的举措，尽管它的董事会建立在社区与客户的基础之上，但领导阶层都接受过儿童早教训练。在当地创始基金的资助下，该团体于 1973 年成立，当时还只是一个可以借玩具的图书馆和娱乐中心。1975 年，中心搬进了临街的门面房，从街上可以看见里面的娱乐室。它有厨房，还有一间活动室可供开展一些活动，如做手工。家长偶尔会造访。这个中心看起来像是一个帮忙带孩子的机构，但其实并不能代替附近那些白天看护孩子的机构，其主要目的是为家长提供帮助，尤其是那些低收入的单身母亲。它还进一步协助成立了其他自助组织，如“新妈妈援助会”“母乳喂养会”等，并与儿童援助部门、城市卫生部门和附近的学校开展合作。中心的预算约为 6 万美元，有不同的资金来源，如信息中心。省政府对它的资助很少，而且对它在儿童抚育事业上的政策很不明确。[①] 总之，它能够吸引更多的公众关注，并且有能力把单个家庭吸引到公共家务之中。

上述这些类型的服务都是地方性的，并不能进一步营造出多数居民的全方位参与。它们的目的在于超越传统的公共服务机构与私营服务机构。在这样的尝试下，政府资助的难以预测有时使服务中心显得比较脆弱。通过与阿里克斯的机构在某些方面开展合作，它们同附近其他 331
社区团体之间的联系变得更加紧密。其中一个十分重要的联系是居民之间的联系。这样的联系明显是以参与的原则为基础的。20 世纪 60 年代末 70 年代初，居民团体表现出了巨大的热忱，许多人都把精力投到对社会的重新定位上，环境质量毫无疑问地成为他们开展行动的主要动力。

然而，繁荣的时代已经过去了。尤其是因为地方发展状况令人不满，一些官方平台渐渐体制化，导致人们逐渐丧失了参与的热情。有些地方，居民的广泛参与并未实现。以多样化的服务中心和娱乐机构为基础，不断发展与地方院校之间的关系，可能会带来更多的收益。而居民之间的联合能够强化对私有财产的保护，并且提供一个安居乐业的环境，就像房屋承租人团体所开展的集体行动是为了在面对棘手的房东时能维护承租人的权益。今天，很多居民团体都接受外来的房客作为成员，而在过去，这些团体的成员只限于本地的业主。这或许意味着人们承认承租人也是合法的纳税人，与选举制度的变化一脉相承；同时也暗示着地产使用者的权力，而不再是居民头脑中至高无上的交换价值与投机价值。这可能会开辟出一条通往更加公共化的土地所有权的道路，也将成为实现

① 安大略省最近在社区和社会服务部（Ministry of Community and Social Services）下增设儿童服务司（Children's Service Division）。一项大规模的独立研究也正在“城市中的儿童”（Child in the City Project）项目中实行，该项目主要由多伦多儿童医院基金会（Hospital for Sick Children Foundation）资助。

有效参与的必要前提。我自己所在的社区，不同阶层的社会人士高度混合；公寓楼被改建为租金较高的女子公寓，引发了人们深层次的关注。然而大体上说，承租人还没有充分融入居民团体的活动。对房屋租赁的限制性法规使得承租人依然处于失语状态。

还有一个更重要的问题，即居民团体基本上不会做财务预算。如果事先没考虑好，就有可能乱花钱；而为了打官司，又要进一步增加预算。预算失灵意味着社区组织无法深入经济的层面。所以，社区生活从总体上讲还只是不同类型的参与活动中声量不高的一个方面，这暗示着社区其实只承担了十分有限的责任。[①] 在一些低收入地区，政府的资助才是更具决定性的。如果资助终止，一切都会崩塌，就像受阿林斯基（Alinsky）鼓动的组织所体现出来的那样。[②] 然而，里弗代尔的支持者会指出，政府停止资助其实是通往成功的一个标志，因为政客感受到了威胁。显然，钱的问题会造成困境。因此，最好的办法是通过居民对社区的高度认同和付出，从社区中获取资金。但这样的情况很少出现，因为认同与付出往往具有很强的偶然性和暂时性。

332 与社区发展相关的评论指出，公共事务的组织者并没有主张低收入居民的个体诉求，只是模糊不清地提及了集体利益。[③] 从某种意义上讲，这样的批评是正确的：组织化不可能渗透得太深。然而在现有的大环境下，诉诸集体利益并无说服力，因为社区团体的主要功能是保护家

---

① Gerald D. Suttles, *The Social Order of the slum* (Chicago: University of Chicago Press, 1968).

② Donald Keating, *Power to Make It Happen* (Toronto: Green Tree, 1975), ch. 9.

③ David J. O'Brien, *Neighborhood Organization and Interest-Group Processes* (Princeton: Princeton University Press, 1975), p. 215; Julian Wolpert, "Opening Closed Spaces," *Annals of the Association of American Geographers* 66 (1976): 1–13; Norman I. Fainstein and Susan S. Fainstein, *Urban Political Movements: The Search For Power by Minority Groups in American Cities* (Englewood Cliffs, N.J.: Prentice-Hall, 1974); C. G. Pickvance, "On the Study of Urban Social Movements," in C. G. Pickvance, *Urban Sociology: Critical Essay* (London: Methuen/Tavistick, 1976), pp. 198–218.

庭。与高收入阶层一样，普通劳动阶层也期待着家庭和教育中的创造性行动。因为划分区块的做法会让居住区同质化，所以社区环境很少能像简·雅各布斯所言，在街巷生活——商店老板和居民混居——中产生一种社区精神。[①]那么，如果主张个体诉求，能不能奏效呢？这样做最终可能会弄巧成拙，造成分裂，最后走向个人主义。照目前的情况来看，存在一种模糊不清的集体主义。它隐含在社区外部性的公共利益之中，且与每个人的自身诉求结合在一起，并以一种受到限制的方式被践行着。但在我自己的社区中，声量不高的居民团体还是发挥了重要的作用。[②]

教师家长联合组织，以及家庭学校联合组织目前比较边缘化。尽管在这样的联合体中，参与的深度不是特别明显，但其潜在的意义却十分重大。就学校开展的活动来讲，家长常常是被边缘化的，同时，家长也不愿意参与到学校课程当中，担心孩子被夹在家长、纪律和教师之间而无所适从。在既定的社会目标下，孩子的成绩是父母最挂念的。所以，即便他们会抱怨高税收和不称职的教师，但是依然会把自己的参与性让位给官僚和教师的职业权威，并称其为“专家”。

这样的参与以更加微观的方式扩散开去。家长在小学员工委员会里有投票权，该委员会负责按照不同年级考虑特殊项目以及安排教师。更为重要的是，学校的财产受托人与家长现在都是校长遴选委员会的成员，这样居民就能通过影响校长选举来左右学校的发展。同样的参与机制还扩散到了中学，在某些情况下学生也有参与的权力。由于在大学校园里，学生参与的经验是不均衡的，所以对于这样的革新是否会对社会

① Jane Jacobs, *The Death and Life of Great American Cities* (New York: Random House, 1961).

② Barry Wellman, “Who Needs Neighborhoods?” in Alan Powell, ed., *The City: Attacking Modern Myths* (Toronto: McClelland & Stewart, 1972), pp. 94–100.

产生实质性的影响，前景还不明朗。①然而，父母的参与度在小学已经大幅度提升，范围也比以前更广了，甚至在一些没有参与传统的社区中都体现了出来。此外，少数被家长严格控制的学校，现在也成为公共体系的一部分。

在城市的合作机制中，如果这些合作同住房、食物相关，那么就比较容易让大众进行正面的、直接的参与，并且更容易指向经济现实。在多伦多市，好几个住房合作组织都以不同的团体为基础得到了发展，这些团体包括城市委员会、劳工委员会，甚至包括一些社区居民委员会，
333 以及一些特殊形式的组织。②一旦这些团体运作起来，合作者就会成功地营造出较高的参与度，这也意味着开放资金与管理的权限。如果城市委员会能使成员持续信任和全情投入，那么新的合作共同体就会不断增强自身的力量。

当然，合作共同体也面临着一些问题。第一，在以家庭拥有产权为主旨的社会中，人们需要花不少时间扩大合作公寓的吸引力。尽管互助合作式的公寓具备某些方面的优势，但是房客依然不愿意全身心投入。第二，多伦多和其他一些地方的住房合作项目都因为聘请了有偿专职员工而最终宣告失败。一些人怀疑，在互助合作性质的公寓房中，公共参与的程度比私家单元房更高。毕竟私家单元房的物业服务都是外包出去的，居住者几乎不需要彼此联合来做些什么。第三，整修、翻新的过程需要外部资金支持，因此又需要获得政府的资助，而不能仅仅依靠互助合作。经由房屋抵押公司获得联邦基金的补贴，这是一个令人精疲力竭

① 多伦多大学因尼斯（Innis）学院的结构是均等化的。也就是说，院委会的一半成员是学生，其他议事委员会的一半成员也都是学生。而在其他大学中，学生的参与度就比较低了。

② Jeffrey R. Stutz, "Non-profit Housing," *Urban Forun/Colloque Urbain* 3 (spring 1977): 10-14; Howard F. Andrews and Helen J. Breslauer, *Cooperative Housing Project: An Overview of a Case Study, Methods and Findings,* University of Toronto Center for Urban and Community Studies Research Paper no. 73 (Toronto, 1976).

的过程。通过信贷联盟获得资助的方式也只被当下一些大型合作机构采用，信贷联盟的保守主义以及对消费信用的态度为合作的开展设置了巨大的障碍。不过，信贷联盟基金总量的迅速增加还是让合作行动获得了更大的动力。在萨斯喀彻温省与魁北克省，由于有着深厚的互助合作传统，将近一半的人都是信贷联盟的成员。[①]有人希望，资金的这种大量积累并不单纯是由更多人来借贷造成的，而是潜在的更大的合作意愿引发的结果。如果真的是这样，信贷联盟就会成为拥有巨大能量的潜在资源，能推动住房管理与其他联合体的发展，并提高人们的参与度。信贷联盟合作运动的强大意识形态优势在于，人们没有必要把这种类型的合作视为社会主义的或官僚主义的，很显然，它也不是资本主义的。

尽管食品方面的互助合作在英国或北美地区并没有大规模地发展起来，但很多地方还是出现了这种现象。这类合作的动机一部分是群体性的，还有一部分是个体化的。群体性的动机在于不少人热衷于参与到新的购物方式之中，而不是单纯地逛逛超市；个体化的动机在于不少人觉得这样的方式更有利于掌握食品的质量与价格。尽管食品方面的互助合作不需要像安排日常生活那样投入更多的感情，但也是训练人们参与合作的一种途径，而人们在学校、家庭或其他地方学习合作的机会其实并不多。不过，即便这样的合作方式能够得到扩散，也只是局限在专业性和学术性比较强的人群之中，因为这类人的日常生活具有最大的灵活性。同时，对于该合作方式能否让人们在时间、金钱和精力方面更多地 334
投身于其他形式的合作，我们目前还并不清楚。

① *Globe and Mail*, 31 May, 4 June, 2 July, 7 July, 27 July, 1977.

五、朝城市社区迈进

如果说参与的过程有待成熟，那么上述所有类型的参与、合作都需要被纳入“城市社区团体”或“社区发展团体”。在这些组织中，居民可以相互提供各种各样的服务。① 其中，除了一些无法克服的协调性问题外，还存在一些更基础的困难，包括把生产、分配与消费区分开来的问题，生产规模的问题，资金的问题，意识形态的问题，以及认同与投入的问题。正如赫希所提醒的：“我们都知道什么事是需要做的，什么事是不能做或不敢做的。” ②

目前我只关注到了一个组织正在试图克服这些基础性障碍。在阿里克斯地区，有一个服务中心叫“色拉菲尔兹”（Therafields），提供疗养和娱乐服务。它在本址的 50 英里以外拥有一个大农场，可以生产商品，也可以提供疗养和娱乐服务，于是商品就和分配结合了起来。③ 人们来这里消费，不仅仅是为了疗养，也是为了有更多机会参与到体力劳动之中。矛盾的地方在于，疗养实现了个人的生活乐趣，但却瓦解了个人主义的意识形态，因为其中蕴含着合作的行为。个体性的自由会让一个人对他人敞开心胸，这不是那种美国式的要去征服他者、战胜自然、超越自我的梦想。因此，这类工作尽管规模不大，却能够成为得以传播的经验。

合作团队的核心成员已经发展出一套纪律，该纪律以弗洛伊德、赖

---

① Charles Hampden-Turner, *From Poverty to Dignity* (Garden City; N. Y. : Anchor Books, 1975); Milton Kolter, *Neighborhood Government: The Local Foundations of Political Life* (Indianapolis: Bobbs-Merrill, 1969)

② Fred Hirsch, *The Social Limits to Growth* (Cambridge: Harvard University Press, 1976), p. 186.

③ Lea Hindley-Smith et al., “Therafields: A Community for Healing,” *Canadian Forum* 52 (January 1973): 12-17.

希（Reich）等人的治疗语言为基础，供好几百个不同参与度的人组成团体并开展不同形式的合作。在某种意义上讲，借着一起工作，合作者仿佛重新回到了罗伯特·欧文（Robert Owen）的乌托邦（尽管没有完全制度化）。通过对个体价值与集体纪律的强调，社会公正得以重申。在一定程度上，人们再次体验到了城市与乡村的共通价值，也发现了具有创造性的生产过程。或许，城市社区合作的发展具有最终的方向，能让一种强烈的人文主义影响到整个社会。

由此，一个社区可能在乡下有田地，在农村和城镇有自己的工作 335
坊，有能够为自己或他者提供资助的信贷联盟，还有属于自己的合作式商店、住房以及真正的社区学校。最终，就连政府都可能会变成人们在情感上接纳的社会结构的合理成分。不用说，土地投机将会消失。而西方社会长期被压抑的互信互助，现在宗教团体、地方政府、新城镇实验给予我们的虚无缥缈的允诺，以及人们对集体生活的那么一点单纯的需求，都会在未来实现或得到满足。

中英文翻译对照表

A Passage to India 《印度之行》

A. D. Gordon A. D. 戈登

Abraham Isaac Kook 亚伯拉罕·艾萨克·库克

Acadians 阿卡迪亚人

Adam Bede 《亚当·比德》

Adam Small 亚当·斯茂

Adam Smith 亚当·斯密

Adorno 阿多诺

Ahmedabad 艾哈迈达巴德

Alan Bullock 艾伦·布洛克

Albert Camus 阿尔贝·加缪

Alfred Hettner 阿尔弗雷德·赫特纳

Alfred Schutz 阿尔弗雷德·舒茨

Alinsky 阿林斯基

Alvin Toffler 阿尔文·托夫勒

Andrew Billingsley 安德鲁·比林斯利

Andrew Clark 安德鲁·克拉克

Anne Buttimer 安·布蒂默

Année Sociologique 《社会学年刊》

Antipode 《对立面》

Antoine-Augustin Cournot 安东尼-奥古斯丁·库尔诺

Apollinaire 阿波利奈尔

Asin Palacios 阿辛·帕拉修斯

Bakunin 巴枯宁

Balzac 巴尔扎克

Barry Commoner 贝里·康莫奈

Baudelaire 波德莱尔

Beckett 贝克特

Behavior and Location 《行为与区位》

Bergson 柏格森

Bertrand Russell 伯特兰·罗素

Bindswanger 宾斯万格

Bonteheuwel 邦特胡维尔

Boorstin 布尔斯廷

Brian Berry 布莱恩·贝里

Buffon 布丰

C. G. Hempel C. G. 亨佩尔

C. S. Lewis C. S. 刘易斯

C. Wright Mills C. 赖特·米尔斯

Callois 卡里奥斯

Camille Vallaux 加米勒·瓦洛克斯

Carl Ritter 卡尔·李特尔

Carlyle 卡莱尔

Champlain 尚普兰

Charles Darwin 查尔斯·达尔文

Charlotte Brontë 夏洛蒂·勃朗特

Chisholm 齐泽姆

Chombart de Lauwe 乔姆巴特·德·劳威

Christaller 克里斯塔勒

Clarence Gracken 克拉伦斯·格拉肯

Cleopatra 克利奥帕特拉

Cole Harris 科尔·哈里斯

Colon 科隆

Comte 孔德

Confessions 《忏悔录》

Confessions of Felix Krull 《大骗子克鲁尔的自白》

Cravenby 克拉文比

Critique of Pure Reason 《纯粹理性批判》

D. F. Malan D. F. 马兰

D. M. Smith D. M. 史密斯

Daniélou 达尼埃卢

Dante 但丁

Dauzat 德赞

David E. Sopher 大卫·E. 索菲尔

David Evans 大卫·埃文斯

David Harvey 哈维

David Hume 休谟

David Ley 大卫·莱

David Lowenthal 大卫·洛温塔尔

David Seamon 戴维·西蒙

de Renal 德雷纳尔

Demangeon 德芒戎

Denis Wood 丹尼斯·伍德

Derrida 德里达

Descartes 笛卡尔

Dickens 狄更斯

Die Objektivität socialwissen schaflicher Erkenntnis 《客观的社会科学知识》

Dion 迪翁

Dionysos 狄俄尼索斯

Distance and Relation 《距离与关系》

Donald Meinig 唐纳德·米尼格

Dorothy Walsh 多萝西·沃尔什

Dostoevsky 陀思妥耶夫斯基

Duchamp 杜尚

Duncan Timms 邓肯·蒂姆斯

Durban 德班

Durkheim 涂尔干

E. F. Schumacher E. F. 舒马赫

E. M. Forster E. M. 福斯特

Edgar Kant 埃德加·康特

Edouard Le Roy 爱德华·勒·罗伊

Edward Ackerman 爱德华·阿克曼

Edward Gibson 爱德华·吉布森

Edward Relph 爱德华·雷尔夫

Edward T. Hall 爱德华·T. 霍尔

Edward Ullman 爱德华·乌尔曼

Einstein 爱因斯坦

Eliade 伊利亚德

Elisee Reclus 埃利兹·雷克吕

Emerson 艾默生

Entrikin 恩特里金

Erdkunde 《地球学》

Erich Fromm 艾瑞克·弗洛姆

Ernst Cassirer 恩斯特·卡西尔

Erwin Panofsky 欧文·潘诺夫斯基

Escher 埃舍尔

Evangeline 《伊万杰琳》

Explanation in Geography 《地理学中的解释》

Fairways 球道区

Faulkner 福克纳

Fernand Braudel 费尔南·布罗代尔

Flaubert 福楼拜

Florian Znaniecki 弗洛里安·兹纳涅茨基

Foulness 福尔内斯岛

Francesco Petrarca 彼特拉克

Francis Thompson 弗朗西斯·汤普森

Fred Hirsch 弗雷德·赫希

Frederic Thrasher 弗雷德里克·思拉舍

Freud 弗洛伊德

Friedmann 弗里德曼

Fustel de Coulanges 菲斯泰尔·德·古朗士

G. H. Mead G. H. 米德

Ganser 甘瑟尔

Garrett Hardin 加勒特·哈丁

Gaston Bachelard 加斯东·巴什拉

Géographie Humaine 《人文地理学》

Georg Lukacs 佐尔格·卢卡奇

George Eliot 乔治·艾略特

George Tatham 乔治·泰瑟姆

Giants in the Earth 《大地上的巨人》

Gierdien 吉尔迪恩

Glass 格拉斯

Gödel 哥德尔

Gospel and the Land 《四福音与土地》

Graham D. Rowles 格雷汉姆·D. 罗勒斯

Granö 葛莱诺

Group Areas Act 《群居地法》

Gunnar Olsson 古纳尔·奥尔森

Haggett 哈格特

Halbwachs 哈布瓦赫

Hamelin 哈梅林

Hannah Arendt 汉娜·阿伦特

Hanover Park 汉诺威公园

Hans Bobek 汉斯·伯贝克

Hardy 哈代

Harlan Barrows 哈兰·巴罗斯

Harrington 哈灵顿

Hart 哈特

Harvey Cox 哈维·考克斯

Haugen 霍根

Heideveld 海德维尔德

Helen Suzman 海伦·苏兹曼

Henning Kaufmann　亨宁・考夫曼
Henri Poincaré　亨利・庞加莱
Herbert Marcuse　赫伯特・马尔库塞
Heribert Adam　赫里伯特・亚当
Hertfordshire　赫特福德郡
Hilda Kuper　希尔达・库帕
Hoher Vogelsberg　福格尔斯山
Hollis　赫里斯
Horkheimer　霍克海默
Hosea　何西阿
Human Geography: A Welfare Approach 《人文地理学：福利的视角》
Husserl　胡塞尔

Ivan Illich　伊凡・伊里奇

J. B. Jackson　J. B. 杰克逊
J. K. Wright　J. K. 怀特
J. P. Kay　J. P. 凯伊
Jack Wohlwill　杰克・霍维尔
Jacob Burkhardt　雅各布・布克哈特
Jacques Ellul　雅克・埃吕尔
Jacques Monod　雅克・莫诺
James Joyce　詹姆斯・乔伊斯
James M. Houston　詹姆斯・M. 侯士庭
James S. Duncan　詹姆斯・S. 邓肯
James T. Lemon　詹姆斯・T. 莱蒙
Jane Eyre　《简・爱》
Jane Jacobs　简・雅各布斯
Jean Brunhes　让・白吕纳
Jean-Paul Sartre　让 - 保罗・萨特
Jeremiah　耶利米
John Adams　约翰・亚当斯
John Dewey　约翰・杜威
John Leighly　约翰・莱利
John P. Robarts　约翰・P. 罗巴茨
John Passmore　约翰・帕斯莫尔
John Rawls　罗尔斯
John Stuart Mill　约翰・穆勒
John Western　约翰・威斯特恩
Johnstown　约翰斯敦
Joseph Hajdu　约瑟夫・海杜
Julian Wolpert　朱利安・沃尔伯特
Julien　于连
Julius Caesar　《裘力斯・凯撒》
Jung　荣格
Jürgen Habermas　尤尔根・哈贝马斯

Kabbalah　卡巴拉
Kafka　卡夫卡
Kant　康德
Karl Jaspers　卡尔・雅斯贝尔斯
Karl Mannheim　卡尔・曼海姆
Karl Sauer　卡尔・索尔
Kenneth Clark　肯尼斯・克拉克
Kenneth Galbraith　肯尼斯・加尔布雷斯
Kimberley　金伯利
Kipling　吉卜林

Kitakyushu　北九州市

Knowledge and Human Interest《认识与兴趣》

L. L. Whyte　L. L. 怀特

L'Homme et la Terre《地球上的人类》

La Comedie Humaine《人间喜剧》

Labasse　拉巴斯

Laplace　拉普拉斯

Lavis　拉维斯

Lavistown　拉维斯敦

Le Play　勒普莱

Leibniz　莱布尼茨

Leningrad　列宁格勒

Leo Kuper　里奥・库帕

Les Ouvriers Européennes《欧洲工人》

Leslie King　莱斯利・金

Leszek Kolakowski　莱谢克・柯拉柯夫斯基

Lévi-Strauss　列维-斯特劳斯

Lightfoot　莱特福特

Lohmeyer　罗米耶

Longfellow　朗费罗

Loren Eisley　洛伦・艾斯利

Lösch　廖什

Lower Wynberg　下温伯格区

Lucien Febvre　吕西安・费弗尔

Lynn White　林恩・怀特

Mackenzie Valley Pipeline　麦肯齐山谷管道工程

Maier　迈耶尔

Maitland　梅特兰

Mallarmé　马拉美

Marais Steyn　马雷・斯特因

Marcel　马塞尔

Marris　麦瑞斯

Marshall　马歇尔

Martin Buber　马丁・布伯

Martin Heidegger　马丁・海德格尔

Martin Hengel　马丁・亨格尔

Marwyn S. Samuels　赛明思

Marxsen　马尔克森

Mary McCarthy　玛丽・麦卡锡

Maslow　马斯洛

Maurice Merleau-Ponty　莫里斯・梅洛-庞蒂

Maurice Samuel　毛里斯・萨缪尔

Mauss　莫斯

Max Planck　马克斯・普朗克

Max Scheler　马克斯・舍勒

Max Sorre　马克斯・索尔

Max Weber　马克斯・韦伯

Maximilien Sorre　马克斯米连・索尔

Meaning in the Visual Arts《视觉艺术中的意义》

Melville　梅尔维尔

Middlemarch《米德尔马契》

Minkowski　明可夫斯基

Mirror for Americans《美国人的镜像》

Moby Dick《白鲸》

Robert Sommer 罗伯特·索默

Rollo May 罗洛·梅

Rylands 瑞兰德

Salvador de Madariaga 萨尔瓦多·德·马达里亚加

Santillana del Mar 桑提亚纳镇

Schaffer 谢弗

Schlüter 施吕特尔

Schumpeter 熊彼得

Scully 斯库利

Sehmer 舍摩尔

Shibutani 涩谷

Silvertown 西尔维敦

Simiand 西米昂

Simmel 齐美尔

Simone Weil 西蒙娜·韦伊

Sisyphus 西西弗斯

Small Is Beautiful 《小的是美好的》

Social Justice and the City 《社会公正与城市》

Sophocles 索福克勒斯

Soren Kierkegaard 索伦·克尔凯郭尔

Soweto 索韦托

Spencer Brown 斯宾塞·布朗

St. Augustine 圣·奥古斯丁

Stanley Spencer 斯坦利·斯宾塞

Stanley Ulam 斯坦利·乌拉姆

Stendhal 司汤达

Studies in Iconology 《图像学研究》

T. E. Donges T. E. 东格斯

Talcott Parsons 塔尔科特·帕森斯

Territorial Imperative 《领地的必要性》

The Civilization of the Renaissance in Italy 《意大利文艺复兴时期的文化》

The Early Spanish Main 《早期的西班牙干线》

The German Ideology 《德意志意识形态》

The Hidden Dimension 《隐藏的一面》

The Idea of History 《历史的观念》

The Land 《土地》

The Limits to Growth 《增长的极限》

Thc Nature of Geography 《地理学的性质》

The North American City 《北美洲城市》

The Polish Peasant in Europe and America 《欧洲和美洲的波兰农民》

The Protestant Ethic and the Spirit of Capitalism 《新教伦理与资本主义精神》

The Red and the Black 《红与黑》

Theodore Roszak 西奥多·罗扎克

Theory of Colours 《色彩学》

Thomale 托美尔

Thomas Berger 托马斯·博格

Thoreau 梭罗

Three Centuries and the Island 《岛屿及其三个世纪》

Tibor Scitovsky　提勃尔・西托夫斯基
Tillich　田立克
Tintern Abbey《丁登寺》
Tolstoy　托尔斯泰
Tonnies　滕尼斯
Toynbee　汤因比

Ulster　阿尔斯特
Ulysses《尤利西斯》
Uppsala　乌普萨拉

Vacher　瓦谢尔
Val de Loire《卢瓦尔河谷》
valley of Rhone　隆谷
Values in Geography《地理学中的价值》
van den Berghe　范登伯格
Van Gennep　范・根奈普
Verrières　维里埃尔
Vincent Berdoulay　文森特・伯都莱

W. D. Davis　W. D. 戴维斯
Walt Whitman　沃尔特・惠特曼
Walter Bruggeman　瓦尔特・布鲁格曼
Walter Firey　瓦尔特・费雷
Walter Isard　沃尔特・艾萨德
Watts　瓦茨
Wealth of Nations《国富论》
Weatley　魏特雷
Weisskopf　韦斯科普夫
Wensick　文斯克
Werner Heisenberg　海森堡
Whisson　维森
Wild　怀尔德
William Alonso　威廉・阿朗索
William Barrett　威廉・巴雷特
William James　威廉・詹姆斯
William Leiss　威廉・莱斯
Willmott　威尔莫特
Windermere　温德米尔
Wittgenstein　维特根斯坦
Wolfgang Hartke　沃尔夫冈・哈特克
Wordsworth　华兹华斯

Yi-Fu Tuan　段义孚
Young Archimedes《年轻的阿基米德》

Zola　左拉

译后记

《人文主义地理学》是西方人文主义地理学的一部关键著作，被戴维·西蒙视作 1970—1978 年人文主义地理学鼎盛时期的十部代表作之一。

这十部作品基本上构成了人文主义地理学的理论框架。当我们梳理它们呈现出来的理论轮廓时，或许能看出《人文主义地理学》这本书的意义所在。

轮廓一：认定现象学作为人文主义地理学的基本哲学，代表作如雷尔夫的论文《关于现象学与地理学关系的考察》（“An Inquiry into the Relations Between Phenomenology and Geography”）、段义孚的论文《地理学、现象学和对人类本性的研究》（“Geography，Phenomenology，and the Study of Human Nature”）和《人文主义地理学》。

轮廓二：以现象学的“生活世界”及其特征奠定人文主义地理学的合理性，代表作如布蒂默的论文《把握生活世界的动态》。

轮廓三：“经验诠释”与“社会世界诠释”两条人文主义地理学的研究路径，前者代表作有段义孚的《恋地情结》与《空间与地方》、雷尔夫的《地方与无地方》；后者代表作有莱的《作为边境前哨的黑人内城》（*The Black Inner City as Frontier Outpost*）。这印证了人文主义地理学的思考方式并非一成不变，也正契合人文主义与现象学本身的特质。

此外，布蒂默的《地理学中的价值》在本科地理教学中起到了推广人文主义内涵的作用。它呈现出克拉克大学作为人文主义地理学阵地的发展过程，和该团队的思考方式。西蒙曾回忆道：“20 世纪 60 年代的克拉克大学出现了反对实证主义行为地理学的浪潮。”恰逢其时，1970 年秋，布蒂默以博士后身份来到克拉克大学，带来了自己对欧陆哲学的研究和对法国地理学人文主义精神的思考，继而奠定了人文主义地理学发展的基础。在《人文主义地理学》这本书中，她贡献了对白兰士思想之人文主义内涵的解析——《魅力与环境：人文地理学的挑战》。该文尝试挖掘地理学的人文主义传统，反映了人文主义地理学并非地理学的一块“飞地”，其认识论不仅源于舶来的哲学现象学等，同时还有着深厚的白兰士思想传统。白兰士地理学的整体观乃重要的地理学认识论，与现象学的整体观不谋而合。我们可以看出，《人文主义地理学》的主要任务在于澄清人文主义地理学的认识论与方法论。由此，本书呈现出人文主义地理学的第四个轮廓：人文主义地理学始终在寻求认识论与方法论的根源与合理性，以应对来自实证主义的针对其“主观性”的批判。这同样是当下尝试以人文主义地理学立场开展研究的中国学者面临的巨大挑战。

《人文主义地理学》影响巨大，而学界对它褒贬不一。恩特里金和雷尔夫都为本书写过书评。恩特里金的批评尤为尖锐，认为最可惜的一点是，本书虽然高举奠基人文主义地理学认识论的旗帜，却未能很好地澄清认识论的合理性。同时，两位学者也都指出此书收录的文章内容比较零散，缺乏统一性。我认为，对本书内容与价值的评价，需要更多的文献支撑。

于是，我联系了主要从事环境行为与地方研究的西蒙，邀请他为本书作序。西蒙曾在克拉克大学跟随布蒂默学习，是人文主义地理学的核心成员，同时参与了本书的撰写。为了请他对本书的认识论与方法论做出评价，在通信过程中，我特别提及了恩特里金认为本书未能有效澄清认识论合理性的批评，希望他能根据当今地理学的发展状况进行回应；同时我也谈到自己的浅见，即恩特里金的批评可能言过其实。在回信里，西蒙承认本书在认识论、方法论和本体论上缺乏统一性，不同文章的思想没有很好地黏合起来。同时，他推荐我对比式地阅读《栖居、地方与环境》(*Dwelling, Place and Environment*)，认为后者很好地呈现出篇章之间的联系。

然而，就恩特里金对认识论的批评而言，西蒙并不赞同。他在邮件里说："我始终觉得恩特里金对这本书的评价是不准确且不公平的，其中有很多误读。"《人文主义地理学》并非未澄清认识论的合理性，只是当地理学与不同哲学传统结合时，其思考合理性的方式会出现差异。在这一点上，我与西蒙的想法一致。举例来讲，赛明思的《存在主义与人文地理学》一文，追溯的哲学传统是存在主义，那么其认识论的合理性在于"先验的疏离"，所有的地理经验皆奠基于此。莱的《社会地理学与社会行为》一文，尝试寻求舒尔茨的哲学路径，因此其合理性在于人类中心主义、主体间性与社会环境构成的三元辩证关系。布蒂默的《魅力与环境：人文地理学的挑战》一文则不再聚焦于前沿哲学领域，而是回到了早期的白兰士传统，因此其合理性在于人的"生活方式"的整体观。它既是"总体人类知识"(或文化)与"环境"建构的产物，也将两者整合了起来，同时还与现象学的"生活世界"这一原发境域有着内涵上的契合，由此形成了白兰士传统与现象学两股思想资源在人文主义地理学里的合流。

西蒙在邮件里解释说，他依然坚持站在积极的立场上为本书作序，换言之，就是强调该书建设性的方面。他说："我是一个有着更多同理心而非批判意识的思考者和实践者。在我看来，过多的批判不仅会极大伤害西方地理学，还会损害几乎所有的学术努力。因此，我希望我们都能重新回顾现象学与诠释学里那些积极的方面。”

此外，人文主义地理学作为一门显学，20 世纪 80 年代即已式微。将来它又会有怎样的前景？在通信里，西蒙的一个观点令我震惊。他认为:“未来若干年里，人文主义地理学将重新回归西方地理学的中心。”就此观点，我也有自己的思考和与同行的探讨。例如，现象学、存在主义和诠释学将继续在方法论上为人文地理学提供源源不断的灵感；而且，无论人类的生存环境随着数字技术——如元宇宙、人工智能——的发展如何变化，最终的学术思考还是要回归到人本身（高慧慧语）。西蒙针对当下西方地理学界的问题与前景指出：

> 我盼望未来会出现人文主义地理学的复兴，因为当下地理学和其他人文科学的思考都过于局限。几乎所有的后结构主义、女性主义、社会建构和非表征理论的研究都让人难以理解，并且缺乏实践价值。人文主义地理学作品的价值其实正在于具有实践意义。比方说，《地方与无地方》虽未就“存在的内部性”（existential insideness）提出具体的规划方案，但书中的新观点对规划师与建筑师的实践而言是有指导意义的。当下西方地理学期刊上的文章令我绝望，读后往往不知所云。我相信，越来越多的年轻人开始感受到今天的学术研究充斥着虚空无益的思想，于是他们转而寻找一些真实的东西。而大部分人文主义地理学的作品都在讲述真实的东西。我喜欢别人称我是“现象学地理学家”，因为在我看来，现象学对自己所研究对象的态度是真实可靠的。当然，今天也有很多所谓“现象学”的作品让人云里雾里，如一些后结构主义或非表征理论的作

品，但现象学本身是一条通往真实认知的道路。

《人文主义地理学》虽已出版近半个世纪，但其中作者们所秉持的“回到事物本身”的态度，以及他们在寻求真实认识人地关系的道路上提出的观点，对今天的地理学研究而言依然有着极大的启发。我相信，每位读者都能从中找到共鸣。

感谢周尚意老师与北京师范大学出版社对《人文主义地理学》的重视与引进，也感谢志丞老师的辛勤付出。志丞老师不仅高质量地完成了个人的翻译，而且对我的译文也给予了悉心指正。他是我学术翻译路上难得的良师益友！

相较于我之前的译著，我感到这本书的翻译难度更大。这涉及翻译多人文集和翻译个人专著的差异。翻译多人文集时，译者面临不同的语言风格，需不断调整对原文的语言感知，因此每一篇文章的翻译都是一次新的尝试；翻译个人专著时，译者在逐渐熟悉作者的文风后会译得更顺畅一些。

最后，对于翻译不当之处，还望读者多包涵、指正。

刘苏

2023 年春

图书在版编目（CIP）数据

人文主义地理学／（加）大卫·莱，（美）赛明思主编；刘苏，志丞译 .—北京：北京师范大学出版社，2023.5
（人文地理学译丛／周尚意主编）
ISBN 978-7-303-26769-9

Ⅰ. ①人… Ⅱ. ①大… ②赛… ③刘… ④志…
Ⅲ. ①人文地理学 Ⅳ. ① K901

中国版本图书馆 CIP 数据核字（2021）第 032165 号
北京市版权局著作权合同登记号：图字 01－2017－2664

图书意见反馈 gaozhifk@bnupg.com 010-58805079
营销中心电话 010-58807651
北师大出版社高等教育分社微信公众号 新外大街拾玖号

RENWEN ZHUYI DILIXUE
出版发行：北京师范大学出版社 www.bnup.com
北京市西城区新街口外大街 12-3 号
邮政编码：100088
印　　刷：天津中印联印务有限公司
经　　销：全国新华书店
开　　本：787 mm×1092 mm 1／16
印　　张：28
字　　数：360 千字
版　　次：2023 年 5 月第 1 版
印　　次：2023 年 5 月第 1 次印刷
定　　价：138.00 元

策划编辑：周益群　　责任编辑：梁宏宇
美术编辑：李向昕　　装帧设计：李向昕
责任校对：康　悦　　责任印制：马　洁

Humanistic Geography: Prospects and Problems / by David Ley and Marwyn S. Samuels/ ISBN: 9781138992276